U0216173

吉林人民出版社

简体字本二十六史

汉书

卷一——卷一九下

（一）

［汉］班固撰

［唐］颜师古注

宋超等标点

目 录

汉书卷一上　帝纪第一上

　　高祖上······························· 1

汉书卷一下　帝纪第一下

　　高祖下······························· 33

　书卷二　帝纪第二

　　惠帝······························· 56

　书卷三　帝纪第三

　　高后······························· 62

　书卷四　帝纪第四

　　文帝······························· 69

　书卷五　帝纪第五

　　景帝······························· 89

　书卷六　帝纪第六

　　武帝······························· 100

汉书卷七　帝纪第七

　　昭帝······························· 138

汉书卷八　帝纪第八

　　宣帝······························· 149

汉书卷九　帝纪第九

　　元帝······························· 176

汉书卷一〇　帝纪第一〇

　　成帝······························· 191

汉书卷一一　帝纪第一一

哀帝 ····································· 209

汉书卷一二　帝纪第一二

平帝 ····································· 218

汉书卷一三　表第一

异姓诸侯王 ······························· 228

汉书卷一四　表第二

诸侯王 ·································· 253

汉书卷一五上　表第三上

王子侯上 ································ 290

汉书卷一五下　表第三下

王子侯下 ································ 34

汉书卷一六　表第四

高惠高后文功臣 ·························· 38

汉书卷一七　表第五

景武昭宣元成功臣 ························ 47

汉书卷一八　表第六

外戚恩泽侯 ······························ 5

汉书卷一九上　表第七上

百官公卿上 ····························· 554

汉书卷一九下　表第七下

百官公卿下 ····························· 572

汉书卷二〇　表第八

古今人 ·································· 677

汉书卷二一上　志第一上

律历上 ·································· 768

汉书卷二一下　志第一下

律历下 ·································· 791

汉书卷二二　志第二

礼乐 ···································· 812

汉书卷二三　志第三

　　刑法 …………………………………………………… 845

汉书卷二四上　志第四上

　　食货上 ………………………………………………… 868

汉书卷二四下　志第四下

　　食货下 ………………………………………………… 887

汉书卷二五上　志第五上

　　郊祀上 ………………………………………………… 912

汉书卷二五下　志第五下

　　郊祀下 ………………………………………………… 945

汉书卷二六　志第六

　　天文 …………………………………………………… 965

汉书卷二七上　志第七上

　　五行上 ………………………………………………… 992

汉书卷二七中之上　志第七中之上

　　五行中之上 ………………………………………… 1014

汉书卷二七中之下　志第七中之下

　　五行中之下 ………………………………………… 1048

汉书卷二七下之上　志第七下之上

　　五行下之上 ………………………………………… 1071

汉书卷二七下之下　志第七下之下

　　五行下之下 ………………………………………… 1095

汉书卷二八上　志第八上

　　地理上 ……………………………………………… 1123

汉书卷二八下　志第八下

　　地理下 ……………………………………………… 1177

汉书卷二九　志第九

　　沟洫 ………………………………………………… 1218

汉书卷三〇　志第一〇

　　艺文 ·· 1234

汉书卷三一　列传第一

　　陈胜 ·· 1282

　　项籍 ·· 1289

汉书卷三二　列传第二

　　张耳　子敖 ·································· 1310

　　陈余 ·· 1310

汉书卷三三　列传第三

　　魏豹 ·· 1320

　　田儋 ·· 1321

　　韩王信 ······································ 1325

汉书卷三四　列传第四

　　韩信 ·· 1329

　　彭越 ·· 1340

　　英布 ·· 1342

　　卢绾 ·· 1347

　　吴芮 ·· 1349

汉书卷三五　列传第五

　　荆王贾 ······································ 1351

　　燕王泽 ······································ 1352

　　吴王濞 ······································ 1354

汉书卷三六　列传第六

　　楚元王交 ·································· 1364

　　刘向　子歆 ·································· 1369

汉书卷三七　列传第七

　　季布 ·· 1400

　　栾布 ·· 1403

　　田叔 ·· 1404

汉书卷三八　列传第八

高五王 …………………………………………… 1407

　齐悼惠王肥 …………………………………… 1407

　赵隐王如意 …………………………………… 1408

　赵幽王友 ……………………………………… 1408

　赵共王恢 ……………………………………… 1409

　燕灵王建 ……………………………………… 1409

汉书卷三九　列传第九

　萧何 …………………………………………… 1418

　曹参 …………………………………………… 1423

汉书卷四〇　列传第一〇

　张良 …………………………………………… 1430

　陈平 …………………………………………… 1439

　王陵 …………………………………………… 1444

　周勃　子亚夫 ………………………………… 1447

汉书卷四一　列传第一一

　樊哙 …………………………………………… 1457

　郦商 …………………………………………… 1461

　夏侯婴 ………………………………………… 1463

　灌婴 …………………………………………… 1465

　傅宽 …………………………………………… 1468

　靳歙 …………………………………………… 1469

　周缫 …………………………………………… 1470

汉书卷四二　列传第一二

　张苍 …………………………………………… 1472

　周昌 …………………………………………… 1473

　赵尧 …………………………………………… 1473

　任敖 …………………………………………… 1475

　申屠嘉 ………………………………………… 1476

汉书卷四三　列传第一三

郦食其 ·· 1479

陆贾 ·· 1482

朱建 ·· 1486

娄敬 ·· 1487

叔孙通 ·· 1491

汉书卷四四　列传第一四

淮南厉王长 ·· 1496

衡山王赐 ·· 1507

济北贞王勃 ·· 1510

汉书卷四五　列传第一五

蒯通 ·· 1511

伍被 ·· 1516

江充 ·· 1521

息夫躬 ·· 1524

汉书卷四六　列传第一六

石奋 ·· 1532

卫绾 ·· 1537

直不疑 ·· 1538

周仁 ·· 1538

张欧 ·· 1539

汉书卷四七　列传第一七

文三王 ·· 1541

梁孝王武 ·· 1541

代孝王参 ·· 1544

梁怀王揖 ·· 1544

汉书卷四八　列传第一八

贾谊 ·· 1550

汉书卷四九　列传第一九

爰盎 ·· 1580

晁错 ……………………………………………… 1586

汉书卷五〇 列传第二〇

张释之 …………………………………………… 1604

冯唐 ……………………………………………… 1607

汲黯 ……………………………………………… 1609

郑当时 …………………………………………… 1614

汉书卷五一 列传第二一

贾山 ……………………………………………… 1617

邹阳 ……………………………………………… 1624

枚乘 子皋 ……………………………………… 1638

路温舒 …………………………………………… 1644

汉书卷五二 列传第二二

窦婴 ……………………………………………… 1648

田蚡 ……………………………………………… 1649

灌夫 ……………………………………………… 1652

韩安国 …………………………………………… 1659

汉书卷五三 列传第二三

景丨三王 ………………………………………… 1669

河间献王德 …………………………………… 1670

临江哀王阏 …………………………………… 1671

临江闵王荣 …………………………………… 1671

鲁恭王余 ……………………………………… 1672

江都易王非 …………………………………… 1672

胶西于王端 …………………………………… 1675

赵敬肃王彭祖 ………………………………… 1675

中山靖王胜 …………………………………… 1677

长沙定王发 …………………………………… 1680

广川惠王越 …………………………………… 1680

胶东康王寄 …………………………………… 1684

　　清河哀王乘 ·· 1685

　　常山宪王舜 ·· 1685

汉书卷五四　列传第二四

　李广　孙陵 ·· 1687

　苏建　子武 ·· 1700

汉书卷五五　列传第二五

　　卫青 ·· 1707

　霍去病　李息　公孙敖　李沮　张次公　赵信　赵食其　郭昌

　荀彘　路博德　赵破奴 ·· 1711

汉书卷五六　列传第二六

　　董仲舒 ·· 1722

汉书卷五七上　列传第二七上

　　司马相如上 ·· 1743

汉书卷五七下　列传第二七下

　　司马相如下 ·· 1776

汉书卷五八　列传第二八

　　公孙弘 ·· 1799

　　卜式 ·· 1806

　　兒宽 ·· 1808

汉书卷五九　列传第二九

　张汤　子安世　安世子延寿 ···································· 1814

汉书卷六〇　列传第三〇

　杜周　子延年　延年子缓　缓弟钦 ······························ 1827

汉书卷六一　列传第三一

　张骞 ·· 1843

　李广利 ·· 1850

汉书卷六二　列传第三二

　司马迁 ·· 1855

汉书卷六三　列传第三三

武五子 ………………………………………… 1877

　戾太子据 ……………………………………… 1877

　齐怀王闳 ……………………………………… 1882

　燕刺王旦 ……………………………………… 1883

　广陵厉王胥 …………………………………… 1889

　昌邑哀王髆 …………………………………… 1891

汉书卷六四上　列传第三四上

　严助 …………………………………………… 1897

　朱买臣 ………………………………………… 1907

　吾丘寿王 ……………………………………… 1909

　主父偃 ………………………………………… 1911

　徐乐 …………………………………………… 1915

汉书卷六四下　列传第三四下

　严安 …………………………………………… 1918

　终军 …………………………………………… 1921

　王褒 …………………………………………… 1925

　贾捐之 ………………………………………… 1931

汉书卷六五　列传第三五

　东方朔 ………………………………………… 1938

汉书卷六六　列传第三六

　公孙贺　子敬声 ……………………………… 1961

　刘屈氂 ………………………………………… 1962

　车千秋 ………………………………………… 1965

　王䜣 …………………………………………… 1967

　杨敞　子恽 …………………………………… 1968

　蔡义 …………………………………………… 1975

　陈万年　子咸 ………………………………… 1975

　郑弘 …………………………………………… 1977

汉书卷六七　列传第三七

杨王孙 ……………………………………………… 1980

胡建 ………………………………………………… 1982

朱云 ………………………………………………… 1983

梅福 ………………………………………………… 1986

云敞 ………………………………………………… 1993

汉书卷六八　列传第三八

霍光 ………………………………………………… 1995

金日䃅　子安上 …………………………………… 2013

汉书卷六九　列传第三九

赵充国 ……………………………………………… 2019

辛庆忌 ……………………………………………… 2035

汉书卷七○　列傅第四○

傅介子 ……………………………………………… 2038

常惠 ………………………………………………… 2039

郑吉 ………………………………………………… 2041

甘延寿 ……………………………………………… 2041

陈汤 ………………………………………………… 2042

段会宗 ……………………………………………… 2055

汉书卷七一　列传第四一

隽不疑 ……………………………………………… 2058

疏广　兄子受 ……………………………………… 2060

于定国 ……………………………………………… 2062

薛广德 ……………………………………………… 2065

平当 ………………………………………………… 2066

彭宣 ………………………………………………… 2069

汉书卷七二　列传第四二

王吉　子骏　孙崇 ………………………………… 2073

贡禹 ………………………………………………… 2080

龚胜 ………………………………………………… 2087

龚舍 …………………………………………………… 2087

鲍宣　唐林　薛方 ………………………………… 2091

汉书卷七三　列传第四三

韦贤　子玄成 ……………………………………… 2099

汉书卷七四　列传第四四

魏相 ………………………………………………… 2120

丙吉 ………………………………………………… 2125

汉书卷七五　列传第四五

眭弘 ………………………………………………… 2132

夏侯始昌 …………………………………………… 2133

夏侯胜 ……………………………………………… 2133

京房 ………………………………………………… 2136

翼奉 ………………………………………………… 2141

李寻 ………………………………………………… 2149

汉书卷七六　列传第四六

赵广汉 ……………………………………………… 2160

尹翁归 ……………………………………………… 2164

韩延寿 ……………………………………………… 2166

张敞 ………………………………………………… 2170

王尊 ………………………………………………… 2177

王章 ………………………………………………… 2184

汉书卷七七　列传第四七

盖宽饶 ……………………………………………… 2186

诸葛丰 ……………………………………………… 2189

刘辅 ………………………………………………… 2191

郑崇 ………………………………………………… 2193

孙宝 ………………………………………………… 2195

毋将隆 ……………………………………………… 2199

何并 ………………………………………………… 2200

汉书卷七八　列传第四八

　萧望之　子育　子咸　子由 ················· 2204

汉书卷七九　列传第四九

　冯奉世　子野王　子逡　子立　子参 ········· 2219

汉书卷八〇　列传第五〇

　淮阳宪王刘钦 ······························· 2230

　楚孝王刘嚣 ································· 2235

　东平思王刘宇 ······························· 2236

　中山哀王刘竟 ······························· 2240

　定陶共王刘康 ······························· 2240

　中山孝王刘兴 ······························· 2240

汉书卷八一　列传第五一

　匡衡 ······································· 2242

　张禹 ······································· 2252

　孔光 ······································· 2256

　马宫 ······································· 2264

汉书卷八二　列传第五二

　王商 ······································· 2266

　史丹 ······································· 2270

　傅喜 ······································· 2273

汉书卷八三　列传第五三

　薛宣 ······································· 2276

　朱博 ······································· 2284

汉书卷八四　列传第五四

　翟方进　子宣　子义 ······················· 2293

汉书卷八五　列传第五五

　谷永 ······································· 2313

　杜邺 ······································· 2332

汉书卷八六　列传第五六

何武 ……………………………………………… 2338

王嘉 ……………………………………………… 2342

师丹 ……………………………………………… 2352

汉书卷八七上　列传第五七上

扬雄上 …………………………………………… 2358

汉书卷八七下　列传第五七下

扬雄下 …………………………………………… 2388

汉书卷八八　列传第五八

儒林 ……………………………………………… 2408

　丁宽 …………………………………………… 2414

　施雠 …………………………………………… 2414

　孟喜 …………………………………………… 2415

　梁丘贺 ………………………………………… 2416

　京房 …………………………………………… 2416

　费直 …………………………………………… 2417

　高相 …………………………………………… 2417

　伏生 …………………………………………… 2417

　欧阳生 ………………………………………… 2418

　林尊 …………………………………………… 2418

　夏侯胜 ………………………………………… 2418

　周堪 …………………………………………… 2419

　张山拊 ………………………………………… 2419

　孔安国 ………………………………………… 2420

　申公 …………………………………………… 2421

　王式 …………………………………………… 2422

　辕固 …………………………………………… 2424

　后苍 …………………………………………… 2424

　韩婴 …………………………………………… 2425

　赵子 …………………………………………… 2425

毛公 …………………………………………………………… 2425

孟卿 …………………………………………………………… 2426

胡母生 ………………………………………………………… 2426

严彭祖 ………………………………………………………… 2426

颜安乐 ………………………………………………………… 2427

瑕丘江公 ……………………………………………………… 2427

房凤 …………………………………………………………… 2429

汉书卷八九　列传第五九

循吏 …………………………………………………………… 2431

文翁 …………………………………………………………… 2432

王成 …………………………………………………………… 2433

黄霸 …………………………………………………………… 2434

朱邑 …………………………………………………………… 2438

龚遂 …………………………………………………………… 2440

召信臣 ………………………………………………………… 2442

汉书卷九〇　列传第六〇

酷吏 …………………………………………………………… 2444

郅都 …………………………………………………………… 2445

宁成　周阳由 ………………………………………………… 2446

赵禹 …………………………………………………………… 2448

义纵 …………………………………………………………… 2448

王温舒 ………………………………………………………… 2450

尹齐 …………………………………………………………… 2453

杨仆 …………………………………………………………… 2453

咸宣 …………………………………………………………… 2454

田广明 ………………………………………………………… 2456

田延年 ………………………………………………………… 2456

严延年 ………………………………………………………… 2458

尹赏 …………………………………………………………… 2461

汉书卷九一　列传第六一

　货殖 …………………………………………… 2465

　　范蠡 ………………………………………… 2468

　　子赣 ………………………………………… 2469

　　白圭 ………………………………………… 2469

　　猗顿 ………………………………………… 2469

　　乌氏嬴 ……………………………………… 2469

　　巴寡妇清 …………………………………… 2470

　　蜀卓氏 ……………………………………… 2472

　　程郑 ………………………………………… 2473

　　宛孔氏 ……………………………………… 2473

　　丙氏 ………………………………………… 2474

　　刁间 ………………………………………… 2474

　　师史 ………………………………………… 2474

　　宣曲任氏 …………………………………… 2474

汉书卷九二　列传第六二

　游侠 …………………………………………… 2477

　　朱家　楚田仲 ……………………………… 2479

　　剧孟　王孟 ………………………………… 2479

　　郭解 ………………………………………… 2479

　　萬章 ………………………………………… 2482

　　楼护 ………………………………………… 2483

　　陈遵 ………………………………………… 2484

　　原涉 ………………………………………… 2488

汉书卷九三　列传第六三

　佞幸 …………………………………………… 2492

　　邓通 ………………………………………… 2493

　　赵谈 ………………………………………… 2494

　　韩嫣 ………………………………………… 2494

李延年 ……………………………………………… 2495

石显 ………………………………………………… 2495

淳于长 ……………………………………………… 2498

张放 ………………………………………………… 2498

董贤 ………………………………………………… 2499

汉书卷九四上　列传第六四上

匈奴上 ……………………………………………… 2506

汉书卷九四下　列传第六四下

匈奴下 ……………………………………………… 2537

汉书卷九五　列传第六五

西南夷 ……………………………………………… 2563

南粤王 ……………………………………………… 2573

闽粤王 ……………………………………………… 2577

朝鲜 ………………………………………………… 2579

汉书卷九六上　列传第六六上

西域上 ……………………………………………… 2583

汉书卷九六下　列传第六六下

西域下 ……………………………………………… 2601

汉书卷九七上　列传第六七上

外戚上 ……………………………………………… 2620

汉书卷九七下　列传第六七下

外戚下 ……………………………………………… 2644

汉书卷九八　列传第六八

元后 ………………………………………………… 2670

汉书卷九九上　列传第六九上

王莽上 ……………………………………………… 2685

汉书卷九九中　列传第六九中

王莽中 ……………………………………………… 2722

汉书卷九九下　列传第六九下

王莽下 …………………………………………………… 2753
汉书卷一〇〇上　列传第七〇上
　叙传上 …………………………………………………… 2783
汉书卷一〇〇下　列传第七〇下
　叙传下 …………………………………………………… 2808

汉书卷一上
帝纪第一上

高祖上

师古曰:"纪,理也,统理众事而系之于年月者也。"

高祖,①沛丰邑中阳里人也,②姓刘氏。③母媪,④尝息大泽之陂,⑤梦与神遇。⑥是时,雷电晦冥。⑦父太公往视,则见交龙于上。已而有娠,⑧遂产高祖。

① 荀悦曰:"讳邦,字季。邦之字曰国。"张晏曰:"礼,谥法无'高',以为功最高而为帝,汉之太祖,故特起名焉。"师古曰:"邦之字曰国者,臣下所避以相代也。"

② 应劭曰:"沛,县也。丰,其乡也。"孟康曰:"后沛为郡而丰为县。"师古曰:"沛者,本秦泗水郡之属县。丰者,沛之聚邑耳。方言高祖所生,故举其本称以说之也。此下言'县乡邑告喻之',故知邑系于县也。"

③ 师古曰:"本出刘累,而范氏在秦者又为刘,因以为姓。"

④ 文颖曰:"幽州及汉中皆谓老妪为媪。"孟康曰:"媪,母别名,音乌老反。"师古曰:"媪,女老称也。孟音是矣。史家不详著高祖母之姓氏,无得记之,故取当时相呼称号而言也。其下王媪之属,意义皆同。至如皇甫谧等妄引谶记,好奇骋博,强为高祖父母名字,皆非正史所说,盖无取焉。宁有刘媪本姓存,史迁肯不详载?即理而言,断可知矣。他皆类此。"

⑤ 师古曰:"蓄水曰陂。盖于泽陂堤塘之上休息而寝寐也。陂,音彼皮反。"

⑥ 师古曰:"遇,会也。不期而会曰遇。"

⑦ 师古曰:"晦冥皆谓暗也。言大雷电而云雾昼暗。"

⑧ 应劭曰:"娠,动,怀任之意。《左传》曰邑姜方娠。"孟康曰:"娠,音身。

《汉史》身多作娠。古今字也。"师古曰:"孟说是也。《汉书》皆以娠为任身字。'邑姜方震',自为震动之字,不作娠。"

　　高祖为人,隆准而龙颜,①美须髯,②左股有七十二黑子。③宽仁爱人,意豁如也。④常有大度,不事家人生产作业。及壮,试吏,⑤为泗上亭长,⑥廷中吏无所不狎侮。⑦好酒及色。常从王媪、武负贳酒,⑧时饮醉卧,武负、王媪见其上常有怪。高祖每酤,留饮酒,雠数倍。⑨及见怪,岁竟,此两家常折券弃责。⑩

　　①服虔曰:"准,音拙。"应劭曰:"隆,高也。准,颊权准也。颜,额颡也。"李斐曰:"准,鼻也。"文颖曰:"音准的之准。"晋灼曰:"《战国策》云'眉目准额权衡',《史记》秦始皇蜂目长准。李说文音是也。"师古曰:"颊权颐字,岂当借准为之? 服音应说皆失之。"

　　②师古曰:"在颐曰须,在颊曰髯。髯,人占反。"

　　③师古曰:"今中国通呼为'黡子',吴楚俗谓之'志'。志者,记也。"

　　④师古曰:"豁然开大之貌,音呼活反。"

　　⑤应劭曰:"试用补吏。"

　　⑥师古曰:"秦法十里一亭。亭长者,主亭之吏也。亭谓停留行旅宿食之馆。"

　　⑦师古曰:"廷中,郡府廷之中。廷,音定。他皆类此。"

　　⑧如淳曰:"武,姓也。俗谓老大母为阿负。"师古曰:"刘向《列女传》云'魏曲沃负者,魏大夫如耳之母也'。此则古语谓老母为负耳。王媪,王家之媪也。武负,武家之母也。贳,赊也。李登、吕忱并音式制反,而今之读者谓与射同,乃引地名射阳其字作贳,以为证验,此说非也。假令地名为射,自是假借,亦犹铜阳音纣,莲勺音酌,当时所呼,别有意义,岂得即定其字以为正音乎?"

　　⑨如淳曰:"雠,亦售也。"

　　⑩师古曰:"以简牍为契券,既不征索,故折毁之,弃其所负。"

　　高祖常繇咸阳①,纵观秦皇帝,②喟然大息,曰:"嗟乎,大丈夫当如此矣!"③

　　①应劭曰:"繇者,役也。"文颖曰:"咸阳,今渭北渭城是也。"师古曰:"咸阳,秦所都。繇,读曰徭,古通用字。"

　　②师古曰:"纵,放也。天子出行,放人令观。观,音工唤反。"

③师古曰："喟，叹息貌。大息，言其叹息之大。喟，音丘位反。"

单父人吕公，①善沛令，辟仇，从之客，因家焉。②沛中豪杰吏闻令有重客，皆往贺。③萧何为主吏，④主进，⑤令诸大夫曰："进不满千钱，坐之堂下。"⑥高祖为亭长，素易诸吏，⑦乃绐为谒曰："贺钱万！"⑧实不持一钱。谒入，吕公大惊，起，迎之门。⑨吕公者，好相人，见高祖状貌，因重敬之，引入，坐上坐。⑩萧何曰："刘季固多大言，少成事。"高祖因狎侮诸客，遂坐上坐，无所诎。⑪酒阑，⑫吕公因目固留高祖。⑬竟酒，后。吕公曰："臣少好相人，⑭相人多矣，无如季相，愿季自爱。臣有息女，愿为箕帚妾。"⑮酒罢，吕媪怒吕公曰："公始常欲奇此女，与贵人。⑯沛令善公，求之，不与，何自妄许与刘季？"吕公曰："此非儿女子所知。"卒与高祖。⑰吕公女即吕后也，生孝惠帝、鲁元公主。⑱

①孟康曰："单，音善。父，音甫。"师古曰："《地理志》山阳县也。"

②师古曰："与沛令相善，因辟仇亡匿，初就为客，后遂家沛也。仇，雠也，音求。"

③师古曰："以礼物相庆曰贺。"

④孟康曰："主吏，功曹也。"

⑤文颖曰："主赋敛礼进，为之帅也。"郑氏曰："主赋敛礼钱也。"师古曰："进者，会礼之财也。字本作赆，又作赆，音皆同耳。古字假借，故转而为进。赆，又音才忍反。《陈遵传》云：陈遵与宣帝博，数负进，帝后诏云可以偿博进未。其进虽有别解，然而赌者之财疑充会食，义又与此通。"

⑥师古曰："令，号令也。大夫，客之贵者总称耳。"

⑦师古曰："素，故也，谓旧时也。易，轻也，音弋豉反。"

⑧应劭曰："绐，欺也。"师古曰："为谒者，书刺自言爵里，若今参见尊贵而通名也。盖当时自陈姓名，并列贺钱数耳。绐，音徒在反。"

⑨师古曰："以其钱多，故特礼之。"

⑩师古曰："上坐，尊处也，令于尊处坐。上坐，音才卧反，次下亦同。"

⑪师古曰："诎，曲慑也，音丘勿反。"

⑫文颖曰："阑，言希也。谓饮酒者半罢半在，谓之阑。"

⑬师古曰："不欲对坐者显言，故动目而留之。"

⑭张晏曰："古人相与语多自称臣,自卑下之道也,若今人相与言自称仆也。"

⑮师古曰："息,生也。言己所生之女。"

⑯师古曰："奇,异也。谓显而异之,而嫁于贵人。"

⑰师古曰："卒,终也。"

⑱服虔曰："元,长也。食邑于鲁。"韦昭曰："元,谥也。"师古曰："公主,惠帝之姊也,以其最长,故号曰元。吕后谓高帝曰'张王以鲁元故,不宜有谋。齐悼惠王尊鲁元公主为太后,当时并已谓之元,不得为谥也。韦说失之。"

　　高祖尝告归之田。①吕后与两子居田中,有一老父过,请饮,吕后因铺之。"②老父相后曰："夫人天下贵人也。"令相两子,见孝惠帝曰："夫人所以贵者,乃此男也。"③相鲁元公主,亦皆贵。老父已去,高祖适从旁舍来,吕后具言客有过,相我子母皆大贵。高祖问,曰："未远。"乃追及,问老父。老父曰："乡者夫人儿子皆以君,④君相贵不可言。"高祖乃谢曰："诚如父言,不敢忘德。"⑤及高祖贵,遂不知老父处。

①服虔曰："告,音如噪呼之噪。"李斐曰："休谒之名。吉曰告,凶曰宁。"孟康曰："古者名吏休假曰告。告,又音嘗。汉律,吏二千石有予告,有赐告。予告者,在官有功最,法所当得也。赐告者,病满三月当免,天子优赐其告,使得带印绶、将官属归家治病。至成帝时,郡国二千石赐告不得归家。至和帝时,予赐皆绝。"师古曰："告者,请谒之言,谓请休耳。或谓之谢,谢亦告也。假为噪、嘗二音,并无别义,固当依本字以读之。《左氏传》曰'韩献子告老',《礼记》曰'若不得谢'。《汉书》诸云谢病皆同义。"

②师古曰："铺食之铺,屈原曰'铺其糟'是也。以食食人亦谓之铺,《国语》曰'国中童子无不铺也',《吕氏春秋》曰'下壶飧以铺之',是也。父本请饮,后因食之,故言铺也。铺,音必胡反。"

③师古曰："言因有此男,故大贵。"

④如淳曰："言并得君之贵相也。以,或作似。"师古曰："如说非也。言夫人及儿子以君之故,因得贵耳,不当作似也。乡,读曰向。"

⑤师古曰："诚,实也。"

高祖为亭长,乃目竹皮为冠,令求盗之薛治,①时时冠之,②及贵常冠,所谓"刘氏冠"也。③

> ①应劭曰:"以竹始生皮作冠,今鹊尾冠是也。求盗者,亭卒。旧时亭有两卒,一为亭父,掌开闭埽除,一为求盗,掌逐捕盗贼。薛,鲁国县也,有作冠师,故往治之。"文颖曰:"高祖居贫志大,取其约省,与众有异。"韦昭曰:"竹皮,筍也。今南夷取竹幼时绩以为帐。"师古曰:"之,往也。竹皮,筍皮,谓筍上所解之箨耳,非竹筍也。今人亦往往为筍皮巾,古之遗制也。韦说失之。目,古以字。箨,音托。"
>
> ②师古曰:"爱珍此冠,休息之暇则冠之。"
>
> ③师古曰:"后遂号为'刘氏冠'者,即此冠也。后诏曰'爵非公乘以上不得冠刘氏冠'者,即此冠。"

高祖以亭长为县送徒骊山,①徒多道亡。自度比至皆亡之,②到丰西泽中亭止饮,③夜皆解纵所送徒。④曰:"公等皆去,吾亦从此逝矣!"⑤徒中壮士愿从者十余人。高祖被酒,⑥夜径泽中,⑦令一人行前。⑧行前者还报曰:"前有大蛇当径,愿还。"高祖醉,曰:"壮士行,何畏!"乃前,拔剑斩蛇。蛇分为两,道开。行数里,醉,因卧。后人来至蛇所,有一老妪夜哭。人问妪何哭,妪曰:"人杀吾子。"人曰:"妪子何为见杀?"妪曰:"吾子,白帝子也,化为蛇,当道,今者赤帝子斩之,⑨故哭。"人乃以妪为不诚,⑩欲苦之,⑪妪因忽不见。⑫后人至,高祖觉。⑬告高祖,高祖乃心独喜,自负。⑭诸从者日益畏之。

> ①应劭曰:"秦始皇葬于骊山,故郡国送徒士往作。"文颖曰:"在新丰南。"项氏曰:"故骊戎国也。"
>
> ②师古曰:"度,音徒各反。比,音必寐反。他皆类此。"
>
> ③师古曰:"丰邑之西,其亭在泽中,因以为名。"
>
> ④师古曰:"纵,放也。"
>
> ⑤师古曰:"逝,往也。"
>
> ⑥师古曰:"被,加也。被酒者,为酒所加。被,音皮义反。"
>
> ⑦师古曰:"径,小道也。言从小道而行,于泽中过,故其下曰有大蛇当径。"

⑧师古曰:"行,案行也,音胡更反。"

⑨应劭曰:"秦襄公自以居西,主少昊之神,作西畤,祠白帝。至献公时栎阳雨金,以为瑞,又作畦畤,祠白帝。赤帝,尧后,谓汉也。杀之者,明汉当灭秦也。"

⑩师古曰:"谓所言不实。"

⑪苏林曰:"欲困苦辱之。"师古曰:"今书苦字或作笞。笞,击也,音丑之反。"

⑫师古曰:"见,音胡电反。他皆类此。"

⑬师古曰:"觉,谓寝寐而寤也,音功效反。"

⑭应劭曰:"负,恃也。"

　　秦始皇帝尝曰"东南有天子气",于是东游以猒当之。①高祖隐于芒、砀山泽间,②吕后与人俱求,常得之。高祖怪,问吕后。后曰:"季所居上常有云气,故从往,常得季。"③高祖又喜。沛中子弟或闻之,多欲附者。

①师古曰:"猒,塞也,音一涉反。"

②应劭曰:"芒属沛国,砀属梁国,二县之界有山泽之固,故隐其间。"苏林曰:"芒,音忙遽之忙。砀,音唐。"师古曰:"砀,亦音宕。所言属沛国、梁国者,皆是注释之人据见在所属,非必本时称号境界。他皆类此。"

③师古曰:"言随云气所在而求得之。"

　　秦二世元年①秋七月,陈涉起蕲,②至陈,自立为楚王,③遣武臣、张耳、陈余略赵地。④八月,武臣自立为赵王。郡县多杀长吏以应涉。九月,沛令欲以沛应之。掾、主吏萧何、曹参曰:⑤"君为秦吏,今欲背之,帅沛子弟,恐不听。愿君召诸亡在外者,⑥可得数百人,因以劫众,⑦众不敢不听。"乃令樊哙召高祖。⑧高祖之众已数百人矣。

①应劭曰:"始皇欲以一至万,示不相袭。始者一,故称二世。"

②苏林曰:"蕲,音机,县名,属沛国。"

③李奇曰:"秦灭楚,楚人怨秦,故涉因民之欲,自称楚王,从民望也。"

④师古曰:"凡言略地者,皆谓行而取之,用功力少。"

⑤师古曰:"曹参为掾,萧何为主吏。"

⑥师古曰:"时苦秦虐政,赋役烦多,故有逃亡辟吏。"

⑦师古曰："劫，谓威胁之。"

⑧师古曰："唅，音快。"

于是樊哙从高祖来。沛令后悔，恐其有变，乃闭城，城守，①欲诛萧、曹。萧、曹恐，逾城保高祖。②高祖乃书帛射城上，与沛父老曰："天下同苦秦久矣。今父老虽为沛令守，诸侯并起，今屠沛。③沛今共诛令，择可立立之，以应诸侯，即室家完。④不然，父子俱屠，无为也。"父老乃帅子弟共杀沛令，开城门迎高祖，欲以为沛令。高祖曰："天下方扰，诸侯并起，⑤今置将不善，一败涂地。⑥吾非敢自爱，恐能薄，⑦不能完父兄子弟。⑧此大事，愿更择可者。"萧、曹皆文史，自爱，恐事不就，⑨后秦种族其家，⑩尽让高祖。诸父老皆曰："平生所闻刘季奇怪，当贵，且卜筮之，莫如刘季最吉。"高祖数让，众莫肯为。⑪高祖乃立为沛公。⑫祠黄帝，祭蚩尤于沛廷，⑬而衅鼓⑭旗。帜皆赤，⑮由所杀蛇白帝子，所杀者赤帝子故也。于是少年豪吏如萧、曹、樊哙等皆为收沛子弟，得三千人。

①师古曰："城守者，守其城也。守，音狩。他皆类此。"

②师古曰："保，安也，就高祖以自安。"

③师古曰："屠，谓破取城邑，诛杀其人，如屠六畜然。"

④师古曰："完，全也。"

⑤师古曰："扰，乱也。"

⑥师古曰："一见破败，即当肝脑涂地。"

⑦师古曰："能，谓材也。能本兽名，形似熊，足似鹿，为物坚中而强力，故人谓有贤材者皆为能。"

⑧师古曰："乡邑之人，老及长者父兄之行，少及幼者子弟之党，故总而言之。"

⑨师古曰："就，成也。"

⑩师古曰："诛及种族也。"

⑪师古曰："数，音所角反。他皆类此。"

⑫孟康曰："楚旧僭称王，其县宰为公。陈涉为楚王，沛公起应涉，故从楚制，称曰公。"

⑬应劭曰："黄帝战于阪泉，以定天下。蚩尤亦古天子，好五兵，故祠祭之，

求福祥也。"臣瓒曰："《孔子三朝记》云蚩尤庶人之贪者,非天子也。管仲曰'割庐山发而出水,金从之出,蚩尤受之以作剑戟'也"。师古曰："瓒所引者同是《大戴礼》,出《用兵篇》,而非《三朝记》也。其余则如应说。沛廷,沛县之廷。"

⑭应劭曰："衅,祭也。杀牲以血涂鼓衅呼为衅。"臣瓒曰："《礼记》及《大戴礼》有衅庙之礼,皆无祭事。"师古曰："许慎云'衅,血祭也',然即凡杀牲以血祭者皆衅,安在其无祭事乎?又古人新成钟鼎,亦必衅之,岂取衅呼为义?应氏之说亦未允也。呼,音火亚反。"

⑮师古曰："帜,幖也,音式志反,旗旘之属,即总称焉。史家字或作识,或作志,音义皆同。"

是月,项梁与兄子羽起吴。田儋与从弟荣、横起齐,①自立为齐王。韩广自立为燕王。魏咎自立为魏王。陈涉之将周章西入关至戏,②秦将章邯距破之。③

①服虔曰："儋,音负担之担。"师古曰："音丁甘反。"

②应劭曰："章,字文,陈人也。戏,弘农湖县西界也。"孟康曰："水名也。"苏林曰："在新丰东南三十里。"师古曰："戏在新丰东,今有戏水驿。其水本出蓝田北界横岭,至此而北流入渭。孟、苏说是。东越郑及华阴数百里,然始至湖西界,应说大失之矣。戏,音许宜反。"

③苏林曰："邯,音酒酣之酣。"师古曰："音下甘反。"

秦二年十月,①沛公攻胡陵、②方与,③还守丰。秦泗川监平将兵围丰。④二日,出与战,破之。令雍齿守丰。十一月,沛公引兵之薛。秦泗川守壮兵败于薛,⑤走至戚,⑥沛公左司马得杀之。⑦沛公还军亢父,⑧至方与。赵王武臣为其将所杀。十二月,楚王陈涉为其御所杀。魏人周市略地丰沛,使人谓雍齿曰："丰,故梁徙也,⑨今魏地已定者数十城。齿今下魏,魏以齿为侯守丰,⑩不下,且屠丰。"雍齿雅不欲属沛公,⑪及魏招之,即反,为魏守丰。⑫沛公攻丰,不能取。沛公还之沛,怨雍齿与丰子弟畔之。

①文颖曰："十月,秦正月。始皇即位,周火德,以五胜之法,胜火者水,秦文公获黑龙,此水德之瑞,于是更名河为'德水',十月为正月,谓建亥之月水得位,故以为岁首。"

②邓展曰："属山阳,章帝元和元年改为胡陆。"

③郑氏曰:"音房预,属山阳郡。"

④文颖曰:"泗川,今沛郡也,高祖更名沛。秦时御史监郡,若今刺史。平,
　其名也。"师古曰:"泗川郡,川字或为水,其实一也。"

⑤如淳曰:"秦并天下为三十六郡,置守、尉、监。此泗川有监有守。壮,其
　名也。"

⑥郑氏曰:"音忧戚之戚。"如淳曰:"音将毒反。"师古曰:"东海之县也,读
　如本字。"

⑦师古曰:"得者,司马之名。"

⑧郑氏曰:"亢,音人相抗答,父,音甫,属任城郡。"

⑨文颖曰:"晋大夫毕万封魏,今河东河北县是也。其后为秦所逼徙都,今
　魏郡魏县是也。至文侯孙惠王,畏秦,复徙都大梁,今浚仪县大梁亭是
　也。故世或言魏惠王,或言梁惠王。至孙假为秦所灭,转东徙于丰,故曰
　丰故梁徙也。"臣瓒曰:"《史记》及《世本》毕万居魏,昭子徙安邑,文侯
　亦居之。《汲郡古文》云'惠王之六年自安邑迁于大梁。'"师古曰:"魏不
　常都于魏郡魏县,瓒说是也。其他即如文氏之释。"

⑩师古曰:"封为侯,因令守丰。"

⑪苏林曰:"雅,素也。"

⑫师古曰:"为,音于伪反。"

　　正月,张耳等立赵后赵歇为赵王。①东阳甯君、秦嘉立景驹为
楚王,②在留。③沛公往从之,道得张良,遂与俱见景驹,请兵以攻
丰。时章邯从陈,别将④司马尼将兵,北定楚地,⑤屠相,⑥至砀。东
阳甯君、沛公引兵西,与战萧西,⑦不利,还收兵聚留。二月,攻砀,
三日拔之。⑧收砀兵,得六千人,与故合九千人。三月,攻下邑,拔
之。⑨还击丰,不下。四月,项梁击杀景驹、秦嘉,止薛,沛公往见之。
项梁益沛公卒五千人,五大夫将十人。⑩沛公还,引兵攻丰,拔之。
雍齿奔魏。

　　①郑氏曰:"歇,音遏绝之遏。"苏林曰:"歇,音毒歇。"师古曰:"依本字以
　　　读之,不当借音。"

　　②文颖曰:"秦嘉,东阳郡人,为甯县君。景驹,楚族。景,氏;驹,名也。"晋
　　　灼曰:"东阳,县也。"臣瓒曰:"《陈胜传》云'凌人秦嘉',然即嘉非东阳
　　　人。嘉初起于郯,号大司马,又不为甯县君。东阳甯君自一人,秦嘉又一

人。"师古曰:"东阳甯君及秦嘉二人是也。东阳者,为其所属县名。甯君者,姓甯,时号为君。"

③师古曰:"留,县名。"

④如淳曰:"从陈涉将也。涉在陈,其将相别在他许,皆称陈。"师古曰:"从,谓追讨也。《尚书》曰:'夏师败绩,汤遂从之。'"

⑤如淳曰:"咎,章邯司马。"师古曰:"咎,古夷字。"

⑥师古曰:"相,县名。"

⑦师古曰:"萧县之西。"

⑧师古曰:"拔者,破城邑而取之,言若拔树木,并得其根。"

⑨师古曰:"下邑,县名。"

⑩苏林曰:"五大夫,弟九爵名。以五大夫为将,凡十人。"

五月,项羽拔襄城还。项梁尽召别将。①六月,沛公如薛,②与项梁共立楚怀王孙心为楚怀王。③章邯破杀魏王咎、齐王田儋于临济。④七月,大霖雨。⑤沛公攻亢父。章邯围田荣于东阿。沛公与项梁共救田荣,大破章邯东阿。田荣归,沛公、项羽追北,⑥至城阳,攻屠其城。军濮阳东,复与章邯战,又破之。

①师古曰:"别将,谓小将别在他所者。"

②师古曰:"如,往也。他皆类此。"

③应劭曰:"六国为秦所并,楚最无罪,为百姓所思,故求其后,立为楚怀王,以祖谥为号,顺民望也。"

④师古曰:"破其军而杀其身。"

⑤师古曰:"雨三日以上为霖。"

⑥服虔曰:"师败曰北。"韦昭曰:"古背字也,背去而走也。"师古曰:"北,阴幽之处,故谓退败奔走者为北。《老子》曰'万物向阳而负阴'。许慎《说文解字》云'北,乖也'。《史记·乐书》曰'纣为朝歌北鄙之音','朝歌者不时,北者败也,鄙者陋也'。是知北即训乖、训败,无劳借音。韦昭之徒并为妄矣。"

章邯复振,①守濮阳,环水。②沛公、项羽去,攻定陶。八月,田荣立田儋子市为齐王。定陶未下,沛公与项羽西略地至雍丘,与秦军战,大败之,斩三川守李由。③还攻外黄,外黄未下。

①李奇曰:"振,整也。"如淳曰:"振,起也,收散卒自振迅而起。"晋灼曰:

"《左氏》云'振废滞'。如说是也。"

②文颖曰:"决水以自环守为固也。"张晏曰:"依河水以自环绕作垒。"师古曰:"文说是也。环,音宦。"

· ③应劭曰:"三川,今河南郡也。由,李斯子。"韦昭曰:"有河、洛、伊,故曰三川也。"

项梁再破秦军,有骄色。宋义谏,不听,秦益章邯兵。九月,章邯夜衔枚击项梁定陶,①大破之,杀项梁。时连雨自七月至九月。沛公、项羽方攻陈留,闻梁死,士卒恐,乃与将军吕臣引兵而东,徙怀王自盱台都彭城。②吕臣军彭城东,项羽军彭城西,沛公军砀。魏咎弟豹自立为魏王。后九月,③怀王并吕臣、项羽军自将之。以沛公为砀郡长,④封武安侯,将砀郡兵。以羽为鲁公,封长安侯。吕臣为司徒,其父吕青为令尹。⑤

①师古曰:"衔枚者,止言语谨嚣,欲令敌人不知其来也。《周官》有衔枚氏。枚状如箸,横衔之,缅絜于项。缅者,结碍也。絜,绕也。盖为结纽而绕项也。缅,音获。絜,音颉。"

②郑氏曰:"音昫怡。"师古曰:"昫,音许于反。"

③文颖曰:"即闰九月也。时律历废,不知闰,谓之后九月。"如淳曰:"时因秦以十月为岁首,至九月则岁终。后九月即闰月。"师古曰:"文说非也。若以律历废不知闰者,则当径谓之十月,不应有后九月。盖秦之历法应置闰者,总致之于岁末。观其此意,当取《左传》所谓归余于终耳。何以明之?据《汉书》表及《史记》,汉未改秦历之前,迄至高后、文帝,屡书后九月,是知故然,非历废也。"

④苏林曰:"长如郡守也。"韦昭曰:"秦名曰守,是时改曰长。"

⑤应劭曰:"天子曰师尹,诸侯曰令尹。时去六国尚近,故置令尹。"臣瓒曰:"诸侯之卿,唯楚称令尹,其余国称相。时立楚之后,故置官司皆如楚旧也。"师古曰:"瓒说得之。"

章邯已破项梁,以为楚地兵不足忧,乃渡河北击赵王歇,大破之。歇保巨鹿城,秦将王离围之。赵数请救,怀王乃以宋义为上将,项羽为次将,范增为末将,北救赵。

初,怀王与诸将约:先入定关中者王之。①当是时,秦兵强,常乘胜逐北,诸将莫利先入关。②独羽怨秦破项梁,奋势,③愿与沛公西入关。怀王诸老将皆曰：“项羽为人，慓悍祸贼，④尝攻襄城，襄城无噍类，⑤所过无不残灭。且楚数进取，⑥前陈王、项梁皆败，⑦不如更遣长者扶义而西，⑧告谕秦父兄。秦父兄苦其主久矣，今诚得长者往，毋侵暴，宜可下。项羽不可遣，独沛公素宽大长者。”卒不许羽，而遣沛公西收陈王、项梁散卒。乃道砀⑨至阳城与杠里，⑩攻秦军壁，破其二军。

①师古曰：“约，要也，谓言契也。自函谷关以西总名关中。”

②师古曰：“不以入关为利，言畏秦也。”

③晋灼曰：“愤激也。”

④师古曰：“慓，疾也。悍，勇也。祸贼者，好为祸害而残贼也。慓，音频妙反，又匹妙反。悍，音胡旦反。”

⑤如淳曰：“噍，音祚笑反。无复有活而噍食者也。青州俗呼无子遗为无噍类。”

⑥如淳曰：“楚谓陈涉。数进取，多所攻取也。”师古曰：“楚者，总言楚兵，陈涉、项梁皆是。”

⑦孟康曰：“前陈王，陈涉也。”师古曰：“孟说非也。此言前者陈王及项梁皆败，今须得长者往，非谓涉为前陈王也，安有后陈王乎？”

⑧师古曰：“扶，助也，以义自助也。扶字或作杖，杖亦倚任之意。”

⑨孟康曰：“道由砀。”

⑩孟康曰：“二县名也。”师古曰：“杠，音江。”

秦三年十月，齐将田都畔田荣，将兵助项羽救赵。沛公攻破东郡尉于成武。①十一月，项羽杀宋义，并其兵渡河，自立为上将军，诸将黥布等皆属。十二月，沛公引兵至栗，②遇刚武侯，③夺其军四千余人，并之，与魏将皇欣、武满军合，攻秦军，破之。故齐王建孙田安④下济北，从项羽救赵。羽大破秦军巨鹿下，虏王离，走章邯。⑤

①孟康曰：“尉，郡都尉也。”师古曰：“本谓之郡尉，至景帝时乃改曰都尉。”

②韦昭曰：“沛郡县。”

③应劭曰：“楚怀王将也。《功臣表》棘蒲刚侯陈武。武，一姓柴。刚武侯宜为刚侯武，魏将也。”孟康曰：“《功臣表》柴武以将军起薛，至霸上，入汉中，非怀王将，又非魏将也，例未有称谥者。”师古曰：“史失其名姓，唯

识其爵号，不知谁也。不当改刚武侯为刚侯武。应氏以为怀王将，又云
魏将，无所据矣。"

④师古曰："建，齐襄王子也，立四十四年为秦兵所击，以兵降秦，秦虏之，
迁建于河内，遂灭齐。"

⑤师古曰："章邯被破而走。"

二月，沛公从砀北攻昌邑，遇彭越。越助攻昌邑，未下。沛公西
过高阳，①郦食其为里监门，②曰："诸将过此者多，吾视沛公大
度。"乃求见沛公。沛公方踞床，使两女子洗。③郦生不拜，长揖
曰：④"足下必欲诛无道秦，不宜踞见长者。"于是沛公起，摄衣谢
之，延上坐。食其说沛公袭陈留。⑤沛公以为广野君，以其弟商为
将，将陈留兵。三月，攻开封，未拔。⑥西与秦将杨熊会战白马，⑦又
战曲遇东，⑧大破之。杨熊走之荥阳，⑨二世使使斩之以徇。⑩四
月，南攻颍川，屠之。因张良遂略韩地。⑪

①文颖曰："聚邑名，属陈留圉。"臣瓒曰："《陈留传》在雍丘西南。"

②服虔曰："音历异基。"苏林曰："监门，门卒也。"

③师古曰："踞，反企也。洗，洗足也。踞，音据。洗，音先典反。"

④师古曰："长揖者，手自上而极下。"

⑤臣瓒曰："轻行无钟鼓曰袭。"

⑥师古曰："开封，县名，属荥阳。"

⑦师古曰："白马亦县名，属东郡。"

⑧文颖曰："地名也。"苏林曰："，曲，音龃。遇，音颙。"师古曰："龃，音丘羽
反。"

⑨师古曰："西走也。"

⑩师古曰："徇，行示也。《司马法》曰'斩以徇'，言使人将行遍示众士以为
戒。"

⑪文颖曰："河南新郑南至颍川南北，皆韩地也。以良累世相韩，故因之。"

时赵别将司马卬①方欲渡河入关，沛公乃北攻平阴，②绝河
津。南，战雒阳东，军不利，从辕辕③至阳城，收军中马骑。六月，与
南阳守齮战犨东，④破之。略南阳郡，南阳守走，保城守宛。⑤沛公
引兵过宛西。⑥张良谏曰："沛公虽欲急入关，秦兵尚众，距险。⑦今

不下宛，宛从后击，强秦在前，此危道也。"于是沛公乃夜引军从他道还，偃旗帜，迟明，围宛城三匝。⑧南阳守欲自刭，⑨其舍人陈恢曰：⑩"死未晚也。"乃逾城见沛公，曰："臣闻足下约：先入咸阳者王之。今足下留守宛。宛，郡县连城数十，其吏民自以为降必死，故皆坚守乘城。⑪今足下尽日止攻，士死伤者必多；引兵去，宛必随足下。前则失咸阳之约，后有强宛之患。为足下计，莫若约降，⑫封其守，因使止守，⑬引其甲卒与之西。诸城未下者，闻声争开门而待足下，足下通行无所累。"⑭沛公曰："善。"七月，南阳守齮降，封为殷侯，封陈恢千户。引兵西，无不下者。至丹水，高武侯鳃、襄侯王陵降。⑮还攻胡阳，遇番君别将梅鋗，⑯与偕攻析、郦，⑰皆降。所过毋得卤掠，⑱秦民喜。遣魏人宁昌使秦。是月，章邯举军降项羽，羽以为雍王。瑕丘申阳下河南。⑲

①师古曰："卬，音五刚反。"

②孟康曰："县名也，属河南。魏文帝改曰河阴。"

③臣瓒曰："险道名也，在缑氏东南。"师古曰："直渡曰绝。轘，音环。"

④师古曰："犨，县名也。齮，音蚁。犨，音昌由反。"

⑤师古曰："宛，南阳之县也，音于元反。"

⑥师古曰："未拔宛城而兵过宛城西出。"

⑦师古曰："依险阻而自固以距敌。"

⑧服虔曰："欲天疾明也。"文颖曰："迟，未也。天未明之顷已围其城矣。"晋灼曰："文说是也。"师古曰："文、晋二家得其大意耳。此言围城事毕，然后天明，明迟于事，故曰迟明。变为去声，音丈二反。《汉书》诸言迟某事者，义皆类此。《史记》迟字作遟，亦徐缓之意也，音黎。"

⑨郑氏曰："刭，音姑鼎反。以刀割颈为刭。"

⑩文颖曰："主厮内小吏，官名也。"苏林曰："蔺相如为宦者令舍人。韩信为侯，亦有舍人。"师古曰："舍人，亲近左右之通称也，后遂以为私属官号。恢，音口回反。"

⑪师古曰："乘，登也，谓上城而守也。《春秋左氏传》曰'授兵登陴'。"

⑫师古曰："共为要约，许其降也。"

⑬师古曰："封其郡守为侯，即令守其郡。"

⑭师古曰："累,音力瑞反。"

⑮苏林曰："鳃,音鱼鳃之鳃。"晋灼曰："《功臣表》戚鳃也。王陵,安国侯王陵也。"韦昭曰："汉封王陵为安国侯,初起兵时在南阳。南阳有穰县,疑襄当为穰,而无禾,字省耳。"臣瓒曰："时韩成封穰侯,江夏有襄,是陵所封也。"师古曰："戚鳃初从即为郎,以都尉守蕲城,非至丹水乃降也。此自一人耳,不知其姓。王陵亦非安国侯者。晋说非也。韦氏改襄为穰者,盖亦穿凿也。"

⑯苏林曰："番,音婆,豫章番阳县。"韦昭曰："吴芮初为番令,故号曰番君。锔,音呼玄反。"

⑰苏林曰："郦,音蹢躅之蹢。"如淳曰："音持益反。"师古曰："析、郦,二县名。苏、如两音并同耳。析县今内乡。郦即菊潭县也。"

⑱应劭曰："卤与虏同。"师古曰："毋,止之辞也,音与无同。他皆类此。掠,音力向反,谓略夺也。"

⑲服虔曰："瑕丘,县名。申,姓;阳,名也。"文颖曰："姓瑕丘,字申阳。"臣瓒曰："《项羽传》瑕丘公申阳,是瑕丘县公也。"师古曰："文说非也。此申阳即项羽所封河南王者耳,何云姓瑕丘乎?"

八月,沛公攻武关,①入秦。秦相赵高恐,乃杀二世,使人来,欲约分王关中,②沛公不许。九月,赵高立二世兄子子婴为秦王。子婴诛灭赵高,遣将将兵距峣关。③沛公欲击之,张良曰:"秦兵尚强,未可轻。愿先遣人益张旗帜于山上为疑兵,④使郦食其、陆贾往说秦将,啖以利。"⑤秦将果欲连和,沛公欲许之。张良曰:"此独其将欲叛,恐其士卒不从,不如因其急懈击之。"沛公引兵绕峣关,逾蒉山,⑥击秦军,大破之蓝田南。遂至蓝田,又战其北,秦兵大败。

①应劭曰:"武关,秦南关,通南阳。"文颖曰:"武关在析西百七十里。"

②师古曰:"自与沛公中分关中之地。"

③应劭曰:"峣,音尧。峣山之关。"李奇曰:"在上洛北,蓝田南,武关之西。"

④师古曰:"益,多也。多张旗帜,过其人数,令敌疑有多兵。"

⑤师古曰:"啖者,本谓食啖耳,音徒敢反。以食喂人,令其啖食,音则改变为徒滥反。今言以利诱之,取食为譬。他皆类此。"

⑥郑氏曰:"蒉,音匮。"苏林曰:"蒉,音蒯。"师古曰:"苏音是也,丘怪反。"

　　元年冬十月，①五星聚于东井。②沛公至霸上。③秦王子婴素车白马，系颈以组，④封皇帝玺、符、节，⑤降枳道旁。⑥诸将或言诛秦王，沛公曰："始怀王遣我，固以能宽容。且人已服降，杀之不祥。"乃以属吏。⑦遂西入咸阳，欲止宫休舍，⑧樊哙、张良谏，乃封秦重宝财物府库，还军霸上。萧何尽收秦丞相府图籍文书。十一月，召诸县豪桀曰："父老苦秦苛法久矣，⑨诽谤者族，耦语者弃市。⑩吾与诸侯约，先入关者王之。吾当王关中。与父老约，法三章耳：杀人者死，伤人及盗抵罪。⑪余悉除去秦法。吏民皆按堵如故。⑫凡吾所以来，为父兄除害，非有所侵暴，毋恐！且吾所以军霸上，待诸侯而定要束耳。"⑬乃使人与秦吏行至县乡邑告谕之。⑭秦民大喜，争持牛羊酒食献享军士。沛公让不受，曰："仓粟多，不欲费民。"民又益喜，唯恐沛公不为秦王。"

　　①如淳曰："《张仓传》云以高祖十月至霸上，故因秦以十月为岁首。"

　　②应劭曰："东井，秦之分野。五星所在其下，当有圣人以义取天下。占见《天文志》。"

　　③应劭曰："霸上，地名，在长安东三十里，古曰滋水，秦穆公更名霸。"师古曰："霸水上，故曰霸上，即今所谓霸头。"

　　④应劭曰："子婴不敢袭帝号，但称王耳。素车白马，丧人之服。组者，天子绂也。系颈者，言欲自杀也。"师古曰："此组谓绶也，所以带玺也。绂，音弗。"

　　⑤应劭曰："玺，信也，古者尊卑共之。《左传》襄公在楚，季武子使公冶问玺书，追而与之。秦汉尊者以为信，群下乃避之。"师古曰："符，谓诸所合符以为契者也。节，以毛为之，上下相重，取象竹节，因以为名，将命者持之以为信。"

　　⑥苏林曰："亭名也，在长安东十三里。"师古曰："枳，音轵。轵道亭在霸城观西四里。"

　　⑦师古曰："属，委也，音之欲反。"

　　⑧师古曰："舍，息也，于殿中休息也。一曰，舍，谓屋舍也。"

　　⑨师古曰："苛，细也，音何。"

⑩应劭曰:"秦法禁民聚语。耦,对也。"师古曰:"族,谓诛及其族也。弃市者,取刑人于市,与众弃之。"

⑪服虔曰:"随轻重制法也。"李奇曰:"伤人有曲直,盗臧有多少,罪名不可豫定。故凡言抵罪,未知抵何罪也。"师古曰:"抵,至也,当也。服、李二说,意并得之;自外诸家,皆妄解释,故不取也。抵,音丁礼反。"

⑫应劭曰:"按,按次第。堵,墙堵也。"师古曰:"言不迁动也。堵,音睹。"

⑬师古曰:"要,亦约。"

⑭师古曰:"军中遣人与秦吏相随,遍至诸县乡邑而告谕也。"

或说沛公曰:"秦富十倍天下,地形强。今闻章邯降项羽,羽号曰雍王,王关中。即来,沛公恐不得有此。可急使守函谷关,①毋内诸侯军。稍征关中兵以自益,距之。"沛公然其计,从之。

①文颖曰:"是时,关在弘农县衡岭,今移东,在河南谷城县。"师古曰:"今桃林县南有洪溜涧水,即古所谓函谷也。其水北流入河,夹河之岸尚有旧关余迹焉。谷城即新安。"

十二月,项羽果帅诸侯兵欲西入关,关门闭。闻沛公已定关中,羽大怒,使黥布等攻破函谷关,遂至戏下。沛公左司马曹毋伤闻羽怒,欲攻沛公,使人言羽曰:"沛公欲王关中,令子婴相,珍宝尽有之。"欲以求封。亚父范增说羽曰:①"沛公居山东时,贪财好色。今闻其入关,珍物所无取,妇女无所幸,此其志不小。吾使人望其气,皆为龙,成五色,此天子气。急击之,勿失。"于是飨士,旦日合战。②是时,羽兵四十万,号百万。沛公兵十万,号二十万,③力不敌。会羽季父左尹项伯素善张良,④夜驰见张良,具告其实,欲与俱去,毋特俱死。⑤良曰:"臣为韩王送沛公,不可不告,亡去不义。"乃与项伯俱见沛公。沛公与伯约为婚姻,曰:"吾入关秋豪无所敢取,⑥籍吏民,封府库,待将军。⑦所以守关者,备他盗也。日夜望将军到,岂敢反邪!愿伯明言不敢背德。"项伯许诺,即夜复去。戒沛公曰:"旦日不可不早自来谢。"项伯还,具以沛公言告羽,因曰:"沛公不先破关中兵,公巨能入乎?⑧且人有大功,击之不祥,不如因善之。"羽许诺。

①如淳曰:"亚,次也。尊敬之次父,犹管仲为仲父。"

②师古曰："飨,谓饮食也。旦日,明旦也。"

③师古曰："兵家之法,不言实数,皆增之。"

④师古曰："伯者,其字也,名缠。"

⑤文颖曰："特,独也。无为独与沛公俱死。"苏林曰："特,但也。"师古曰："苏说是也。但,空也,空死而无成名。"

⑥文颖曰："豪,秋乃成好,举盛而言也。"师古曰："豪成之时,端极纤细,适足谕小,非言其盛。"

⑦师古曰："籍,谓为簿籍。"

⑧服虔曰："巨,音渠,犹未应得入也。"师古曰："服说非也。巨,读曰讵,讵犹岂也。"

　　沛公旦日从百余骑见羽鸿门,①谢曰："臣与将军戮力攻秦,②将军战河北,臣战河南,不自意先入关,能破秦,与将军复相见。③今者有小人言,令将军与臣有隙。"④羽曰："此沛公左司马曹毋伤言之。不然,籍何以生此?"羽因留沛公饮。范增数目羽击沛公,⑤羽不应。范增起,出谓项庄曰："君王为人不忍,⑥汝入以剑舞,因击沛公,杀之。不者,汝属且为所虏。"庄入为寿。⑦寿毕,曰："军中无以为乐,请以剑舞。"因拔剑舞。项伯亦起舞,常以身翼蔽沛公。樊哙闻事急,直入,怒甚。羽壮之,赐以酒。哙因谯让羽。⑧有顷,沛公起如厕,招樊哙出,置车官属,⑨独骑,樊哙、靳强、滕公、纪成步,从间道走军,⑩使张良留谢羽。羽问:"沛公安在?"⑪曰:"闻将军有意督过之,⑫脱身去,间至军,⑬故使臣献璧。"羽受之。又献玉斗范增。增怒,撞其斗,起曰:"吾属今为沛公虏矣!"⑭

①孟康曰："在新丰东十七里,旧大道北下坂口名。"

②师古曰："戮力,并力也,音力竹反,又力周反。"

③师古曰："意不自谓得然。"

④师古曰："隙,谓间隙,言乖离不合。"

⑤师古曰："动目以谕之。"

⑥师古曰："庄,项羽从弟。"

⑦师古曰："凡言为寿,谓进爵于尊者,而献无疆之寿。"

⑧师古曰："谯让,以辞相责也。谯,音才笑反。"

⑨师古曰："置,留也,不以自随。"

⑩晋灼曰:"纪成,纪通父也。"服虔曰:"走,音奏。"师古曰:"间,空也,投空隙而行,不公显也。走,谓趣向也,服音是矣。凡此之类,音义皆同。"

⑪师古曰:"安在,何在也。他皆类此。"

⑫师古曰:"督,谓视责也。"

⑬师古曰:"脱,免也,不敢谒辞,苟自免而去,间行以至军也。脱,音他活反。"

⑭师古曰:"撞,音丈江反。"

沛公归数日,羽引兵西屠咸阳,杀秦降王子婴,烧秦宫室,所过残灭。秦民大失望。羽使人还报怀王,怀王曰:"如约。"①羽怨怀王不肯令与沛公俱西入关,而北救赵,后天下约。乃曰:"怀王者,吾家所立耳,非有功伐,何以得专主约!②本定天下,诸将与籍也。"春正月,③阳尊怀王为义帝,实不用其命。

①师古曰:"谓令沛公王关中。"

②师古曰:"积功曰伐。《秦秋左氏传》曰'大夫称伐'。"

③如淳曰:"以十月为岁首,而正月更为三时之月。"服虔曰:"汉正月也。"师古曰:"凡此诸月号,皆太初正历之后,记事者追改之,非当时本称也。以十月为岁首,即谓十月为正月。今此真正月,当时谓之四月耳。他皆类此。"

二月,羽自立为西楚霸王,①王梁、楚地九郡,都彭城,背约。更立沛公为汉王,王巴、蜀、汉中四十一县,都南郑。②三分关中,立秦三将:章邯为雍王,都废丘;③司马欣为塞王,④都栎阳;⑤董翳为翟王,⑥都高奴。⑦楚将瑕丘申阳为河南王,都洛阳。赵将司马卬为殷王,都朝歌。⑧当阳君英布为九江王,都六。⑨怀王柱国共敖为临江王,⑩都江陵。⑪番君吴芮为衡山王,都邾。⑫故齐王建孙田安为济北王。徙魏王豹为西魏王,都平阳。徙燕王韩广为辽东王。燕将臧荼为燕王,⑬都蓟。⑭徙齐王田市为胶东王。齐将田都为齐王,都临菑。⑮徙赵王歇为代王。赵相张耳为常山王。汉王怨羽之背约,欲攻之。丞相萧何谏,乃止。⑯

①文颖曰:"《史记·货殖传》曰:淮以北,沛、陈、汝南、南郡为西楚;彭城以东,东海、吴、广陵为东楚;衡山、九江、江南、豫章、长沙为南楚。羽欲

都彭城,故自称西楚。"孟康曰:"旧名江陵为南楚,吴为东楚,彭城为西
　楚。"师古曰:"孟说是也。"

②师古曰:"即今之梁州南郑县。"

③孟康曰:"县名,今槐里是。"韦昭曰:"即周时犬丘,懿王所都,秦欲废
　之,更名废丘。"

④韦昭曰:"在长安东,名桃林塞。"师古曰:"取河、华之固为厄塞耳,非桃
　林也。塞,音先代反。"

⑤苏林曰:"栎,音药。"师古曰:"即今之栎阳县是其地。"

⑥文颖曰:"本上郡,秦所置,项羽以董翳为王,更名为翟。"

⑦师古曰:"今在鄜州界。"

⑧师古曰:"即今之朝歌县也。"

⑨师古曰:"六者,县名,本古国,皋陶之后。"

⑩应劭曰:"柱国,上卿官也,若相国矣。共敖,其姓名矣。"孟康曰:"本南
　郡,改为临江国。"师古曰:"共,音龚。"

⑪师古曰:"即今之荆州江陵县。"

⑫文颖曰:"邾,音朱,县名,属江夏。"

⑬郑氏曰:"茶,音茶毒之茶。"如淳曰:"音舒。"师古曰:"郑音是也,音大
　胡反。"

⑭师古曰:"蓟即幽州蓟县。"

⑮师古曰:"今在青州。"

⑯服虔曰:"称丞相者,录事追言之。"

　夏四月,诸侯罢戏下,各就国。①羽使卒三万人从汉王,楚子、
诸侯人之慕从者数万人,②从杜南入蚀中。③张良辞归韩,汉王送
至褒中,④因说汉王烧绝栈道,⑤以备诸侯盗兵,亦视项羽无东
意。⑥

①师古曰:"戏,谓军之旌麾也,音许宜反,亦读曰麾。先是,诸侯从项羽入
　关者,各帅其军,听命于羽。今既受封爵,各使就国,故总言罢戏下也。
　一说云时从项羽在戏水之上,故言罢戏下。此说非也。项羽见高祖于鸿
　门,已过戏矣。又入秦烧秦宫室,不复在戏也。《汉书》通以戏为麾字,义
　见《窦田灌韩传》。"

②文颖曰:"楚子,犹言楚人也。诸侯人,犹诸侯国人。"

③李奇曰："蚀，音力，在杜南。"如淳曰："蚀，入汉中道川谷名。"

④师古曰："即今梁州之褒县也。旧曰褒中，言居褒谷之中。随室讳忠，改为褒内。"

⑤师古曰："栈，即阁也，今谓之阁道。"

⑥如淳曰："视，音示。"师古曰："言令羽知汉王更无东出之意也。《汉书》多以视为示，古通用字。"

汉王既至南郑，诸将及士卒皆歌讴思东归，①多道亡还者。②韩信为治粟都尉，亦亡去，萧何追还之，因荐于汉王曰："必欲争天下，非信无可与计事者。"于是汉王齐戒，设坛场，③拜信为大将军，问以计策。信对曰："项羽背约，而王君王于南郑，④是迁也。⑤吏卒皆山东之人，日夜企而望归，⑥及其锋而用之，可以有大功。天下已定，民皆自宁，不可复用。⑦不如决策东向。"因陈羽可图、⑧三秦易并之计。⑨汉王大说，⑩遂听信策，部署诸将。⑪留萧何收巴蜀租，给军粮食。

①师古曰："讴，齐歌也，谓齐声而歌。或曰齐地之歌。讴，音一侯反。"

②师古曰："未至南郑，在道即亡归。"

③师古曰："齐，读曰斋。筑也而高曰坛，除地为场。"

④师古曰："上王，音于放反。"

⑤如淳曰："秦法，有罪迁徙之于蜀汉。"

⑥师古曰："企，谓举足而竦身。"

⑦师古曰："宁，安也，各安其处。"

⑧师古曰："图，谓谋而取之。"

⑨应劭曰："章邯为雍王，司马欣为塞王，董医为翟王，分王秦地，故曰三秦。"

⑩师古曰："说，读曰悦。"

⑪师古曰："分部而署置。"

五月，汉王引兵从故道①出，袭雍。雍王邯迎击汉陈仓，雍兵败，还走；战好畤，②又大败，走废丘。汉王遂定雍地。东如咸阳，引兵围雍王废丘，而遣诸将略地。

①孟康曰："县名，属武都。"

②孟康曰："畤，音止，神灵之所止也。好畤，县名，属右扶风。"师古曰："即

今雍州好畤县。"

田荣闻羽徙齐王市于胶东,而立田都为齐王,大怒,以齐兵迎击田都。都走,降楚。六月,田荣杀田市,自立为齐王。时彭越在巨野,①众万余人,无所属。荣与越将军印,因令反梁地。越击杀济北王安,荣遂并三齐之地。②燕王韩广亦不肯徙辽东。秋八月,臧荼杀韩广,并其地。塞王欣、翟王翳皆降汉。

①师古曰:"巨野,泽名,因以为县,今属郓州。"

②服虔曰:"齐与济北、胶东。"

初,项梁立韩后公子成为韩王,张良为韩司徒。羽以良从汉王,韩王成又无功,故不遣就国,与俱至彭城,杀之。及闻汉王并关中,而齐、梁畔之,羽大怒,乃以故吴令郑昌为韩王,距汉;令萧公角击彭越。①越败角兵。时张良徇韩地,②遗羽书曰:"汉欲得关中,如约即止,不敢复东。"羽以故无西意,而北击齐。

①苏林曰:"萧公,官号也。"孟康曰:"萧,令也,时令皆称公。"师古曰:"孟说是也。"

②苏林曰:"徇,音巡,抚其民人也。"孟康曰:"徇,略也。"师古曰:"孟说是。音辞峻反。"

九月,汉王遣将军薛欧、王吸出武关,①因王陵兵,②从南阳迎太公、吕后于沛。羽闻之,发兵距之阳夏,③不得前。

①师古曰:"欧,音乌垢反。吸,音翕。"

②如淳曰:"王陵亦聚党数千人,居南阳。"

③郑氏曰:"音假借之假。"师古曰:"即今亳州阳夏县。"

二年冬十月,项羽使九江王布杀义帝于郴。①陈余亦怨羽独不王己,从田荣藉助兵,②以击常山王张耳。耳败走降汉,汉王厚遇之。陈余迎代王歇还,赵歇立余为代王。张良自韩间行归汉,汉王以为成信侯。汉王如陕,③镇抚关外父老。④河南王申阳降,置河南郡。使韩太尉韩信击韩,韩王郑昌降。十一月,立韩太尉信为韩王。汉王还归,都栎阳。使诸将略地,拔陇西。以万人若一郡降者,封万户。⑤缮治河上塞。⑥故秦苑囿园池,令民得田之。⑦

①文颖曰："郴，县名，属桂阳。"如淳曰："郴，音綝。"师古曰："说者或以为《史记》《本记》及《汉注》云衡山、临江王杀之江中，谓《汉书》言黥布杀之为错。然今据《史记》《黥布传》四月阴令九江王等行击义帝，其八月布使将追杀之郴，又与《汉书》《项羽》、《英布传》相合，是则衡山、临江与布同受羽命，而杀之者布也。非班氏之错。郴、綝二字，并音丑林反。"

②师古曰："藉，借也。"

③师古曰："陕，今陕州陕县也，音式冉反。"

④师古曰："镇，安也。抚，慰也。"

⑤师古曰："若者，豫及之辞，言以万人或以一郡降者，皆封万户。"

⑥晋灼曰："《晁错传》秦北攻胡，筑河上塞。"师古曰："缮，补也。"

⑦师古曰："养鸟兽曰苑，苑有垣曰圃，所以种植谓之园。田，谓耕作也。圃，音宥。"

春正月，羽击田荣城阳，荣败走平原，平原民杀之。齐皆降楚，楚焚其城郭，齐人复畔之。诸将拔北地，虏雍王弟章平。赦罪人。二月癸未，令民除秦社稷，立汉社稷。施恩德，赐民爵。①蜀汉民给军事劳苦，复勿租税二岁。②关中卒从军者，复家一岁。举民年五十以上，有修行，能帅众为善，置以为三老，乡一人。择乡三老一人为县三老，与县令丞尉以事相教，复勿徭戍。③以十月赐酒肉。

①臣瓒曰："爵者，禄位。民赐爵，有罪得以减也。"

②师古曰："复者，除其赋役也，音方目反。其下并同。"

③师古曰："徭，读曰遥。"

三月，汉王自临晋渡河，①魏王豹降，将兵从。下河内，虏殷王卬，置河内郡。至修武，陈平亡楚来降。汉王与语，说之，②使参乘，监诸将。南渡平阴津，③至洛阳，新城三老董公遮说汉王曰："臣闻'顺德者昌，逆德者亡'，'兵出无名，事故不成。'④故曰：'明其为贼，敌乃可服。'⑤项羽为无道，放杀其主，⑥天下之贼也。夫仁不以勇，义不以力，⑦三军之众为之素服，以告之诸侯，为此东伐，⑧四海之内，莫不仰德。此三王之举也。"⑨汉王曰："善，非夫子无所闻。"于是汉王为义帝发丧，袒而大哭，⑩哀临三日。⑪发使告诸侯曰："天下共立义帝，北面事之。今项羽放杀义帝江南，大逆无道。寡人亲为发丧,兵皆缟素。⑫悉发关中兵,收三河士,⑬南浮江、汉以下,愿从诸侯王,⑭击楚之杀义帝者。"

①师古曰:"旧县名,其地居河之西滨,东临晋境,本列国时秦所名也,即今之同州朝邑县界也。"

②师古曰:"说,读曰悦。"

③苏林曰:"在河阴。"

④苏林曰:"名者,伐有罪。"

⑤应劭曰:"为,音无为之为。布告天下,言项羽杀义帝,明其为贼乱,举兵征之,乃可服也。"郑氏曰:"为,音人相为之为。"师古曰:"应说是也。"

⑥师古曰:"杀,读曰弑。诸弑君者,其例皆同。"

⑦李奇曰:"彼有仁,我不能以勇服;彼有义,我不能以力服。"文颖曰:"以,用也。己有仁,天下归之,可不用勇而天下自服;己有义,天下奉之,可不用力而天下自定。"师古曰:"为义帝发丧,此为行仁义,不用勇力。文说是也。"

⑧师古曰:"为,并音于伪反。"

⑨师古曰:"三王,夏、殷、周也。言以德义取天下,则可比踪于三王。"

⑩如淳曰:"袒,亦如礼袒踊也。"师古曰:"袒,谓脱衣之袖也,音徒旱反。"

⑪师古曰:"众哭曰临,音力禁反。"

⑫师古曰:"缟,白素也,音工老反。"

⑬韦昭曰:"河南、河东、河内也。"

⑭服虔曰:"汉名王为诸侯王。"师古曰:"服说非也。当时汉未有此称号,直言诸侯及王耳。自谦言随诸侯王之后也。"

夏四月,田荣弟横收得数万人,立荣子广为齐王。羽虽闻汉东,既击齐,欲遂破之而后击汉。汉王以故得劫五诸侯兵,①东伐楚。到外黄,彭越将三万人归汉。汉王拜越为魏相国,令定梁地。汉王遂入彭城,收羽美人货赂,置酒高会。②羽闻之,令其将击齐,而自以精兵三万人,从鲁出胡陵,至萧,晨击汉军,大战彭城灵壁东③睢水上,④大破汉军,多杀士卒,睢水为之不流。⑤围汉王三匝。大风从西北起,折木发屋,扬砂石,昼晦;⑥楚军大乱,而汉王得与数十骑遁去。过沛,使人求室家,室家亦已亡,不相得。汉王道逢孝惠、鲁元,载行。楚骑追汉王,汉王急,推堕二子。滕公下收载,遂得脱。⑦

审食其从太公、吕后间行,反遇楚军,⑧羽常置军中以为质。诸侯见汉败,皆亡去。塞王欣、翟王翳降楚,殷王卬死。吕兄周吕侯⑨将兵居下邑,⑩汉王从之。稍收士卒,军砀。汉王西过梁地,至虞,⑪谓谒者随何曰:"公能说九江王布使举兵畔楚,项王必留击之。得留数月,吾取天下必矣。"随何往说布,果使畔楚。

①应劭曰:"雍、翟、塞、殷、韩也。"如淳曰:"塞、翟、魏、殷、河南也。"韦昭曰:"塞、翟、韩、殷、魏也。雍时已败。"师古曰:"诸家之说皆非也。张良遗羽书云:'汉欲得关中,如约即止,不敢复东。'东,谓出关之东。今羽闻汉东之时,汉固已得三秦矣。五诸侯者,谓常山、河南、韩、魏、殷也。此年十月,常山王张耳降,河南王申阳降,韩王郑昌降。三月,魏王豹降,虏殷王卬。皆在汉东之后,故知谓此为五诸侯。时虽未得常山之地,据《功臣表》云,张耳弃国,与大臣归汉,则亦有士卒也。又《叔孙通传》云二年汉王从五诸侯入彭城。尔时雍王犹在废丘被围,即非五诸侯之数也。寻此纪文,昭然可晓。前贤注释,并失指趣。"

②服虔曰:"大会也。"

③孟康曰:"故小县,在彭城南。"

④师古曰:"睢,音虽。"

⑤师古曰:"杀人既多,填于睢水。"

⑥师古曰:"晦,暗也。"

⑦郑氏曰:"滕公,夏侯婴也。"师古曰:"脱,音他活反。"

⑧师古曰:"此审食其及武帝时赵食其读皆与郦食其同,音异基。而近代学者,郦则为异基,审则为食基,赵则食其,非也。同是人名,更无别义,就中舛驳,何所据依?且荀悦《汉纪》三者并为异基字,断可知矣。太公、吕后避楚军,乃反与之相遇,而见拘执。"

⑨苏林曰,"以姓名侯也。"晋灼曰:"《外戚表》周吕令武侯泽也。吕,县名,封于吕以为国。"师古曰:"周吕,封名;令武,其谥也。苏云以姓名侯,非也。"

⑩师古曰:"县名也。"

⑪师古曰:"即今宋州虞城县。"

五月,汉王屯荥阳,萧何发关中老弱未傅者悉诣军。①韩信亦收兵与汉王会,兵复大振。与楚战荥阳南京、索间,破之。②筑甬道

属河，③以取敖仓粟。④魏王豹谒归视亲疾。⑤至则绝河津，反为
楚。⑥

①服虔曰："傅，音附。"孟康曰："古者二十而傅，三年耕有一年储，故二十
　三而后役之。"如淳曰："律，年二十三傅之畴官，各从其父畴学之，高不
　满六尺二寸以下为罢癃。《汉仪注》云民年二十三为正，一岁为卫士，一
　岁为材官骑士，习射御、骑驰、战陈，又曰年五十六衰老，乃得免为庶
　民，就田里。今老弱未尝傅者皆发之。未二十三为弱，过五十六为老。"
　师古曰："傅，著也。言著名籍，给公家徭役也。服音是。"
②应劭曰："京，县名。今有大索、小索亭。"晋灼曰："音册。"师古曰："音求
　索之索。"
③应劭曰："恐敌钞辎重，故筑垣墙如街巷也。"郑氏曰："甬，音踊。"师古
　曰："属，联也，音之欲反。"
④孟康曰："敖，地名，在荥阳西北，山上临河有大仓。
⑤师古曰："谒，请也。亲，谓母也。"
⑥师古曰："断其津济，以距汉军。"

六月，汉王还栎阳。壬午，立太子，赦罪人。令诸侯子在关中者
皆集栎阳为卫。引水灌废丘，废丘降，章邯自杀。雍州地定，八十余
县，置河上、渭南、中地、陇西、上郡。①令祠官祀天地、四方、上帝、
山川，以时祠之。兴关中卒，乘边塞。②关中大饥，米斛万钱，③人相
食。令民就食蜀汉。

①服虔曰："河上，即左冯翊也。渭南，京兆也。中地，右扶风也。"师古曰：
　"凡新置五郡。"
②李奇曰："乘，守也。"师古曰："乘，登也。登而守之，义与乘城同。"
③师古曰："一斛直万钱。"

秋八月，汉王如荥阳，谓郦食其曰："缓颊往说魏王豹，①能下
之，以魏地万户封生。"②食其往，豹不听。汉王以韩信为左丞相，与
曹参、灌婴俱击魏。食其还，汉王问："魏大将谁也？"对曰："柏直。"
王曰："是口尚乳臭，不能当韩信。③骑将谁也？"曰："冯敬。"曰："是
秦将冯无择子也，虽贤，不能当灌婴。步卒将谁也？"曰："项它。"④
曰："不能当曹参。吾无患矣。"九月，信等虏豹，传诣荥阳。定魏地，

置河东、太原、上党郡。信使人请兵三万人,愿以北举燕、赵,东击齐,南绝楚粮道。汉王与之。

①张晏曰:"缓颊,徐言引譬喻也。"

②师古曰:"生,犹言先生。他皆类此。"

③师古曰:"乳臭,言其幼少。"

④师古曰:"它,字与他同,并音徒何反。"

三年冬十月,韩信、张耳东下井陉击赵,①斩陈余,获赵王歇。置常山、代郡。甲戌晦,日有食之。十一月癸卯晦,日有食之。

①韦昭曰:"井陉,山名,在常山,今为县。"师古曰:"陉,音形。"

随何既说黥布,布起兵攻楚。楚使项声、龙且攻布,①布战不胜。十二月,布与随何间行归汉。汉王分之兵,与俱收兵至成皋。

①韦昭曰:"且,音子闲反。"

项羽数侵夺汉甬道,汉军乏食,与郦食其谋桡楚权。①食其欲立六国后以树党,②汉王刻印,将遣食其立之。以问张良,良发八难。汉王辍饭吐哺,③曰:"竖儒,④几败乃公事!"⑤令趣销印。⑥又问陈平,乃从其计,与平黄金四万斤,以间疏楚君臣。⑦

①服虔曰:"桡,弱也。"师古曰:"音女教反,其字从木。"

②师古曰:"树,立也。"

③师古曰:"辍,止也。哺,口中所含食也。饭,音扶晚反。哺,音步。"

④师古曰:"言其贱劣无智,若童竖也。"

⑤师古曰:"几,近也。乃,汝也。公,汉王自谓也。几,音巨依反。"

⑥师古曰:"趣,读曰促。促,速也。他皆类此。"

⑦师古曰:"间,音居苋反。次下反间,其音亦同。"

夏四月,项羽围汉荥阳,汉王请和,割荥阳以西者为汉。亚父劝项羽急攻荥阳,汉王患之。陈平反间既行,羽果疑亚父。亚父大怒而去,发病死。

五月,将军纪信曰:"事急矣!臣请诳楚,可以间出。"①于是陈平夜出女子东门二千余人,楚因四面击之。纪信乃乘王车,黄屋左纛,②曰:"食尽,汉王降楚。"楚皆呼万岁,之城东观,以故汉王得与数十骑出西门遁。令御史大夫周苛、魏豹、枞公守荥阳。③羽见纪信，问：“汉王安在？”曰：“已出去矣。”羽烧杀信。而周苛、枞公相谓曰：“反国之王，难与守城。”④因杀魏豹。

①师古曰：“间出，投间隙私出，若言间行、微行耳。纪信诈为汉王，而王出西门遁，是私出也。”

②李斐曰：“天子车以黄缯为盖里。纛，毛羽幢也，在乘舆车衡左方上注之。蔡邕曰以犛牛尾为之，如斗，或在騑头，或在衡。”应劭曰：“雉尾为之，在左骖，当镳上。”师古曰：“纛，音毒，又徒到反。应说非也。”

③应劭曰：“枞公者，不知其名，故曰公。”苏林曰：“音枞木之枞。”师古曰：“音千容反。”

④师古曰：“谓豹先已经畔汉。”

汉王出荥阳，至成皋。自成皋入关，收兵欲复东。辕生说汉王①曰：“汉与楚相距荥阳数岁，汉常困。愿君王出武关，项王必引兵南走，②王深壁，令阳、成皋间且得休息。使韩信等得辑河北赵地，③连燕齐，君王乃复走荥阳。如此，则楚所备者多，力分。汉得休息，复与之战，破之必矣。”汉王从其计，出军宛、叶间，④与黥布行收兵。羽闻汉王在宛，果引兵南，汉王坚壁不与战。是月，彭越渡睢，⑤与项声、薛公战下邳，破杀薛公。羽使终公守成皋，而自东击彭越。汉王引兵北，击破终公，复军成皋。

①文颖曰：“辕，姓。生，谓诸生。”

②师古曰：“走亦谓趋，向也，音奏。次后亦同。”

③师古曰：“辑与集同，谓和合也。《诗序》曰‘劳来还定安集之’。《春秋左氏传》曰‘群臣辑睦’。他皆类此。”

④师古曰：“叶，县名，古叶公之国，音式涉反。宛县、叶县之间也。”

⑤师古曰：“过睢水也。睢，音虽。”

六月，羽已破走彭越，①闻汉复军成皋，乃引兵西拔荥阳城，生得周苛。羽谓苛：“为我将，以公为上将军，封三万户。”周苛骂曰：“若不趋降汉，今为虏矣！②若非汉王敌也。”羽亨周苛，③并杀枞公，而虏韩王信，遂围成皋。汉王跳，④独与滕公共车出成皋玉门，⑤北渡河，宿小修武。⑥自称使者，晨驰入张耳、韩信壁，而夺之军。乃使张耳北收兵赵地。

①师古曰:"破之而令遁走。"

②师古曰:"若,汝也。趋,读曰促。"

③师古曰:"亨,谓煮而杀之,音普庚反。他皆类此。"

④如淳曰:"跳,音逃,谓走也。《史记》作逃。"晋灼曰:"跳,独出意也。"师
　　古曰:"晋说是也。音徒雕反。"

⑤张晏曰:"成皋北门。"

⑥晋灼曰:"在大修武城东。"

　　秋七月,有星孛于大角。①汉王得韩信军,复大振。八月,临河
南乡,②军小修武,欲复战。郎中郑忠说止汉王,高垒深堑勿战。汉
王听其计,使卢绾、刘贾将卒二万人,骑数百,③渡白马津入楚地,
佐彭越烧楚积聚。④复击破楚军燕郭西,⑤攻下睢阳、外黄十七城。
九月,羽谓海春侯大司马曹咎曰:"谨守成皋。即汉王欲挑战,慎勿
与战,⑥勿令得东而已。我十五日必定梁地,复从将军。"⑦羽引兵
东击彭越。汉王使郦食其说齐王田广,罢守兵,与汉和。

①李奇曰:"孛,彗类也,是谓妖星,所以除旧布新也。"师古曰:"孛,音步
　　内反。"

②师古曰:"乡,读曰向。"

③苏林曰:"绾,音以绳绾结物之绾。"师古曰:"音乌板反。"

④师古曰:"所畜军粮刍稿之属也。积,音子赐反。聚,音才喻反。"

⑤师古曰:"燕,县名,古南燕国。"

⑥李奇曰:"挑,音徒了反。"臣瓒曰:"挑战,撋娆敌求战也,古谓之致师。"
　　师古曰:"李音瓒说是。撋,音他历反。娆,音乃了反。"

⑦师古曰:"从,就也。"

　　四年冬十月,韩信用蒯通计,袭破齐。齐王亨郦生,东走高密。
项羽闻韩信破齐,且欲击楚,使龙且救齐。汉果数挑成皋战,楚军不
出,使人辱之数日,大司马咎怒,渡兵汜水。①士卒半渡,汉击之,大
破楚军,尽得楚国金玉货赂。大司马咎、长史欣皆自刭汜水上。汉
王引兵渡河,复取成皋,军广武,②就敖仓食。

①张晏曰："泜水在济阴界。"如淳曰："泜，音祇。《左传》曰'鄢在郑地
　　泜'。"臣瓒曰："高祖攻曹咎于成皋，咎渡泜水而战，今成皋城东泜水是
　　也。"师古曰："瓒说得之。此水不在济阴也。'鄢在郑地泜'，释者又云在
　　襄城，则非此也。此水旧读音凡，今彼乡人呼之音祇。"

②孟康曰："于荥阳筑两城而相对，名为广武城，在敖仓西三室山上。"

　　羽下梁地十余城，闻海春侯破，乃引兵还。汉军方围钟离眛于
荥阳东，①闻羽至，尽走险阻。②羽亦军广武，与汉相守。丁壮苦军
旅，老弱罢转饷。③汉王、羽相与临广武之间而语。羽欲与汉王独身
挑战，汉王数羽曰：④"吾始与羽俱受命怀王，曰：先定关中者王之。
羽负约，王我于蜀汉，罪一也；羽矫杀卿子冠军，自尊，罪二也；⑤羽
当以救赵还报，⑥而擅劫诸侯兵入关，罪三也；怀王约入秦无暴掠，
羽烧秦宫室，掘始皇帝冢，收私其财，罪四也；⑦又强杀秦降王子
婴，罪五也；诈坑秦子弟新安二十万，王其将，⑧罪六也；皆王诸将
善地，而徙逐故主，令臣下争畔逆，罪七也；出逐义帝彭城，自都之，
夺韩王地，并王梁、楚，多自与，罪八也；使人阴杀义帝江南，罪九
也；夫为人臣而杀其主，杀其已降，为政不平，主约不信，天下所不
容，大逆无道，罪十也。吾以义兵从诸侯诛残贼，使刑余罪人击
公，⑨何苦乃与公挑战！"羽大怒，伏弩射中汉王。汉王伤胸，乃扪足
曰："虏中吾指！"⑩汉王病创卧，张良强请汉王起行劳军，以安士
卒，⑪毋令楚乘胜。汉王出行军，疾甚，因驰入成皋。

①师古曰："眛，音莫葛反。其字从本末之末。"

②师古曰："走，音奏。"

③师古曰："罢，读曰疲。转，运也；饷，馈也，音式向反。"

④师古曰："数，责其罪也。音所具反。"

⑤如淳曰："卿者，卿大夫之号。子者，子男之爵。冠军，人之首也。"文颖
　　曰："卿子，时人相褒尊之辞，犹言公子也。时上将，故言冠军。"师古曰：
　　"矫，托也，托怀王命而杀之也。卿子冠军，文说是也。"

⑥李奇曰："前受命于怀王往救赵，当还反报。"

⑦师古曰："掘而发之，收取其财以私自有也。掘，音其勿反。"

⑧李奇曰："章邯等为王。"

⑨师古曰："言轻贱也。"

⑩师古曰："扪，摸也。伤胸而扪足者，以安众也。扪，音门。中，音竹仲反。"

⑪师古曰："行，音下更反。其下亦同。"

十一月，韩信与灌婴击破楚军，杀楚将龙且，追至城阳，虏齐王广。齐相田横自立为齐王，奔彭越。汉立张耳为赵王。

汉王疾瘳，①西入关，至栎阳，存问父老，置酒。枭故塞王欣头栎阳市。②留四日，复如军，军广武。关中兵益出，而彭越、田横居梁地，往来苦楚兵，绝其粮食。

①师古曰："瘳与愈同。愈，差也。"

②师古曰："枭，县首于木上。"

韩信已破齐，使人言曰："齐边楚，①权轻，不为假王，恐不能安齐。"汉王怒，欲攻之。张良曰："不如因而立之，使自为守。"春二月，遣张良操印，立韩信为齐王。②秋七月，立黥布为淮南王。八月，初为算赋。③北貉、燕人来致枭骑助汉。④汉王下令：⑤军士不幸死者，吏为衣衾棺敛，⑥转送其家。⑦四方归心焉。⑧

①师古曰："边，共为边界。"

②师古曰："操，持也，音千高反。"

③如淳曰："《汉仪注》民年十五以上至五十六出赋钱，人百二十为一算，为治库兵车马。"

④应劭曰："北貉，国也。枭，健也。"张晏曰："枭，勇也，若六博之枭也。"师古曰："貉在东北方，三韩之属皆貉类也，音莫客反。"

⑤师古曰："令，教命也。下，音胡嫁反。他皆类此。"

⑥师古曰："棺，音工唤反。敛，音力赡反。与作衣衾而敛尸于棺。"

⑦师古曰："转，传送也。"

⑧师古曰："以仁爱故。"

项羽自知少助，食尽，韩信又进兵击楚，羽患之。汉遣陆贾说羽，请太公，羽弗听。汉复使侯公说羽，羽乃与汉约中分天下：割鸿沟以西为汉，①以东为楚。九月，归太公、吕后，军皆称万岁。乃封侯公为平国君。②羽解而东归。汉王欲西归，张良、陈平谏曰："今汉有天下太半，③而诸侯皆附，楚兵罢食尽，④此天亡之时，不因其几而遂取之,⑤此养虎自遗患也。"汉王从之。

①应劭曰:"在荥阳东南二十里。"文颖曰:"于荥阳下引河东南为鸿沟,以
　通宋、郑、陈、蔡、曹、卫,与济、汝、淮、泗会于楚,即今官渡水也。"

②师古曰:"以其善说,能平和邦国。"

③韦昭曰:"凡数三分有二为太半,有一分为少半。"

④师古曰:"罢,读曰疲。"

⑤郑氏曰:"几,微也。"师古曰:"几,危也。"

汉书卷一下
帝纪第一下

高祖下

　　五年冬十月,汉王追项羽至阳夏南,①止军,与齐王信、魏相国越期会击楚,至固陵,②不会。楚击汉军,大破之。汉王复入壁,深堑而守。谓张良曰:"诸侯不从,奈何?"良对曰:"楚兵且破,未有分地,③其不至固宜。④君王能与共天下,可立致也。⑤齐王信之立,非君王意,信亦不自坚。⑥彭越本定梁地,始君王以魏豹故,拜为相国。今豹死,越亦望王,而君王不早定。今能取睢阳以北至谷城,皆以王彭越;⑦从陈以东傅海与齐王信,⑧信家在楚,其意欲复得故邑。能出捐此地以许两人,⑨使各自为战,则楚易散也。"于是汉王发使使韩信、彭越。至,皆引兵来。

　　①师古曰:"夏,音工雅反,已解于上。"
　　②晋灼曰:"即固始也。"师古曰:"后改为固始耳。《地理志》固始属淮阳。"
　　③李奇曰:"信、越等未有益地之分。"师古曰:"分,音扶问反。"
　　④师古曰:"理宜然也。"
　　⑤师古曰:"共有天下之地,割而封之。"
　　⑥师古曰:"因信自请为假王,乃立之耳,故曰非君王意。"
　　⑦师古曰:"睢,音虽。"
　　⑧师古曰:"傅,读曰附。"
　　⑨师古曰:"捐,弃也,音弋全反。"

　　十一月,刘贾入楚地,围寿春。汉亦遣人诱楚大司马周殷。殷畔楚,以舒屠六,①举九江兵迎黥布,并行屠城父②,随刘贾皆会。

①如淳曰："以舒之众屠破六县。"师古曰："六者,县名,即上所谓九江王
　　都六者也,后属庐江郡。"

②如淳曰："并行,并击也。"师古曰："城父,县名。父,音甫。"

十二月,围羽垓下。①羽夜闻汉军四面皆楚歌,②知尽得楚地,
羽与数百骑走,是以兵大败。灌婴追斩羽东城。③楚地悉定,独鲁不
下。汉王引天下兵欲屠之,为其守节礼义之国,乃持羽头示其父兄,
鲁乃降。初,怀王封羽为鲁公;及死,鲁又为之坚守,故以鲁公葬羽
于谷城。④汉王为发丧,哭临而去。⑤封项伯等四人为列侯,赐姓刘
氏。⑥诸民略在楚者,皆归之。汉王还至定陶,驰入齐王信壁,夺其
军。初,项羽所立临江王共敖前死,子尉嗣立为王,不降。遣卢绾、
刘贾击卢尉。

①应劭曰："垓,音该。"李奇曰："沛洨县聚邑名也。"师古曰："洨,音衡交
　　反。"

②应劭曰："楚歌者,鸡鸣歌也。汉已略得其地,故楚歌者多鸡鸣时歌也。"
　　师古曰："楚歌者,为楚人之歌,犹言吴歈越吟耳。若以鸡鸣为歌曲之
　　名,于理则可,不得云鸡鸣时也。高祖令戚夫人楚舞,自为作楚歌,岂亦
　　鸡鸣时乎?"

③晋灼曰："九江县。"

④师古曰："即济北谷城。"

⑤师古曰："临,音力禁反。"

⑥师古曰："皆羽之族,先有功于汉者。"

春正月,追尊兄伯号曰武哀侯。①下令曰："楚地已定,义帝亡
后,欲存恤楚众,以定其主。齐王信习楚风俗,更立为楚王,②王淮
北,都下邳。魏相国建城侯彭越勤劳魏民,卑下士卒,③常以少击
众,数破楚军,其以魏故地王之,号曰梁王,都定陶。"又曰："兵不得
休八年,万民与苦甚。④今天下事毕,其赦天下殊死以下。"⑤

①应劭曰："兄伯早亡,追谥之。"

②师古曰："更,改也。"

③师古曰："言安辑魏地,保其人众也。下,音胡稼反。"

④如淳曰："与,音相干与之与。"师古曰："音弋庶反。"

⑤如淳曰："死罪之明白也。《左传》曰斩其木而弗殊。"韦昭曰："殊，斩刑也。"师古曰："殊，绝也，异也，言其身首离绝而异处也。"

于是诸侯上疏曰："楚王韩信、韩王信、淮南王英布、梁王彭越、故衡山王吴芮，①赵王张敖、燕王臧荼昧死再拜言，②大王陛下：③先时秦为亡道，天下诛之。大王先得秦王，定关中，于天下功最多。存亡定危，救败继绝，以安万民，功盛德厚。又加惠于诸侯王有功者，使得立社稷。地分已定，而位号比拟，亡上下之分，④大王功德之著，于后世不宣。⑤昧死再拜上皇帝尊号。"汉王曰："寡人闻帝者贤者有也，⑥虚言亡实之名，非所取也。今诸侯王皆推高寡人，将何以处之哉？"诸侯王皆曰："大王起于细微，灭乱秦，威动海内。又以辟陋之地，⑦自汉中行威德，诛不义，立有功，平定海内，功臣皆受地食邑，非私之也。大王德施四海，诸侯王不足以道之，居帝位甚实宜，愿大王以幸天下。"⑧汉王曰："诸侯王幸以为便于天下之民，则可矣。"于是诸侯王及太尉长安侯臣绾等三百人，⑨与博士稷嗣君叔孙通⑩谨择良日二月甲午，上尊号，汉王即皇帝位于汜水之阳。⑪尊王后曰皇后，太子曰皇太子，追尊先媪曰昭灵夫人。

①张晏曰："汉元年，项羽立芮为衡山王，后又夺之地，谓之番君，是以口故。"

②张晏曰："秦以为人臣上书当言昧犯死罪而言，汉遂遵之。"

③应劭曰："陛者，升堂之陛。王者必有执兵陈于阶陛之侧，群臣与至尊言，不敢指斥，故呼在陛下者而告之，曰卑以达尊之意也。若今称殿下、阁下、侍者、执事，皆此类也。"

④师古曰："言大王与臣等并称王，是为比类相拟，无尊卑之差别也。地分，音扶问反。"

⑤师古曰："言位号不殊，则功德之著明者，不宣于后也。"

⑥师古曰："言贤德之人，乃可有帝号。"

⑦师古曰："辟，读曰僻。"

⑧晋灼曰："《汉仪注》民臣被其德以为侥幸。"师古曰："幸者，吉而免凶，可庆幸也，故福喜之事皆称为幸，而死谓之不幸。"

⑨师古曰："绾，卢绾也。"

⑩孟康曰:"稷嗣,邑名。"

⑪张晏曰:"在济阴界,取其泛爱弘大而润下也。"师古曰:"据《叔孙通传》曰为皇帝于定陶,则此水在济阴是也。音敷剑反。"

诏曰:①"故衡山王吴芮与子二人、兄子一人,从百粤之兵,②以佐诸侯,诛暴秦,有大功,诸侯立以为王。项羽侵夺之地,谓之番君。③其以长沙、豫章、象郡、桂林、南海立番君芮为长沙王。"④又曰:"故粤王亡诸世奉粤祀,秦侵夺其地,使其社稷不得血食。⑤诸侯伐秦,亡诸身帅闽中兵以佐灭秦,⑥项羽废而弗立。今以为闽粤王,王闽中地,勿使失职。"

①如淳曰:"诏,告也。自秦汉以下,唯天子独称之。"

②服虔曰:"非一种,若今言百蛮也。"

③师古曰:"番,音蒲何反。"

④臣瓒曰:"《茂陵书》象郡治临尘,去长安万七千五百里。"文颖曰:"桂林,今郁林也。"师古曰:"桂林,今之桂州境界左右皆是其地,非郁林也。"

⑤师古曰:"祭者尚血腥,故曰血食也。"

⑥如淳曰:"闽,音缗。"应劭曰:"音文饰之文。"师古曰:"闽越,今泉州建安是其地也。其人本蛇种,故其字从虫。如音是也。虫,音许尾反。"

帝乃西都洛阳。夏五月,兵皆罢归家。诏曰:"诸侯子在关中者复之十二岁。①其归者半之。②民前或相聚保山泽,不书名数。③今天下已定,令各归其县,复故爵田宅④,吏以文法教训辨告,勿笞辱。⑤民以饥饿自卖为人奴婢者,皆免为庶人。军吏卒会赦,其亡罪而亡爵及不满大夫者,皆赐爵为大夫。⑥故大夫以上赐爵各一级,⑦其七大夫以上,皆令食邑,⑧非七大夫以下,皆复其身及户,勿事。"⑨又曰:"七大夫、公乘以上,皆高爵也。⑩诸侯子及从军归者,甚多高爵。吾数诏吏先与田宅,及所当求于吏者,亟与。⑪爵或人君,上所尊礼,⑫久立吏前,曾不为决,⑬甚亡谓也。⑭异日,秦民爵公大夫以上,令丞与亢礼。⑮今吾于爵非轻也,吏独安取此!⑯且法以有功劳行田宅,⑰今小吏未尝从军者多满,⑱而有功者顾不得,⑲背公立私,守尉长吏教训甚不善。⑳其令诸吏善遇高爵,称吾

意。㉑且廉问,有不如吾诏者,以重论之。"㉒

①师古曰:"复,音方目反。"

②师古曰:"各已还其本土者,复六岁也。"

③师古曰:"保,守也,安也。守而安之,以避难也。名数,谓户籍也。"

④师古曰:"复,还也,音扶目反。"

⑤师古曰:"辨告者,分别义理以晓喻之。"

⑥如淳曰:"军吏卒会赦,得免罪,及本无罪而亡爵级者,皆赐爵为大夫。"师古曰:"大夫,第五爵也。"。"

⑦师古曰:"就加之也。级,等也。"

⑧臣瓒曰:"秦制,列侯乃得食邑,今七大夫以上皆食邑,所以宠之也。"师古曰:"七大夫,公大夫也,爵第七,故谓之七大夫。"

⑨应劭曰:"不输户赋也。"如淳曰:"事,谓役使也。"师古曰:"复其身及一户之内皆不徭赋也。复,音扶目反。"

⑩师古曰:"公乘,第八爵。"

⑪师古曰:"亟,急也,音居力反。"

⑫师古曰:"爵高有国邑者,则自君其人,故云或人君也。上,谓天子。"

⑬师古曰:"有辨讼及陈请者,不早为决断。"

⑭师古曰:"亡谓者,失于事宜,不可以训。"

⑮应劭曰:"言从公大夫以上,民与令丞亢礼。亢礼者,长揖不拜。"师古曰:"异日,犹言往日也。亢者,当也,言高下相当,无所卑屈,不独谓揖拜也。"

⑯师古曰:"于何得此轻爵之法也。"

⑰苏林曰:"行,音行酒之行,犹付与也。"

⑱如淳曰:"多自满足也。"

⑲师古曰:"顾,犹反也,言若人反顾然。"

⑳师古曰:"守,郡守也。尉,郡尉也。长吏,谓县之令长。"

㉑师古曰:"称,副也。"

㉒师古曰:"廉,察也。廉字本作覝,其音同耳。"

帝置酒雒阳南宫。上曰:①"通侯诸将②毋敢隐朕,③皆言其情。吾所以有天下者何?项氏之所以失天下者何?"高起、王陵对曰:④"陛下嫚而侮人,⑤项羽仁而敬人。然陛下使人攻城略地,所

降下者因以与之，与天下同利也。项羽妒贤嫉能，有功者害之，贤者
疑之，战胜而不与人功，得地而不与人利，此其所以失天下也。"上
曰："公知其一，未知其二。夫运筹帷幄之中，决胜千里之外，吾不如
子房；填国家，抚百姓，给饷馈，不绝粮道，吾不如萧何，⑥连百万之
众，战必胜，攻必取，吾不如韩信。三者皆人杰，吾能用之，⑦此吾所
以取天下者也。项羽有一范增而不能用，此所以为我禽也。"群臣说
服。⑧

①如淳曰："蔡邕云上者尊位所在也。但言上，不敢言尊号耳。"

②应劭曰："旧曰彻侯，避武帝讳曰通侯。通亦彻也。通者，言其功德通于
　　王室也。"张晏曰："后改为列侯。列者，见序列也。"

③如淳曰："朕，我也。蔡邕曰古者上下共之。咎繇与帝舜言称朕，屈原曰
　　'朕皇考'，至秦独以为尊称，汉遂因之而不改也。"

④张晏曰："诏使高官者起，故陵先对。"孟康曰："姓高，名起。"臣瓒曰：
　　《汉帝年纪》高帝时有信平侯臣陵、都武侯臣起。魏相、邴吉：高帝时
　　奏事有将军臣陵、臣起。"师古曰："张说非也。若言高官者起，则丞相
　　萧何、太尉卢绾及张良、陈平之属时皆在陵上，陵不得先对也。"

⑤师古曰："嫚，易也，读与慢同。"

⑥师古曰："填，与镇同。镇，安也。馈，亦馈字。"

⑦师古曰："杰，言桀然独出也。"

⑧师古曰："说，读曰悦。"

初，田横归彭越。项羽已灭，横惧诛，与宾客亡入海。上恐其久
为乱，遣使者赦横曰："横来，大者王，小者侯；①不来，且发兵加
诛。"横惧，乘传诣雒阳，②未至三十里，自杀。上壮其节，为流涕，发
卒二千人，以王礼葬焉。

①师古曰："大者，谓其长率，即横身也。小者，其徒属也。"

②如淳曰："律，四马高足为置传，四马中足为驰传，四马下足为乘传，一
　　马二马为轺传。急者乘一乘传。"师古曰："传者，若今之驿，古者以车，
　　谓之传车，其后又单置马，谓之驿骑。传，音张恋反。"

戍卒娄敬求见，说上曰："陛下取天下与周异，而都雒阳，不便。
不如入关，据秦之固。"上以问张良，良因劝上。是日，车驾西都长

安。①拜娄敬为奉春君，②赐姓刘氏。六月壬辰，大赦天下。

①师古曰："凡言车驾者，谓天子乘车而行，不敢指斥也。是日，即其日也。著是日者，言从善之速也。长安本秦之乡名，高祖作都焉。"

②张晏曰："春，岁之始也。今娄敬发事之始，故号曰奉春君也。"

秋七月，燕王臧荼反，上自将征之。九月，虏荼。诏诸侯王视有功者，立以为燕王。荆王臣信等十人①皆曰："太尉长安侯卢绾功最多，请立以为燕王。"使丞相哙将兵平代地。

①如淳曰："荆亦楚也。"贾逵曰："秦庄襄王名楚，故改讳荆，遂行于世。"晋灼曰："《诗》曰'奋伐荆楚'，自秦之先故以称荆也。"师古曰："晋说是也。《左传》又云'荆尸而举'，亦已久矣。"

利几反，上自击破之。利几者，项羽将。羽败，利几为陈令，降，上侯之颍川。上至雒阳，举通侯籍召之，①而利几恐，反。②

①苏林曰："都以侯籍召之。"

②师古曰："普召通侯，而利几自以项羽将，故恐惧而反也。"

后九月，徙诸侯子关中。治长乐宫。

六年冬十月，令天下县邑城。①

①张晏曰："皇后、公主所食曰邑。令各自筑其城也。"师古曰："县之与邑，皆令筑城。"

人告楚王信谋反，上问左右，左右争欲击之。用陈平计，乃伪游云梦。①十二月，会诸侯于陈，楚王信迎谒，因执之。诏曰："天下既安，豪桀有功者封侯，新立，未能尽图其功。②身居军九年，或未习知法令，或以其故犯法，③大者死刑，吾甚怜之。其赦天下。"田肯贺上曰："甚善，陛下得韩信，又治秦中。④秦，形胜之国也，⑤带河阻山，县隔千里，⑥持戟百万，秦得百二焉。⑦地势便利，其以下兵于诸侯，譬犹居高屋之上建瓴水也。⑧夫齐，东有琅邪、即墨之饶，⑨南有泰山之固，西有浊河之限，⑩北有勃海之利，地方二千里，持戟百万，县隔千里之外，齐得十二焉。⑪此东西秦也。非亲子弟，莫可使王齐者。"上曰："善。"赐金五百斤。上还至雒阳，赦韩信，封为淮阴侯。

①韦昭曰："在南郡之华容也。"师古曰："梦,读如本字,又音莫风反。"

②师古曰："新立,言新即帝位也。图,谓谋而赏之。"

③韦昭曰："言未习令法今而犯之者,有司因以故犯法之罪罪之,故帝愍焉。"师古曰："此说非也。言以未习法令之故,不知避罪,遂致犯刑,帝原其本情,故加怜之。"

④师古曰："治,谓都之也。秦中,谓关中,秦地也。"

⑤张晏曰："得形势之胜便也。"

⑥郑氏曰："县,音悬。"师古曰："此本古之悬字耳,后人转用为州县字,乃更加心以别之,非当借音。他皆类此。"

⑦应劭曰："言河山之险,与诸侯相县隔,绝千里也。所以能禽诸侯者,得天下之利百二也。"李斐曰："河山之险,由地势高,顺流而下易,故天下于秦地隔千里也。持戟百万,秦得百二焉。"苏林曰："百二,得百中之二,二万人也。秦地险固,二万人足当诸侯百万人也。"师古曰："县隔千里,李、应得之。秦得百二,苏说是也。"

⑧如淳曰："瓴,盛水瓶也。居高屋之上而幡瓴水,言其向下之势易也。建,音謇。"苏林曰："瓴,读曰铃。"师古曰："如、苏音说皆是。建,音居偃反。"

⑨师古曰："二县近海,财用之所出。"

⑩晋灼曰："齐西有平原,河水东北过高唐。高唐即平原也。孟津号黄河,故曰浊河也。"

⑪应劭曰："齐得十之二耳,故愍王称东帝,后复归之,卒为秦所灭者,利钝之势异也。"李斐曰："齐有山河之限,地方二千里,是与天下县隔也。设有持戟百万之众,齐得十中之二焉。百万十分之二,亦二十万也。但文相避,故言东西秦,其势敌也。"苏林曰："十二,得十中之二,二十万人当百万。言齐虽固,不如秦二万乃当百万也。"晋灼曰："案文杀义,苏说是也。"师古曰："苏、晋之释,得其意也。秦得百二者,二万人当诸侯百万人也。齐得十二者,二十万人当诸侯百万也。所以言县隔千里外者,除去秦地,而齐乃与诸侯计利便也。"

　　甲申,始剖符封功臣曹参等为通侯。①诏曰："齐,古之建国也,今为郡县,其复以为诸侯。②将军刘贾数有大功,及择宽惠修洁者,王齐、荆地。"春正月丙午,韩王信等奏请以故东阳郡、鄣郡、吴郡五十三县立刘贾为荆王，③以砀郡、薛郡、郯郡三十六县立弟文信君交为楚王。④壬子，以云中、雁门、代郡五十三县立兄宜信侯喜为代王，以胶东、胶西、临淄、济北、博阳、城阳郡七十三县立子肥为齐王，以太原郡三十一县为韩国，徙韩王信都晋阳。

①师古曰："剖，破也，与其合符而分授之也。剖，音普口反。"

②师古曰："为国以封诸侯王。"

③文颖曰："东阳，今下邳也。郯郡，今丹阳也。吴郡，本会稽也。"韦昭曰："郯郡，今故郯县也，后郡徙丹阳，转以为县，故谓之故郯也。"师古曰："郯，音章。"

④文颖曰："薛郡，今鲁国是也。郯郡，今东海郡也。"师古曰："郯，音谈。"

上已封大功臣三十余人，其余争功，未得行封。上居南宫，从复道上①见诸将往往耦语，以问张良。良曰："陛下与此属共取天下，今已为天子，而所封皆故人所爱，所诛皆平生仇怨。今军吏计功，以天下为不足用遍封，②而恐以过失及诛，故相聚谋反耳。"上曰："为之奈何？"良曰："取上素所不快，③计群臣所共知最甚者一人，先封以示群臣。"三月，上置酒，封雍齿，因趣丞相急定功行封。④罢酒，群臣皆喜，曰："雍齿且侯，吾属亡患矣！"

①如淳曰："复，音复，上下有道，故谓之复。"

②师古曰："言有功者多，而土地少。"

③师古曰："言有旧嫌者也。"

④师古曰："趣，读曰促。"

上归栎阳，五日一朝太公。太公家令说太公曰："天亡二日，土亡二王。皇帝虽子，人主也；太公虽父，人臣也。奈何令人主拜人臣！如此，则威重不行。"后上朝，太公拥彗，①迎门却行。②上大惊，下扶太公。太公曰："帝，人主，奈何以我乱天下法！"于是上心善家令言，③赐黄金五百斤。夏五月丙午，诏曰："人之至亲，莫亲于父子，故父有天下传归于子，子有天下尊归于父，此人道之极也。前日天下大乱，兵革并起，万民苦殃，朕亲被坚执锐，④自帅士卒，犯危难，平暴乱，立诸侯，偃兵息民，天下大安，此皆太公之教训也。诸王、通侯、将军、群卿、大夫已尊朕为皇帝，而太公未有号。今上尊太公曰太上皇。"⑤

①李奇曰:"为恭也,如今卒持帚也。"师古曰:"彗者,所以扫也,音似岁
　　反。"

②师古曰:"却,退而行也,音丘略反。"

③师古曰:"晋太子庶子刘宝云:善其发悟己心,因得尊崇父号,非善其令
　　父敬己。"

④师古曰:"被坚,谓甲胄也。执锐,谓利兵也。被,音皮义反。"

⑤师古曰:"太上,极尊之称也。皇,君也。天子之父,故号曰皇。不预治国,
　　故不言帝也。"

　　秋九月,匈奴围韩王信于马邑,信降匈奴。

　　七年冬十月,上自将击韩王信于铜鞮,①斩其将。信亡走,匈奴
与其将曼丘臣、王黄②共立故赵后赵利为王,③收信散兵,与匈奴
共距汉。上从晋阳连战,乘胜逐北,至楼烦,会大寒,士卒堕指者什
二三。④遂至平城,为匈奴所围七日,用陈平秘计得出。⑤使樊哙留
定代地。

①师古曰:"县名也。鞮,音丁奚反。"

②师古曰:"姓曼丘,名臣也。曼丘、母丘,本一姓也,语有缓急耳。曼,音
　　万。"

③师古曰:"故赵,六国时赵也。"

④师古曰:"十人之中,二三堕指。"

⑤应劭曰:"陈平使画工图美女,间道人遗于阏氏,云汉有美女如此,今皇
　　帝困厄,欲献之。阏氏畏其夺己宠,因谓单于曰:'汉天子亦有神灵,得
　　其土地,非能有也。'于是匈奴开其一角,得突出。"郑氏曰:"以计鄙陋,
　　故秘不传。"师古曰:"应氏之说出桓谭《新论》,盖谭以意测之,事当然
　　耳,非记传所说也。"

　　十二月,上还,过赵,不礼赵王。是月,匈奴攻代,代王喜弃国,
自归雒阳,赦为合阳侯。辛卯,立子如意为代王。

　　春,令郎中有罪耐以上,请之。①民产子,复勿事二岁。②

①应劭曰:"轻罪不至于髡,完其耏鬓,故曰耏。古耏字从彡,发肤之意也。
　　杜林以为法度之字皆从寸,后改如是。言耏罪已上,皆当先请也。耏,音

若能。"如淳曰:"耐犹任也,任其事也。"师古曰:"依应氏之说,釱当音
而,如氏之解则音乃代反,其义亦两通。釱,谓颊旁毛也。彡,毛发貌也,
音所廉反,又先廉反。而《功臣侯表》宣曲侯通釱为鬼薪,则应氏之说,
斯为长矣。"

②师古曰:"勿事,不役使也。"

　二月,至长安。萧何治未央宫,立东阙、北阙、前殿、武库、大
仓。①上见其壮丽,甚怒,谓何曰:"天下匈匈,劳苦数岁,成败未可
知,②是何治宫室过度也!"何曰:"天下方未定,故可因以就宫
室③。且夫天子以四海为家,非令壮丽亡以重威,且亡令后世有以
加也。"上说。④自栎阳徙都长安。置宗正官,以序九族。夏四月,行
如雒阳。⑤

①师古曰:"未央殿虽南向,而上书奏事谒见之徒皆诣北阙,公车司马亦
　在北焉。是则以北阙为正门,而又有东门、东阙。至于西南两面,无门阙
　矣。盖萧何初立未央宫,以厌胜之术,理宜然乎。"

②师古曰:"匈匈,喧扰之意。"

③师古曰:"就,成也。"

④师古曰:"说,读曰悦。"

⑤师古曰:"如,往也。"

　八年冬,上东击韩信余寇于东垣。①还过赵,赵相贯高等耻上
不礼其王,阴谋欲弑上。上欲宿,心动,问:"县名何?"曰:"柏人。"上
曰:"柏人者,迫于人也。"去弗宿。

①孟康曰:"真定也。"师古曰:"垣,音辕。"

　十一月,令士卒从军死者为槥,①归其县,县给衣衾棺葬具,②
祠以少牢,长吏视葬。十二月,行自东垣至。③

①服虔曰:"槥,音卫。"应劭曰:"小棺也,今谓之椟。"

②如淳曰:"棺,音贯,谓棺敛之服也。"臣瓒曰:"初以槥致其尸于家,县官
　更给棺衣更敛之也。《金布令》曰:不幸死,死所为椟,传归所居县,赐以
　衣棺也。"师古曰:"初为槥椟,至县更给衣及棺,备其葬具耳。不劳改读
　音为贯也。《金布》者,令篇名,若今言《仓库令》也。"

③师古曰:"至京师。"

春三月,行如雒阳。令吏卒从军至平城及守城邑者,①皆复终身,勿事。②爵非公乘以上毋得冠'刘氏冠'。③贾人毋得衣锦绣、绮縠绵纻罽,操兵,乘骑马。④秋八月,吏有罪未发觉者,赦之。九月,行自雒阳至,淮南王、梁王、赵王、楚王皆从。

①如淳曰:"平城左右诸城能坚守也。"

②师古曰:"复,音方目反。"

③文颖曰:"即竹皮冠也。"

④师古曰:"贾人,坐贩买者也。绮,文缯也,即今之细绫也。绤,细葛也。纻,织纻为布及疏也。罽,织毛,若今氍及氀毼之类也。操,持也。兵,凡兵器也。乘,驾车也。骑,单骑也。贾,音古。绤,音丑知反。纻,音仁。罽,音居例反。操,音千高反。"

九年冬十月,淮南王、梁王、赵王、楚王朝未央宫。置酒前殿,上奉玉卮①为太上皇寿,②曰:"始大人常以臣亡赖,③不能治产业,不如仲力。④今某之业所就孰与仲多?"⑤殿上群臣皆称万岁,大笑为乐。

①应劭曰:"饮酒礼器也,古以角作,受四升。古卮字作觗。"晋灼曰:"音支。"师古曰:"卮,饮酒圆器也,今尚有之。"

②师古曰:"进酒而献寿也,已解于上。"

③应劭曰:"赖者,恃也。"晋灼曰:"许慎云'赖,利也',无利入于家也。或曰:江淮之间谓小儿多诈狡狯为亡赖。"师古曰:"晋说是也。狯,音工外反。"

④服虔言:"力,勤力也。"

⑤师古曰:"就,成也。与,亦如也。"

十一月,徙齐楚大族昭氏、屈氏、景氏、怀氏、田氏五姓关中,与利田宅。①十二月,行如雒阳。

①师古曰:"利,谓便好也。屈,音九勿反。"

贯高等谋逆发觉,逮捕高等,①并捕赵王敖下狱。诏敢有随王,罪三族。②郎中田叔、孟舒等十人自髡钳为王家奴,③从王就狱。王

实不知其谋。春正月,废赵王敖为宣平侯。徙代王如意为赵王,王
赵国。丙寅,前有罪殊死以下,皆赦之。二月,行自雒阳至。贤赵臣
田叔、孟舒等十人,召见与语,汉廷臣无能出其右者。④上说,⑤尽
拜为郡守、诸侯相。

①师古曰:"逮捕,谓事相连及者皆捕之也。一曰,在道守禁,相属不绝,若
今之传送囚耳。"

②张晏曰:"父母、兄弟、妻子也。"如淳曰:"父族、母族、妻族也。"师古曰:
"如说是也。"

③师古曰:"钳,以铁束颈也,音其炎反。"

④师古曰:"古者以右为尊,言材用无能过之者,故云不出其右也。他皆类
此。"

⑤师古曰:"说,读曰悦。"

夏六月乙未晦,日有蚀之。

十年冬十月,淮南王、燕王、荆王、梁王、楚王、齐王、长沙王来
朝。夏五月,太上皇后崩。①秋七月癸卯,太上皇崩,葬万年。②赦栎
阳囚死罪以下。③八月,令诸侯王皆立太上皇庙于国都。

①如淳曰:"《王陵传》楚取太上皇、吕后为质。又项羽执太公、吕后,不见
归媪也。又上五年迫尊母媪为昭灵大人,高后时乃追尊为昭灵后耳。
《汉仪注》高帝母兵起时死小黄北,后于小黄作陵庙。以此二者推之,不
得有太上皇后崩也。"李奇曰:"高祖后母也。"晋灼曰:"五年,追尊先媪
曰昭灵夫人,言追尊,则明其已亡。《史记》十年春无事,七月太上皇崩,
葬栎阳宫,明此长'夏五月,太上皇后崩'八字也。又《汉仪注》先媪已葬
陈留小黄。"师古曰:"如、晋二说皆得之,无此太上皇后也。诸家之说更
有异端,适为烦秽,不足采也。"

②师古曰:"《三辅黄图》云:高祖初居栎阳,故太上皇因在栎阳。十年,太
上皇崩,葬其北原,起万年邑,置长丞也。"

③臣瓒曰:"万年陵在栎阳县界,故特赦之。"

九月,代相国陈豨反。①上曰:"豨尝为吾使,甚有信。②代地吾
所急,故封豨为列侯,以相国守代,今乃与王黄等劫掠代地!吏民非
有罪也。能去豨、黄来归者,皆舍之。"③上自东,至邯郸。上喜曰:

"豨不南据邯郸而阻漳水,吾知其亡能为矣。"赵相周昌奏:"常山二十五城,亡其二十城,请诛守尉。"④上曰:"守尉反乎?"对曰:"不。"上曰:"是力不足,亡罪。"上令周昌选赵壮士可令将者,白见四人。⑤上嫚骂曰:⑥"竖子能为将乎!"四人惭,皆伏地。上封各千户,以为将。左右谏曰:"从入蜀汉,伐楚,赏未遍行,今封此,何功?"上曰:"非汝所知。陈豨反,赵代地皆豨有。吾以羽檄征天下兵,未有至者,⑦今计唯独邯郸中兵耳。吾何爱四千户,不以慰赵子弟!"皆曰:"善。"又求"乐毅有后乎?"⑧得其孙叔,封之乐乡,号华成君。问豨将,皆故贾人。上曰:"吾知与之矣。"⑨乃多以金购豨将,⑩豨将多降。

①邓展曰:"东海人名猪豨。"师古曰:"豨,音许岂反。"

②师古曰:"为,音于伪反。"

③师古曰:"去,谓弃离之而来也。"

④师古曰:"守者,郡守;尉者,郡尉也。"

⑤师古曰:"白于天子而召见也。"

⑥师古曰:"嫚者,深污也。"

⑦师古曰:"檄者,以木简为书,长尺二寸,用征召也。其有急事,则加以鸟羽插之,示速疾也。《魏武奏事》云:今边有警,辄露檄插羽。檄,音胡历反。"

⑧师古曰:"乐毅,战国时燕将也。"

⑨师古曰:"与,如也,言能如之何也。"

⑩师古曰:"购,设赏募也,音构。"

十一年冬,上在邯郸。豨将侯敞将万余人游行,王黄将骑千余军曲逆,①张春将卒万余人度河攻聊城。②汉将军郭蒙与齐将击,大破之。太尉周勃道太原入定代地,③至马邑,马邑不下,攻残之。④豨将赵利守东垣,高祖攻之不下。卒骂,上怒。城降,卒骂者斩之。诸县坚守不降反寇者,复租赋三岁。

①文颖曰:"今中山蒲阴是也。"

②师古曰:"即今博州聊城县。"

③师古曰:"道由太原也。"

④师古曰:"残,谓多所杀戮也。"

春正月,淮阴侯韩信谋反长安,夷三族。将军柴武斩韩王信于参合。①

①师古曰:"代之县也。"

上还雒阳。诏曰:"代地居常山之北,与夷狄边,赵乃从山南有之,远数有胡寇,难以为国。颇取山南太原之地益属代,①代之云中以西为云中郡,则代受边寇益少矣。王、相国、通侯、吏二千石择可立为代王者。"燕王绾、相国何等三十三人皆曰:"子恒贤知温良,请立以为代王,都晋阳。"②大赦天下。

①师古曰:"少割以益之,不尽取也。颇,音普我反。后皆类此。"

②如淳曰:"《文纪》言都中都,又文帝过太原,复晋阳、中都二岁,似迁都于中都也。"

二月,诏曰:"欲省赋甚。①今献未有程,②吏或多赋以为献,而诸侯王尤多,民疾之。③令诸侯王、通侯常以十月朝献,及郡各以其口数率,④人岁六十三钱,以给献费。"又曰:"盖闻王者莫高于周文,伯者莫高于齐桓,⑤皆待贤人而成名。今天下贤者智能岂特古之人乎?⑥患在人主不交故也,士奚由进!⑦今吾以天之灵,贤士大夫定有天下,以为一家。欲其长久,世世奉宗庙亡绝也。贤人已与我共平之矣,而不与吾共安利之,可乎?贤士大夫有肯从我游者,吾能尊显之。布告天下,使明知朕意。"御史大夫昌下相国,⑧相国酂侯下诸侯王,⑨御史中执法下郡守,⑩其有意称明德者,必身劝,为之驾,⑪遣诣相国府,署行、义、年。⑫有而弗言,觉,免。年老癃病,勿遣。"⑬

①师古曰:"意甚欲省赋敛也。"

②师古曰:"程,法式也。"

③师古曰:"诸侯王赋其国中,以为献物,又多于郡,故百姓疾苦之。"

④师古曰:"率,计也。"

⑤师古曰:"伯,读曰霸。"

⑥师古曰:"特,独也。"

⑦师古曰："奚,何也。"

⑧臣瓒曰："周昌已为赵相,御史大夫是赵尧耳。"

⑨臣瓒曰："《茂陵书》何封国在南阳,酂,音赞。"师古曰："瓒说是也。而或
云何封沛郡酂县,音才何反,非也。案《地理志》南阳酂县云侯国,沛酂
县不云侯国也。又南阳酂者,本是春秋时阴国,所谓迁阴于下阴者也。
今为襄州阴城县,有酂城,城西见有萧何庙。彼土又有筑水,筑水之阳
古曰筑阳县,与酂侧近连接。据何本传,何薨之后,子禄无嗣,高后封何
夫人同为酂侯,小子延为筑阳侯。孝文罢同,更封延为酂侯。是知何封
酂国兼得筑阳,此明验也。但酂字别有鄼音,是以沛之鄼县,《史记》、
《汉书》作鄼字,明其音同也。班固《泗水亭碑》以萧何相国所封,与何同
韵,于义无爽。然其封邑实在南阳,非沛县也。且《地理志》云:王莽改沛
鄼曰赞治,然则沛鄼亦有赞音。鄼、酂相乱,无所取信也。说者又引江统
《徂淮赋》以为证,此乃统之疏谬,不可考核,亦犹潘岳《西征》以陕之曲
沃为成师所居耳。斯例甚多,不可具载。"

⑩晋灼曰："中执法,中丞也。"

⑪文颖曰："有贤者,郡守身自往劝勉,令至京师,驾车遣之。"

⑫苏林曰："行状、年纪也。"

⑬师古曰："癃,疲病也,音隆。"

三月,梁王彭越谋反,夷三族。①诏曰:"择可以为梁王、淮阳王
者。"燕王绾、相国何等请立子恢为梁王,子友为淮阳王。罢东郡,颇
益梁;罢颍川郡,颇益淮阳。

①师古曰："夷,平也,谓尽诛除之。"

夏四月,行自雒阳至。令丰人徙关中者皆复终身。①

①应劭曰："太上皇思欲归丰,高祖乃更筑城寺市里如丰县,号曰新丰,徙
丰民以充实之。"师古曰："徙丰人所居,即今之新丰古城是其处。复,音
方目反。"

五月,诏曰:"粤人之俗,好相攻击。前时秦徙中县之民南方三
郡,①使与百粤杂处。②会天下诛秦,南海尉它居南方长治之,③甚
有文理,中县人以故不耗减,④粤人相攻击之俗益止,俱赖其力。今
立它为南粤王。"使陆贾即授玺绶。⑤它稽首称臣。

①如淳曰："中县之民,中国县民也。秦始皇略取强梁地以为桂林、象郡、

南海郡,故曰三郡。"

②李奇曰:"欲以介其间,使不相攻击也。"

③晋灼曰:"长,音长吏之长。"师古曰:"它,古佗字也,书本亦或作他,并音徒何反。它者,南海尉之名也,姓赵。长治,谓为之长帅而治理之也。"

④师古曰:"耗,损也,音火到反。"

⑤师古曰:"即,就也,就其所居而立之。"

六月,令士卒从入蜀、汉、关中者皆复终身。①

①师古曰:"复,音方目反。"

秋七月,淮南王布反。上问诸将,滕公言故楚令尹薛公有筹策。上召见,薛公言布形势,上善之,封薛公千户。诏王、相国择可立为淮南王者,群臣请立子长为王。上乃发上郡、北地、陇西车骑,巴蜀材官及中尉卒三万人①为皇太子卫,军霸上。布果如薛公言,东击杀荆王刘贾,劫其兵,度淮击楚,楚王交走入薛。上赦天下死罪以下,皆令从军;征诸侯兵,上自将击布。

①应劭曰:"材官,有材力者。"张晏曰:"材官、骑士习射御骑驰战陈,常以八月,太守、都尉、令、长、丞会都试,课殿最。水处则习船,边郡将万骑行障塞。光武时省。"韦昭曰:"中尉,即执金吾也。"

十二年冬十月,上破布军于会缶。①布走,令别将追之。

①孟康曰:"音侩保,邑名,属沛国蕲县。"苏林曰:"缶,音部。"晋灼曰:"蕲县乡名也。"师古曰:"会,音工外反。缶,音文瑞反。苏音是也。此字本作畚,而转写者误为缶字耳,音保,非也。《黥布传》则正作畚字,此足明其不作缶也。"

上还,过沛,留,置酒沛宫,悉召故人父老子弟佐酒。①发沛中儿得百二十人,教之歌。酒酣,②上击筑,③自歌曰:"大风起兮云飞扬,威加海内兮归故乡,安得猛士兮守四方!"令儿皆和习之。④上乃起舞,慷慨伤怀,⑤泣数行下。⑥谓沛父兄曰:"游子悲故乡。⑦吾虽都关中,万岁之后吾魂魄犹思沛。且朕自沛公以诛暴逆,遂有天下,其以沛为朕汤沐邑,⑧复其民,世世无有所与。"⑨沛父老诸母故人日乐饮极欢,道旧故为笑乐。⑩十余日,上欲去,沛父兄固请。上曰:"吾人众多,父兄不能给。"乃去。沛中空县皆之邑西献。⑪上留止,张饮三日。⑫沛父兄皆顿首曰:"沛幸得复,丰未得,唯陛下哀矜。"上曰:"丰者,吾所生长,极不忘耳。⑬吾特以其为雍齿故反我为魏。"沛父兄固请之,乃并复丰,比沛。

①应劭曰:"助行酒。"

②师古曰:"酣,洽也,胡甘反。"

③邓展曰:"筑,音竹。"应劭曰:"状似琴而大,头安弦,以竹击之,故名曰
　筑。"师古曰:"今筑形似瑟而细颈也。"

④师古曰:"和,音胡卧反。"

⑤师古曰:"慷,音口朗反。慨,音口代反。"

⑥师古曰:"泣,目中泪也。"

⑦师古曰:"游子,行客也。悲,谓顾念也。"

⑧师古曰:"凡言汤沐邑者,谓以其赋税供汤沐之具也。"

⑨师古曰:"复,音方目反。与,读曰豫。"

⑩师古曰:"言日日乐饮也。乐,并音来各反。"

⑪如淳曰:"献牛酒也。"师古曰:"之,往也。皆往邑西,竞有所献,故县中
　空无人。"

⑫张晏曰:"张,帷帐也。"师古曰:"张,音竹亮反。"

⑬师古曰:"极,至也。至念之不忘也。"

汉别将击布军洮水南北,①皆大破之,追斩布番阳。②周勃定代,斩陈豨于当城。③

①苏林曰:"洮,音兆。"

②师古曰:"番,音蒲何反。"

③韦昭曰:"代郡县也。"

诏曰:"吴,古之建国也。日者,荆王兼有其地,①今死亡后。朕欲复立吴王,其议可者。"长沙王臣等言:②"沛侯濞重厚,③请立为吴王。"已拜,上召谓濞曰:"汝状有反相。"因拊其背,曰:"汉后五十年东南有乱,岂汝邪?④然天下同姓一家,汝慎毋反。"濞顿首曰:"不敢。"

①师古曰:"日者,犹往日也。"

②师古曰："臣者，长沙王之名，吴芮之子也。今书本或臣下有芮字者，流俗妄加也。"

③服虔曰："濞，音滂濞。"师古曰："音普懿反。"

④应劭曰："高祖有聪略，反相径可知。至于东南有乱，克期五十，占者所知也。若秦始皇东巡以厌气，后刘、项起东南，疑当如此耳。"如淳曰："度其贮积足用为难，又吴楚世不宾服。"师古曰："应说是也。扪，谓摩循之。"

十一月，行自淮南还。过鲁，以大牢祠孔子。十二月，诏曰："秦皇帝、楚隐王、①魏安釐王、②齐愍王、③赵悼襄王④皆绝亡后。其与秦始皇帝守冢二十家，楚、魏、齐各十家，赵及魏公子亡忌各五家，⑤令视其冢，复亡与它事。"⑥

①师古曰："陈胜也。"

②师古曰："昭王之子也。釐，读曰僖。《汉书》僖谥及福禧字，例多为釐。"

③师古曰："宣王之子，为淖齿所杀。"

④师古曰："孝成王之子也。"

⑤师古曰："亡忌，即信陵君也。"

⑥师古曰："复，音方目反。与，读曰豫。"

陈豨降将言豨反时，燕王卢绾使人之豨所阴谋。①上使辟阳侯审食其迎绾，②绾称疾。食其言绾反有端。春二月，使樊哙、周勃将兵击绾。诏曰："燕王绾与吾有故，爱之如子，闻与陈豨有谋，吾以为亡有，故使人迎绾。绾称疾不来，谋反明矣。燕吏民非有罪也，赐其吏六百石以上爵各一级。与绾居，去来归者，赦之，③加爵亦一级。"诏诸侯王议可立为燕王者，长沙王臣等请立子建为燕王。

①师古曰："之，往也。"

②师古曰："辟，音必亦反。食其，音异基。"

③师古曰："先与绾居，今能去之来归汉者，赦其罪。"

诏曰："南武侯织亦粤之世也，立以为南海王。"①

①文颖曰："高祖五年，以象郡、桂林、南海、长沙立吴芮为长沙王。象郡、桂林、南海属尉佗，佗未降，遥虚夺以封芮耳。后佗降汉，十一年，更立佗为南越王，自此王三郡。芮唯得长沙、桂林、零陵耳。今复封织为南海王，复遥夺佗一郡，织未得王之。"

　　三月,诏曰:"吾立为天子,帝有天下,十二年于今矣。与天下之豪士贤大夫共定天下,同安辑之。①其有功者上致之王,次为列侯,下乃食邑。②而重臣之亲,或为列侯,皆令自致吏,得赋敛,女子,公主。③为列侯食邑者,皆佩之印,赐大第室。④吏二千石,徙之长安,受小第室。入蜀汉定三秦者,皆世世复。吾于天下贤士功臣,可谓亡负矣。其有不义背天子擅起兵者,与天下共伐诛之。⑤布告天下,使明知朕意。"

　　①师古曰:"辑,与集同。"

　　②师古曰:"谓非列侯而特赐食邑者。"

　　③如淳曰:"《公羊传》曰'天子嫁女于诸侯,必使诸侯同姓者主之',故谓之公主。《百官表》'列侯所食曰国,皇后、公主所食曰邑'。帝姊妹曰长公主,诸王女曰翁主。"师古曰:"如说得之。天子不亲主婚,故谓之公主。诸王即自主婚,故其女曰翁主。翁者,父也,言父主其婚也。亦曰王主,言王自主其婚也。高祖答项羽曰'吾翁即若翁也'。扬雄《方言》云'周、晋、秦、陇谓父曰翁'。而臣瓒、王楙或云公者比于上爵,或云主者妇人尊称,皆失之。"

　　④孟康曰:"有甲乙次第,故曰第也。"

　　⑤师古曰:"擅,专也,音上战反。他皆类此。"

　　上击布时,为流矢所中,行道疾。疾甚,吕后迎良医。医入见,上问医。曰:"疾可治。"于是上嫚骂之,曰:"吾以布衣提三尺取天下,①此非天命乎?命乃在天,虽扁鹊何益!"②遂不使治疾,赐黄金五十斤,罢之。吕后问曰:"陛下百岁后,萧相国既死,谁令代之?"上曰:"曹参可。"问其次,曰:"王陵可,然少戆,③陈平可以助之。陈平知有余,然难独任。周勃重厚少文,然安刘氏者必勃也,可令为太尉。"吕后复问其次,上曰:"此后亦非乃所知也。"④

　　①师古曰:"三尺,剑也。下《韩安国传》所云三尺亦同,而流俗书本或云提三尺剑,剑字,后人所加耳。"

　　②韦昭曰:"泰山卢人也,名越人,魏桓侯时医也。"臣瓒曰:"《史记》云:齐勃海人也。魏无桓侯。"师古曰:"瓒说是也。扁,音步典反。"

　　③师古曰:"戆,愚也,古音下绀反,今则竹巷反。"

④师古曰："乃,汝也。言自此之后,汝亦终矣,不复知之。"

卢绾与数千人居塞下候伺,幸上疾愈,自入谢。①夏四月甲辰,帝崩于长乐宫。②卢绾闻之,遂亡入匈奴。

①师古曰："冀得上疾愈,自入谢以为己身之幸也。"

②臣瓒曰："帝年四十二即位,即位十二年,寿五十三。"

吕后与审食其谋曰："诸将故与帝为编户民,①北面为臣,心常鞅鞅。②今乃事少主,非尽族是,天下不安。"③以故不发丧。人或闻,以语郦商。郦商见审食其曰："闻帝已崩,四日不发丧,欲诛诸将。诚如此,天下危矣。陈平、灌婴将十万守荥阳,樊哙、周勃将二十万定燕代,此闻帝崩,诸将皆诛,必连兵还乡,以攻关中。④大臣内畔,诸将外反,亡可跂足待也。"⑤审食其入言之,乃以丁未发丧,大赦天下。

①师古曰："编户者,言列次名籍也。编,音鞭。"

②师古曰："鞅鞅,不满足也,音于亮反。他皆类此。"

③师古曰："族,谓族诛之。是亦此也。"

④师古曰："乡,读曰向。还向,犹言反向、内向也。"

⑤文颖曰："跂,犹翘也。"如淳曰："跂,音如今作乐跂行之跂。"晋灼曰："许慎云'跂,举足小高也',音矫。"师古曰："晋说是也。"

五月丙寅,葬长陵。①已下,②皇太子群臣皆反至太上皇庙。群臣曰："帝起细微,拨乱世反之正,③平定天下,为汉太祖,功最高。"上尊号曰高皇帝。④

①臣瓒曰："自崩至葬凡二十三日。长陵在长安北四十里。"

②苏林曰："下,音下书之下。"郑氏曰："已下棺也。"师古曰:"苏音郑说是也。下,音胡亚反。"

③师古曰："反,还也,还之于正道。"

④师古曰："尊号,谥也。"

初,高祖不修文学,而性明达,好谋能听,自监门戍卒,见之如旧。初顺民心,作三章之约。天下既定,命萧何次律令,韩信申军法,张苍定章程,①叔孙通制礼仪,陆贾造《新语》。又与功臣剖符作誓,②丹书铁契,金匮石室,③藏之宗庙。虽日不暇给,规摹弘远矣。④

①如淳曰:"章,历数之章术也。程者,权衡丈尺斗斛之平法也。"师古曰:
"程,法式也。"

②如淳曰:"谓《功臣表》誓:使河如带,泰山若厉,国乃灭绝。"

③如淳曰:"金匮,犹金縢也。"师古曰:"以金为匮,以石为室,重缄封之,
保慎之义。"

④邓展曰:"若画工规模物之摹。"韦昭曰:"正员之器曰规。摹者,如画工
未施采事摹之矣。"师古曰:"取喻规摹,谓立制垂范也。给,足也。日不
暇足,言众事繁多,常汲汲也。"

赞曰:《春秋》晋史蔡墨有言,陶唐氏既衰,①其后有刘累,学扰
龙,事孔甲,②范氏其后也。③而大夫范宣子亦曰:"祖自虞以上为
陶唐氏,④在夏为御龙氏,⑤在商为豕韦氏,⑥在周为唐杜氏,⑦晋
主夏盟为范氏。"范氏为晋士师,⑧鲁文公世奔秦。⑨后归于晋,其
处者为刘氏。⑩刘向云战国时刘氏自秦获于魏。⑪秦灭魏,迁大
梁,⑫都于丰,故周市说雍齿曰:"丰,故梁徙也。"是以颂高祖云:
"汉帝本系,出自唐帝。降及于周,在秦作刘。涉魏而东,遂为丰
公。"⑬丰公,盖太上皇父。其迁日浅,坟墓在丰鲜焉。⑭及高祖即
位,置祠祀官,则有秦、晋、梁、荆之巫,⑮世祠天地,缀之以祀,岂不
信哉!⑯由是推之,汉承尧运,德祚已盛,断蛇著符,旗帜上赤,协于
火德,自然之应,得天统矣。⑰

①荀悦曰:"唐者,帝尧有天下号。陶,发声也。"韦昭曰:"陶唐皆国名,犹
汤称殷商矣。"臣瓒曰:"尧初居于唐,后居陶,故曰陶唐也。"师古曰:
"三家之说皆非也。许慎《说文解字》云:'陶,丘再成也,在济阴。《夏
书》曰东至陶丘。陶丘有尧城,尧尝居之,后居于唐,故尧号陶唐氏。'斯
得之矣。"

②应劭曰:"扰,驯也,能顺养得其嗜欲也。孔甲,夏天子也。"师古曰:"扰,
音绕,又音饶。"

③师古曰:"晋司空士蒍之孙士会为晋大夫,食采于范,因号范氏。"

④师古曰:"范宣子即士会之孙士匄也。"

⑤师古曰："即刘累也。"

⑥师古曰："豕韦,国名,在东郡白马县东南。"

⑦师古曰："唐、杜,二国名也。殷末,豕韦徙国于唐,周成王灭唐,迁之于杜,为杜伯。杜伯之子隰叔奔晋。士会即隰叔之玄孙也。唐,太原晋阳县也。杜,京兆杜县也。"

⑧师古曰："言晋为霸,主诸夏之盟,而范氏为晋正卿。"

⑨师古曰："文公六年,晋襄公卒,士会与先蔑如秦逆公子雍,欲以为嗣。七年,以秦师纳雍,而赵宣子立灵公,与秦师战,败之于刳首。先蔑奔秦,士会从之。"

⑩师古曰："文十三年,晋人使魏寿馀伪以魏畔,诱士会而纳之。秦人归其帑,其别族留在秦者,既无官邑,而乃复刘累之姓也。"

⑪文颖曰："六国时,秦伐魏,刘氏随军为魏所获,故得复居魏也。"师古曰："春秋之后,周室卑微,诸侯强盛,交相攻伐,故总谓之战国。"

⑫师古曰："秦昭王伐魏,魏惠王弃安邑,东徙大梁,更号曰梁,非始皇灭六国之时。"

⑬晋灼曰："涉犹入也。"

⑭师古曰："鲜,少也,音先浅反。"

⑮应劭曰："先人所在之国,悉致祠巫祝,博求神灵之意也。"文颖曰："巫,掌神之位次者也。范氏世什于晋,故祠祀有晋巫。范会支庶,留奉为刘氏,故有秦巫。刘氏随魏都大梁,故有梁巫。后徙丰,丰属荆,故有荆巫也。"

⑯师古曰："缀,言不绝也。"

⑰孟康曰："十一月天统,物萌色赤,故云得天统也。"臣瓒曰："汉承尧绪,为火德。秦承周后,以火代木,得天之统序,故曰得天统。汉初因秦正,至太初元年始用夏正,不用十一月为正也。"师古曰："瓒说得之。"

汉书卷二
帝纪第二

惠　帝

　　孝惠皇帝，①高祖太子也。母曰吕皇后。帝年五岁，高祖初为汉王。二年，立为太子。十二年四月，高祖崩。五月丙寅，太子即皇帝位，尊皇后曰皇太后。赐民爵一级。②中郎、郎中满六岁爵三级，四岁二级。③外郎满六岁二级。④中郎不满一岁一级。外郎不满二岁赐钱万。⑤宦官尚食比郎中。⑥谒者、执盾、执戟、武士、驺比外郎。⑦太子御骖乘赐爵五大夫，舍人满五岁二级。⑧赐给丧事者，二千石钱二万，六百石以上万，五百石、二百石以下至佐史五千。⑨视作斥上者，将军四十金，⑩二千石二十金，六百石以上六金，五百石以下至佐史二金。减田租，复十五税一。⑪爵五大夫、吏六百石以上及宦皇帝而知名者，有罪当盗械者，皆颂系。⑫上造以上及内外公孙、耳孙有罪当刑及当为城旦舂者，皆耐为鬼薪、白粲。⑬民年七十以上若不满十岁有罪当刑者，皆完之。⑭又曰："吏所以治民也，能尽其治则民赖之，故重其禄，所以为民也。⑮今吏六百石以上父母妻子与同居，及故吏尝佩将军都尉印将兵及佩二千石官印者，家唯给军赋，他无有所与。"⑯令郡诸侯王立高庙。⑰

　　①荀悦曰："讳盈之字曰满。"应劭曰："礼，谥法'柔质慈民曰惠'。"师古曰："孝子善述父之志，故汉家之谥，自惠帝已下皆称孝也。臣下以满字代盈者，则知帝讳盈也。他皆类此。"
　　②师古曰："帝初嗣位，为恩惠也。"

③苏林曰："中郎,省中郎也。"

④苏林曰："外郎,散郎也。"

⑤张晏曰："不满一岁,谓不满四岁之一岁,作郎三岁也。不满二岁,谓不满六岁之二岁,作郎四岁也。"师古曰："此说非也。直谓作郎未经一岁二岁耳。"

⑥应劭曰："宦官,阉寺也。尚,主也。旧有五尚。尚冠、尚帐、尚衣、尚席亦是。"如淳曰："主天子物曰尚,主文书曰尚书,又有尚符玺郎也。《汉仪注》省中有五尚,而内官妇人有诸尚也。"

⑦应劭曰："执盾、执戟,亲近陛卫也。武士,力士也,高祖使武士缚韩信是也。驸,驸骑也。"师古曰："驸本厩之驭者,后又令为骑,因谓驸骑耳。"

⑧师古曰："武士、驸以上,皆旧侍从天子之人也。舍人以上,太子之官属。"

⑨如淳曰："律有斗食、佐史。"韦昭曰："若今曹史书佐也。"师古曰："自五百石以下至于佐史,皆赐五千。今又言二百石者,审备其等也。"

⑩服虔曰："斥上,圹上也。"如淳曰："斥,开也。开土地为冢圹,故以开斥言之。"郑氏曰："四十金,四十斤金也。"晋灼曰："近上二千石赐钱二万,此言四十金,实金也。下凡言黄金,真金也。不言黄,谓钱也。《食货志》黄金一斤直万钱。"师古曰："诸赐言黄金者,皆与之金。不言黄者,一金与万钱也。"

⑪邓展曰："汉家初十五税一,俭于周十税一也。中间废,今复之也。"如淳曰："秦作阿房之宫,收太半之赋,遂行,至此乃复十五而税一。"师古曰："邓说是也。复,音房目反。"

⑫文颖曰："言皇帝者,以别仕诸王国也。"张晏曰："时诸侯治民,新承六国之后,咸慕乡邑,或贪逸豫乐,仕诸侯,今特为京师作优裕法也。"如淳曰："知名,谓宦人教帝书学,有可表异者也。盗者,逃也,恐其逃亡,故著械也。颂者,容也,言见宽容,但处曹吏舍,不入牢牢也。"师古曰："诸家之说皆非也。宦皇帝而知名者,谓虽非五大夫爵、六百石吏,而早事惠帝,特为所知,故亦优之,所以云及耳,非谓凡在京师异于诸王国,亦不必在于宦人教书学也。左宦之律起自武帝,此时未有。《礼记》曰'宦学事师',谓凡仕宦,非阉寺也。盗械者,凡以罪著械皆得称焉,不必逃亡也。据《山海经》,贰负之臣、相柳之尸皆云盗械,其义是也。古者颂与容同。五大夫,第九爵也。"

⑬应劭曰:"上造,爵满十六者也。内外公孙,谓王侯内外孙也。耳孙者,玄
孙之子也,言去其曾高益远,但耳闻之也。今以上造有功劳,内外孙有
骨血属婘,施德布惠,故事从其轻也。城旦者,旦起行治城;春者,妇人
不豫外徭,但春作米:皆四岁刑也。今皆就鬼薪、白粲。取薪给宗庙为鬼
薪,坐择米使正白为白粲,皆三岁刑也。"李斐曰:"耳孙,曾孙也。"张晏
曰:"公孙,宗室侯王之孙也。"晋灼曰:"耳孙,玄孙之曾孙也。《诸侯王
表》在八世。"师古曰:"上造,第二爵名也。内外公孙,国家宗室及外戚
之孙也。耳孙,诸说不同。据《平纪》及《诸侯王表》说'梁孝王玄孙之子
耳孙音'。耳,音仍。又《匈奴传》说握衍朐鞮单于,云'乌维单于耳孙'。
以此参之,李云曾孙是也。然《汉书》诸处又皆云曾孙非一,不应杂两称
而言。据《尔雅》'曾孙之子为玄孙,玄孙之子为来孙,来孙之子为昆孙,
昆孙之子为仍孙',从己而数,是为八叶,则与晋说相同。仍、耳,声相
近,盖一号也。但班氏唯存古名,而计其叶数则错也。婘,音连。"

⑭孟康曰:"不加肉刑,髡剃也。"师古曰:"若,预及之言也。谓七十以上及
不满十岁以下,皆完之也。剃,音他计反。"

⑮师古曰:"为,音于伪反。"

⑯师古曰:"同居,谓父母妻子之外若兄弟之子等见与同居业者,若今言
同籍及同财也。无有所与,与,读曰豫。"

⑰师古曰:"诸郡及诸侯王国皆立庙也。今书本郡下或有国字者,流俗不
晓,妄加之。"

元年冬十二月,赵隐王如意薨。民有罪,得买爵三十级以免死
罪。①赐民爵,户一级。

①应劭曰:"一级直钱二千,凡为六万,若今赎罪入三十匹缣矣。"师古曰:
"令出买爵之钱以赎罪。"

春正月,城长安。

二年冬十月,齐悼惠王来朝,献城阳郡以益鲁元公主邑,尊公
主为太后。①

①如淳曰:"张敖子偃为鲁王,故公主得为太后。"师古曰:"此说非也。盖
齐王忧不得脱,故从内史之言,请尊公主为齐太后,以母礼事之,用悦

媚吕太后耳。若鲁元以子为鲁王,自合称太后,何待齐王尊之乎?据《张
耳传》高后元年,鲁元太后薨。后六年,宣平侯敖薨。吕太后立敖子偃为
王,以母为太后故也。是则偃因母为齐王太后而得王,非母因偃乃为太
后也。"

春正月癸酉,有两龙见兰陵家人井中,①乙亥夕而不见。陇西
地震。

①师古曰:"家人,言庶人之家。"

夏旱。郃阳侯仲薨。①秋七月辛未,相国何薨。②

①师古曰:"高帝之兄,吴王濞父也。"

②师古曰:"萧何也。"

三年春,发长安六百里内男女十四万六千人城长安,三十日
罢。①

①郑氏曰:"城一面,故速罢。"

以宗室女为公主,嫁匈奴单于。

夏五月,立闽越君摇为东海王。①

①应劭曰:"摇,越王句践之苗裔也,帅百越之兵助高祖,故封。东海,在吴
郡东南滨海云。"师古曰:"即今泉州是其地。"

六月,发诸侯王、列侯徒隶二万人城长安。

秋七月,都厩灾。南越王赵佗称臣奉贡。①

①师古曰:"佗,音徒何反。"

四年冬十月壬寅,立皇后张氏。①

①师古曰:"张敖之女也。《史记》及《汉书》无名字,皇甫谧作《帝王世纪》,
皆为惠帝张后及孝文薄后已下别制名焉,至于薄父之徒亦立名字,何
从而得之乎?虽欲示博闻,不知陷于穿凿。"

春正月,举民孝弟力田者复其身。①

①师古曰:"弟者,言能以顺道事其兄也。弟,音徒计反。复,音方目反。"

三月甲子,皇帝冠,赦天下。省法令妨吏民者,除挟书律。①长
乐宫鸿台灾。宜阳雨血。

①应劭曰："挟,藏也。"张晏曰:"秦律,敢有挟书者族。"

秋七月乙亥,未央宫凌室灾;①丙子,织室灾。②

①师古曰:"凌室,藏冰之室也。《豳诗·七月》之篇曰'纳于凌阴'。"

②师古曰:"主织作缯帛之处。"

五年冬十月,雷;桃李华,枣实。

春正月,复发长安六百里内男女十四万五千人城长安,三十日罢。

夏,大旱。秋八月己丑,相国参薨。①

①师古曰:"曹参也。"

九月,长安城成。赐民爵,户一级。①

①师古曰:"家长受也。"

六年冬十月辛丑,齐王肥薨。令民得卖爵。女子年十五以上至三十不嫁,五算。①

①应劭曰:"《国语》越王句践令国中女子年十七不嫁者父母有罪,欲人民繁息也。汉律,人出一算,算百二十钱,唯贾人与奴婢倍算。今使五算,罪谪之也。"孟康曰:"或云复之也。"师古曰:"应说是。"

夏六月,舞阳侯哙薨。①起长安西市,修敖仓。

①师古曰:"樊哙也。"

七年冬十月,发车骑、材官诣荥阳,①太尉灌婴将。

①师古曰:"车,常拟军兴者,若近代之戎车也。骑,常所养马,并其人使行充骑,若今武马及所养者主也。材官,解在《高纪》。"

春正月辛丑朔,日有蚀之。

夏五月丁卯,日有蚀之,既。①

①师古曰:"既,尽也。"

秋八月戊寅,帝崩于未央宫。①九月辛丑,葬安陵。②

①臣瓒曰:"帝年十七即位,即位七年,寿二十四。"

②臣瓒曰:"自崩至葬凡二十四日。安陵在长安北三十五里。"师古曰:

"《三辅黄图》云:去长陵十里。"

　　赞曰:孝惠内修亲亲,外礼宰相,优宠齐悼、赵隐,恩敬笃矣。①
闻叔孙通之谏则惧然,②纳曹相国之对而心说,③可谓宽仁之主。
遭吕太后亏损至德,④悲夫!

　　①师古曰:"笃,厚也。"

　　②苏林曰:"谏复道乘衣冠道也。"师古曰:"惧,读曰瞿。瞿然,失守貌,音
　　　居具反。"

　　③苏林曰:"对修高帝制度、萧何法也。"师古曰:"说,读曰悦。"

　　④师古曰:"谓杀赵王,戮戚夫人,因以忧疾,不听政而崩。"

汉书卷三
帝纪第三

高　后

　　高皇后吕氏，①生惠帝。佐高祖定天下，父兄及高祖而侯者三
人。②惠帝即位，尊吕后为太后。太后立帝姊鲁元公主女为皇后，无
子，取后宫美人子名之以为太子。惠帝崩，太子立为皇帝，年幼，太
后临朝称制，③大赦天下。乃立兄子吕台、产、禄、台子通四人为
王，④封诸吕六人为列侯。语在《外戚传》。

　　①荀悦曰："讳雉之字曰野鸡。"应劭曰："礼，妇人从夫谥，故称高也。"师
　　　古曰："吕后名雉，字娥姁，故臣下讳雉也。姁，音许于反。"
　　②师古曰："父，谓临泗侯吕公也。兄，谓周吕侯泽、建成侯释之。"
　　③师古曰："天子之言，一曰制书，二曰诏书。制书者，谓为制度之命也。非
　　　皇后所得称。今吕太后临朝行天子事，断决万机，故称制诏。"
　　④苏林曰："台，音胞胎。"

　　元年春正月，诏曰："前日孝惠皇帝言欲除三族罪、妖言令，①
议未决而崩，今除之。"二月，赐民爵，户一级。初置孝弟力田二千石
者一人。②夏五月丙申，赵王宫丛台灾。③立孝惠后宫子强为淮阳
王，④不疑为恒山王，⑤弘为襄城侯，朝为轵侯，⑥武为壶关侯。秋，
桃李华。

　　①师古曰："罪之重者，戮及三族；过误之语，以为妖言。今谓重酷，皆除
　　　之。"
　　②师古曰："特置孝弟力田官而尊其秩，欲以劝厉天下，令各敦行务本。"

③师古曰："连聚非一,故名丛台。盖本六国时赵王故台也,在邯郸城中。"

④如淳曰："《外戚恩泽侯表》曰:皆吕氏子也,以孝惠子侯。"晋灼曰："《汉注》名长。"韦昭曰："今陈留郡。"

⑤如淳曰："今常山也,因避文帝讳改曰常。"

⑥师古曰："轵,音只。"

　　二年春,诏曰："高皇帝匡饬天下,①诸有功者皆受分地为列侯,②万民大安,莫不受休德。③朕思念至于久远而功名不著,亡以尊大谊,施后世。今欲差次列侯功以定朝位,④臧于高庙,世世勿绝,嗣子各袭其功位。其与列侯议定奏之。"丞相臣平言:⑤"谨与绛侯臣勃、⑥曲周侯臣商、⑦颍阴侯臣婴、⑧安国侯臣陵等议,⑨列侯幸得赐餐钱奉邑,⑩陛下加惠,以功次定朝位,⑪臣请臧高庙。"奏可。春正月乙卯,地震,羌道、⑫武都道山崩。⑬夏六月丙戌晦,日有蚀之。秋七月,恒山王不疑薨。行八铢钱。⑭

①师古曰："匡,正也。饬,整也。饬,读与敕同,其字从力。"

②师古曰："分,音扶问反。"

③师古曰："休,美也,音虚虬反。他皆类此。"

④师古曰："以功之高下为先后之次。"

⑤师古曰："陈平。"

⑥师古曰："周勃。"

⑦师古曰："郦商。"

⑧师古曰："灌婴。"

⑨师古曰："王陵。"

⑩应劭曰："餐,与飧同。诸侯四时皆得赐餐钱。"文颖曰："飧,邑中更名算钱,如今长吏食奉,自复滕钱,即租奉也。"韦昭曰："熟食曰飧,酒肴曰钱,粟米曰奉。税租奉禄,正所食也。四时得间赐,是为飧钱。飧,小食也。"师古曰："餐、飧,同一字耳,音千安反。飧,所谓吞食物也。餐钱,赐厨膳钱也。奉邑,本所食邑也。奉,音扶用反。"

⑪如淳曰："功大者位在上。《功臣侯表》有第一、第二之次。"

⑫服虔曰："县有夷蛮曰道。"师古曰："羌道属陇西郡。"

⑬师古曰："武都道属武都郡。"

555

⑭应劭曰:"本秦钱,质如周钱,文曰'半两',重如其文,即八铢也。汉以其太重,更铸荚钱,今民间名榆荚钱是也。民患其太轻,至此复行八铢钱。"

三年夏,江水、汉水溢,流民四千余家。①秋,星昼见。

①师古曰:"水所漂没也。"

四年夏,少帝自知非皇后子,出怨言,皇太后幽之永巷。①诏曰:"凡有天下治万民者,盖之如天,容之如地。上有欢心以使百姓,百姓欣然以事其上,欢欣交通而天下治。今皇帝疾久不已,乃失惑昏乱,不能继嗣奉宗庙,守祭祀,不可属天下。②其议代之。"群臣皆曰:"皇太后为天下计,所以安宗庙社稷甚深。顿首奉诏。"五月丙辰,立恒山王弘为皇帝。③

①如淳曰:"《列女传》周宣姜后脱簪珥,待罪永巷,后改为掖庭。"师古曰:"永,长也。本谓宫中之长巷也。"

②师古曰:"属,委也,音之欲反。"

③晋灼曰:"《史记》惠帝元年,子不疑为常山王,子山为襄城侯。二年,常山王薨,即不疑也。以弟襄城侯山为常山王,更名义。丙辰,立常山王义为帝。义更名弘。《汉书》一之,书弘以为正也。"师古曰:"即元年所立弘为襄城侯者,晋说是也。"

五年春,南粤王尉佗自称南武帝。①秋八月,淮阳王强薨。九月,发河东、上党骑屯北地。

①韦昭曰:"生以武为号,不稽古也。"师古曰:"此说非也。成汤曰'吾武甚',因自号武王。佗言武帝亦犹是耳,何谓其不稽古乎?"

六年春,星昼见。夏四月,赦天下。秩长陵令二千石。①六月,城长陵。②匈奴寇狄道,攻阿阳。③行五分钱。④

①应劭曰:"长陵,高祖陵,尊之,故增其令秩也。"

②张晏曰:"起县邑,故筑城也。"师古曰:"此说非也。《黄图》云:长陵城周

七里百八十步,因为殿垣,门四出,及便殿掖庭诸官寺皆在中,是即就陵为城,非止谓邑居也。"

③师古曰:"狄道属陇西。阿阳,天水之县也。今流俗书本或作河阳者,非也。"

④应劭曰:"所谓荚钱者。"

七年冬十二月,匈奴寇狄道,略二千余人。春正月丁丑,赵王友幽死于邸。己丑晦,日有蚀之,既。以梁王吕产为相国,赵王禄为上将军,立营陵侯刘泽为琅邪王。夏五月辛未,诏曰:"昭灵夫人,太上皇妃也;武哀侯、宣夫人,高皇帝兄姊也。①号谥不称,其议尊号。"丞相臣平等请尊昭灵夫人曰昭灵后,武哀侯曰武哀王,宣夫人曰昭哀后。六月,赵王恢自杀。秋九月,燕王建薨。南越侵盗长沙,遣隆虑侯灶将兵击之。②

①如淳曰:"皆追谥。"

②应劭曰:"灶,姓周,高祖功臣也。隆虑,今林虑也,后避殇帝讳,故改之。"师古曰:"虑,音庐。"

八年春,封中谒者张释卿为列侯。①诸中官、宦者令丞皆赐爵关内侯,食邑。②夏,江水、汉水溢,流万余家。

①孟康曰:"宦官也。"如淳曰:"《百官表》谒者掌宾赞受事。灌婴为中谒者,后常以阉人为之。诸官加中者,多阉人也。"

②如淳曰:"列侯出关就国,关内侯但爵耳。其有加异者,与之关内之邑,食其租税。《宣纪》曰'德、武食邑'也。"师古曰:"诸中官,凡阉人给事于中者皆是也。宦者令丞,宦者署之令丞。"

秋七月辛巳,皇太后崩于未央宫。遗诏赐诸侯王各千金,将相列侯下至郎吏各有差。大赦天下。

上将军禄、相国产颛兵秉政,①自知背高皇帝约,②恐为大臣诸侯王所诛,因谋作乱。时齐悼惠王子朱虚侯章在京师,以禄女为妇,知其谋,乃使人告兄齐王,令发兵西。章欲与太尉勃、丞相平为内应,以诛诸吕。齐王遂发兵,又诈琅邪王泽发其国兵,并将而西。

产、禄等遣大将军灌婴将兵击之。婴至荥阳,使人谕齐王与连和,待
吕氏变而共诛之。③

①师古曰:"颛,读与专同。"

②师古曰:"非刘氏而王,非有功而侯。"

③师古曰:"变,谓发动也。"

太尉勃与丞相平谋,以曲周侯郦商子寄与禄善,使人劫商,令
寄给说禄①曰:"高帝与吕后共定天下,刘氏所立九王,吕氏所立三
王,皆大臣之议。事已布告诸侯王,诸侯王以为宜。今太后崩,帝少,
足下不急之国守藩,②乃为上将将兵留此,为大臣诸侯所疑。何不
速归将军印,以兵属太尉,③请梁王亦归相国印,与大臣盟而之国?
齐兵必罢,大臣得安,足下高枕而王千里,此万世之利也。"禄然其
计,使人报产及诸吕老人。或以为不便,计犹豫,④未有所决。禄信
寄,与俱出游,过其姑吕嬃。⑤嬃怒曰:"汝为将而弃军,吕氏今无处
矣!"⑥乃悉出珠玉宝器散堂下,曰:"无为它人守也!"

①师古曰:"给,诳也。"

②师古曰:"之,往也。"

③师古曰:"属,音之欲反。"

④师古曰:"犹,兽名也。《尔雅》曰:'犹,如麂,善登木。'此兽性多疑虑,常
　居山中,忽闻有声,即恐有人且来害之,每豫上树,久之无人,然后敢
　下,须臾又上。如此非一,故不决者称犹豫焉。一曰,陇西俗谓犬子为
　犹,犬随人行,每豫在前,待人不得,又来迎候,故云犹豫也。麂,音几。"

⑤张晏曰:"嬃,音须。"师古曰:"吕后妹。"

⑥师古曰:"言见诛灭,无处所也。处字或作类,言无种类也。"

八月庚申,平阳侯窋行御史大夫事,①见相国产计事。郎中令
贾寿使从齐来,因数产②曰:"王不早之国,今虽欲行,尚可得邪?"
具以灌婴与齐楚合从状告产。③平阳侯窋闻其语,驰告丞相平、太
尉勃。勃欲入北军,不得入。襄平侯纪通尚符节,④乃令持节矫内勃
北军。⑤勃复令郦寄、典客刘揭说禄,⑥曰:"帝使太尉守北军,欲令
足下之国,急归将军印辞去。不然,祸且起。"禄遂解印属典客,⑦而
以兵授太尉勃。勃入军门,行令军中曰:"为吕氏右袒,为刘氏左

祖。"⑧军皆左祖。勃遂将北军。然尚有南军,丞相平召朱虚侯章佐勃。勃令章监军门,令平阳侯告卫尉,毋内相国产殿门。产不知禄已去北军,入未央宫欲为乱。殿门弗内,徘徊,往来。⑨平阳侯驰语太尉勃,勃尚恐不胜,未敢诵言诛之,⑩乃谓朱虚侯章曰:"急入宫卫帝。"章从勃请卒千人,入未央宫掖门,⑪见产廷中。铺时,遂击产。产走。天大风,从官乱,莫敢斗者。逐产,杀之郎中府吏舍厕中。⑫章已杀产,帝令谒者持节劳章。⑬章欲夺节,谒者不肯,章乃从与载,因节信驰斩长乐卫尉吕更始。⑭还入北军,复报太尉勃。勃起,拜贺章曰:"所患独产,今已诛,天下定矣。"辛酉,杀斩吕禄,笞杀吕媭。分部悉捕诸吕,男女无少长皆斩之。⑮

①师古曰:"窋,曹参子也,音竹出反"。

②师古曰:"数,责之也,音数具反。"

③师古曰:"齐楚俱在山东,连兵西向,欲诛诸吕,亦犹六国为从以敌秦,故言合从也。从,音子容反。"

④张晏曰:"纪通,信子也。尚,主也,今符节令也。"晋灼曰:"纪信焚死,不见其后。《功臣表》云:纪通,纪成之子,以成死事,故封侯。"师古曰:"晋说是也。"

⑤师古曰:"矫,诈也,诈以天子之命也。"

⑥应劭曰:"典客,今大鸿胪也。"师古曰:"揭,音竭。"

⑦师古曰:"属,音之欲反。"

⑧师古曰:"祖,脱衣袖而肉袒也。左右者,偏袒其一耳。袒,音徒旱反。"

⑨师古曰:"徘徊,犹傍徨,不进之意也。徘,音裴。"

⑩邓展曰:"诵言,公言也。"

⑪师古曰:"非正门而在两旁,若人之臂掖也。"

⑫如淳曰:"《百官表》郎中令掌宫殿门户,故其府在宫中,后转为光禄勋。"

⑬师古曰:"慰问之。"

⑭师古曰:"因谒者所持之节,用为信也。章与谒者同车,故为门者所信,得入长乐宫。"

⑮师古曰:"分,音扶问反。

　　大臣相与阴谋,以为少帝及三弟为王者皆非孝惠子,复共诛之,尊立文帝。语在《周勃》、《高五王传》。

　　赞曰:孝惠、高后之时,海内得离战国之苦,君臣俱欲无为,故惠帝拱己,①高后女主制政,不出房闼,②而天下晏然,刑罚罕用,民务稼穑,衣食滋殖。③
　　①师古曰:"垂拱而治。"
　　②师古曰:"闼,宫中小门,音他曷反。"
　　③师古曰:"滋,益也。殖,生也。"

汉书卷四
帝纪第四

文　帝

孝文皇帝，①高祖中子也。母曰薄姬。②高祖十一年，诛陈豨，定代地，立子恒为代王，都中都。十七年秋，高后崩，③诸吕谋为乱，欲危刘氏。丞相陈平、太尉周勃、朱虚侯刘章等共诛之，谋立代王。语在《高后纪》、《高五王传》。

①荀悦曰："讳恒之字曰常。"应劭曰："谥法'慈惠爱人曰文'。"

②如淳曰："姬，音怡，众妾之总称。《汉官仪》曰姬妾数百，《外戚传》亦曰幸姬戚夫人。"臣瓒曰："《汉秩禄令》及《茂陵书》姬并内官也，秩比二千石，位次婕好下，在八子上。"师古曰："姬者，本周之姓，贵于众国之女，所以妇人美号皆称姬焉。故《左氏传》曰：'虽有姬、姜，无弃蕉萃。'姜亦大国女也。后因总谓众妾为姬。《史记》云'高祖居山东时好美姬'是也。若姬是官号，不应云幸姬戚夫人，且《外戚传》备列后妃诸官，无姬职也。如云众妾总称，则近之。不当音怡，宜依字读耳。瓒说谬也。"

③张晏曰："代王之十七年也。"

大臣遂使人迎代王。郎中令张武等议，皆曰："汉大臣皆故高帝时将，习兵事，多谋诈，其属意非止此也，①特畏高帝、吕太后威耳。今已诛诸吕，新喋血京师，②以迎大王为名，实不可信。愿称疾无往，以观其变。"中尉宋昌进曰："群臣之议皆非也。夫秦失其政，豪杰并起，人人自以为得之者以万数，然卒践天子位者，刘氏也，③天下绝望，一矣。高帝王子弟，地犬牙相制，所谓盘石之宗也，④天下服其强，二矣。汉兴，除秦烦苛，约法令，施德惠，⑤人人自安，难动摇,三矣。夫以吕太后之严,立诸吕为三王,擅权专制,然而太尉以一节入北军,一呼,⑥士皆袒左,为刘氏,畔诸吕,卒以灭之。此乃天授,非人力也。今大臣虽欲为变,百姓弗为使,⑦其党宁能专一邪?内有朱虚、东牟之亲,外畏吴、楚、淮南、琅邪、齐、代之强。方今高帝子独淮南王与大王,大王又长,贤圣仁孝,闻于天下,故大臣因天下之心而欲迎立大王,大王勿疑也。"代王报太后,计犹豫未定。卜之,兆得大横。⑧占曰:"大横庚庚,余为天王,夏启以光。"⑨代王曰:"寡人固已为王,又何王乎?"卜人曰:"所谓天王者,乃天子也。"于是代王乃遣太后弟薄昭见太尉勃,勃等具言所以迎立王者。⑩昭还报曰:"信矣,无可疑者。"代王笑谓宋昌:"果如公言。"乃令宋昌骖乘,⑪张武等六人乘六乘传⑫诣长安。至高陵止,而使宋昌先之长安观变。

①师古曰:"言常有异志也。属意,犹言注意也。属,音之欲反。"

②服虔曰:"喋,音蹀屣履之蹀。"如淳曰:"杀人流血滂沱为喋血。"师古曰:"喋,音大颊反,本字当作蹀。蹀,谓履涉之耳。"

③师古曰:"卒,终也。"

④师古曰:"犬牙,言地形如犬之牙交相入也。"

⑤师古曰:"约,省也。"

⑥师古曰:"呼,叫也,音火故反,他皆类此。"

⑦师古曰:"为,音于伪反。"

⑧应劭曰:"龟曰兆,筮曰卦。卜以荆灼龟,文正横也。"

⑨服虔曰:"庚庚,横貌也。"李奇曰:"庚庚,其繇文也。占,谓其繇也。"张晏曰:"先是五帝官天下,老则禅贤,至夏启始传嗣,能光先君之业。文帝亦袭父迹,言似启也。"师古曰:"繇,音丈救反,本作籀。籀,书也,谓读卜词。"

⑩师古曰:"说所以迎代王之意也。"

⑪师古曰:"乘车之法,尊者居左,御者居中,又有一人处车之右,以备倾侧。是以戎事则称车右,其余则曰骖乘。骖者,三也,盖取三人为名义耳。"

⑫张晏曰:"传车六乘也。"师古曰:"传,音张恋反。"

昌至渭桥,①丞相已下皆迎。昌还报,代王乃进至渭桥。群臣拜谒称臣,代王下拜。太尉勃进曰:"愿请间。"②宋昌曰:"所言公,公言之;所言私,王者无私。"太尉勃乃跪上天子玺。代王谢曰:"至邸而议之。"③

①苏林曰:"在长安北三里。"

②师古曰:"间,容也,犹今言中间也。请容暇之顷,当有所陈,不欲于众显论也。他皆类此。"

③师古曰:"郡国朝宿之舍,在京师者率名邸。邸,至也,言所归至也,音丁礼反。他皆类此。"

闰月己酉,入代邸。群臣从至,上议曰:"丞相臣平、太尉臣勃、大将军臣武、①御史大夫臣苍、②宗正臣郢、③朱虚侯臣章、东牟侯臣兴居、典客臣揭④再拜言大王足下:子弘等皆非孝惠皇帝子,⑤不当奉宗庙。臣谨请阴安侯、⑥顷王后、⑦琅邪王、⑧列侯、吏二千石议,大王高皇帝子,宜为嗣。愿大王即天子位。"代王曰:"奉高帝宗庙,重事也。寡人不佞,⑨不足以称。⑩愿请楚王计宜者,⑪寡人弗敢当。"群臣皆伏,固请。代王西乡让者三,南乡让者再。⑫丞相平等皆曰:"臣伏计之,大王奉高祖宗庙最宜称,虽天下诸侯万民皆以为宜。臣等为宗庙社稷计,不敢忽。⑬愿大王幸听臣等。臣谨奉天子玺符再拜上。"代王曰:"宗室将相王列侯以为其宜寡人,寡人不敢辞。"遂即天子位。群臣以次侍。⑭使太仆婴、东牟侯兴居先清宫,⑮奉天子法驾迎代邸。⑯皇帝即日夕入未央宫。夜拜宋昌为卫将军,领南北军;张武为郎中令,行殿中。⑰还坐前殿,下诏曰:"制诏丞相、太尉、御史大夫:间者诸吕用事擅权,⑱谋为大逆,欲危刘氏宗庙,赖将相列侯宗室大臣诛之,皆伏其辜。朕初即位,其赦天下,赐民爵一级,女子百户牛酒,⑲酺五日。"⑳

①服虔曰:"柴武。"

②文颖曰:"张苍。"

③文颖曰:"刘郢。"

④苏林曰:"刘揭也。"师古曰:"揭,音竭。"

⑤师古曰:"不详其有爵位,故总谓之子。"

⑥苏林曰："高帝兄伯妻,羹颉侯母,丘嫂也。"晋灼曰："若萧何夫人封为
酂侯也。"

⑦苏林曰："高帝兄仲妻也。仲名喜,为代王,后废为郃阳侯。子濞为吴王,
故追谥为顷王。"如淳曰："《王子侯表》曰:合阳侯喜以子濞为王,追谥
为顷王。顷王后封阴安侯,时吕须为林光侯,萧何夫人亦为酂侯。又《宗
室侯表》此时无阴安侯,知其为顷王后也。案《汉祠令》,阴安侯高帝嫂
也。"师古曰："诸谥为倾者,《汉书》例作顷字,读皆曰倾。"

⑧文颖曰："刘泽也。"

⑨师古曰："不佞,不材也。"

⑩师古曰："称,副也,音尺孕反。其下皆同。"

⑪苏林曰："楚王名交,高帝弟也。"

⑫如淳曰："让群臣也。或曰,宾主位东西面,君臣位南北面,故西乡坐三
让不受,群臣犹称宜,乃更南乡坐,示变即君位之渐也。"师古曰："乡,
读曰向。"

⑬师古曰："忽,怠忘也。"

⑭师古曰："各依职位。"

⑮应劭曰："旧典,天子行幸所至,必遣静室令先按行清净殿中,以虞非
常。"

⑯如淳曰："法驾者,侍中骖乘,奉车郎御,属车三十六乘。"

⑰师古曰："行,谓案行也,音下更反。"

⑱师古曰："间者,犹言中间之时也。他皆仿此。"

⑲苏林曰："男赐爵,女子赐牛酒。"师古曰："赐爵者,谓一家之长得之也。
女子,谓赐爵者之妻也。率百户共得牛若干头,酒若干石,无定数也。"

⑳服虔曰："酺,音蒲。"文颖曰："音步。汉律,三人以上无故群饮酒,罚金
四两,今诏横赐得令会聚饮食五日也。"师古曰："酺之为言布也,王德
布于天下而合聚饮食为酺。服音是也。字或作脯,音义同。"

　　元年冬十月辛亥,皇帝见于高庙。遣车骑将军薄昭迎皇太后于
代。诏曰："前吕产自置为相国,吕禄为上将军,擅遣将军灌婴将兵
击齐,欲代刘氏。婴留荥阳,与诸侯合谋以诛吕氏。吕产欲为不善,
丞相平与太尉勃等谋夺产等军。朱虚侯章首先捕斩产。太尉勃身

率襄平侯通持节承诏入北军。典客揭夺吕禄印。其益封太尉勃邑
万户,赐金五千斤。丞相平、将军婴邑各三千户,金二千斤。朱虚侯
章、襄平侯通邑各二千户,金千斤。封典客揭为阳信侯,赐金千斤。”

十二月,立赵幽王子遂为赵王,徙琅邪王泽为燕王。吕氏所夺
齐楚地皆归之。尽除收帑相坐律令。①

①应劭曰:“帑,子也。秦法,一人有罪,并其室家。今除此律。”师古曰:
　“帑,读与奴同,假借字也。”

正月,有司请蚤建太子,①所以尊宗庙也。诏曰:“朕既不德,上
帝神明未歆飨也,天下人民未有惬志。②今纵不能博求天下贤圣有
德之人而嬗天下焉,③而曰豫建太子,是重吾不德也。④谓天下
何?⑤其安之。”⑥有司曰:“豫建太子,所以重宗庙社稷,不忘天下
也。”上曰:“楚王,季父也,春秋高,阅天下之义理多矣,⑦明于国家
之体。吴王于朕,兄也;淮南王,弟也。皆秉德以陪朕,⑧岂为不豫
哉!诸侯王宗室昆弟有功臣,多贤及有德义者,若举有德以陪朕之
不能终,是社稷之灵、天下之福也。今不选举焉,而曰必子,⑨人其
以朕为忘贤有德者而专于子,非所以忧天下也。朕甚不取。”⑩有司
固请曰:“古者殷周有国,治安皆且千岁,⑪有天下者莫长焉,⑫用
此道也。⑬立嗣必子,所从来远矣。高帝始平天下,建诸侯,为帝者
太祖。诸侯王列侯始受国者,亦皆为其国祖。子孙继嗣,世世不绝,
天下之大义也。故高帝设之以抚海内。⑭今释宜建⑮而更选于诸侯
宗室,非高帝之志也。更议不宜。⑯子启最长,⑰敦厚慈仁,请建以
为太子。”上乃许之。因赐天下民当为父后者爵一级。⑱封将军薄昭
为轵侯。⑲

①师古曰:“蚤,古以为早晚字也。”

②应劭曰:“惬,音箧。惬,满也。”师古曰:“惬,快也。”

③晋灼曰:“嬗,古禅字。”

④师古曰:“重,谓增益也,音直用反。他皆类此。”

⑤师古曰:“犹言何以称天下之望。”

⑥师古曰:“安,犹徐也,言不宜汲汲耳。”

⑦如淳曰:“阅,犹更历也。”

⑧文颖曰:"陪,辅也。"

⑨师古曰:"必将传位于子。"

⑩师古曰:"不取,犹言不用此为善也。"

⑪师古曰:"治安,言治理而且安宁也。治,音丈吏反。"

⑫师古曰:"言上古以来,国祚长久,无及殷周者也。"

⑬师古曰:"所以能尔者,以丞嗣相传故也。"

⑭师古曰:"设,置立也,谓立此法也。"

⑮师古曰:"释,舍也。宜建,適嗣。"

⑯师古曰:"不当更议。"

⑰文颖曰:"景帝名。"

⑱师古曰:"虽非己生正嫡,但为后者即得赐爵。"

⑲师古曰:"轵,音只。"

三月,有司请立皇后。皇太后曰:"立太子母窦氏为皇后。"

诏曰:"方春和时,草木群生之物皆有以自乐,而吾百姓鳏寡孤独穷困之人或阽于死亡,①而莫之省忧。②为民父母将何如?其议所以振贷之。"③又曰:"老者非帛不暖,非肉不饱。④今岁首,不时使人存问长老,⑤又无布帛酒肉之赐,将何以佐天下子孙孝养其亲?今闻吏禀当受鬻者,或以陈粟,⑥岂称养老之意哉!具为令。"⑦有司请令县道,⑧年八十已上,赐米人月一石,肉二十斤,酒五斗。其九十已上,又赐帛人二匹,絮三斤。⑨赐物及当禀鬻米者,长吏阅视,丞若尉致。⑩不满九十,啬夫、令史致。二千石遣都吏循行,⑪不称者督之。⑫刑者及罪有耐以上,不用此令。⑬楚元王交薨。

①服虔曰:"阽,音反坫之坫。"孟康曰:"阽,音屋檐之檐。"如淳曰:"阽,近边欲堕之意。"师古曰:"服、孟二音并通。"

②师古曰:"省,视也。"

③师古曰:"振,起也,为给贷之,令其存立也。诸振救、振赡,其义皆同。今流俗作字从贝者,非也,自别有训。贷,音吐戴反。"

④师古曰:"暖,温也,音乃短反。"

⑤师古曰:"存,省视也。"

⑥师古曰:"禀,给也。鬻,淖糜也。给米使为糜鬻也。陈,久旧也。《小雅·甫田》之诗曰'我取其陈'。鬻,音之六反。淖,音女教反。"

⑦师古曰："使其备为条制。"

⑧师古曰："或县或道，皆用此制也。有蛮夷曰道。"

⑨师古曰："絮，绵也。"

⑩师古曰："长吏，县之令长也。若者，豫及之词。致者，送至也。或丞或尉，自致之也。"

⑪苏林曰："取其都吏有德也。"如淳曰："律说，都吏，今督邮是也。闲惠晓事，即为文无害都吏。"师古曰："如说是也。行，音下孟反。"

⑫师古曰："循行有不如诏意者，二千石察视责罚之。"

⑬苏林曰："一岁为罚作，二岁刑以上为耐之。耐，能任其罪也。"师古曰："刑，为先被刑也。有罪，在吏未决者也。言八十、九十之人虽合加赐，其中有被刑罪者，不在此赐物令条中也。"

四月，齐楚地震，二十九山同日崩，大水溃出。①

①师古曰："旁决曰溃，上涌曰出。"

六月，令郡国无来献。施惠天下，诸侯四夷，远近欢洽。乃修代来功。①诏曰："方大臣诛诸吕迎朕，朕狐疑，皆止朕，②唯中尉宋昌劝朕，朕已得保宗庙。以尊昌为卫将军，③其封昌为壮武侯。诸从朕六人，皆至九卿。"④又曰："列侯从高帝入蜀汉者六十八人益邑各三百户，吏二千石以上从高帝颍川守尊等十人食邑六百户，淮阳守申屠嘉等十人五百户，卫尉足等十人四百户。"封淮南王舅赵兼为周阳侯，齐王舅驷钧为靖郭侯，⑤故常山丞相蔡兼为樊侯。

①师古曰："自代来时有功者。"

②师古曰："狐之为兽，其性多疑，每渡冰河，且听且渡。故言疑者，而称狐疑。"

③师古曰："尊，高也，高其官秩。"

④师古曰："张武等。"

⑤如淳曰："邑名也。六国时，齐有靖郭君。靖，音静。"师古曰："《外戚恩泽侯表》云邬侯驷钧以齐王舅侯，今此云靖郭，岂初封靖郭后改为邬乎？邬，音一户反，又音于庶反。"

二年冬十月，丞相陈平薨。

诏曰："朕闻古者诸侯建国千余，各守其地，以时入贡，民不劳

苦,上下欢欣,靡有违德。今列侯多居长安,邑远,①吏卒给输费苦,
而列侯亦无繇教训其民。②其令列侯之国,为吏及诏所止者,遣太
子。"③

①师古曰:"所食之邑去长安远。"

②师古曰:"繇,读与由同。"

③李奇曰:"为吏,谓为卿大夫者。诏所止,特以恩爱见留。"

十一月癸卯晦,日有食之。诏曰:"朕闻之,天生民,为之置君以
养治之。人主不德,布政不均,则天示之灾以戒不治。①乃十一月
晦,日有食之,适见于天,②灾孰大焉!③朕获保宗庙,以微眇之身
托于士民君王之上,天下治乱,在予一人,唯二三执政犹吾股肱也。
朕下不能治育群生,上以累三光之明,④其不德大矣。令至,其悉思
朕之过失,⑤及知见之所不及,匄以启告朕。⑥及举贤良方正能直
言极谏者,以匡朕之不逮。⑦因各敕以职任,务省繇费以便民。⑧朕
既不能远德,故惛然念外人之有非,⑨是以设备未息。今纵不能罢
边屯戍,又饬兵厚卫,⑩其罢卫将军军。太仆见马遗财足,⑪余皆以
给传置。"⑫

①师古曰:"治,音直吏反。"

②师古曰:"适,读曰谪,责也,音张革反。见,音胡电反。"

③师古曰:"灾莫大于此。"

④师古曰:"三光,日、月、星也。累,音力瑞反。"

⑤师古曰:"令,谓此诏书。"

⑥师古曰:"匄,音盖。匄,亦乞也。启,开也。言以过失开告朕躬,是则于
　朕为恩惠也。《商书·说命》曰'启乃心,沃朕心'。"

⑦师古曰:"匡,正也。逮,及也。不逮者,意虑所不及。"

⑧师古曰:"省,减也,音所领反。繇,读曰徭。"

⑨苏林曰:"惛,寝视不安貌也。"孟康曰:"惛,犹介然也。非,奸非也。"师
　古曰:"孟说是也。惛,音下板反。"

⑩师古曰:"饬,整也,音敕。"

⑪师古曰:"遗,留也。财,与才同。才,少也。太仆见在之马今当减,留才
　足充事而已。"

⑫师古曰："传,音张恋反。置者,置传驿之所,因名置也。他皆类此。"

春正月丁亥,诏曰："夫农,天下之本也。其开藉田,①朕亲率耕,以给宗庙粢盛。②民讁作县官及贷种食未入、入未备者,皆赦之。"③

①应劭曰："古者天子耕藉田千亩,为天下先。藉者,帝王典藉之常也。"韦昭曰："藉,借也,借民力以治之,以奉宗庙,且以劝率天下,使务农也。"臣瓒曰："景帝诏曰'朕亲耕,后亲桑,为天下先',本以躬亲为义,不得以假借为称也。藉,谓蹈藉也。"师古曰："瓒说是也。《国语》曰'宣王即位,不藉千亩,虢文公谏'。斯则藉非假借明矣。"

②师古曰："黍稷曰粢,在器曰盛。粢,音咨。"

③师古曰："种者,五谷之种也。食者,所以为粮食也。贷,音吐戴反。种,音之勇反。"

三月,有司请立皇子为诸侯王。诏曰："前赵幽王幽死,朕甚怜之,已立其太子遂为赵王。遂弟辟强①及齐悼惠王子朱虚侯章、东牟侯兴居有功,可王。"乃遂立辟强为河间王,章为城阳王,兴居为济北王。因立皇子武为代王,参为太原王,揖为梁王。

①师古曰："辟强,言辟御强梁者,亦犹辟兵、辟非耳。辟,音必亦反。强,音其良反。一说:辟,读曰闢,强,读曰疆。闢疆,言开土地也。《贾谊书》曰:'卫侯朝于周,周行人问其名,卫侯曰辟强,行人还之曰:"启强、辟强,天子之号也,诸侯弗得用。"更其名曰毁。'则其义两说并通。他皆类此。"

五月,诏曰："古之治天下,朝有进善之旌,①诽谤之木,②所以通治道而来谏者也。今法有诽谤诬言之罪,③是使众臣不敢尽情,而上无由闻过失也。将何以来远方之贤良?其除之。民或祝诅上,以相约而后相谩,④吏以为大逆,其有他言,吏又以为诽谤。此细民之愚,无知抵死,⑤朕甚不取。自今以来,有犯此者勿听治。"

①应劭曰："旌,幡也。尧设之五达之道,令民进善也。"如淳曰："欲有进者,立于旌下言之。"

②服虔曰："尧作之,桥交午柱头。"应劭曰："桥梁边板,所以书政治之愆失也。至秦去之,今乃复施也。"师古曰："应说是也。"

③师古曰："高后元年,诏除妖言之令,今此又有妖言之罪,是则中间曾重复设此条也。讹,与妖同。"

④师古曰："谩,欺也。初为要约,共行祝诅,后相欺诳,中道而止,无实事也。谩,音慢,又音莫连反。"

⑤师古曰："抵,触也,亦至也。"

九月,初与郡守为铜虎符、竹使符。①

①应劭曰："铜虎符第一至第五,国家当发兵,遣使者至郡合符,符合乃听受之。竹使符皆以竹箭五枚,长五寸,镌刻篆书,第一至第五。"张晏曰："符以代古之圭璋,从简易也。"师古曰："与郡守为符者,谓各分其半,右留京师,左以与之。使,音所吏反。"

诏曰："农,天下之大本也,民所恃以生也,而民或不务本而事末,故生不遂。①朕忧其然,故今兹亲率群臣农以劝之。其赐天下民今年田租之半。"②

①师古曰："衣食之乏绝,致有夭丧,故不遂其生。"

②师古曰："免不收之。"

三年冬十月丁酉晦,日有食之。十一月丁卯晦,日有食之。

诏曰："前日诏遣列侯之国,辞未行。丞相,朕之所重,其为朕率列侯之国。"遂免丞相勃,遣就国。十二月,太尉颍阴侯灌婴为丞相。罢太尉官,属丞相。

夏四月,城阳王章薨。淮南王长杀辟阳侯审食其。①

①师古曰："杀之于其家。"

五月,匈奴入居北地、河南为寇。①上幸甘泉,②遣丞相灌婴击匈奴,匈奴去。发中尉材官属卫将军,军长安。上自甘泉之高奴,③因幸太原,见故群臣,皆赐之。举功行赏,诸民里赐牛酒。④复晋阳、中都民三岁租。⑤留游太原十余日。

①师古曰："北地郡之北,黄河之南,即白羊所居。"

②如淳曰："蔡邕云:天下子车驾所至,民臣以为侥幸,故曰幸。见令长三老官属,亲临轩作乐,赐以食帛越巾佩带之属,民爵有级数,或赐田租之半,故因谓之幸也。"师古曰："甘泉在云阳,本秦林光宫。"

③师古曰："之,往也。高奴,上郡之县。"

④师古曰："里别率赐之。"

⑤师古曰："复,音方目反。"

济北王兴居闻帝之代欲自击匈奴,乃反,发兵欲袭荥阳。于是诏罢丞相兵,以棘蒲侯柴武为大将军,①将四将军十万众击之。祁侯缯贺为将军,军荥阳。秋七月,上自太原至长安。诏曰："济北王背德反上,诖误吏民,②为大逆。济北吏民兵未至先自定及以军城邑降者,皆赦之,复官爵。与王兴居去来者,赦之。"③八月,虏济北王兴居,自杀。赦诸与兴居反者。

①臣瓒曰："《汉帝年纪》为陈武,此云柴武,为有二姓。"

②师古曰："诖,亦误也,音卦。"

③师古曰："虽始与兴居共反,今弃之去而来降者,亦赦。"

四年冬十二月,丞相灌婴薨。

夏五月,复诸刘有属籍,家无所与。①赐诸侯王子邑各二千户。

①师古曰："复,音方目反。与,音豫。"

秋九月,封齐悼惠王子七人为列侯。绛侯周勃有罪,逮诣廷尉诏狱。作顾成庙。①

①服虔曰："庙在长安城南,文帝作。还顾见城,故名之。"应劭曰："文帝自为庙,制度卑狭,若顾望而成,犹文王灵台不日成之,故曰顾成。贾谊曰:'因顾成之庙,为天下太宗,与汉无极。'"如淳曰："身存而为庙,若《尚书》之《顾命》也。景帝庙号德阳,武帝庙号龙渊,昭帝庙号徘徊,宣帝庙号乐游,元帝庙号长寿,成帝庙号阳池。"师古曰："以还顾见城,因即为名,于义无取。又书本不作城郭字,应说近之。"

五年春二月,地震。

夏四月,除盗铸钱令。①更造四铢钱。②

①应劭曰："听于民铸也。"

②应劭曰："文帝以五分钱太轻小,更作四铢钱,文亦曰'半两',今民间半两钱最轻小者是也。"

六年冬十月,桃李华。

十一月,淮南王长谋反,废迁蜀严道,死雍。①

①师古曰:"迁于蜀郡之严道,行至扶风雍,在道而死也。"

七年冬十月,令列侯太夫人、夫人、诸侯王子及吏二千石无得擅征捕。①

①如淳曰:"列侯之妻称夫人。列侯死,子复为列侯,乃得称太夫人,子不为列侯不得称也。"

夏四月,赦天下。

六月癸酉,未央宫东阙罘罳灾。①

①如淳曰:"东阙与其两旁罘罳也。"晋灼曰:"东阙之罘罳独灾也。"师古曰:"罘罳,谓连阙之曲阁也,以覆重刻垣墉之处,其形罘罳然,一曰屏也。罘,音浮。"

八年夏,封淮南厉王长子四人为列侯。有长星出于东方。①

①文颖曰:"孛、彗、长三星,其占略同,然其形象小异。孛星光芒短,其光四出蓬蓬孛孛也。彗星光芒长,参参如埽彗。长星光芒有一直指,或竟天,或十丈,或三丈,或二丈,无常也。大法,孛、彗星多为除旧布新,火灾,长星多为兵革事。"

九年春,大旱。

十年冬,行幸甘泉。将军薄昭死。①

①郑氏曰:"昭杀汉使者,文帝不忍加诛,使公卿从之饮酒,欲令自引分。昭不肯,使群臣丧服往哭之,乃自杀。有罪,故言死。"如淳曰:"一说昭与文帝博,不胜,当饮酒,侍郎酌,为昭少,一侍郎谴呵之。时此郎下沐,昭使人杀之,是以文帝使自杀。"师古曰:"《外戚恩泽侯表》云:坐杀汉使者。郑说是也。"

十一年冬十一月,行幸代。春正月,上自代还。

夏六月,梁王揖薨。匈奴寇狄道。

十二年冬十二月,河决东郡。

春正月,赐诸侯王女邑各二千户。

二月,出孝惠皇帝后宫美人,令得嫁。

三月,除关无用传。①

①张晏曰:"传,信也,若今过所也。"如淳曰:"两行书缯帛,分持其一,出入关,合之乃得过,谓之传也。"李奇曰:"传,棨也。"师古曰:"张说是也。古者或用棨,或用缯帛。棨者,刻木为合符也。传,音张恋反。棨,音启。"

诏曰:"道民之路,在于务本。朕亲率天下农,十年于今,而野不加辟。①岁一不登,民有饥色,②是从事焉尚寡,而吏未加务。③吾诏书数下,岁劝民种树,④而功未兴,是吏奉吾诏不勤,而劝民不明也。且吾农民甚苦,而吏莫之省,⑤将何以劝焉?其赐农民今年租税之半。"

①师古曰:"辟,读曰闢。闢,开也。"

②师古曰:"登,成也。言五谷一岁不成,则众庶饥馁,是无蓄积故也。"

③师古曰:"从事,从农事也。"

④师古曰:"树,谓艺殖也。"

⑤师古曰:"省,视也。"

又曰:"孝悌,天下之大顺也。力田,为生之本也。三老,众民之师也。廉吏,民之表也。朕甚嘉此二三大夫之行。今万家之县,云无应令,①岂实人情?是吏举贤之道未备也。其遣谒者劳赐三老、孝者帛人五匹,悌者、力田二匹,廉吏二百石以上率百石者三匹。②及问民所不便安,而以户口率置三老、孝悌、力田常员,③令各率其意以道民焉。"④

①师古曰:"无孝悌、力田之人可应察举之令。"

②师古曰:"自二百石以上,每百石加三匹。"

③师古曰:"计户口之数以率之,增置其员,广教化也。"

④师古曰:"道,音导。"

十三年春二月甲寅,诏曰:"朕亲率天下农耕以供粢盛,皇后亲桑以奉祭服,其具礼仪。"①

①师古曰:"令立耕桑之礼制也。"

夏,除秘祝,①语在《郊祀志》。五月,除肉刑法,语在《刑法志》。

①应劭曰:"秘祝之官,移过于下,国家讳之,故曰秘也。"

六月,诏曰:"农,天下之本,务莫大焉。今廑身从事,①而有租税之赋,是谓本末者无以异也,②其于劝农之道未备。其除田之租税。赐天下孤寡布帛絮各有数。"

①晋灼曰:"廑,古勤字。"

②李奇曰:"本,农也。末,贾也。言农与贾俱出租,无异也,故除田租。"

十四年冬,匈奴寇边,杀北地都尉卬。①遣三将军军陇西、北地、上郡,中尉周含为卫将军,郎中令张武为车骑将军,军渭北,车千乘,骑卒十万人。上亲劳军,勒兵,申教令,②赐吏卒。自欲征匈奴,群臣谏,不听。皇太后固要上,乃止。③于是以东阳侯张相如为大将军,建成侯董赫、内史栾布皆为将军,击匈奴。匈奴走。

①师古曰:"《功臣表》云:瓶侯孙单以父北地都尉卬力战死事,文帝十四年封。与此正合。然则卬姓孙,而徐广乃云姓段,说者因曰段会宗即卬之玄孙,无所据也。会宗,《汉书》有传,班固不云是卬后,何从而知之乎?"

②师古曰:"申,谓约束之。"

③文颖曰:"要,劫也,哀痛祝誓之言。"

春,诏曰:"朕获执牺牲圭币以事上帝宗庙,十四年于今。历日弥长,以不敏不明①而久抚临天下,朕甚自愧。②其广增诸祀坛场圭币。③昔先王远施不求其报,望祀不祈其福,右贤左戚,先民后己④,至明之极也。今吾闻祠官祝釐,⑤皆归福于朕躬,不为百姓,朕甚愧之。夫以朕之不德,而专乡独美其福,百姓不与焉,⑥是重吾不德也。⑦其令祠官致敬,无有所祈。"

①师古曰:"敏,材识捷疾。"

②师古曰:"媿,古愧字。"

③师古曰:"筑土为坛,除地为场。币,祭神之帛。"

④师古曰:"以贤为上,然后及亲也。"

⑤如淳曰:"釐,福也。《贾谊传》'受釐坐宣室'是也。"师古曰:"釐,本字作禧,假借用耳,音同僖。"

⑥师古曰:"与,音豫。"

⑦师古曰:"重,音直用反。"

十五年春,黄龙见于成纪。①上乃下诏议郊祀。公孙臣明服色,新垣平设五庙。②语在《郊祀志》。

①师古曰:"成纪,陇西县。"

②文颖曰:"公孙臣,鲁人也。"应劭曰:"新垣平,赵人也。"师古曰:"五庙,即下渭阳五帝之庙也。"

夏四月,上幸雍,始郊见五帝,赦天下,修名山大川尝祀而绝者,有司以岁时置礼。

九月,诏诸侯王公卿郡守举贤良能直言极谏者,上亲策之,傅纳以言。①语在《晁错传》。②

①师古曰:"傅,读曰敷,敷陈其言而纳用之。"

②师古曰:"错,音千故反。"

十六年夏四月,上郊祀五帝于渭阳。①

①韦昭曰:"在渭城。"师古曰:"《郊祀志》云在长安东北,非渭城也。韦说谬。"

五月,立齐悼惠王子六人、淮南厉王子三人皆为王。

秋九月,得玉杯,①刻曰"人主延寿"。令天下大酺,明年改元。

①应劭曰:"新垣平诈令人献之。"

后元年①冬十月,新垣平诈觉,谋反,②夷三族。

①张晏曰:"新垣平候日再中,以为吉祥,故改元年,以求延年之祚也。"

②师古曰:"以诈事发觉,自恐被诛,因谋反也。"

春三月,孝惠皇后张氏薨。①诏曰:"间者数年比不登,②又有水旱疾疫之灾,朕甚忧之。愚而不明,未达其咎。意者朕之政有所失而行有过与?③乃天道有不顺,地利或不得,人事多失和,鬼神废不享与?何以致此?将百官之奉养或废,无用之事或多与?何其民食之寡乏也!夫度田非益寡,而计民未加益,④以口量地,其于古犹有余,而食之甚不足者,其咎安在?无乃百姓之从事于末以害农者蕃,⑤为酒醪以靡谷者多,⑥六畜之食焉者众与?细大之义,吾未能得其中。⑦其与丞相列侯吏二千石博士议之,有可以佐百姓者,率意远思,无有所隐也。"

①张晏曰:"后党于吕氏,废处北宫,故不曰崩。"
②师古曰:"比,犹频也。"
③师古曰:"与,读曰欤,音弋于反。下皆类此。"
④师古曰:"度,谓量计之,音徒各反。"
⑤师古曰:"末,谓工商之业也。蕃,亦多也,音扶元反。"
⑥师古曰:"醪,汁滓酒也。靡,散也。醪,音来高反。靡,音糜。"
⑦师古曰:"中,音竹仲反。"

二年夏,行幸雍棫阳宫。①
①苏林曰:"棫,音域。"张晏曰:"秦昭王所作也。"晋灼曰:"《黄图》在扶风。"

六月,代王参薨。匈奴和亲。诏曰:"朕既不明,不能远德,使方外之国或不宁息。夫四荒之外不安其生,①封圻之内勤劳不处,②二者之咎,皆自于朕之德薄而不能达远也。间者累年,匈奴并暴边境,多杀吏民,边臣兵吏又不能谕其内志,以重吾不德。③夫久结难连兵,中外之国将何以自宁?今朕夙兴夜寐,勤劳天下,忧苦万民,为之恻怛不安,④未尝一日忘于心,故遣使者冠盖相望,结彻于道,⑤以谕朕志于单于。⑥今单于反古之道,⑦计社稷之安,便万民之利,新与朕俱弃细过,偕之大道,⑧结兄弟之义,以全天下元元之民。⑨和亲以定,始于今年。"

①师古曰："戎狄荒服，故曰四荒，言其荒忽去来无常也。《尔雅》曰'孤竹、北户、西王母、日下，谓之四荒'。"

②师古曰："圻，亦畿字。王畿千里。不处者，不获安居。"

③师古曰："谕，晓告也。重，音直用反。"

④师古曰："恻，痛也。怛，恨也。怛，音丁曷反。"

⑤韦昭曰："使车往还，故彻如结也。"

⑥师古曰："单于，匈奴天子之号也。单，音蝉。"

⑦师古曰："反，还也。"

⑧师古曰："偕，亦俱也。之，往也，趣也。"

⑨师古曰："元元，善意也。"

三年春二月，行幸代。

四年夏四月丙寅晦，日有食之。五月，赦天下。免官奴婢为庶人。行幸雍。

五年春正月，行幸陇西。三月，行幸雍。秋七月，行幸代。

六年冬，匈奴三万骑入上郡，二万骑入云中。以中大夫令免为车骑将军，屯飞狐；①故楚相苏意为将军，屯句注；②将军张武，屯北地；河内太守周亚夫为将军，次细柳；③宗正刘礼为将军，次霸上；祝兹侯徐厉为将军，次棘门；④以备胡。

①如淳曰："在代郡。"师古曰："中大夫，官名，其人姓令名免耳。此诸将军下至徐厉，皆书姓，而徐广以为中大夫令是官名，此说非也。据《百官表》，景帝初改卫尉为中大夫令，文帝时无此官。而中大夫是郎中令属官，秩比二千石。"

②应劭曰："山险名也，在雁门阴馆。"师古曰："句，音章句之句。"

③服虔曰："在长安西北。"如淳曰："长安细柳仓在渭北，近石徼。"张揖曰："在昆明池南，今有柳市是也。"臣瓒曰："一宿曰宿，再宿曰信，过信为次。"师古曰："《匈奴传》云'置三将军，军长安西细柳、渭北棘门、霸上'。此则细柳不在渭北，揖说是也。"

④孟康曰:"在长安北,秦时宫门也。"如淳曰:"《三辅黄图》棘门在横门外也。"

夏四月,大旱,蝗。①令诸侯无入贡。弛山泽。②减诸服御。损郎吏员。发仓庾③以振民。民得卖爵。

①师古曰:"蝗,即螽也,食苗为灾,今俗呼为簸蝩。蝗,音胡光反。蝩,音钟。"

②师古曰:"弛,解也,解而不禁,与众庶同其利。"

③应劭曰:"水漕仓曰庾。胡公曰'在邑曰仓,在野曰庾'。"

七年夏六月己亥,帝崩于未央宫。①遗诏曰:"朕闻之,盖天下万物之萌生,靡不有死。②死者,天地之理,物之自然,奚可甚哀!③当今之世,咸嘉生而恶死,厚葬以破业,重服以伤生,吾甚不取。且朕既不德,无以佐百姓;今崩,又使重服久临,④以罹寒暑之数,⑤哀人父子,伤长老之志,损其饮食,绝鬼神之祭祀,以重吾不德,⑥谓天下何!朕获保宗庙,以眇眇之身托于天下君王之上,⑦二十有余年矣。赖天之灵,社稷之福,方内安宁,⑧靡有兵革。⑨朕既不敏,常畏过行,以羞先帝之遗德;⑩惟年之久长,惧于不终。今乃幸以天年得复供养于高庙,朕之不明与嘉之,其奚哀念之有!⑪其令天下吏民,令到,出临三日,皆释服。⑫无禁取妇嫁女祠祀饮酒食肉。自当给丧事服临者,皆无践。⑬绖带无过三寸。无布车及兵器。⑭无发民哭临宫殿中。殿中当临者,皆以旦夕各十五举音,礼毕罢。非旦夕临时,禁无得擅哭临。以下,⑮服大红十五日,小红十四日,纤七日,释服。⑯它不在令中者,皆以此令比类从事。⑰布告天下,使明知朕意。霸陵山川因其故,无有所改。⑱归夫人以下至少使。"⑲令中尉亚夫为车骑将军,属国悍为将屯将军,⑳郎中令张武为复土将军,㉑发近县卒万六千人,发内史卒万五千人,臧郭穿复土属将军武。㉒赐诸侯王已下至孝悌力田金钱帛各有数。乙巳,葬霸陵。㉓

①臣瓒曰:"帝年二十三即位,即位二十三年,寿四十六也。"

②师古曰:"始生者曰萌。"

③师古曰:"奂,何也。"

④师古曰:"临,哭也,音力禁反。下云服临、当临者,音并同也。"

⑤师古曰:"罹,音离,遭也。"

⑥师古曰:"重,音直用反。"

⑦师古曰:"眇眇,犹言细末也。"

⑧臣瓒曰:"方,四方也。内,中也。犹云中外。"师古曰:"此说非也,直谓方之内耳。"

⑨师古曰:"靡,无也。"

⑩师古曰:"过行,行有过失也。羞,谓忝辱也。行,音下更反。"

⑪如淳曰:"得卒天年,已善矣。"晋灼曰:"若以朕不明,当嘉善朕之俭约,何哀念之有也。"师古曰:"如、晋之说非也。与,读曰欤,音弋于反。帝自言或者岂朕见之不明乎,以不可嘉为嘉耳。然朕自谓得终天年,供养高庙,为可嘉之事,无所哀念也。今俗语犹然,其意可晓矣。"

⑫师古曰:"令,谓此诏文也。"

⑬伏俨曰:"践,踊也,谓无斩衰也。"孟康曰:"践,跣也。"晋灼曰:"《汉语》作跣。跣,徒跣也。"师古曰:"孟、晋二说是也。"

⑭应劭曰:"无以布衣车及兵器也。"服虔曰:"不施轻车介士也。"师古曰:"应说是也。"

⑮师古曰:"为下棺也。音义与《高纪》同。"

⑯服虔曰:"皆当言大功、小功布也。纤,细布衣也。"应劭曰:"红者,中祥、大祥以红为领缘。纤者,禫也。凡三十六日而释服矣。此以日易月也。"晋灼曰:"《汉书》例以红为功也。"师古曰:"红,与功同。服、晋二说是也。此丧制者,文帝自率己意,创而为之,非有取于《周礼》也,何为以日易月乎!三年之丧,其实二十七月,岂有三十六之文!禫又无七月也。应氏既失之于前,而近代学者因循谬说,未之思也。"

⑰师古曰:"言此诏中无文者,皆以类比而行事。"

⑱应劭曰:"因山为藏,不复起坟,山下川流不遏绝,就其水名以为陵号。"

⑲应劭曰:"夫人已下有美人、良人、八子、七子、长使、少使,皆遣归家,重绝人类。"

⑳师古曰:"典屯军以备非常。"

㉑如淳曰:"主穿圹填瘗事也。"师古曰:"穿圹,出土下棺也。已而填之,又即以为坟,故云复土。复,反还也,音扶目反。"

㉒师古曰:"即张武也。"
㉓师古曰:"自崩至葬凡七日也。霸陵在长安东南。"

　　赞曰:孝文皇帝即位二十三年,宫室苑囿车骑服御无所增益。有不便,辄弛以利民。①尝欲作露台,召匠计之,直百金。上曰:"百金,中人十家之产也。②吾奉先帝宫室,常恐羞之,何以台为!"③身衣弋绨,④所幸慎夫人衣不曳地,帷帐无文绣,以示敦朴,为天下先。治霸陵,皆瓦器,不得以金银铜锡为饰,因其山,不起坟。南越尉佗自立为帝,召贵佗兄深入,恐烦百姓。吴王诈病不朝,赐以几杖。群臣袁盎等谏说虽切,常假借纳用焉。⑤张武等受赂金钱,觉,更加赏赐,以愧其心。专务以德化民,是以海内殷富,兴于礼义,断狱数百,几致刑措。⑥呜呼,仁哉!

①师古曰:"弛,废弛,音式尔反。"

②师古曰:"中,谓不富不贫。"

③师古曰:"今新丰县南骊山之顶有露台乡,极为高显,犹有文帝所欲作台之处。"

④如淳曰:"弋,皂也。贾谊曰'身衣皂绨'。"师古曰:"弋,黑色也。绨,厚缯。绨,音大奚反。"

⑤苏林曰:"假,音休假。借,音以物借人之借。"

⑥应劭曰:"措,置也。民不犯法,无所刑也。"师古曰:"断狱数百者,言普天之下死罪人不过数百。几,近也,音巨衣反。"

汉书卷五
帝纪第五

景　帝

　　孝景皇帝，①文帝太子也。母曰窦皇后。后七年六月，文帝崩。丁未，太子即皇帝位，尊皇太后薄氏曰太皇太后，皇后曰皇太后。

　　①荀悦曰："讳启之字曰开。"应劭曰："礼，谥法'布义行刚曰景'。"

　　九月，有星孛于西方。

　　元年冬十月，诏曰："盖闻古者祖有功而宗有德，①制礼乐各有由。歌者，所以发德也；舞者，所以明功也。高庙酎，②奏《武德》、《文始》、《五行》之舞。③孝惠庙酎，奏《文始》、《五行》之舞。孝文皇帝临天下，通关梁，不异远方；④除诽谤，去肉刑，赏赐长老，收恤孤独，以遂群生；⑤减耆欲，不受献，⑥罪人不帑，⑦不诛亡罪，不私其利也；除宫刑，出美人，重绝人之世也。朕既不敏，弗能胜识。⑧此皆上世之所不及，而孝文皇帝亲行之。⑨德厚侔天地，利泽施四海，⑩靡不获福，明象乎日月而庙乐不称，朕甚惧焉。⑪其为孝文皇帝庙为《昭德》之舞，⑫以明休德。⑬然后祖宗之功德施于万世，永永无穷，朕甚嘉之。其与丞相、列侯、中二千石、礼官具礼仪奏。"丞相臣嘉等奏曰：⑭"陛下永思孝道，立《昭德》之舞以明孝文皇帝之盛德，皆臣嘉等愚所不及。臣谨议：世功莫大于高皇帝，德莫盛于孝文皇帝。高皇帝庙宜为帝者太祖之庙，孝文皇帝庙宜为帝者太宗之庙。天子宜世世献祖宗之庙，郡国诸侯宜各为孝文皇帝立太宗之庙，诸侯王列侯使者侍祠天子所献祖宗之庙。⑮请宣布天下。"制曰:"可"。

①应劭曰:"始取天下者为祖,高帝称高祖是也。始治天下者为宗,文帝称太宗是也。"师古曰:"应说非也。祖,始也,始受命也。宗,尊也,有德可尊。"

②张晏曰:"正月旦作酒,八月成,名曰酎。酎之言纯也。至武帝时,因八月尝酎会诸侯庙中,出金助祭,所谓酎金也。"师古曰:"酎,三重酿,醇酒也,味厚,故以荐宗庙。酎,音直救反。"

③孟康曰:"《武德》,高祖作也。《文始》,舜舞也。《五行》,周舞也。《武德》者,其舞人执干戚。《文始舞》,执羽龠。《五行舞》,冠冕衣服法五行色。见《礼乐志》。"

④张晏曰:"孝文十二年,除关不用传,令远近若一。"

⑤师古曰:"遂,成也,达也。"

⑥师古曰:"耆,读曰嗜。"

⑦苏林曰:"刑不及妻子。"师古曰:"帑,读与孥同。"

⑧师古曰:"敏,材智速疾也。胜识,尽知之。"

⑨师古曰:"上世,谓古昔之帝王也。"

⑩师古曰:"侔,等也,音牟。"

⑪师古曰:"称,副也,音尺孕反。"

⑫师古曰:"昭,明也。"

⑬师古曰:"休,美也。"

⑭师古曰:"申屠嘉。"

⑮张晏曰:"王及列侯岁时遣使诣京师,侍祠助祭。"如淳曰:"若光武庙在章陵,南阳太守称使者往祭是也。不使侯王祭者,诸侯不得祖天子。凡临祭宗庙皆为侍祭。"师古曰:"张说是也。既云天子所献祖宗之庙,非谓郡国之庙也。"

春正月,诏曰:"间者岁比不登,民多乏食,夭绝天年,朕甚痛之。郡国或硗陿,无所农桑毄畜;①或地饶广,荐草莽,水泉利,而不得徙。②其议民欲徙宽大地者,听之。"

①师古曰:"硗,谓硗陿薄也。陿,谓褊隘也。毄,谓食养之。畜,谓收放也。硗,音苦交反。陿,音狭。毄,古系字。"

②如淳曰:"庄周云麋鹿食曰荐。一曰,草稠曰荐,深曰莽。"

夏四月,赦天下,赐民爵一级。遣御史大夫青翟至代下,与匈奴和亲。①

①文颖曰:"姓严,讳青翟。"臣瓒曰:"此陶青也。庄青翟乃自武帝时人,此
　纪误。"师古曰:"后人传习不晓,妄增翟字耳,非本作纪之误。"

五月,令田半租。

秋七月,诏曰:"吏受所监临,以饮食免,重;受财物,贱买贵卖,论轻。①廷尉与丞相更议著令。"②廷尉信谨与丞相议曰:③"吏及诸有秩受其官属所监、所治、所行、所将,④其与饮食计偿费,勿论。⑤它物,若买故贱,卖故贵,皆坐臧为盗,没入臧县官。⑥吏迁徙免,罢受其故官属所将监治送财物,夺爵为士伍,免之。⑦无爵,罚金二斤,令没入所受。有能捕告,畀其所受臧。⑧

①师古曰:"帝以为当时律条吏受所监临略遗饮食,即坐免官爵,于法太
　重,而受所监临财物及贱买贵卖者,论决太轻,故令更议改之。"

②苏林曰:"著,音著帻之著。"师古曰:"苏音非也。著,音著作之著,音竹
　筋反。"

③师古曰:"丞相申屠嘉。"

④师古曰:"行,谓按察也,音下更反。"

⑤师古曰:"计其所费而偿其直,勿论罪也。"

⑥师古曰:"它物,谓非饮食者。"

⑦李奇曰:"有爵者夺之,使为士伍,有位者免官也。"师古曰:"此说非也。
　谓夺其爵,令为士伍,又免其官职,即今律所谓除名也。谓之士伍者,言
　从士卒之伍也。"

⑧师古曰:"畀,与也,以所受之臧与捕告者也。畀,音必寐反。"

二年冬十二月,有星孛于西南。令天下男子年二十始傅。①

①师古曰:"旧法二十三,今此二十,更为异制也。傅,读曰附。解在《高
　纪》。"

春三月,立皇子德为河间王,阏为临江王,①馀为淮阳王,非为汝南王,彭祖为广川王,发为长沙王。

①师古曰:"阏,音一曷反。"

夏四月壬午,太皇太后崩。①

①服虔曰:"文帝母薄太后也。"

六月,丞相嘉薨。封故相国萧何孙系为列侯。①

①师古曰:"系,音胡计反。"

秋,与匈奴和亲。

三年冬十二月,诏曰:"襄平侯嘉①子恢说不孝,谋反,欲以杀
嘉,大逆无道。②其赦嘉为襄平侯,及妻子当坐者复故爵。③论恢说
及妻子如法。"

①晋灼曰:"纪通子也。《功臣表》襄平侯纪通以父功侯,孝景三年,康侯相
　　夫嗣。推其封薨,正与此合,岂更名嘉乎?"

②晋灼曰:"恢说言嘉知反情,而实不知也。"师古曰:"此解非也。恢说有
　　私怨于其父,而自诬谋反,欲令其父坐死也。说,读曰悦。"

③如淳曰:"律,大逆不道,父母妻子同产皆弃市。今赦其余子不与恢说谋
　　者,复其故爵。"

春正月,淮阳王宫正殿灾。

吴王濞、胶西王卬、楚王戊、赵王遂、济南王辟光、①菑川王贤、
胶东王雄渠皆举兵反。大赦天下。遣太尉亚夫、②大将军窦婴将兵
击之。斩御史大夫晁错以谢七国。③

①师古曰:"辟,音壁,又音闢,其义两通。"

②师古曰:"周亚夫。"

③晋灼曰:"错,音错置之错。"师古曰:"晁,古朝字。"

二月壬子晦,日有蚀之。

诸将破七国,斩首十余万级。追斩吴王濞于丹徒。胶西王卬、
楚王戊、赵王遂、济南王辟光、菑川王贤、胶东王雄渠皆自杀。夏六
月,诏曰:"乃者吴王濞等为逆,起兵相胁,诖误吏民,吏民不得
已。①今濞等已灭,吏民当坐濞等及逋逃亡军者,皆赦之。楚元王子
蓺等与濞等为逆,②朕不忍加法,除其籍,毋令污宗室。"立平陆侯
刘礼为楚王,续元王后。③立皇子端为胶西王,胜为中山王。赐民爵
一级。

①师古曰:"已,止也,言不得止而从之,非本心也。"

②师古曰:"蓻,音艺。"

③孟康曰:"礼,元王子也。"

四年春,复置诸关用传出入。①

①应劭曰:"文帝十二年除关无用传,至此复用传。以七国新反,备非常。"

夏四月己巳,立皇子荣为皇太子,彻为胶东王。

六月,赦天下,赐民爵一级。

秋七月,临江王阏薨。

十月戊戌晦,日有蚀之。

五年春正月,作阳陵邑。①

①张晏曰:"景帝作陵起邑。"

夏,募民徙阳陵,赐钱二十万。遣公主嫁匈奴单于。

六年冬十二月,雷,霖雨。

秋九月,皇后薄氏废。

七年冬十一月庚寅晦,日有蚀之。

春正月,废皇太子荣为临江王。

二月,罢太尉官。

夏四月乙巳,立皇后王氏。丁巳,立胶东王彻为皇太子。赐民
为父后者爵一级。

中元年夏四月,赦天下,赐民爵一级。封故御史大夫周苛、周昌
孙子为列侯。①

①师古曰:"封苛之孙及昌之子也。苛、昌皆尝为御史大夫而从昆弟也,故
总言之。"

二年春二月，令诸侯王薨、列侯初封及之国，大鸿胪奏谥、诔、策。①列侯薨及诸侯太傅初除之官，大行奏谥、诔、策。②王薨，遣光禄大夫吊禭祠赗，③视丧事，因立嗣子。列侯薨，遣太中大夫吊祠视丧事，因立嗣。其薨葬，国得发民挽丧，穿复土，治坟无过三百人毕事。④

①应劭曰："皇帝延诸侯王，宾王诸侯，皆属大鸿胪。故其薨，奏其行迹，赐与谥及哀策诔文也。"臣瓒曰："景帝此年已置大鸿胪，而《百官表》云武帝太初元年更以大行为大鸿胪，与此错。"师古曰："诔者，述累德行之文，音力水反。"

②如淳曰："凡言除者，除故官就新官也。"晋灼曰："《礼》有大行人、小行人，主谥官，故以此名之。"臣瓒曰："大行是官名，掌九仪之制以宾诸侯者。"师古曰："大鸿胪者，本名典客，后改曰大鸿胪。大行令者，本名行人，即典客之属官也，后改曰大行令。故事之尊重者遣大鸿胪，而轻贱者遣大行也。据此纪文，则景帝已改典客为大鸿胪，改行人为大行矣。而《百官公卿表》乃云景帝中六年更名典客为大行令，武帝太初元年更名大行令为大鸿胪，更名行人为大行令。当是表误。"

③应劭曰："衣服曰禭。祠，饮食也。车马曰赗。"师古曰："禭，音遂。赗，音芳凤反。"

④师古曰："挽，谓引车也。毕事，毕葬事也。挽，音晚。"

匈奴入燕。

改磔曰弃市，①勿复磔。

①应劭曰："先谓诸死刑皆磔于市，今改曰弃市。自非妖逆，不复磔也。"师古曰："磔，谓张其尸也。弃市，杀之于市也。谓之弃市者，取刑人于市，与众弃之也。磔，音竹客反。"

三月，临江王荣坐侵太宗庙地，征诣中尉，自杀。

夏四月，有星孛于西北。立皇子越为广川王，寄为胶东王。

秋七月，更郡守为太守，郡尉为都尉。①

①师古曰："更，谓改其号。"

九月，封故楚、赵傅相内史前死事者四人子①皆为列侯。甲戌晦，日有蚀之。

①文颖曰："楚相张尚,太傅赵夷吾。赵相建德,内史王悍。此四人各谏其
　　王无使反,不听,皆杀之,故封其子。"

　　三年冬十一月,罢诸侯御史大夫官。①

①师古曰："所以抑损其权。"

　　春正月,皇太后崩。①

①文颖曰："景帝母窦太后,以帝崩后六年乃亡。凡立五十一年,武帝建元
　　六年崩。今此言皇太后崩,误耳。"孟康曰："此太后崩,《史记》无也。"臣
　　瓒曰："王楙云景帝薄后以此年死,疑是也。当言废后,而言太后,误
　　也。"师古曰："孟说是也。废后死不书,又不言崩。瓒解为谬。"

　　夏,旱。禁酤酒。①秋九月,蝗。有星孛于西北。戊戌晦,日有蚀
之。立皇子乘为清河王。

①师古曰："酤,谓卖酒也,音工护反。"

　　四年春三月,起德阳宫。①御史大夫绾奏禁马高五尺九寸以
上,齿未平,不得出关。②

①臣瓒曰："是景帝庙也。帝自作之,讳不言庙,故言宫。《西京故事》云:景
　　帝庙为德阳。"

②服虔曰："绾,卫绾也。马十岁,齿下平。"

　　夏,蝗。

　　秋,赦徒作阳陵者,死罪欲腐者,许之。①

①苏林曰："宫刑,其创腐臭,故曰腐也。"如淳曰："腐,宫刑也。丈夫割势,
　　不能复生子,如腐木不生实。"师古曰："如说是。腐,音辅。"

　　十月戊午,日有蚀之。

　　五年夏,立皇子舜为常山王。六月,赦天下,赐民爵一级。秋八
月己酉,未央宫东阙灾。更名诸侯丞相为相。①

①师古曰："亦所以抑黜之,令异于汉朝。"

　　九月,诏曰："法令度量,所以禁暴止邪也。狱,人之大命,死者
不可复生。吏或不奉法令,以货赂为市,朋党比周,①以苛为察,以

刻为明,令亡罪者失职,朕甚怜之。②有罪者不伏罪,奸法为暴,甚
亡谓也。诸狱疑,若虽文致于法而于人心不厌者,辄谳之。"③

①师古曰:"比,音频寐反。"

②师古曰:"职,常也。失其常理也。"

③师古曰:"厌,服也,音一赡反。谳,平议也,音鱼列反。"

　　六年冬十月,行幸雍,郊五畤。

　　十二月,改诸官名。定铸钱伪黄金弃市律。①

①应劭曰:"文帝五年,听民放铸,律尚未除。先时多作伪金,伪金终不可
　成而徒损费,转相诳耀,穷则起为盗贼,故定其律也。"孟康曰:"民先时
　多作伪金,故其语曰'金可作,世可度'。费损甚多而终不成。民亦稍知
　其意,犯者希,因此定律也。"师古曰:"应说是。"

　　春三月,雨雪。①

①师古曰:"雨,音于具反。"

　　夏四月,梁王薨,分梁为五国,立孝王子五人皆为王。

　　五月,诏曰:"夫吏者,民之师也,车驾衣服宜称。①吏六百石以
上皆长吏也,②亡度者或不吏服,出入闾里,与民亡异。令长吏二千
石车朱两轓,③千石至六百石朱左轓。车骑从者不称其官衣服,下
吏出入闾巷亡吏体者,二千石上其官属,三辅举不如法令者,④皆
上丞相御史请之。"先是,吏多军功,车服尚轻,故为设禁。又惟酷吏
奉宪失中,乃诏有司减笞法,定箠令。语在《刑法志》。⑤

①师古曰:"称其官也,音尺孕反。"

②张晏曰:"长,犬也。六百石,位大夫。"

③应劭曰:"车耳反出,所以为之藩屏,翳尘泥也。二千石双朱,其次乃偏
　其左。轓以箪为之,或用革。"如淳曰:"轓,音反,小车两屏也。"师古曰:
　"据许慎、李登说,轓,车之蔽也。《左氏传》云'以藩载栾盈',即是有郭
　蔽之车也。言车耳反出,非矣。轓,音甫反。轼,音方远反。"

④应劭曰:"京兆尹、左冯翊、右扶风共治长安城中,是为三辅。"师古曰:
　"时未有京兆、冯翊、扶风之名。此三辅者,谓主爵中尉及左右内史也。
　应说失之。"

　　⑤师古曰："筦,音止蕊反。

　　六月,匈奴入雁门,至武泉,入上郡,取苑马。①吏卒战死者二
千人。

　　①如淳曰："《汉仪注》太仆牧师诸苑三十六所,分布北边、西边。以郎为苑
　　　监,官奴婢三万人,养马三十万头。"师古曰："武泉,云中之县也。养鸟
　　　兽者通名为苑,故谓牧马处为苑。"

　　秋七月辛亥晦,日有蚀之。

　　后元年春正月,诏曰："狱,重事也。人有智愚,官有上下。狱疑
者谳有司。有司所不能决,移廷尉。有令谳而后不当,谳者不为
失。①欲令治狱者务先宽。"三月,赦天下,赐民爵一级,中二千石诸
侯相爵右庶长。②夏,大酺五日,民得酤酒。

　　①师古曰："假令谳讫,其理不当,所谳之人不为罪失。"

　　②如淳曰："虽有尊官,未必有高爵,故数有赐爵。"师古曰："右庶长,第十
　　　一爵也。"

　　五月,地震。秋七月乙巳晦,日有蚀之。
　　条侯周亚夫下狱死。

　　二年冬十月,省彻侯之国。①

　　①晋灼曰："《文纪》遣列侯之国,今省之。"师古曰："省,音所领反。"

　　春,匈奴入雁门,太守冯敬与战死。发车骑材官屯。①

　　①师古曰："屯雁门。"

　　春,以岁不登,禁内郡食马粟,没入之。①

　　①师古曰："食,读曰饲。没入者,没入其马。"

　　夏四月,诏曰："雕文刻镂,伤农事者也;锦绣纂组,害女红者
也。①农事伤则饥之本也,女红害则寒之原也。夫饥寒并至,而能亡
为非者寡矣。朕亲耕,后亲桑,以奉宗庙粢盛祭服,为天下先;不受
献,减太官,省繇赋。②欲天下务农蚕,素有畜积,以备灾害。③强毋
攘弱,众毋暴寡,④老耆以寿终,幼孤得遂长。⑤今岁或不登,民食

颇寡,其咎安在?或诈伪为吏,⑥吏以货赂为市,渔夺百姓,侵牟万民。⑦县丞,长吏也,奸法与盗盗,甚无谓也。⑧其令二千石各修其职;不事官职耗乱者,丞相以闻,请其罪。⑨布告天下,使明知朕意。”

①应劭曰:“纂,今五采属绛是也。组者,今绶纷绛是也。”臣瓒曰:“许慎云‘纂,赤组也’。”师古曰:“瓒说是也。绊,会也。会五彩者,今谓之错采,非纂也。红,读曰功。绊,音子内反。绛,音它牢反。”

②师古曰:“省,音所领反。繇,读曰徭。”

③师古曰:“畜,读曰蓄。”

④师古曰:“攘,取也,音人羊反。”

⑤师古曰:“遂,成也。”

⑥张晏曰:“以诈伪人为吏也。”臣瓒曰:“律所谓矫枉以为吏者也。”师古曰:“二说并非也。直谓诈自称吏耳。”

⑦李奇曰:“牟,食苗根虫也。侵牟食民,比之蜍贼也。”师古曰:“渔,言若渔猎之为也。

⑧李斐曰:“奸法,因法作奸也。”文颖曰:“与盗,谓盗者当治,而知情反佐与之,是则共盗无异也。”师古曰:“与盗盗者,共盗为盗耳。”

⑨师古曰:“耗,不明也,读与眊同,音莫报反。”

五月,诏曰:“人不患其不知,患其为诈也;不患其不勇,患其为暴也;不患其不富,患其亡厌也。其唯廉士,寡欲易足。今訾算十以上乃得官,①廉士算不必众。有市籍不得官,无訾又不得官,朕甚愍之。訾算四得官,亡令廉士久失职,贪夫长利。”②

①服虔曰:“訾万钱,算百二十七也。”应劭曰:“古者疾吏之贪,衣食足知荣辱,限訾十算乃得为吏。十算,十万也。贾人有财不得为吏,廉士无訾又不得官,故减訾四算得官矣。”师古曰:“訾,读与赀同。他皆类此。”

②师古曰:“长利,长获其利。”

秋,大旱。

三年春正月,诏曰:“农,天下之本也。黄金珠玉,饥不可食,寒不可衣,以为币用,不识其终始。①间岁或不登,意为末者众,农民寡也。其令郡国务劝农桑,益种树,可得衣食物。②吏发民若取庸采黄金珠玉者,坐臧为盗。③二千石听者,与同罪。"

①师古曰:"币者,所以通有无,易贵贱也。"

②师古曰:"树,殖也。"

③韦昭曰:"发民,用其民。取庸,用其资以顾庸。"

皇太子冠,赐民为父后者爵一级。

甲子,帝崩于未央宫。①遗诏赐诸侯王列侯马二驷,②吏二千石黄金二斤,吏民户百钱。出宫人归其家,复终身。③二月癸酉,葬阳陵。④

①臣瓒曰:"帝年三十二即位,即位十六年,寿四十八。"

②师古曰:"八匹也。"

③师古曰:"复,音方目反。"

④臣瓒曰:"自崩及葬凡十日。阳陵在长安东北四十五里。"

赞曰:孔子称"斯民,三代之所以直道而行也",①信哉!周秦之敝,罔密文峻,而奸轨不胜。②汉兴,扫除烦苛,与民休息。至于孝文,加之以恭俭,孝景遵业,五六十载之间,至于移风易俗,黎民醇厚。③周云成康,汉言文景,美矣!

①师古曰:"此《论语》载孔子之辞也。言此今时之人,亦夏、殷、周之所驭,以政化淳壹,故能直道而行。伤今不然。"

②师古曰:"不可胜。"

③师古曰:"黎,众也。醇,不浇杂。"

汉书卷六
帝纪第六

武　帝

　　孝武皇帝，①景帝中子也。母曰王美人。②年四岁，立为胶东王。七岁为皇太子，母为皇后。十六岁，后三年正月，景帝崩。③甲子，太子即皇帝位，尊皇太后窦氏曰太皇太后，皇后曰皇太后。三月，封皇太后同母弟田蚡、胜皆为列侯。④

　　①荀悦曰："讳彻之字曰通。"应劭曰："礼，谥法'威强睿德曰武'。"
　　②师古曰："《外戚传》美人比二千石，视少上造。"
　　③张晏曰："武帝以景帝元年生，七岁为太子，为太子十岁而景帝崩，时年十六矣。"师古曰："后三年，景帝后三年也。"
　　④苏林曰："蚡，音鼢鼠之鼢。"师古曰："蚡，亦鼢鼠字也，音扶粉反。"

　　建元元年①冬十月，诏丞相、御史、列侯、中二千石、二千石、诸侯相举贤良方正直言极谏之士。丞相绾②奏："所举贤良，或治申、商、韩非、苏秦、张仪之言，③乱国政，请皆罢。"奏可。

　　①师古曰："自古帝王未有年号，始起于此。"
　　②师古曰："卫绾也。"
　　③应劭曰："申不害，韩昭侯相也。卫公孙鞅为秦孝公相，封于商，号商君。韩非，韩诸公子，非，名也。苏秦为关东从长。张仪为秦昭王相，为衡说以抑诸侯。"李奇曰："申不害书执卫。商鞅为法，赏不失卑，刑不讳尊，然深刻无恩德。韩非兼行申、商之术。"师古曰："从，音子容反。"

　　春二月，赦天下，赐民爵一级。年八十复二算，九十复甲卒。①

行三铢钱。②

①张晏曰："二算，复二口之算也。复甲卒，不豫革车之赋也。"师古曰："复，音方目反。"

②师古曰："新坏四铢造此钱也，重如其文。见《食货志》。"

夏四月己巳，诏曰："古之立教，乡里以齿，朝廷以爵，扶世导民，莫善于德。然即于乡里先耆艾，奉高年，古之道也。①今天下孝子顺孙愿自竭尽以承其亲，外迫公事，内乏资财，是以孝心阙焉。朕甚哀之。民年九十以上，有受鬻法，②为复子若孙，令得身师妻妾遂其供养之事。"③

①师古曰："六十曰耆，五十曰艾。"

②师古曰："给米粟以为糜鬻。鬻，音之六反。"

③师古曰："若者，豫及之辞也。有子即复子，无子即复孙也。遂，申也。复，音方目反。"

五月，诏曰："河海润千里，其令祠官修山川之祠，为岁事，①曲加礼。"②

①孟康曰："为农祈也。于此造之，岁以为常，故曰为岁事。"师古曰："岁以为常是也。总致敬耳，非止祈农。"

②如淳曰："祭礼有所加益。"

赦吴楚七国帑输在官者。①

①应劭曰："吴楚七国反时，其首事者妻子没入为官奴婢，武帝哀焉，皆赦遣之也。"师古曰："帑，与孥同。"

秋七月，诏曰："卫士转置送迎二万人，①其省万人。罢苑马，以赐贫民。"②

①郑氏曰："去故置新，常二万人。"

②师古曰："养马之苑，旧禁百姓不得刍牧采樵，今罢之。"

议立明堂。遣使者安车蒲轮，束帛加璧，征鲁申公。①

①师古曰："以蒲裹轮，取其安。"

二年冬十月，御史大夫赵绾坐请毋奏事太皇太后，及郎中令王臧皆下狱，自杀。①丞相婴、太尉蚡免。②

①应劭曰："礼，妇人不豫政事，时帝已自躬省万机。王臧儒者，欲立明堂、
辟雍。太后素好黄老术，非薄《五经》。因欲绝奏事太后，太后怒，故杀
之。"

②师古曰："窦婴、田蚡。"

春二月丙戌朔，日有蚀之。夏四月戊申，有如日夜出。

初置茂陵邑。①

①应劭曰："武帝自作陵也。"师古曰："本槐里县之茂乡，故曰茂陵。"

三年春，河水溢于平原，大饥，人相食。①赐徙茂陵者户钱二十
万，田二顷。初作便门桥。②

①师古曰："河溢之处损害田亩，故大饥。"

②苏林曰："去长安四十里。"服虔曰："在长安西北，茂陵东。"师古曰："便
门，长安城北面西头门，即平门也。古者，平、便皆同字。于此道作桥，跨
渡渭水以趋茂陵，其道易直，即今所谓便桥是其处也。便，读如本字。"

秋七月，有星孛于西北。

济川王明坐杀太傅、中傅废，迁防陵。①

①应劭曰："中傅，宦者也。"师古曰："防陵，汉中县也，今谓之房州。"

闽越围东瓯，①东瓯告急。遣中大夫严助持节发会稽兵，浮海
救之。未至，闽越走，兵还。

①应劭曰："高祖五年，立无诸为闽越王。惠帝立摇为东海王，都东瓯，故
号东瓯。"师古曰："瓯，音一侯反。"

九月丙子晦，日有蚀之。

四年夏，有风赤如血。六月，旱。秋九月，有星孛于东北。

五年春，罢三铢钱，行半两钱。①

①师古曰："又新铸作也。"

置五经博士。

夏四月，平原君薨。①

①服虔曰："王皇后之母，武帝外祖母。"

五月，大蝗。

秋八月，广川王越、清河王乘皆薨。

六年春二月乙未，辽东高庙灾。夏四月壬子，高园便殿火。① 上素服五日。

> ① 师古曰："凡言便殿、便室、便坐者，皆非正大之处，所以就便安也。园者，于陵上作之，既有正寝以象平生正殿，又立便殿为休息闲宴之处耳。说者不晓其意，乃解云便殿、便室皆是正名，斯大惑矣。寻石建、韦玄成、孔光等《传》，其义可知。便，读如本字。"

五月丁亥，太皇太后崩。

秋八月，有星孛于东方，长竟天。

闽越王郢攻南越。遣大行王恢将兵出豫章，大司农韩安国出会稽，击之。未至，越人杀郢降，兵还。

元光元年① 冬十一月，初令郡国举孝廉各一人。②

> ① 臣瓒曰："以长星见，故为元光。"
> ② 师古曰："孝，谓善事父母者。廉，谓清洁廉有廉隅者。"

卫尉李广为骁骑将军，屯云中；中尉程不识为车骑将军，屯雁门。六月罢。

夏四月，赦天下，赐民长子爵一级。复七国宗室前绝属者。①

> ① 师古曰："此等宗室前坐七国反，故绝属。今加恩赦之，更令上属籍于宗正也。复，音扶目反。"

五月，诏贤良曰："朕闻昔在唐虞，画象而民不犯，① 日月所烛，莫不率俾。② 周之成康，刑错不用，③ 德及鸟兽，教通四海。海外肃慎，④ 北发渠搜，⑤ 氐羌徕服。⑥ 星辰不孛，日月不蚀，山陵不崩，川谷不塞。麟凤在郊薮，河洛出图书。呜虖，何而臻此与！⑦ 今朕获奉宗庙，夙兴以求，夜寐以思，⑧ 若涉渊水，未知所济。猗与伟与！⑨ 何行而可以章先帝之洪业休德，⑩ 上参尧舜，下配三王！⑪ 朕之不敏，不能远德，⑫ 此子大夫之所睹闻也。⑬ 贤良明于古今王事之体，受策察问,咸以书对,著之于篇,⑭朕亲览焉。"于是董仲舒、公孙弘等出焉。

①应劭曰:"二帝但画衣冠,异章服,而民不敢犯也。"师古曰:"《白虎通》云:'画象者,其衣服象五刑也。犯墨者蒙巾,犯劓者以赭著其衣,犯膑者以墨蒙其膑,象而画之,犯宫者扉,犯大辟者布衣无领。'墨,谓以墨黥其面也。劓,截其鼻也。膑,去膝盖骨也。宫,割其阴也。扉,草屦也。劓,音牛冀反,字或作劓,其音同耳。膑,音频忍反。扉,音扶味反。"

②师古曰:"烛,照也。率,循也。俾,使也。言皆循其贡职而可使也。"

③师古曰:"错,置也,音千故反。"

④晋灼曰:"《东夷传》今挹娄地是也,在夫馀之东北千余里大海之滨。"师古曰:"《周书序》云'成王既伐东夷,肃慎来贺',即谓此。"

⑤服虔曰:"地名也。"应劭曰:"《禹贡》析支、渠搜属雍州,在金城河关之西,西戎也。"晋灼曰:"《王恢传》'北发、月支可得而臣',似国名也。《地理志》朔方有渠搜县。"臣瓒曰:"《孔子三朝记》云'北发渠搜,南抚交趾',此举北以南为对也。《禹贡》渠搜在雍州西北。渠搜在朔方。"师古曰:"北发,非国名也,言北方即可征发渠搜而役属之。瓒说近是。"

⑥师古曰:"徕,古往来之字也。氐,音丁奚反。"

⑦师古曰:"虖,读曰呼。呜呼,叹辞也。臻,至也。"

⑧师古曰:"夙兴,早起也。夜寐,夜久方寐也。"

⑨师古曰:"猗,美也。伟,大也。与,辞也。言美而且大也。与,读曰欤,音弋于反。"

⑩师古曰:"章,明也。洪,大也。休,美也。"

⑪师古曰:"三王,夏、殷、周。"

⑫师古曰:"言德不及远也。"

⑬师古曰:"子者,人之嘉称。大夫,举官称也。志在优贤,故谓之子大夫也。睹,古覩字。"

⑭师古曰:"篇,谓竹简也。"

秋七月癸未,日有蚀之。

二年冬十月,行幸雍,祠五畤。①

①师古曰:"五帝之畤也。"

春,诏问公卿曰:"朕饰子女以配单于,金币文绣赂之甚厚,单于待命加嫚,侵盗亡已。①边境被害,朕甚闵之。今欲举兵攻之,何如?"大行王恢建议宜击。夏六月,御史大夫韩安国为护军将军,卫尉李广为骁骑将军,太仆公孙贺为轻车将军,大行王恢为将屯将军,太中大夫李息为材官将军,将三十万众屯马邑谷中,诱致单于,欲袭击之。单于入塞,觉之,走出。六月,军罢。将军王恢坐首谋不进,下狱死。②

①师古曰:"待命,谓承诏命也。嫚,与慢同。"

②师古曰:"首为此谋,而反不进击匈奴辎重。"

秋九月,令民大酺五日。

三年春,河水徙,从顿丘东南流入勃海。①

①师古曰:"顿丘,丘名,因以为县,本卫地也。《地理志》属东郡,今则在魏州界焉。"

夏五月,封高祖功臣五人后为列侯。

河水决濮阳,泛郡十六。①发卒十万救决河。起龙渊宫。②

①师古曰:"濮阳,东郡之县也。水所泛及,凡十六郡界也。泛,音敷剑反。"

②服虔曰:"宫在长安西,作铜飞龙,故以冠名也。"如淳曰:"《三辅黄图》云有龙渊宫,今长安城西有其处。《沟洫志》救河决亦起龙渊宫于其傍。"孟康曰:"在西平界,其水可用淬刀剑,特坚利。古龙渊之剑取于此水。"师古曰:"《黄图》云龙渊庙在茂陵东,不言宫也。此言救决河,起龙渊宫,即宫不在长安之西矣。又汉章帝赐尚书韩棱龙渊剑。孟说是也。淬,音千内反。"

四年冬,魏其侯窦婴有罪,弃市。①

①师古曰:"以党灌夫也。"

春三月乙卯,丞相蚡薨。

夏四月,陨霜杀草。五月,地震。赦天下。

五年春正月,河间王德薨。

夏,发巴蜀治南夷道,又发卒万人治雁门阻险。①

①师古曰:"所以为固,用止匈奴之寇。"

秋七月,大风拔木。乙巳,皇后陈氏废。捕为巫蛊者,皆枭首。
八月,螟。①

①师古曰:"食苗心之虫也,音莫经反。"

征吏民有明当时之务、习先圣之术者,县次续食,令与计偕。①

①师古曰:"计者,上计簿使也,郡国每岁遣诣京师上之,偕者,俱也。令所
征之人与上计者俱来,而县次给之食。后世讹误,因承此语,遂总谓上
计为计偕。阚骃不详,妄为解说,云秦汉谓诸侯朝使曰计偕。偕,次也。
晋代有计偕簿。又改偕为阶,失之弥远,致误后学。"

六年冬,初算商车。①

①李奇曰:"始税商贾车船,令出算。"

春,穿漕渠通渭。①

①如淳曰:"水转运曰漕。"师古曰:"音才到反。

匈奴入上谷,杀略吏民。遣车骑将军卫青出上谷,骑将军公孙
敖出代,轻车将军公孙贺出云中,骁骑将军李广出雁门。青至龙
城,①获首虏七百级。广、敖失师而还。诏曰:"夷狄无义,所从来久。
间者匈奴数寇边境,故遣将抚师。古者治兵振旅,因遭虏之入,将
吏新会,上下未辑,②代郡将军敖、雁门将军广所任不肖,③校尉又
背义妄行,弃军而北,少吏犯禁。④用兵之法:不勤不教,将率之过
也;教令宣明,不能尽力,士卒之罪也。将军已下廷尉,使理正之,⑤
而又加法于士卒,二者并行,非仁圣之心。朕闵众庶陷害,欲刷耻改
行,⑥复奉正义,厥路亡繇。⑦其赦雁门、代郡军士不循法者。"⑧

①应劭曰:"匈奴单于祭天,大会诸国,名其处为龙城。"

②晋灼曰:"入,犹还也。不得已而用兵,言师不逾时也。入或作人,因其习
俗土地之宜而教革之也。"师古曰:"晋说非也。诏言古者出则治兵,入
则振旅,素练其众,不亏戎律。今之出师,因遭寇虏方入为害,而将吏新
会,上下未和,故校尉弃军而奔北也。辑,与集同。"

③师古曰:"肖,似也。不肖者,言无所象类,谓不材之人也。"

④文颖曰："少吏，小吏也。"

⑤师古曰："下，谓以身付廷尉也。理，法也，言以法律处正其罪。下，音胡稼反。他皆类此。"

⑥师古曰："刷，除也，音所劣反。"

⑦师古曰："一陷重刑，无因复从正道也。繇，读与由同。"

⑧师古曰："循，从也，由也。"

夏，大旱，蝗。

六月，行幸雍。

秋，匈奴盗边。遣将军韩安国屯渔阳。

元朔元年①冬十一月，诏曰："公卿大夫，所使总方略，壹统类，广教化，美风俗也。夫本仁祖义，褒德禄贤，劝善刑暴，②五帝三王所繇昌也。③朕夙兴夜寐，嘉与宇内之士臻于斯路。④故旅耆老，复孝敬，⑤选豪俊，讲文学，⑥稽参政事，祈进民心，⑦深诏执事，兴廉举孝，庶几成风，绍休圣绪。⑧夫十室之邑，必有忠信；三人并行，厥有我师。⑨今或至阖郡而不荐一人，⑩是化不下究，而积行之君子雍于上闻也。⑪二千石官长纪纲人伦，⑫将何以佐朕烛幽隐，劝元元，⑬厉蒸庶，⑭崇乡党之训哉？且进贤受上赏，蔽贤蒙显戮，古之道也。其与中二千石、礼官、博士议不举者罪。"有司奏议曰："古者，诸侯贡士，壹适谓之好德，⑮再适谓之贤贤，三适谓之有功，乃加九锡，⑯不贡士，壹则黜爵，再则黜地，三而黜爵地毕矣。⑰夫附下罔上者死，附上罔下者刑，与闻国政而无益于民者斥，⑱在上位而不能进贤者退，此所以劝善黜恶也。今诏书昭先帝圣绪，令二千石举孝廉，所以化元元，移风易俗也。不举孝，不奉诏，当以不敬论；⑲不察廉，不胜任也，当免。"⑳奏可。

①应劭曰："朔，苏也。孟轲曰'后来其苏'。苏，息也，言万民品物大繁息也。"师古曰："朔，犹始也，言更为初始也。苏息之息，非息生义。应说失之。"

②师古曰："本仁祖义，谓以仁义为本始。"

③师古曰："五帝，伏羲、神农、黄帝、尧、舜也。三王，夏、殷、周也。繇，读与

④师古曰："天地四方为宇。臻,至也。"

⑤师古曰："旅耆老者,加惠于耆老之人,若宾旅也。复孝敬者,谓优复孝弟之人也。复,音方目反。"

⑥师古曰："讲,谓和习之。"

⑦师古曰："祈,求也。"

⑧师古曰："休,美也。绪,业也。言绍先圣之休绪也。故下言昭先帝圣绪。"

⑨师古曰："《论语》称孔子云:'十室之邑,必有忠信如丘者焉。'又曰:'三人行,必有我师焉。择其善者而从之,其不善者而改之。'故诏引焉。"

⑩师古曰："阖,闭也。总一郡之中,故云阖郡。"

⑪师古曰："究,竟也。言见壅遏,不得闻达于天子也。雍,读曰壅。"

⑫师古曰："谓郡之守尉,县之令长。"

⑬师古曰："烛,照也。元元,善意。"

⑭师古曰："蒸,众也。"

⑮服虔曰："适,得其人。"

⑯应劭曰："一曰车马,二曰衣服,三曰乐器,四曰朱户,五曰纳陛,六曰虎贲百人,七曰斧钺,八曰弓矢,九曰秬鬯。此皆天子制度,尊之,故事事锡与,但数少耳。"张晏曰:"九锡,经本无文,《周礼》以为九命,《春秋说》有之。"臣瓒曰:"九锡备物,伯者之盛礼,齐桓、晋文犹不能备,今三进贤便受之,似不然也。当受进贤之一锡。《尚书大传》云'三适谓之有功,赐以车服弓矢',是也。"师古曰:"总列九锡,应说是也。进贤一锡,瓒说是也。"

⑰李奇曰："爵地俱削尽。"

⑱师古曰："与,读曰豫。斥,谓弃逐之。"

⑲张晏曰："谓其不勤求士报国。"

⑳张晏曰："当率身化下,今亲宰牧而贤人,为不胜任也。"

十二月,江都王非薨。

春三月甲子,立皇后卫氏。诏曰:"朕闻天地不变,不成施化;阴阳不变,物不畅茂。①《易》曰:'通其变,使民不倦。'②《诗》云:'九变复贯,知言之选。'③朕嘉唐虞而乐殷周,据旧以鉴于是尽。④其赦天下,与民更始。诸逋贷及辞讼在孝景后三年以前,皆勿听治。"⑤

①师古曰:"畅,通也。"

②应劭曰:"黄帝、尧、舜祖述伏羲、神农,结网耒耜,以日中为市。交易之
　业,因其所利,变而通之,使民知之,不苦倦也。"师古曰:"此《易·下
　系》之辞也。言通物之变,故能乐其器用,不懈倦也。"

③应劭曰:"逸《诗》也。阳数九,人君当阳,言变政复礼,合于先王旧贯。知
　言之选,选,善也。"孟康曰:"贯,道也。选,数也。极天之变而不失道者,
　知言之数也。"臣瓒曰:"先王创制易教,以救流弊也,是以三王之教有
　文有质。九,数之多也。"师古曰:"贯,事也。选,择也。《论语》曰'仍旧
　贯',此言文质不同,宽猛殊用,循环复旧,择善而从之。瓒说近之也。"

④师古曰:"追观旧迹,以知新政,而为鉴戒。"

⑤师古曰:"逋,亡也。久负官物亡匿不还者,皆谓之逋。逋,音布胡反。"

　秋,匈奴入辽西,杀太守;入渔阳、雁门,败都尉,杀略三千余
人。遣将军卫青出雁门,将军李息出代,获首虏数千级。

　东夷薉君南闾等①口二十八万人降,为苍海郡。

①服虔曰:"秽貊在辰韩之北,高句丽沃沮之南,东穷于大海。"晋灼曰:
　"薉,古秽字。"师古曰:"南闾者,秽君之名。"

　鲁王馀、长沙王发皆薨。

　二年冬,赐淮南工、菑川工几杖,毋朝。①

①师古曰:"淮南王安、菑川王志皆武帝诸父列也,故赐几杖焉。"

　春正月,诏曰:"梁王、城阳王亲慈同生,①愿以邑分弟,其许
之。诸侯王请与子弟邑者,朕将亲览,使有列位焉。"于是藩国始分,
而子弟毕侯矣。

①文颖曰:"慈,爱也。"

　匈奴入上谷、渔阳,杀略吏民千余人。遣将军卫青、李息出云
中,至高阙,①遂西至符离,②获首虏数千级。收河南地,置朔方、五
原郡。

①师古曰:"山名也,一曰塞名也,在朔方之北。"

②师古曰:"幕北塞名也。"

　三月乙亥晦,日有蚀之。

　　夏,募民徙朔方十万口。又徙郡国豪杰及訾三百万以上于茂陵。

　　秋,燕王定国有罪,自杀。

　　三年春,罢苍海郡。三月,诏曰:"夫刑罚所以防奸也,内长文所以见爱也。①以百姓之未洽于教化,朕嘉与士大夫日新厥业,祗而不解。②其赦天下。"

　　①晋灼曰:"长,音长吏之长。"张晏曰:"长文,长文德也。"师古曰:"诏言有文德者,即亲内而崇长之,所以见仁爱之道。见,谓显示也,音胡电反。"

　　②师古曰:"解,读曰懈。"

　　夏,匈奴入代,杀太守;入雁门,杀略千余人。

　　六月庚午,皇太后崩。

　　秋,罢西南夷,城朔方城。令民大酺五日。

　　四年冬,行幸甘泉。

　　夏,匈奴入代、定襄、上郡,杀数千人。

　　五年春,大旱。大将军卫青将六将军兵十余万人出朔方、高阙,获首虏万五千级。

　　夏六月,诏曰:"盖闻导民以礼,风之以乐,①今礼坏乐崩,朕甚闵焉。故详延天下方闻之士,咸荐诸朝。②其令礼官劝学,讲议洽闻,举遗兴礼,以为天下先。③太常其议予博士弟子,崇乡党之化,以厉贤材焉。"④丞相弘请为博士置弟子员,⑤学者益广。

　　①师古曰:"风,教也。《诗序》曰:'上以风化下。'"

　　②师古曰:"详,悉也。延,引也。方,道也。闻,博闻也。言悉引有道博闻之士而进于朝也。《礼记》曰:'隆礼由礼,谓之有方之士。'又曰:'博闻强识而让,谓之君子。'一曰,方,谓方正也。"

　　③师古曰:"举遗逸之文而兴礼学。"

　　④师古曰:"为博士置弟子,既得崇化于乡党,又以奖厉贤材之人。"

⑤师古曰："公孙弘。"

秋，匈奴入代，杀都尉。

六年春二月，大将军卫青将六将军兵十余万骑出定襄，斩首三千余级。还，休士马于定襄、云中、雁门。赦天下。

夏四月，卫青复将六将军绝幕，①大克获。前将军赵信军败，降匈奴。右将军苏建亡军，独身脱还，赎为庶人。

①应劭曰："幕，沙幕，匈奴之南界也。"臣瓒曰："沙土曰幕。直度曰绝。"师古曰："应、瓒二说皆是也，而说者或云是塞外地名，非矣。幕者，即今之突厥中碛耳。李陵歌曰'径万里兮渡沙幕'。"

六月，诏曰："朕闻五帝不相复礼，三代不同法，所繇殊路而建德一也。①盖孔子对定公以徕远，②哀公以论臣，③景公以节用，④非期不同，所急异务也。⑤今中国一统而北边未安，朕甚悼之。日者大将军巡朔方，征匈奴，斩首虏万八千级，诸禁锢及有过者咸蒙厚赏，得免减罪。⑥今大将军仍复克获，⑦斩首虏万九千级，受爵赏而欲移卖者，无所流貤。⑧其议为令。"有司奏请置武功赏官，以宠战士。

①师古曰："复，因也，音扶目反。繇，读与由同。"

②臣瓒曰："《论语》及《韩子》皆言叶公问政于孔子，孔子答以悦近徕远。今云定公，与二书异。"

③如淳曰："韩非云哀公问政，仲尼曰政在选贤。"

④如淳曰："韩非云齐景公问政，仲尼曰政在节财。"

⑤李奇曰："期，更也。非要当必不同，所急异务，不得不然。"

⑥师古曰："有罪者或被释免，或得减轻。"

⑦师古曰："仍，频也。"

⑧应劭曰："貤，音移。言军吏士斩首虏爵级多，无所移与。今为置武功赏官，爵多者分与父兄子弟及卖与他人也。"师古曰："此说非也。许慎《说文解字》云：'貤，物之重次第也。'此诏言欲移卖爵者，无有差次，不得流行，故为置官级也。貤，音弋赐反。今俗犹谓凡物一重为一貤也。"

元狩元年①冬十月,行幸雍,祠五畤。获白麟,②作《白麟之歌》。

①应劭曰:"获白麟,因改元曰元狩也。"

②师古曰:"麟,麋身,牛尾,马足,黄色,圜蹄,一角,角端有肉。"

十一月,淮南王安、衡山王赐谋反,诛。党与死者数万人。

十二月,大雨雪,民冻死。①

①师古曰:"雨,音于具反。"

夏四月,赦天下。丁卯,立皇太子。赐中二千石爵右庶长,①民为父后者一级。诏曰:"朕闻咎繇对禹,曰在知人,知人则哲,惟帝难之。②盖君者心也,民犹支体,支体伤则心憯怛③。日者淮南、衡山修文学,流货赂,两国接壤,怵于邪说,④而造篡弑,此朕之不德。《诗》云:'忧心惨惨,念国之为虐。'⑤已赦天下,涤除与之更始。朕嘉孝弟力田,哀夫老眊孤寡鳏独⑥或匮于衣食,甚怜愍焉。其遣谒者巡行天下,存问致赐。⑦曰:'皇帝使谒者⑧赐县三老、孝者帛,人五匹;乡三老、弟者、力田帛,人三匹;年九十以上及鳏寡孤独帛,人二匹,絮三斤;八十以上米,人三石。有冤失职,使者以闻。⑨县乡即赐,毋赘聚。'"⑩

①师古曰:"第十一等爵。"

②师古曰:"《尚书·咎繇谟》载咎繇之辞也。帝,谓尧也。"

③师古曰:"憯,痛也。怛,悼也。憯,音千感反。怛,音丁曷反。"

④服虔曰:"怵,音裔。"应劭曰:"狃怵也。"如淳曰:"怵,音怵惕,见诱怵于邪说也。"师古曰:"作怵者非。如说云见诱怵,其义是也,而音怵惕,又非也。怵或体讹字耳。诉者,诱也,音如戌亥之戌。《南越传》曰'不可怵好语入朝'。诸如此例,音义同耳。今俗犹云相谗怵,而说者或改为钵道之钵,盖穿凿也。谗,音先诱反。钵,音述。"

⑤师古曰:"《小雅·正月》之诗也。惨惨,忧戚之貌。"

⑥师古曰:"眊,古耄字。八十曰耄。耄,老称也。一曰,眊,不明之貌。"

⑦师古曰:"致,送至也。行,音下更反。"

⑧师古曰:"谒者令使者宣书之文。"

⑨师古曰:"职,常也。失职者,失其常业及常理也。"

⑩如淳曰："赘，会也。令勿擅征召赘聚三老、孝弟、力田也。"师古曰："即，
　就也。各遣就其所居而赐之，勿会聚也。赘，音之锐反。"

五月乙巳晦，日有蚀之。匈奴入上谷，杀数百人。

二年冬十月，行幸雍，祠五畤。

**春三月戊寅，丞相弘薨。遣骠骑将军霍去病出陇西，至皋兰，①
斩首八千余级。**

①应劭曰："在陇西白石县塞外，河名也。"孟康曰："山关名也。"师古曰：
　"皋兰，山名也。《霍去病传》云'过焉支山千有余里，合短兵鏖皋兰下'，
　则此山也，非河名也。白石县在金城，又不属陇西。应说并失之。鏖，
　音乌曹反。"

夏，马生余吾水中。①南越献驯象、②能言鸟。③

①应劭曰："在朔方北也。"

②应劭曰："驯者，教能拜起周章，从人意也。"师古曰："驯，音巡，谓扰也。
　应说是也。"

③师古曰："即鹦鹉也。今陇西及南海并有之。万震《南州异物志》云有三
　种，一种白，一种青，一种五色。交州以南诸国尽有之。白及五色者，其
　性尤慧解，盖谓此也。随开皇十八年，林邑国献白鹦鹉，时以为异。是
　岁，贡士咸试赋之。圣皇驭历，屡有兹献。上以幽远劳费，抚慰弗受。"

**将军去病、公孙敖出北地二千余里，过居延，①斩首虏三万余
级。匈奴入雁门，杀略数百人。遣卫尉张骞、郎中令李广皆出右北
平。广杀匈奴三千余人，尽亡其军四千人，独身脱还，及公孙敖、张
骞皆后期，当斩，赎为庶人。**

①师古曰："居延，匈奴中地名也，韦昭以为张掖县，失之。张掖所置居延
　县者，以安处所获居延人而置此县。"

江都王建有罪，自杀。胶东王寄薨。

**秋，匈奴昆邪王杀休屠王，①并将其众合四万余人来降，置五
属国以处之。②以其地为武威、酒泉郡。③**

①师古曰："昆，音下门反。屠，音储。"

②师古曰："凡言属国者，存其国号而属汉朝，故曰属国。"

③师古曰:"武威,今凉州也。酒泉,今肃州。"

三年春,有星孛于东方。

夏五月,赦天下。立胶东康王少子庆为六安王。封故相国萧何曾孙庆为列侯。

秋,匈奴入右北平、定襄,杀略千余人。

遣谒者劝有水灾郡种宿麦。①举吏民能假贷贫民者以名闻。②

①师古曰:"秋冬种之,经岁乃熟,故云宿麦。"

②师古曰:"贷,音吐戴反。"

减陇西、北地、上郡戍卒半。发谪吏穿昆池。①

①如淳曰:"《食货志》以旧吏弄法,故谪使穿池,更发有赀者为吏也。"臣瓒曰:"《西南夷传》有越巂、昆明国,有滇池,方三百里。汉使求身毒国,而为昆明所闭。今欲伐之,故作昆明池象之,以习水战,在长安西南,周回四十里。《食货志》又曰:时越欲与汉用船战,遂乃大修昆明池也。"师古曰:"谪吏,吏有罪者,罚而役之。滇,音颠。"

四年冬,有司言关东贫民徙陇西、北地、西河、上郡、会稽凡七十二万五千口,县官衣食振业,用度不足,请收银锡造白金及皮币以足用。①初算缗钱。②

①应劭曰:"时国用不足,以白鹿皮为币,朝觐以荐璧。又造银锡为白金。见《食货志》。"

②李斐曰:"缗,丝也,以贯钱也。一贯千钱,出算二十也。"臣瓒曰:"《茂陵书》诸贾人末作贳贷,置居邑储积诸物,及商以取利者,虽无市籍,各以其物自占,率缗钱二千而一算。此缗钱是储钱也。故随其用所施,施于利重者,其算亦多也。"师古曰:"谓有储积钱者,计其缗贯而税之。李说为是。缗,音武巾反。"

春,有星孛于东北。夏,有长星出于西北。

大将军卫青将四将军出定襄,将军去病出代,各将五万骑。步兵踵军后数十万人。①青至幕北,围单于,斩首万九千级,至窴颜山乃还。②去病与左贤王战,斩获首虏七万余级,封狼居胥山乃还。③

两军士死者数万人。前将军广、后将军食其皆后期。广自杀,食其赎死。④

①师古曰:"踵,接也,犹言蹑其踵。"

②邓展曰:"音填塞之填。"

③师古曰:"登山祭天,筑土为封,刻石纪事,以彰汉功。"

④如淳曰:"《李广传》'引兵与右将军食其合军,出东道'。又曰'广自到,右将军下吏,当死,赎为庶人'。《霍去病传》亦云赵食其为右将军,平阳侯襄为后将军。此纪为误也。"师古曰:"传写者误以右为后。食其,音异基。"

五年春三月甲午,丞相李蔡有罪,自杀。①

①文颖曰:"李广从弟,坐侵陵墙地。"

天下马少,平牡马匹二十万。①

①如淳曰:"贵平牡马贾,欲使人竞畜马。"

罢半两钱,行五铢钱。

徙天下奸猾吏民于边。①

①师古曰:"猾,狡也,音平八反。"

六年冬十月,赐丞相以下至吏二千石金,千石以下至乘从者帛,①蛮夷锦各有差。

①晋灼曰:"乘骑诸从者也。"师古曰:"流俗书本乘上或有公字,非也,后人妄加之。"

雨水,亡冰。①

①师古曰:"雨,音于具反。"

夏四月乙巳,庙立皇子闳为齐王,旦为燕王,胥为广陵王。①初作诰。②

①师古曰:"于庙中策命之。"

②服虔曰:"诰敕王,如《尚书》诸诰也。"李斐曰:"今敕封拜诸侯王策文亦是也。见《武五子传》。"

六月,诏曰:"日者有司以币轻多奸,①农伤而末众,②又禁兼并之涂，③故改币以约之。④稽诸往古，制宜于今。⑤废期有月，⑥而山泽之民未谕。⑦夫仁行而从善，义立则俗易，意奉宪者所以导之未明与？⑧将百姓所安殊路，而挢虔吏因乘势以侵蒸庶邪？⑨何纷然其扰也！⑩今遣博士大等六人分循行天下，⑪存问鳏寡废疾，无以自振业者贷与之。⑫谕三老孝弟以为民师，举独行之君子，征诣行在所。⑬朕嘉贤者，乐知其人。广宣厥道，士有特招，使者之任也。⑭详问隐处亡位，及冤失职，⑮奸猾为害，野荒治苛者，举奏。⑯郡国有所以为便者，上丞相、御史以闻。"

①李奇曰："币，钱也。轻者，若一马直二十万，是为币轻而物重也。重难得，则用不足而奸生。"

②师古曰："末，谓工商也。"

③李奇曰："谓大家兼役小民，富者兼役贫民，欲平之也。"文颖曰："兼并者，食禄之家不得治产，兼取小民之利；商人虽富，不得复兼畜田宅，作客耕农也。"师古曰："李说是。"

④李奇曰："更去半两钱，行五铢钱、皮币，以检约奸邪。"

⑤师古曰："稽，考也，音工具反。"

⑥应劭曰："禁半两钱及余币物，禁之有期月而民未悉从也。"如淳曰："期，音暮。自往年二月至今年四月，期有余月矣。"师古曰："如说是。"

⑦师古曰："未谕者，未晓告示之意。"

⑧师古曰："与，读曰欤。"

⑨孟康曰："虔，固也。矫称上命以货贿用为固。《尚书》曰'放攘矫虔'。"韦昭曰："凡称诈为矫，强取为虔。《左传》曰'虔刘我边垂'。"师古曰："挢与矫同，其字从手。矫，托也。虔，固也。妄托上命而坚固为邪恶者也。蒸，众也。"

⑩师古曰："扰，烦也。"

⑪师古曰："褚大也。行，音下更反。"

⑫师古曰："贷，音土戴反。"

⑬如淳曰："蔡雍云，天子以天下为家，自谓所居为行在所。言今虽在京师，行所在至耳。"师古曰："此说非也。天子或在京师，或出巡狩，不可豫定，故言行在所耳。不得亦谓京师为行也。"

⑭李奇曰："设士有殊才异行，当特招者，任在使者分别之。"

⑮师古曰:"无位,不被任用也。冤,屈也。失职,失其常业也。"

⑯师古曰:"野荒,言田亩不辟也。治苛,为政尚细刻也。"

秋九月,大司马骠骑将军去病薨。

元鼎元年①夏五月,赦天下,大酺五日。

①应劭曰:"得宝鼎故,因是改元。"

得鼎汾水上。济东王彭离有罪,废徙上庸。①

①应劭曰:"春秋时庸国。"

二年冬十一月,御史大夫张汤有罪,自杀。十二月,丞相青翟下狱死。①

①师古曰:"庄青翟。"

春,起柏梁台。①

①服虔曰:"用百头梁作台,因名焉。"师古曰:"《三辅旧事》云,以香柏为之。今书字皆作柏。服说非。"

三月,大雨雪。①夏,大水,关东饿死者以千数。

①师古曰:"雨,音于具反。"

秋九月,诏曰:"仁不异远,义不辞难。①今京师虽未为丰年,山林池泽之饶与民共之。今水潦移于江南,迫隆冬至,朕惧其饥寒不活。江南之地,火耕水耨,②方下巴蜀之粟致之江陵,遣博士中等分循行,③谕告所抵,无令重困。④吏民有振救饥民免其厄者,具举以闻。"

①师古曰:"远近如一,是为仁也;不惮艰难,是为义也。"

②应劭曰:"烧草下水种稻。草与稻并生,高七八寸,因悉芟去,复下水灌之,草死,独稻长,所谓火耕水耨。"

③师古曰:"行,音下更反。"

④师古曰:"抵,至也。重,音直用反。"

三年冬,徙函谷关于新安。①以故关为弘农县。

①应劭曰:"时楼船将军杨仆数有大功,耻为关外民,上书乞徙东关,以家

财给其用度。武帝意亦好广阔,于是徙关于新安,去弘农三百里。"

十一月,令民告缗者以其半与之。①

①孟康曰:"有不输税,令民得告言,以半与之。"

正月戊子,阳陵园火。

夏四月,雨雹。①关东郡国十余饥,人相食。

①师古曰:"雨,音于具反。"

常山王舜薨。子勃嗣立,有罪,废徙房陵。

四年冬十月,行幸雍,祠五畤。赐民爵一级,女子百户牛酒。行自夏阳,东幸汾阴。①十一月甲子,立后土祠于汾脽上。②礼毕,行幸荥阳。还至洛阳,诏曰:"祭地冀州,③瞻望河洛,巡省豫州,观于周室,邈而无祀。④询问耆老,乃得孽子嘉。绍其封嘉为周子南君,⑤以奉周祀。"

①师古曰:"夏阳,冯翊之县也。汾阴属河东。汾,音扶云反。"

②苏林曰:"脽,音谁。"如淳曰:"脽者,河之东岸特堆掘,长四五里,广二里余,高十余丈。汾阴县治脽之上。后土祠在县西。汾在脽之北,西流与河合。"师古曰:"二说皆是也。脽者,以其形高起如人尻脽,故以名云。一说,此临汾水之上,地本名郊,音与葵同,彼乡人呼葵音如谁,故转而为脽字耳。故《汉旧仪》云葵上。"

③服虔曰:"后土祠在汾阴。汾阴本冀州地也。周时乃分为并州。《尔雅》曰'两河间曰冀州'。"

④师古曰:"邈,远绝之意。"

⑤臣瓒曰:"《汲冢古文》谓卫将军文子为子南弥牟,其后有子南固、子南劲。《纪年》劲朝于魏,后惠成王如卫,命子南为侯。秦并六国,卫最后亡。疑嘉是卫后,故氏子南而称君也。初元五年为周承休侯,元始四年为郑公,建武十三年封于观,为卫公。"师古曰:"子南,其封邑之号,以为周后,故总言周子南君。瓒说非也。例不先言姓而后称君,且自嘉已下皆姓姬氏,著在史传。"

春二月,中山王胜薨。

夏,封方士栾大为乐通侯,位上将军。

六月,得宝鼎后土祠旁。秋,马生渥洼水中。①作《宝鼎》、《天马之歌》。

①李斐曰:"南阳新野有暴利长,当武帝时遭刑,屯田敦煌界,数于此水旁见群野马中有奇异者,与凡马异,来饮此水。利长先作土人,持勒靽于水旁。后马玩习,久之,代土人持勒靽收得其马,献之。欲神异此马,云从水中出。"苏林曰:"洼,音窐曲之窐。"师古曰:"渥,音握。洼,音于佳反。"

立常山宪王子商为泗水王。

五年冬十月,行幸雍,祠五畤。遂逾陇,①登空同,②西临祖厉河而还。③

①应劭曰:"陇,陇坻坂也。"师古曰:"即今之陇山。坻,音丁礼反。"

②应劭曰:"山名也。"

③李斐曰:"音嗟赖。"

十一月辛巳朔旦,冬至。立泰畤于甘泉。天子亲郊见,①朝日夕月。②诏曰:"朕以眇身托于王侯之上,③德未能绥民,④民或饥寒,故巡祭后土以祈丰年。冀州眭壤乃显文鼎,获荐于庙。⑤渥洼水出马,朕其御焉。战战兢兢,惧不克任,思昭天地,内惟自新。《诗》云:'四牡翼翼,以征不服。'亲省边垂,用事所极。⑥望见泰一,修天文襢。⑦辛卯夜,若景光十有二明。《易》曰:'先甲三日,后甲三日。'⑧朕甚念年岁未咸登,⑨饬躬斋戒,⑩丁酉,拜况于郊。"⑪

①师古曰:"祠太一也。见,音胡电反。"

②应劭曰:"天子春朝日,秋夕月。朝日以朝,夕月以夕。"臣瓒曰:"《汉仪》郊泰畤,皇帝平旦出竹宫,东向揖日,其夕,西南向揖月,便用郊日,不用春秋也。"师古曰:"春朝朝日,秋暮夕月,盖常礼也。郊泰畤而揖日月,此又别仪。"

③师古曰:"眇,细末也。"

④师古曰:"绥,安也。"

⑤师古曰:"得鼎祠旁,祠在眭上,故云眭壤。壤,谓土也。文鼎,言其有刻镂之文。"

⑥李斐曰："极,至也,所至者辄祭也。"师古曰："逸《诗》也。"

⑦文颖曰："禋,祭也。"晋灼曰："禋,古禅字也。"臣瓒曰："此年初祭太畤于甘泉,此祭天于大禋也。祭天则天文从,故曰修天文禋也。"师古曰："文、晋二说是也。朝日夕月,即天文禋之谓也。"

⑧应劭曰："先甲三日,辛也;后甲三日,丁也。言王者齐戒必自新,临事必自丁宁。"师古曰："此《易·蛊卦》之辞。"

⑨师古曰："登,谓百谷成。"

⑩师古曰："饬,整也,读与敕同。"

⑪师古曰："况,赐也。辛夜有光,是先甲三日也;丁日拜况,是后甲三日也。故诏引《易》文。"

夏四月,南越王相吕嘉反,杀汉使者及其王、王太后。赦天下。丁丑晦,日有蚀之。

秋,蛙、虾蟆斗①

①师古曰："蛙,黾也,似虾蟆而长脚,其色青,音下娲反。虾,音遐。蟆,音麻。黾,音莫幸反。"

遣伏波将军路博德出桂阳,下湟水;楼船将军杨仆出豫章,下浈水;①归义越侯严为戈船将军,出零陵,下离水;②甲为下濑将军,下苍梧。③皆将罪人,江淮以南楼船十万人。越驰义侯遗④别将巴蜀罪人,发夜郎兵,下牂柯江,咸会番禺。⑤

①郑氏曰："浈,音桯。"孟康曰："浈,音贞。"苏林曰："浈,音樘柱之樘。"师古曰："苏音是也。音丈庚反。"

②张晏曰："严,故越人,降为归义侯。越人于水中负人船,又有蛟龙之害,故置戈于船下,因以为名也。"臣瓒曰："《伍子胥书》有戈船,以载干戈,因谓之戈船也。离水,出零陵。"师古曰："以楼船之例言之,则非为载干戈也。此盖船下安戈戟,以御蛟鼍水虫之害。张说近之。"

③服虔曰："甲,故越人归汉者也。"臣瓒曰："濑,湍也,吴越谓之濑,中国谓之碛。《伍子胥书》有下濑船。"师古曰："濑,音赖。"

④应劭曰："亦越人也。"

⑤如淳曰："音潘禺,尉佗所都。"师古曰："即今之广州。"

九月,列侯坐献黄金酎祭宗庙不如法夺爵者百六人,丞相赵周下狱死。①乐通侯栾大坐诬罔要斩。

①服虔曰："因八月献酎祭宗庙时，使诸侯各献金来助祭也。"如淳曰："《汉仪注》诸侯王岁以户口酎黄金于汉庙，皇帝临受献金，金少不如斤两，色恶，王削县，侯免国。"臣瓒曰："《食货志》南越反时，卜式上书愿死之。天子下诏褒扬，布告天下，天下莫应。列侯以百数，莫求从军。至酎饮酒，少府省金，而列侯坐酎金失侯者百余人。而表云赵周坐为丞相知列侯酎金轻下狱自杀。然则知其轻而不纠擿之也。"师古曰："酎，三重酿醇酒也，音丈救反。"

西羌众十万人反，与匈奴通使，攻故安，围枹罕。①匈奴入五原，杀太守。

①邓展曰："枹，音铁。罕，音汉。"师古曰："枹罕，金城之县也。罕，读如本字。"

六年冬十月，发陇西、天水、安定骑士及中尉，河南、河内卒十万人，遣将军李息、郎中令徐自为征西羌，平之。

行东，将幸缑氏，①至左邑桐乡，②闻南越破，以为闻喜县。春，至汲新中乡，③得吕嘉首，以为获嘉县。驰义侯遗兵未及下，上便令征西南夷，平之。④遂定越地，以为南海、苍梧、郁林、合浦、交阯、九真、日南、珠崖、儋耳郡。⑤定西南夷，以为武都、牂柯、越嶲、沈黎、文山郡。⑥

①师古曰："河南县也。缑，音工侯反。"

②师古曰："左邑，河东之县也。桐乡，其乡名也。"

③师古曰："汲，河内县。新中，其乡名。"

④师古曰："便，音频面反。"

⑤应劭曰："二郡在大海中崖岸之边。出真珠，故曰珠崖。儋耳者，种大耳。渠率自谓王者耳尤缓，下肩三寸。"张晏曰："《异物志》二郡在海中，东西千里，南北五百里。珠崖，言珠若崖矣。儋耳之云，镂其颊皮，上连耳匡，分为数支，状似鸡肠，累耳下垂。"臣瓒曰："《茂陵书》珠崖郡治瞫都，去长安七千三百一十四里。儋耳去长安七千三百六十八里，领县五。"师古曰："儋，音丁甘反，字本作瞻。瞫，音审。"

⑥孟康曰："嶲，音髓，本邛都也。"服虔曰："今蜀郡北部都尉所治，本筰都也。"臣瓒曰："《茂陵书》沈黎治筰都，去长安三千三百三十五里，领县

二十一。"应劭曰:"文山,今蜀郡岷山,本冉駹是也。"

秋,东越王余善反,攻杀汉将吏。遣横海将军韩说、中尉王温舒出会稽,①楼船将军杨仆出豫章,击之。又遣浮沮将军公孙贺出九原,②匈河将军赵破奴出令居,③皆二千余里,不见虏而还。乃分武威、酒泉地置张掖、敦煌郡,④徙民以实之。

①师古曰:"说,读曰悦。"

②臣瓒曰:"浮沮,井名,在匈奴中,去九原二千里,见汉舆地图。"师古曰:"沮,音子间反。"

③臣瓒曰:"匈河,水名,在匈奴中,去令居千里,见《匈奴传》。"师古曰:"令,音铃。"

④师古曰:"敦,音徒门反。"

元封元年①冬十月,诏曰:"南越、东瓯咸伏其辜,西蛮北夷颇未辑睦,②朕将巡边垂,择兵振旅,躬秉武节,置十二部将军,亲帅师焉。"行自云阳,北历上郡、西河、五原,出长城,北登单于台,至朔方,临北河,勒兵十八万骑,旌旗径千余里,威震匈奴。遣使者告单于曰:"南越王头已县于汉北阙矣。单于能战,天子自将待边;不能,亟来臣服。③何但亡匿幕北寒苦之地为!"匈奴慑焉。④还,祠黄帝于桥山,⑤乃归甘泉。

①应劭曰:"始封泰山,故改年。"

②师古曰:"辑,与集同。集,和也。"

③师古曰:"亟,急也,音居力反。"

④师古曰:"慑,失气也,音之涉反。"

⑤应劭曰:"在上郡,周阳县有黄帝冢。"

东越杀王余善降。诏曰:"东越险阻反覆,为后世患,迁其民于江淮间。"遂虚其地。

春正月,行幸缑氏。诏曰:"朕用事华山,至于中岳,①获驳麃,见夏后启母石。②翌日亲登嵩高,③御史乘属、在庙旁吏卒咸闻呼'万岁'者三。④登礼罔不答。⑤其令祠官加增太室祠,⑥禁无伐其草木。以山下户三百为之奉邑,名曰崇高,⑦独给祠,复亡所与。"⑧

①文颖曰:"嵩高也,在颍川阳城县。"

②应劭曰:"启生而母化为石。"文颖曰:"在崇高山下。"师古曰:"启,夏禹
　子也。其母涂山氏女也。禹治鸿水,通镮辕山,化为熊,谓涂山氏曰:'欲
　饷,闻鼓声乃来。'禹跳石,误中鼓。涂山氏往,见禹方作熊,惭而去,至
　嵩高山下化为石,方生启。禹曰:'归我子。'石破北方而启生。事见《淮
　南子》。景帝讳启,今此诏云启母,盖史追书之,非当时文。"

③应劭曰:"翌,明也。"

④服虔曰:"乘,同乘。属,官属也。"如淳曰:"《汉仪注》御史亦有属。"晋灼
　曰:"天子出,御史除二人为乘曹,护车驾。"荀悦曰:"万岁,山神称之
　也。"应劭曰:"嵩高县有上中下万岁里。"师古曰:"乘属,如、晋二说是
　也。乘,音食证反。"

⑤师古曰:"罔,无也。言登礼于神,无不答应。"

⑥韦昭曰:"嵩高山有大室、少室之山,山有石室,故以名云。"

⑦师古曰:"谓之崇者,示尊崇之。奉,音扶用反。"

⑧师古曰:"复,音方目反。与,读曰预。"

　　夏四月癸卯,上还,登封泰山,①降坐明堂。②诏曰:"朕以眇身
承至尊,③兢兢焉惟德菲薄,不明于礼乐,④故用事八神。⑤遭天地
况施,⑥著见景象,屑然如有闻。⑦震于怪物,欲止不敢,遂登封泰
山,至于梁父,然后升禅肃然。⑧自新,嘉与士大夫更始,其以十月
为元封元年。行所巡至,博、奉高、蛇丘、历城、梁父,⑨民田租逋赋
贷,已除。⑩加年七十以上孤寡帛,人二匹。四县无出今年算。⑪赐
天下民爵一级,女子百户牛酒。"

①孟康曰:"王者功成治定,告成功于天。封,崇也,助天之高也。刻石纪
　号,有金策石函、金泥玉检之封焉。"应劭曰:"封者,坛广十二丈,高二
　丈,阶三等,封于其上,示增高也。刻石,纪绩也。立石三丈一尺,其辞
　曰:'事天以礼,立身以义;事亲以孝,育民以仁。四守之内莫不为郡县,
　四夷八蛮咸来贡职,与天无极。人民蕃息,天禄永得。'尚玄酒而俎生
　鱼。下禅梁父,祀地主,示增广。此古制也。武帝封广丈二尺,高九尺,
　其下则有膞书,秘。语在《郊祀志》。"

②臣瓒曰:"《郊祀志》'初,天子封太山,太山东北址,古时有明堂处'。则

此所坐者也。明年秋乃作明堂耳。"

③师古曰："眇，微细也。

④师古曰："菲，亦薄也，音敷尾反，又音扉。"

⑤文颖曰："武帝祭太一，并祭名山于太坛西南，开除八通鬼道，故言用事八神也。一曰，八方之神。"

⑥应劭曰："况，赐也。施，与也。言天地神灵乃赐我瑞应。"

⑦臣瓒曰："闻呼'万岁'者三是也。"

⑧服虔曰："增天之高，归功于天。禅，阐也，广土地也。肃然，山名也，在梁父。"张晏曰："天高不可及，于大山上立封，又禅而祭之，冀近神灵也。"师古曰："父，读曰甫。"

⑨郑氏曰："蛇，音移。"

⑩师古曰："逋赋，未出赋者也。逋贷，官以物贷之而未还也。贷，音吐戴反。"

⑪师古曰："自博至梁父凡五县，今云四县毋出算者，奉高一县素以供神，非算限也。"

行自泰山，复东巡海上，至碣石。①自辽西历北边九原，归于甘泉。

①文颖曰："在辽西累县。累县今罢，属临揄。此石著海旁。"师古曰："碣，碣然特立之貌也，音其列反。"

秋，有星孛于东井，又孛于三台。

齐王闳薨。

二年冬十月，行幸雍，祠五畤。春，幸缑氏，遂至东莱。夏四月，还祠泰山。至瓠子，临决河，①命从臣将军以下皆负薪塞河堤，作《瓠子之歌》。赦所过徒，赐孤独高年米，人四石。还，作甘泉通天台、长安飞廉馆。②

①服虔曰："瓠子，堤名也，在东郡白马。"苏林曰："在鄄城以南，濮阳以北，广百步，深五丈。"

②应劭曰："飞廉，神禽能致风气者也。明帝永平五年，至长安迎取飞廉并铜马，置上西门外，名平乐馆。董卓悉销以为钱。"晋灼曰："身似鹿，头如爵，有角而蛇尾，文如豹文。"师古曰："通天台者，言此台高，上通于

天也。《汉旧仪》云高三十丈,望见长安城。"

朝鲜王攻杀辽东都尉,乃募天下死罪击朝鲜。

六月,诏曰:"甘泉宫内中产芝,九茎连叶。①上帝博临,不异下房,赐朕弘休。②其赦天下,赐云阳都百户牛酒。"③作《芝房之歌》。

①应劭曰:"芝,芝草也,其叶相连。"如淳曰:"《瑞应图》王者敬事耆老,不失旧故,则芝草生。"师古曰:"内中,谓后庭之室也,故云不异下房。"

②师古曰:"上帝,天也。博,广也。弘,大也。休,美也。言天广临,不以下房为幽侧而隔异之,赐以此芝,是大美也。"

③晋灼曰:"云阳、甘泉,黄帝以来祭天圆丘处也。武帝常以避暑,有宫观,故称都也。"师古曰:"此说非也。都,谓县之所居在宫侧者耳。赐不遍其境内,故指称其都,非谓天子之都也。若以有宫观称都,则非止云阳矣。"

秋,作明堂于泰山下。

遣楼船将军杨仆、左将军荀彘将应募罪人击朝鲜。①又遣将军郭昌、中郎将卫广发巴蜀兵平西南夷未服者,以为益州郡。

①应劭曰:"楼船者,时欲击越,非水不至,故作大船,上施楼也。"

三年春,作角抵戏,①三百里内皆观。

①应劭曰:"角者,角技也。抵者,相抵触也。"文颖曰:"名此乐为角抵者,两两相当角力,角技艺射御,故名角抵,盖杂技乐也。巴俞戏、鱼龙蔓延之属也。汉后更名平乐观。"师古曰:"抵者,当也。非谓抵触。文说是也。"

夏,朝鲜斩其王右渠降,①以其地为乐浪、临屯、玄菟、真番郡。②

①师古曰:"右渠,朝鲜王名。"

②臣瓒曰:"《茂陵书》临屯郡治东暆县,去长安六千一百三十八里,十五县;真番郡治霅县,去长安七千六百四十里,十五县。"师古曰:"乐,音洛。浪,音郎。番,音普安反。暆,音弋支反。霅,音丈甲反。"

楼船将军杨仆坐失亡多免为庶民,左将军荀彘坐争功弃市。①

①师古曰:"弃市,杀之于市也。解在《景纪》。"

秋七月,胶西王端薨。

武都氏人反,分徙酒泉郡。①

①师古曰:"不尽徙。"

　　四年冬十月,行幸雍,祠五畤。通回中道,①遂北出萧关,②历独鹿、鸣泽,③自代而还,幸河东。春三月,祠后土。诏曰:"朕躬祭后土地祇,见光集于灵坛,一夜三烛。④幸中都宫,殿上见光。⑤其赦汾阴、夏阳、中都死罪以下,赐三县及杨氏皆无出今年租赋。"⑥

①应劭曰:"回中在安定高平,有险阻,萧关在其北,通治至长安也。"孟康曰:"回中在北地,有山险,武帝故宫。"如淳曰:"《三辅黄图》云回中宫在汧也。"师古曰:"回中在安定,北通萧关。应说是也。而云治道至长安,非也。盖自回中通道以出萧关。孟、如二家皆失之矣。回中宫在汧者,或取安定回中为名耳,非今所通道。"

②如淳曰:"《匈奴传》'入朝那萧关',萧关在安定朝那县也。"

③服虔曰:"独鹿,山名也。鸣泽,泽名也。皆在涿郡道县北界也。"

④服虔曰:"烛,音注。"师古曰:"烛,谓照也,读如本字。"

⑤师古曰:"中都在太原。"

⑥师古曰:"杨氏,河东聚邑名。"

夏,大旱,民多暍死。①

①如淳曰:"暍,音谒。"师古曰:"中热而死也。"

秋,以匈奴弱,可遂臣服,乃遣使说之。单于使来,死京师。匈奴寇边,遣拔胡将军郭昌屯朔方。

　　五年冬,行南巡狩,至于盛唐,①望祀虞舜于九嶷。②登灊天柱山,③自寻阳浮江,亲射蛟江中,获之。④舳舻千里,⑤薄枞阳而出,⑥作《盛唐枞阳之歌》。遂北至琅邪,并海,⑦所过礼祠其名山大川。春三月,还至太山,增封。甲子,祠高祖于明堂,以配上帝,因朝诸侯王列侯,受郡国计。⑧夏四月,诏曰:"朕巡荆阳,辑江淮物,⑨会大海气,⑩以合泰山。⑪上天见象,增修封禅。⑫其赦天下。所幸县毋出今年租赋,赐鳏寡孤独帛,贫穷者粟。"还,幸甘泉,郊泰畤。

①文颖曰："案《地理志》不得，疑当在庐江左右，县名也。"韦昭曰："在南郡。"师古曰："韦说是也。"

②应劭曰："舜葬苍梧。九嶷，山名，今在零陵营道。"文颖曰："九嶷山半在苍梧，半在零陵。"如淳曰："舜葬九嶷。九嶷在苍梧冯乘县，故或云舜葬苍梧也。"师古曰："文说是也。嶷，音疑，其山九峰，形势相似，故云九嶷山。"

③应劭曰："灊，音若潜。南岳霍山在灊。灊，县名，属庐江。"文颖曰："天柱山在灊县南，有祠。音岑。"师古曰："灊，音与潜同。应说是。"

④师古曰："许慎云'蛟，龙属也'。郭璞说其状云似蛇而四脚，细颈，颈有白婴，大者数围，卵生，子如一二斛瓮，能吞人也。"

⑤李斐曰："舳，船后持舵处也。舻，船前头刺棹处也。言其船多，前后相衔，千里不绝也。"师古曰："舳，音轴。舻，音卢。"

⑥服虔曰："县名，属庐江。"师古曰："枞，音千松反。"

⑦师古曰："并，读曰傍。傍，依也，音步浪反。"

⑧师古曰："计，若今之诸州计帐也。"

⑨如淳曰："辑，合也。物，犹神也，《郊祀志》所祭祀事也。"师古曰："辑，与集同。"

⑩郑氏曰："会合海神之气，并祭之。"

⑪师古曰："集江淮之神，会大海之气，合致于太山，然后修封，总祭飨也。"

⑫师古曰："见，谓显示也。"

大司马大将军青薨。

初置刺史部十三州。①名臣文武欲尽，诏曰："盖有非常之功，必待非常之人，故马或奔踶而致千里，②士或有负俗之累而立功名。③夫泛驾之马，④跅弛之士，⑤亦在御之而已。⑥其令州郡察吏民有茂材异等⑦可为将相及使绝国者。"⑧

①师古曰："《汉旧仪》云初分十三州，假刺史印绶，有常治所。以秋分行郡，御史为驾四封乘传。到所部，郡国各遣一史迎之界上，所察六条。"

②师古曰："踶，蹋也。奔，走也。奔踶者，乘之即奔，立则踶人也。踶，音徒计反。"

③晋灼曰："负俗，谓被世讥论也。"师古曰："累，音力瑞反。"

④师古曰:"泛,覆也,音方勇反。字本作覂,后通用耳。覆驾者,言马有逸
　　气而不循轨辙也。"

⑤如淳曰:"跅,音拓。弛,废也。士行有卓异,不入俗检而见斥逐者也。"师
　　古曰:"跅者,跅落无检局也。弛者,放废不遵礼度也。跅,音土各反。弛,
　　音式尔反。"

⑥师古曰:"在人所以制御之。"

⑦应劭曰:"旧言秀才,避光武讳称茂才。异等者,超等轶群不与凡同,
　　也。"师古曰:"茂,美也。"

⑧师古曰:"绝远之国,谓声教之外。"

　　六年冬,行幸回中。

　　春,作首山宫。①

①应劭曰:"首山在上郡,于其下立宫庙也。"文颖曰:"在河东蒲坂界。"师
　　古曰:"寻此下诏文及依《地理志》,文说是。"

　　三月,行幸河东,祠后土。诏曰:"朕礼首山,昆田出珍物,化或
为黄金。①祭后土,神光三烛。其赦汾阴殊死以下,赐天下贫民布
帛,人一匹。"

①应劭曰:"昆田,首山之下田也。武帝祠首山,故神为出珍物,化为黄
　　金。"

　　益州、昆明反,赦京师亡命令从军,遣拔胡将军郭昌将以击之。

　　夏,京师民观角抵于上林平乐馆。

　　秋,大旱,蝗。

　　太初元年①冬十月,行幸泰山。十一月甲子朔旦,冬至,祀上帝
于明堂。乙酉,柏梁台灾。

①应劭曰:"初用夏正,以正月为岁首,故改年为太初也。"

　　十二月,禅高里,①祠后土。东临勃海,望祠蓬莱。春还,受计于
甘泉。②

①伏俨曰:"山名,在泰山下。"师古曰:"此高字自作高下之高,而死人之
　　里谓之蒿里,或呼为下里者也,字即为蓬蒿之蒿。或者既见太山神灵之

府,高里山又在其旁,即误以高里为蒿里。混同一事,文学之士共有此
谬,陆士衡尚不免,况其余乎? 今流俗书本此高字有作蒿者,妄加增
耳。"

②师古曰:"受郡国所上计簿也。若今之诸州计帐。"

二月,起建章宫。①

①文颖曰:"越巫名勇,谓帝曰越国有火灾,即复起大宫室以厌胜之。故帝
作建章宫。"师古曰:"在未央宫西,今长安故城西俗所呼贞女楼者,即
建章宫之阙也。"

夏五月,正历,以正月为岁首。①色上黄,数用五,②定官名,协
音律。遣因杅将军公孙敖③筑塞外受降城。

①师古曰:"谓以建寅之月为正也。未正历之前谓建亥之月为正,今此言
以正月为岁首者,史追正其月名。"

②张晏曰:"汉据土德,土数五,故用五,谓印文也。若丞相曰'丞相之印
章',诸卿及守相印文不足五字者,以'之'足之。"

③服虔曰:"匈奴地名,因所征以名将军也。"师古曰:"杅,音羽俱反。"

秋八月,行幸安定。遣贰师将军李广利①发天下谪民西征大
宛。②蝗从东方飞至敦煌。

①晏曰:"贰师,大宛城名。"

②师古曰:"庶人之有罪者也。大宛,国名。宛,音于元反。"

二年春正月戊申,丞相庆薨。①三月,行幸河东,祠后土。令天
下大酺五日,膢五日,祠门户,比腊。②

①师古曰:"石庆也。"

②如淳曰:"膢,音楼。《汉仪注》立秋䝙膢。"伏俨曰:"膢,音刘。刘,杀也。"
苏林曰:"膢,祭名也。䝙,虎属。常以立秋日祭兽王者,亦以此日出腊,
还,以祭宗庙,故有䝙膢之祭也。"师古曰:"《续汉书》作䝙刘。膢、刘义
各通耳。腊者,冬至后腊祭百神也。腊,音来盍反。"

夏四月,诏曰:"朕用事介山,祭后土,皆有光应。①其赦汾阴、
安邑殊死以下。"

①文颖曰:"介山在河东皮氏县东南。其山特立,周七十里,高三十里。"

五月,籍吏民马,补车骑马。①

①师古曰:"籍者,总入籍录而取之。"

秋,蝗。遣浚稽将军赵破奴①二万骑出朔方,击匈奴,不还。

①应劭曰:"浚稽山在武威塞北,匈奴常所以为障蔽。"师古曰:"浚,音峻。
　稽,音鸡。"

冬十二月,御史大夫兒宽卒。①

①师古曰:"兒,音五兮反。"

三年春正月,行东巡海上。夏四月,还,修封泰山,禅石闾。①

①应劭曰:"石闾山在太山下址南方,方士言仙人闾也。"

遣光禄勋徐自为筑五原塞外列城,①西北至卢朐,②游击将军
韩说将兵屯之。③强弩都尉路博德筑居延。

①晋灼曰:"《地理志》从五原楅阳县北出石门鄣即得所筑城。"师古曰:
　"楅,音固。"
②服虔曰:"匈奴地名。"张晏曰:"山名。"师古曰:"张说是也。朐,音劬。"
③师古曰:"说,读曰悦。"

秋,匈奴入定襄、云中,杀略数千人,行坏光禄诸亭障;①又入
张掖、酒泉,杀都尉。

①应劭曰:"光禄勋徐自为所筑列城,今匈奴从此往坏败也。"师古曰:"汉
　制,每塞要处别筑为城,置人镇守,谓之候城,此即障也。音之向反。"

四年春,贰师将军广利斩大宛王首,获汗血马来。①作《西极天
马之歌》。

①应劭曰:"大宛旧有天马种,蹋石汗血。汗从前肩髆出,如血。号一日千
　里。"师古曰:"蹋石者,谓踢石而有迹,言其蹄坚利。"

秋,起明光宫。①

①师古曰:"《三辅黄图》云在城中。《元后传》云成都侯商避暑借明光宫,
　盖谓此。"

冬,行幸回中。

徙弘农都尉治武关,税出入者以给关吏卒食。

天汉元年①春正月,行幸甘泉,郊泰畤。三月,行幸河东,祠后土。匈奴归汉使者,使使来献。

①应劭曰:"时频年苦旱,故改元为天汉,以祈甘雨。"师古曰:"《大雅》有《云汉》之诗,周大夫仍叔所作也。以美宣王遇旱灾修德勤政而能致雨,故依以为年号也。"

夏五月,赦天下。

秋,闭城门大搜。①发谪戍屯五原。

①臣瓒曰:"《汉帝年记》六月禁逾侈,七月闭城门大搜,则搜索逾侈者也。"李奇曰:"搜索巫蛊也。"师古曰:"时巫蛊未起,瓒说是也。逾侈者,逾法度而奢侈也。"

二年春,行幸东海。还幸回中。

夏五月,贰师将军三万骑出酒泉,与右贤王战于天山,①斩首虏万余级。又遣因杅将军出西河,骑都尉李陵将步兵五千人出居延北,与单于战,斩首虏万余级。陵兵败,降匈奴。

①晋灼曰:"在西域,近蒲类国,去长安八千余里。"师古曰:"即祁连山也。匈奴谓天为祁连。祁,音巨夷反。今鲜卑语尚然。"

秋,止禁巫祠道中者。①大搜。②

①文颖曰:"始汉家于道中祠,排祸咎移之于行人百姓。以其不经,今止之也。"师古曰:"文说非也。秘祝移过,文帝久已除之。今此总禁百姓巫觋于道中祠祭者耳。"

②臣瓒曰:"搜,谓索奸人也。"晋灼曰:"搜巫蛊也。"师古曰:"瓒说是。"

渠黎六国使使来献。①

①臣瓒曰:"渠黎,西域胡国名。"

泰山、琅邪群盗徐勃等阻山攻城,①道路不通。遣直指使者暴胜之等衣绣衣杖斧分部逐捕。②刺史郡守以下皆诛。

①师古曰:"阻山者,依山之险以自固也。"

②师古曰:"杖斧,持斧也。谓建持之以为威也。分,音扶问反。"

冬十一月,诏关都尉曰:"今豪桀多远交,依东方群盗。其谨察出入者。"

三年春二月,御史大夫王卿有罪,自杀。

初榷酒酤。①

①如淳曰:"榷,音较。"应劭曰:"县官自酤榷卖酒,小民不复得酤也。"韦
昭曰:"以木渡水曰榷。谓禁民酤酿,独官开置,如道路设木为榷,独取
利也。"师古曰:"榷者,步渡桥,《尔雅》谓之石杠,今之略约也。禁闭其
事,总利入官,而下无由以得,有若渡水之榷,因立名焉。韦说如音是
也。酤,音工护反。约,音酌。"

三月,行幸泰山,修封,祀明堂,因受计。还幸北地,祠常山,瘞
玄玉。①夏四月,赦天下。行所过毋出田租。

①邓展曰:"瘞,埋也。"师古曰:"《尔雅》曰'祭地曰瘞埋'。埋其物者,示归
于地也。瘞,音于例反。"

秋,匈奴入雁门,太守坐畏懦弃市。①

①如淳曰:"军法,行逗留畏懦者要斩。懦,音如掾反。"师古曰:"又音乃馆
反。"

四年春正月,朝诸侯王于甘泉宫。发天下七科谪①及勇敢士,
遣贰师将军李广利将六万骑、步兵七万人出朔方,因杆将军公孙敖
万骑、步兵三万人出雁门,游击将军韩说②步兵三万人出五原,强
弩都尉路博德步兵万余人与贰师会。广利与单于战余吾水上连日,
敖与左贤王战,不利,皆引还。

①张晏曰:"吏有罪一,亡命二,赘婿三,贾人四,故有市籍五,父母有市籍
六,大父母有市籍七,凡七科也。"

②师古曰:"说,读曰悦。"

夏四月,立皇子髆为昌邑王。①

①孟康曰:"髆,音博。"晋灼曰:"许慎以为肩髆字。"

秋九月,令死罪入赎钱五十万减死一等。

太始元年①春正月,因杆将军敖有罪,要斩。徙郡国吏民豪桀
于茂陵、云陵。②

①应劭曰:"言荡涤天下,与民更始,故以冠元。"

②师古曰："此当言云阳,而转写者误为陵耳。茂陵,帝自所起,而云阳甘
　泉所居,故总使徙豪杰也。钩弋赵婕好死,葬云阳,至昭帝即位始尊为
　皇太后而起云陵。武帝时未有云陵。"

夏六月,赦天下。

二年春正月,行幸回中。

三月,诏曰:"有司议曰:往者朕郊见上帝,西登陇首,获白麟以
馈宗庙,渥洼水出天马,泰山见黄金,①宜改故名。今更黄金为麟趾
褭蹄,以协瑞焉。"②因以班赐诸侯王。

①师古曰:"见,音胡电反。"

②应劭曰:"获白麟,有马瑞,故改铸黄金如麟趾褭蹄以协嘉祉也。古有骏
　马名要褭,赤喙黑身,一日行万五千里也。"师古曰:"既然云宜改故名,
　又曰更黄金为麟趾褭蹄,是即旧金虽以斤两为名,而官有常形制,亦由
　今时吉字金挺之类矣。武帝欲表祥瑞,故普改铸为麟足马蹄之形以易
　旧法耳。今人往往于地中得马蹄金,金甚精好,而形制巧妙。褭,音奴了
　反。"

秋,旱。九月,募死罪人入赎钱五十万减死一等。

御史大夫杜周卒。

三年春正月,行幸甘泉宫,飨外国客。

二月,令天下大酺五日。行幸东海,获赤雁,作《朱雁之歌》。幸
琅邪,礼日成山。①登之罘,②浮大海。山称万岁。冬,赐行所过户五
千钱,鳏寡孤独帛,人一匹。

①孟康曰:"礼日,拜日也。"如淳曰:"祭日于成山也。"师古曰:"成山在东
　莱不夜县,斗入海。《郊祀志》作盛山,其音同。"

②晋灼曰:"《地理志》东莱腄县有之罘山祠。"师古曰:"罘,音浮。腄,音直
　瑞反。"

四年春三月,行幸泰山。壬午,祀高祖于明堂,以配上帝,因受
计。癸未,祀孝景皇帝于明堂。甲申,修封。丙戌,禅石闾。夏四月,

幸不其，①祠神人于交门宫，②若有乡坐拜者。③作《交门之歌》。夏五月，还幸建章宫，大置酒，赦天下。

①如淳曰："其，音基。不其，山名，因以为县。"应劭曰："东莱县也。"

②应劭曰："神人，蓬莱仙人之属也。"晋灼曰："琅邪县有交门宫，武帝所造。"

③师古曰："如有神之景象向祠坐而拜也。《汉注》云神并见，且白且黑，且大且小，乡坐三拜。乡，读曰向。坐，音才卧反。"

秋七月，赵有蛇从郭外入邑，与邑中蛇群斗孝文庙下，①邑中蛇死。

①服虔曰："赵所立孝文庙也。"

冬十月甲寅晦，日有蚀之。

十二月，行幸雍，祠五畤，西至安定、北地。

征和元年①春正月，还，行幸建章宫。

①应劭曰："言征伐四夷而天下和平。"

三月，赵王彭祖薨。

冬十一月，发三辅骑士大搜上林，闭长安城门索，①十一日乃解。巫蛊起。

①文颖曰："简车马，数军实也。"臣瓒曰："搜，谓索奸人也。上林苑周数百里，故发三辅车骑入大搜索也。《汉帝年记》发三辅骑士大搜长安上林中，闭城门十五日，待诏北军征官多饿死。然即皆搜索，非数军实也。"师古曰："文说非也。索，音山客反。"

二年春正月，丞相贺下狱死。

夏四月，大风发屋折木。

闰月，诸邑公主、阳石公主①皆坐巫蛊死。

①师古曰："诸邑，琅邪县也，以封公主故谓之邑。阳石，北海县也。二公主皆卫皇后之女也。阳字或作羊。"

夏，行幸甘泉。

秋七月，按道侯韩说、使者江充等①掘蛊太子宫。壬午，太子与皇后谋斩充，以节发兵，与丞相刘屈氂大战长安，②死者数万人。庚寅，太子亡，③皇后自杀。初置城门屯兵。更节加黄旄。④御史大夫暴胜之、司直田仁坐失纵，胜之自杀，仁要斩。八月辛亥，太子自杀于湖。⑤癸亥，地震。

①师古曰："即上游击将军韩说也。"
②师古曰："屈，音丘勿反，又音其勿反。氂，音力之反。"
③师古曰："谓逃匿也。"
④应劭曰："时太子亦发节以战，故加其上黄以别之。"
⑤师古曰："湖，县名也，即今虢州阌乡、湖城二县皆其地。"

九月，立赵敬肃王子偃为平干王。

匈奴入上谷、五原，杀略吏民。

三年春正月，行幸雍，至安定、北地。

匈奴入五原、酒泉，杀两都尉。三月，遣贰师将军广利将七万人出五原，御史大夫商丘成二万人出西河，重合侯马通四万骑出酒泉。成至浚稽山，①与虏战，多斩首。通至天山，虏引去，因降车师。皆引兵还。广利败，降匈奴。

①师古曰："音峻鸡。"

夏五月，赦天下。六月，丞相屈氂下狱要斩，妻枭首。①

①郑氏曰："妻作巫蛊，夫从坐，但要斩也。"师古曰："屈氂亦坐与贰师将军谋立昌邑王。"

秋，蝗。九月，反者公孙勇、胡倩发觉，皆伏辜。①

①师古曰："倩，音千见反。"

四年春正月，行幸东莱，临大海。

二月丁酉，陨石于雍，二，①声闻四百里。

①师古曰："雍，扶风之县也。二者，石之数。"

三月，上耕于巨定。①还幸泰山，修封。庚寅，祀于明堂。癸巳，禅石闾。夏六月，还幸甘泉。

①服虔曰："地名也，近东海。"应劭曰："齐国县也。"晋灼曰："案《地理

志》,应说是。"

秋八月辛酉晦,日有蚀之。

后元元年春正月,行幸甘泉,郊泰畤,遂幸安定。昌邑王髆薨。

二月,诏曰:"朕郊见上帝,①巡于北边,见群鹤留止,以不罗
罔,靡所获献。②荐于泰畤,光景并见。其赦天下。"

①师古曰:"见,音胡电反。次下光景并见亦同。"

②如淳曰:"时春也,非用罗罔时,故无所获也。"

夏六月,御史大夫商丘成有罪自杀。①侍中仆射莽何罗与弟重
合侯通谋反,②侍中驸马都尉金日磾、奉车都尉霍光、骑都尉上官
桀讨之。③

①师古曰:"坐于庙中醉而歌。"

②孟康曰:"征和三年言重合侯马通,今此言莽,明德马后恶其先人有反,
　易姓莽。"师古曰:"莽,音莫户反。"

③师古曰:"磾,音丁奚反。"

秋七月,地震,往往涌泉出。

二年春正月,朝诸侯王于甘泉宫,赐宗室。

二月,行幸盩厔五柞宫。①乙丑,立皇子弗陵为皇太子。②丁
卯,帝崩于五柞宫,③入殡于未央宫前殿。三月甲申,葬茂陵。④

①晋灼曰:"盩厔,扶风县也。"张晏曰:"有五柞树,因以名宫也。"师古曰:
　"盩,音张流反。厔,音竹乙反。"

②张晏曰:"昭帝也。后但名弗,以二名难讳故。"

③臣瓒曰:"帝年十七即位,即位五十四年,寿七十一。"

④臣瓒曰:"自崩至葬凡十八日。茂陵在长安西北八十里也。"

赞曰:汉承百王之弊,高祖拨乱反正,文景务在养民,至于稽古
礼文之事,犹多阙焉。孝武初立,卓然罢黜百家,①表章六经。②遂
畴咨海内,举其俊茂,③与之立功。兴太学,修郊祀,改正朔,定历
数,④协音律,作诗乐,建封禅,礼百神,绍周后,号令文章,焕焉可

述。后嗣得遵洪业,而有三代之风。⑤如武帝之雄材大略,不改文景之恭俭以济斯民,虽《诗》、《书》所称何有加焉!⑥

①师古曰:"百家,谓诸子杂说,违背六经。"

②师古曰:"六经,谓《易》、《诗》、《书》、《春秋》、《礼》、《乐》也。"

③师古曰:"畴,谁也。咨,谋也。言谋于众人,谁可为事者也。"

④师古曰:"正,音之成反。佗皆类此。"

⑤师古曰:"三代,夏、殷、周。"

⑥师古曰:"美其雄材大略,而非其不恭俭也。"

汉书卷七
帝纪第七

昭　帝

　　孝昭皇帝,①武帝少子也。母曰赵婕妤,②本以有奇异得幸,③及生帝,亦奇异。④语在《外戚传》。武帝末,戾太子败,燕王旦、广陵王胥行骄嫚,⑤后元二年二月,上疾病,⑥遂立昭帝为太子,年八岁。以侍中奉车都尉霍光为大司马大将军,受遗诏辅少主。明日,武帝崩。戊辰,太子即皇帝位,谒高庙。帝姊鄂邑公主⑦益汤沐邑,为长公主,⑧共养省中。⑨大将军光秉政,领尚书事,车骑将军金曰䃅,左将军上官桀副焉。

　　①荀悦曰:"讳弗之字曰不。"应劭曰:"礼,谥法'圣闻周达曰昭'。"

　　②师古曰:"婕,接幸也。妤,美貌也。故以名宫中妇官。婕,音接。妤,音余。字或并从女。"

　　③师古曰:"谓望气者言有奇女天子气。及召见,手指拳,上自披之,即时伸。"

　　④文颖曰:"十四月乃生。"

　　⑤师古曰:"行,音下更反。"

　　⑥师古曰:"疾甚曰病。"

　　⑦应劭曰:"鄂,县名,属江夏。公主所食曰邑。"师古曰:"鄂,音五各反。"

　　⑧师古曰:"帝之姊妹则称长公主,仪比诸王,又以供养天子,故益邑也。"

　　⑨伏俨曰:"蔡邕云:本为禁中,门阁有禁,非侍御之臣不得妄入。行道豹尾中亦为禁中。孝元皇后父名禁,避之,故曰省中。"师古曰:"省,察也,言入此中皆当察视,不可妄也。共,读曰供,音居用反。养,音弋亮反。他

皆类此。"

夏六月，赦天下。

秋七月，有星孛于东方。济北王宽有罪，自杀。赐长公主及宗室昆弟各有差。追尊赵婕好为皇太后，起云陵。[1]

[1]文颖曰："婕好先葬于云阳，是以就云阳为起云陵。"

冬，匈奴入朔方，杀略吏民。发军屯西河，左将军桀行北边。[1]

[1]师古曰："行，音下更反。"

始元元年春二月，黄鹄下建章宫太液池中。[1]公卿上寿。赐诸侯王、列侯、宗室金钱各有差。

[1]如淳曰："谓之液者，言天地和液之气所为也。"臣瓒曰："时汉用土德，服色尚黄，鹄色皆白，而今更黄，以为土德之瑞，故纪之也。太液池，言承阴阳津液以作池也。"师古曰："如、瓒之说皆非也。黄鹄，大鸟也，一举千里者，非白鹄也。太液池者，言其津润所及广也。鹄，音胡笃反。"

己亥，上耕于钩盾弄田。[1]

[1]应劭曰："时帝年九岁，未能亲耕帝籍，钩盾，宦者近署，故往试耕为戏弄也。"臣瓒曰："《西京故事》弄田在未央宫中。"师古曰："弄田，谓宴游之田，天子所戏弄耳，非为昭帝年幼，创有此名。"

益封燕王、广陵王及鄂邑长公主各万三千户。

夏，为太后起园庙云陵。

益州廉头、姑缯、牂柯、谈指、同并二十四邑皆反。[1]遣水衡都尉吕破胡募吏民及发犍为、蜀郡奔命击益州，大破之。[2]

[1]苏林曰："皆西南夷别种名也。"师古曰："并，音伴。"

[2]应劭曰："旧时，郡国皆有材官骑士以赴急难，今夷反，常兵不足以讨之，故权选取精勇。闻命奔走，故谓之奔命。"李斐曰："平居发者二十以上至五十为甲卒，今者五十以上六十已下为奔命。奔命，言急也。"师古曰："应说是也。犇，古奔字耳。犍，音虔，又音巨言反。"

有司请河内属冀州，河东属并州。[1]

[1]文颖曰："本属司州。"师古曰："盖属京师司隶所部。"

秋七月，赦天下，赐民百户牛酒。大雨，渭桥绝。

八月,齐孝王孙刘泽谋反,欲杀青州刺史隽不疑,①发觉,皆伏诛。迁不疑为京兆尹,赐钱百万。

①师古曰:"隽,音材兖反,又音辞兖反。"

九月丙子,车骑将军日磾薨。

闰月,遣故廷尉王平等五人①持节行郡国,②举贤良,问民所疾苦、冤、失职者。

①师古曰:"前为此官今不居者,皆谓之故也。"

②师古曰:"行,音下更反。"

冬,无冰。

二年春正月,大将军光、左将军桀皆以前捕斩反虏重合侯马通功封,光为博陆侯,桀为安阳侯。以宗室毋在位者,举茂才刘辟强、刘长乐皆为光禄大夫,辟强守长乐卫尉。①

①师古曰:"长乐宫之卫尉也。"

三月,遣使者振贷贫民毋种、食者。①秋八月,诏曰:"往年灾害多,今年蚕麦伤,所振贷种、食勿收责,毋令民出今年田租。"

①师古曰:"贷,音吐戴反。其下并同。"

冬,发习战射士诣朔方,调故吏将屯田张掖郡。①

①师古曰:"调,谓发选也。故吏,前为官职者。令其部率习战射士于张掖为屯田也。调,音徒钧反。将,音子亮反。"

三年春二月,有星孛于西北。

秋,募民徙云陵,赐钱田宅。

冬十月,凤皇集东海,遣使者祠其处。

十一月壬辰朔,日有蚀之。

四年春三月甲寅,立皇后上官氏。①赦天下。辞讼在后二年前,皆勿听治。②夏六月,皇后见高庙。赐长公主、丞相、将军、列侯、中二千石以下及郎吏宗室钱帛各有差。徙三辅富人云陵,赐钱,户十万。

①文颖曰："上官桀孙,安之女。"

②孟康曰："武帝后二年。"

秋七月,诏曰："比岁不登,民匮于食,①流庸未尽还,②往时令民共出马,其止勿出。诸给中都官者,且减之。"③

①师古曰："匮,空也。"

②师古曰："流庸,谓去其本乡而行为人庸作。"

③师古曰："中都官,京师诸官府。"

冬,遣大鸿胪田广明击益州。

廷尉李种坐故纵死罪弃市。①

①师古曰："纵,谓容放之。种,音冲。"

五年春正月,追尊皇太后父为顺成侯。

夏阳男子张延年①诣北阙,自称卫太子,诬罔,要斩。

①师古曰："夏阳,冯翊之县。"

夏,罢天下亭母马及马弩关。①

①应劭曰："武帝数伐匈奴,再击大宛,马死略尽,乃令天下诸亭养母马,欲令其蕃孳,又作马上弩机关,今悉罢之。"孟康曰："旧马高五尺六寸齿未平,弩十石以上,皆不得出关,今不禁也。"师古曰："亭母马,应说是;马弩关,孟说是也。"

六月,封皇后父骠骑将军上官安为桑乐侯。①

①师古曰："乐,音来各反。"

诏曰："朕以眇身获保宗庙,①战战栗栗,夙兴夜寐,修古帝王之事,通《保傅传》,《孝经》,《论语》,《尚书》,未云有明。②其令三辅太常举贤良各二人,郡国文学高第各一人。赐中二千石以下至吏民爵各有差。"

①师古曰："眇,微也。"

②文颖曰："贾谊作《保傅传》,在《礼大戴记》。言能通读之也。"晋灼曰:"帝自谓通《保傅传》,未能有所明也。"臣瓒曰:"帝自谓虽通举此四书,皆未能有所明,此帝之谦也。"师古曰:"晋、瓒之说皆非也。帝自言虽通

《保傅传》,而《孝经》、《论语》、《尚书》犹未能明也。"

罢儋耳、真番郡。①

①师古曰:"儋耳本南越地,真番本朝鲜地。皆武帝所置也。番,音普安反。"

秋,大鸿胪广明、军正王平击益州,①斩首捕虏三万余人,获畜产五万余头。

①师古曰:"广明,田广明。"

六年春正月,上耕于上林。

二月,诏有司问郡国所举贤良文学民所疾苦。议罢盐铁榷酤。①

①应劭曰:"武帝时以国用不足,县官悉自卖盐铁,酤酒。昭帝务本抑末,不与天下争利,故罢之。"

栘中监苏武①前使匈奴,留单于庭十九岁乃还,奉使全节,以武为典属国,②赐钱百万。

①苏林曰:"栘音移,厩名也。"应劭曰:"栘,地名。监,其官也,掌鞍马鹰犬射猎之具。"如淳曰:"栘《尔雅》'唐棣栘'也。栘园之中有马厩也。"师古曰:"苏音如说是。"

②如淳曰:"以其久在外国,知边事,故令典主诸属国。"师古曰:"典属国,本秦官,汉因之,掌归义蛮夷,属官有九译令。后省,并大鸿胪。"

夏,旱,大雩,不得举火。①

①臣瓒曰:"不得举火,抑阳助阴也。"

秋七月,罢榷酤官,令民得以律占租,①卖酒升四钱。以边塞阔远,取天水、陇西、张掖郡各二县置金城郡。

①如淳曰:"律,诸当占租者,家长身各以其物占,占不以实,家长不身自书,皆罚金二斤,没入所不自占物及贾钱县官也。"师古曰:"占,谓自隐度其实,定其辞也。占,音章赡反。下又言占名数,其义并同。今犹谓狱讼之辨曰占,皆其意也。盖武帝时赋敛繁多,律外而取,今始复旧。"

诏曰:"钩町侯毋波①率其君长人民击反者,斩首捕虏有功。其立毋波为钩町王。大鸿胪广明将率有功,赐爵关内侯,食邑。"

①服虔曰:"钩,音《左传》射两軥之軥。"应劭曰:"町,音若挺,西南夷也。
毋波,其名也。今牂牁钩町县是也。"师古曰:"音劬挺。"

元凤元年春,①长公主共养劳苦,复以蓝田益长公主汤沐邑。

①应劭曰:"三年中,凤皇比下东海海西乐乡,于是以冠元焉。"

泗水戴王前薨,以毋嗣,国除。后宫有遗腹子煖,①相、内史不
奏言,上闻而怜之,立煖为泗水王。相、内史皆下狱。

①师古曰:"煖,音许远反。"

三月,赐郡国所选有行义者涿郡韩福等五人帛,人五十匹,遣
归。诏曰:"朕闵劳以官职之事,①其务修孝弟以教乡里。令郡县常
以正月赐羊酒。有不幸者赐衣被一袭,祠以中牢。"②

①邓展曰:"闵哀韩福等,不忍劳役以官职之事。"

②师古曰:"幸者,吉而免凶也,故死谓之不幸。一袭,一称也,犹今言一副
也。中牢即少牢,谓羊豕也。"

武都氐人反,①遣执金吾马适建、龙额侯韩增、②大鸿胪广明
将三辅、太常徒,皆免刑击之。③

①师古曰:"氐,音丁奚反。"

②师古曰:"姓马适,名建也。龙额,《汉书》本或作雒字。《功臣侯表》云:弓
高壮侯韩頹当子说封龙额侯,元鼎五年坐酎金免。后元元年,说弟子增
绍封龙额侯。而荀悦《汉纪》龙雒皆为额字。"崔浩曰:"雒,音洛。今河间
龙雒村,与弓高相近。然此既地名,无别指义,各依书字而读之,斯则通
矣。说,音女交反。"

③苏林曰:"是时,太常主诸陵县治民也。"

夏六月,赦天下。

秋七月乙亥晦,日有蚀之,既。

八月,改始元为元凤。

九月,鄂邑长公主、燕王旦与左将军上官桀、桀子票骑将军安、
御史大夫桑弘羊皆谋反,伏诛。初,桀、安父子与大将军光争权,欲
害之,诈使人为燕王旦上书言光罪。时上年十四,①觉其诈。后有谮
光者,上辄怒曰:"大将军国家忠臣,先帝所属,②敢有谮毁者,坐

之。"光由是得尽忠。语在《燕王》、《霍光传》。

①张晏曰:"武帝崩时八岁,即位于今七岁,今年十五。"师古曰:"此云'初,桀、安父子与大将军争权,诈为燕王上书',盖追道前年事耳,非今岁也。张说失之。"

②师古曰:"属,音之欲反。"

冬十月,诏曰:"左将军安阳侯桀、票骑将军桑乐侯安、御史大夫桑弘羊皆数以邪枉干辅政,①大将军不听,而怀怨望,与燕王通谋,置驿往来相约结。燕王遣寿西长、孙纵之等②赂遗长公主、丁外人、谒者杜延年、大将军长史公孙遗等,交通私书,③共谋令长公主置酒,伏兵杀大将军光,征立燕王为天子,大逆毋道。故稻田使者燕仓先发觉,④以告大司农敞,⑤敞告谏大夫延年,⑥延年以闻。丞相征事任宫手捕斩桀,⑦丞相少史王寿诱将安入府门,⑧皆已伏诛,吏民得以安。封延年、仓、宫、寿皆为列侯。"又曰:"燕王迷惑失道,前与齐王子刘泽等为逆,抑而不扬,望王反道自新,⑨今乃与长公主及左将军桀等谋危宗庙。王及公主皆自伏辜。其赦王太子建、公主子文信及宗室子与燕王、上宫桀等谋反父母同产当坐者,皆免为庶人。其吏为桀等所诖误,未发觉在吏者,除其罪。"⑩

①师古曰:"枉,曲也,以邪曲之事而干求也。"

②苏林曰:"寿西,姓也。长,名也。孙。姓。纵之,名。"

③服虔曰:"外人,主之所幸也。"晋灼曰:"《汉语》字少君。"师古曰:"此杜延年自别一人,非下谏大夫也。"

④如淳曰:"特为诸稻田置使者,假与民收其税入也。"

⑤师古曰:"杨敞也。"

⑥师古曰:"杜延年,杜周之子。"

⑦文颖曰:"征事,丞相官属,位差尊,掾属也。"如淳曰:"时宫以时事召,待诏丞相府,故曰丞相征事。"张晏曰:"《汉仪注》征事比六百石。皆故吏二千石不以臧罪免为征事,绛衣奉朝贺正月。"师古曰:"张说是也。"

⑧如淳曰:"《汉仪注》丞相、太尉、大将军史秩四百石。武帝又置丞相少史,秩四百石。"

⑨师古曰:"所为邪僻,违失正道,欲其旋反而归正,故云反道。"

⑩师古曰:"其罪未发,未为吏所执持者。"

二年夏四月,上自建章宫徙未央宫,大置酒。赐郎从官帛,及宗室子钱,人二十万。吏民献牛酒者赐帛,人一匹。

六月,赦天下。诏曰:"朕闵百姓未赡,①前年减漕三百万石。②颇省乘舆马及苑马,③以补边郡三辅传马。④其令郡国毋敛今年马口钱,⑤三辅、太常郡得以叔粟当赋。"⑥

①师古曰:"赡,足也。"

②师古曰:"减省转漕,所以休力役也。"

③师古曰:"乘舆马,谓天子所自乘以驾车舆者。他皆类此。"

④张晏曰:"驿马也。"师古曰:"传,音张恋反。"

⑤文颖曰:"往时有马口出敛钱,今省。"如淳曰:"所谓租及六畜也。"

⑥如淳曰:"《百官表》太常主诸陵,别治其县,爵秩如三辅郡矣。元帝永光五年,令各属在所郡也。"师古曰:"诸应出赋算租税者,皆听以叔粟当钱物也。叔,豆也。"

三年春正月,泰山有大石自起立。上林有柳树枯僵自起生。①

①师古曰:"僵,偃也,谓树枯仆偃卧在地者也。僵,音纪良反。"

罢中牟苑赋贫民。①诏曰:"乃者民被水灾,颇匮于食,朕虚仓廪,②使使者振困乏。其止四年毋漕。三年以前所振贷,非丞相御史所请,边郡受牛者,勿收责。"③

①师古曰:"在荥阳。"

②师古曰:"仓,新谷所藏也。廪,谷所振入也。"

③应劭曰:"武帝始开三边,徙民屯田,皆与犁牛。后丞相御史复间有所请。今敕自上所赐与勿收责,丞相所请乃令其顾税耳。"

夏四月,少府徐仁、廷尉王平、左冯翊贾胜胡皆坐纵反者,仁自杀,平、胜胡皆要斩。

冬,辽东乌桓反,以中郎将范明友为度辽将军,①将北边七郡郡二千骑击之。

①应劭曰："当度辽水往击之,故以度辽为官号。"

四年春正月丁亥,帝加元服,①见于高庙。赐诸侯王、丞相、大将军、列侯、宗室下至吏民金帛牛酒各有差。赐中二千石以下及天下民爵。毋收四年、五年口赋。②三年以前逋更赋未入者,皆勿收。③令天下酺五日。甲戌,丞相千秋薨。④

①如淳曰："元服,谓初冠加上服也。"师古曰："如氏以为衣服之服,此说非也。元,首也。冠者,首之所著,故曰元服。其下《汲黯传》序云'上正元服',是知谓冠为元服。"

②如淳曰："《汉仪注》民年七岁至十四出口赋钱,人二十三。二十钱以食天子,其三钱者,武帝加口钱以补车骑马。"

③如淳曰："更有三品,有卒更,有践更,有过更。古者正卒无常人,皆当迭为之,一月一更,是谓卒更。贫者欲得顾更钱者,次直者出钱顾之,月二千,是谓践更也。天下人皆直戍边三日,亦名为更,律所谓繇戍也。虽丞相子亦在戍边之调。不可人人自行三日戍,又行者当自戍三日,不可往便还,因便住一岁一更。诸不行者,出钱三百入官,官以给戍者,是为过更也。律说,卒践更者,居也,居更县中五月乃更也。后从尉律,卒践更一月,休十一月也。《食货志》曰:'月为更卒,已复,为正一岁,屯戍一岁,力役三十倍于古。'此汉初因秦法而行之也。后遂改易,有谪乃戍边一岁耳。谪,未出更钱者也。"师古曰:"更,音工衡反。"

④师古曰："田千秋。"

夏四月,诏曰："度辽将军明友前以羌骑校尉将羌王侯君长以下击益州反虏,后复率击武都反氐,今破乌桓,斩虏获生有功,①其封明友为平陵侯。平乐监傅介子持节使,②诛斩楼兰王安,归首县北阙,封义阳侯。"

①师古曰："既斩反虏,又获生口也。俘取曰获。"

②师古曰："持节而为使。"

五月丁丑,孝文庙正殿火,上及群臣皆素服。发中二千石将五校作治,六日成。①太常及庙令丞郎吏皆劾大不敬,会赦,太常辕阳侯德免为庶人。②六月,赦天下。

①师古曰："率领五校之士以作治也。校，音下教反。"

②文颖曰："辚，音料。德，江德也。辚阳在魏郡清渊。"师古曰："会六月赦耳。史终言之。"

五年春正月，广陵王来朝，益国万一千户，赐钱二千万，黄金二百斤，剑二，安车一，乘马二驷。①

①师古曰："八匹也。"

夏，大旱。六月，发三辅及郡国恶少年吏有告劾亡者，屯辽东。①

①如淳曰："告者，为人所告也。劾者，为人所劾也。"师古曰："恶少年，谓无赖子弟也。告劾亡者，谓被告劾而逃亡。"

秋，罢象郡，分属郁林、牂柯。

冬十一月，大雷。十二月庚戌，丞相䜣薨。①

①师古曰："王䜣也。䜣，亦欣字。"

六年春正月，募郡国徒筑辽东玄菟城。

夏，赦天下。诏曰："夫谷贱伤农，①今三辅、太常谷减贱，②其令以叔粟当今年赋。"③

①师古曰："粜多而钱少，是为伤也。"

②郑氏曰："减，音减少之减。"

③应劭曰："太常掌诸陵园，皆徙天下豪富民以充实之，后悉为县，故与三辅同赋。"

右将军张安世宿卫忠谨，封富平侯。

乌桓复犯塞，遣度辽将军范明友击之。

元平元年春二月，诏曰："天下以农桑为本。日者省用，罢不急官，①减外繇，②耕桑者益众，而百姓未能家给，③朕甚愍焉。其减口赋钱。"有司奏请减什三，上许之。

①师古曰："谓非要职者。"

②师古曰："繇，读曰徭。"

③师古曰："给，足也。家家自给足，是为家给也。"

甲申，晨有流星，大如月，众星皆随西行。

夏四月癸未，帝崩于未央宫。①六月壬申，葬平陵。②

①臣瓒曰："帝年九岁即位，即位十三年，寿二十二。"师古曰："帝年八岁
　　即位，明年改元，改元之后凡十三年，年二十一。"

②臣瓒曰："自崩至葬凡四十九日。平陵在长安西北七十里。"

　　赞曰：昔周成以孺子继统，而有管、蔡四国流言之变。①孝昭幼
年即位，亦有燕、盖、上官逆乱之谋。成王不疑周公，孝昭委任霍光，
各因其时以成名，大矣哉！承孝武奢侈余敝师旅之后，海内虚耗，户
口减半，②光知时务之要，轻繇薄赋，与民休息。③至始元、元凤之
间，匈奴和亲，百姓充实。举贤良文学，问民所疾苦，议盐铁而罢榷
酤，尊号曰'昭'，不亦宜乎！

①师古曰："四国，谓管、蔡、商、奄也。流，放也。武王崩，成王幼弱，周公摄
　　政，四国乃流言曰公将不利于孺子，遂致雷风之异。成王既见金縢之
　　册，乃不疑周公。事见《豳诗》及《周书·大诰》。"

②师古曰："耗，损也，音火到反。减，读为减省之减。"

③师古曰："繇，读曰徭。"

汉书卷八
帝纪第八

宣　帝

孝宣皇帝，①武帝曾孙，戾太子孙也。②太子纳史良娣，③生史皇孙。④皇孙纳王夫人，生宣帝，号曰皇曾孙。生数月，遭巫蛊事，太子、良娣、皇孙、王夫人皆遇害。语在《太子传》。曾孙虽在襁褓，⑤犹坐收系郡邸狱。⑥而邴吉为廷尉监，⑦治巫蛊于郡邸，怜曾孙之亡辜，使女徒复作淮阳赵徵卿、渭城胡组更乳养，⑧私给衣食，视遇甚有恩。

①荀悦曰："讳询，字次卿。询之字曰谋。"应劭曰："谥法'圣善周闻曰宣'。"

②韦昭曰："以违戾擅发兵，故谥曰戾。"臣瓒曰："太子诛江充以除谗贼，而事不见明。后武帝觉寤，遂族充家，宣帝不得以加恶谥也。董仲舒曰：'有其功无其意谓之戾，无其功有其意谓之罪。'"师古曰："瓒说是也。"

③服虔曰："史，姓也。良娣，官也。"师古曰："太子有妃，有良娣，有孺子，凡三等。娣，音次弟之弟。"

④师古曰："以外家姓称之，故曰史皇孙。"

⑤李奇曰："褓，络也。以缯布为之，络负小儿。褓，小儿大藉也。"孟康曰："褓，小儿被也。"师古曰："褓，即今之小儿绷也。褓，孟说是也。褓，音居丈反。褓，音保。绷，音补耕反。"

⑥如淳曰："谓诸郡邸置狱也。"师古曰："据《汉旧仪》，郡邸狱治天下郡国上计者，属大鸿胪。此盖巫蛊狱繁，收系者众，故曾孙寄在郡邸狱。"

⑦师古曰："监者，廷尉之官属。"

⑧李奇曰："复作者，女徒也。谓轻罪，男子守边一岁，女子软弱不任守，复

令作于官,亦一岁,故谓之复作徒也。"孟康曰:"复,音服,谓弛刑徒也。有赦令诏书去其钳釱赭衣。更犯事,不从徒加,与民为例,故当复为官作,满其本罪年月日,律名为复作也。"师古曰:"孟说是也。赵徵卿淮阳人,胡组渭城人,皆女徒也。二人更递乳养曾孙。而《邴吉传》云郭徵卿。纪、传不同,未知孰是。更,音工衡反。"

巫蛊事连岁不决。至后元二年,武帝疾,往来长杨、五柞宫,[①]望气者言长安狱中有天子气,上遣使者分条中都官狱[②]系者,轻重皆杀之。内谒者令郭穰夜至郡邸狱,[③]吉拒闭,使者不得入,曾孙赖吉得全。因遭大赦,吉乃载曾孙送祖母史良娣家。语在《吉》及《外戚传》。

①师古曰:"长杨、五柞二宫并在盩厔,皆以树名之。帝往来二宫之间也。柞字或作莋,其音同。"

②师古曰:"中都官,凡京师诸官府也。"

③师古曰:"《百官表》云:内者署属少府。《续汉书志》云:掌宫中布张诸亵物。丁孚《汉官》云:令秩千石。盖当时权为此使。"

后有诏掖庭养视,上属籍宗正。[①]时掖庭令张贺尝事戾太子,思顾旧恩,[②]哀曾孙,奉养甚谨,以私钱供给教书。既壮,为取暴室啬夫许广汉女,[③]曾孙因依倚广汉兄弟及祖母家史氏。[④]受《诗》于东海澓中翁,[⑤]高材好学,然亦喜游侠,[⑥]斗鸡走马,具知闾里奸邪,吏治得失。数上下诸陵,[⑦]周遍三辅,[⑧]常困于莲勺卤中。[⑨]尤乐杜、鄠之间,[⑩]率常在下杜。[⑪]时会朝请,舍长安尚冠里。[⑫]身足下有毛,卧居数有光耀。[⑬]每买饼,所从买家辄大雠,[⑭]亦以是自怪。

①应劭曰:"掖庭,宫人之官,有令、丞,宦者为之。诏敕掖庭养视之,始令宗正著其属籍。"

②师古曰:"顾,念也。"

③应劭曰:"暴室,宫人狱也,今日薄室。许广汉坐法腐为宦者,作啬夫也。"师古曰:"暴室者,掖庭主织作染练之署,故谓之暴室,取暴晒为名耳。或云薄室者,薄亦暴也。今俗语亦云薄晒。盖暴室职务既多,因为置狱主治其罪人,故往往云暴室狱耳。然本非狱名,应说失之矣。啬夫

者,暴室属官,亦犹县乡之啬夫也。晒,音所懈反,又音所智反。"

④师古曰:"倚,音于绮反。"

⑤服虔曰:"濩,音馥。"师古曰:"东海人,姓濩,字中翁也。濩,音房福反。中,读曰仲。"

⑥师古曰:"喜,音许吏反。"

⑦师古曰:"诸陵皆据高敞地为之,县即在其侧。帝每周游往来诸陵县,去则上,来则下,故言上下诸陵。"

⑧师古曰:"游行皆至其处。"

⑨如淳曰:"为人所困辱也。莲勺县有盐池,纵广十余里,其乡人名为卤中。莲,音辇。勺,音灼。"师古曰:"如说是也。卤者,咸地也,今在栎阳县东。其乡人谓此中为卤盐池也。"

⑩师古曰:"二县之间也。杜属京兆,鄠属扶风。鄠,音扈。"

⑪孟康曰:"在长安南。"师古曰:"率者,总计之言也。下杜,即今之杜城。"

⑫文颖曰:"以属弟尚亲,故岁时随宗室朝会也。"如淳曰:"春曰朝,秋曰请。"师古曰:"舍,止也。尚冠者,长安中里名。帝会朝请之时,即于此里中止息。请,音才姓反。"

⑬师古曰:"遍身及足下皆有毛。"

⑭师古曰:"雠,读曰售。"

　　元平元年四月,昭帝崩,毋嗣。大将军霍光请皇后征昌邑王。六月丙寅,王受皇帝玺绶,尊皇后曰皇太后。癸巳,光奏王贺淫乱,请废。语在《贺》及《光传》。

　　秋七月,光奏议曰:"礼,人道亲亲故尊祖,尊祖故敬宗。大宗毋嗣,择支子孙贤者为嗣。孝武皇帝曾孙病已,①有诏掖庭养视,至今年十八,师受《诗》、《论语》、《孝经》,操行节俭,慈仁爱人,可以嗣孝昭皇帝后,奉承祖宗,子万姓。"②奏可。遣宗正德至曾孙尚冠里舍,洗沐,赐御府衣。太仆以轺猎车奉迎曾孙,③就齐宗正府。庚申,入未央宫,见皇太后,封为阳武侯。④已而群臣奉上玺绶,即皇帝位,谒高庙。

①师古曰:"盖以凤遭屯难而多病苦,故名病已,欲其速差也。后以为鄙,更改讳询。"

②师古曰:"天子以万姓为子,故云子万姓。"

③文颖曰:"轺猎,小车,前有曲舆不衣也,近世谓之轺猎车也。"孟康曰:
　"今之载猎车也。前有曲轺,特高大,猎时立其中,格射禽兽。"李奇曰:
　"兰舆轻车也。"师古曰:"文、李二说皆是。时未备天子车驾,故且取其
　轻便耳,非籍高大也。孟说失之。轺音铃。"

④师古曰:"先封侯者,不欲立庶人为天子也。"

八月己巳,丞相敞薨。①

①师古曰:"杨敞也。"

九月,大赦天下。

十一月壬子,立皇后许氏。赐诸侯王以下金钱,至吏民鳏寡孤
独各有差。皇太后归长乐宫。初置屯卫。

本始元年春正月,募郡国吏民訾百万以上徙平陵。①遣使者持
节诏郡国二千石谨牧养民而风德化。②

①文颖曰:"昭帝陵。"

②师古曰:"以德化被于下,故云风也。《诗序》曰'上以风化下'。"

大将军光稽首归政,上谦让委任焉。论定策功,益封大将军光
万七千户,车骑将军光禄勋富平侯安世万户。①诏曰:"故丞相安平
侯敞等居位守职,与大将军光、车骑将军安世建议定策,以安宗庙,
功赏未加而薨。其益封敞嗣子忠及丞相阳平侯义、②度辽将军平陵
侯明友、③前将军龙雒侯增、④太仆建平侯延年、⑤太常蒲侯昌、⑥
谏大夫宜春侯谭、⑦当涂侯平、⑧杜侯屠耆堂、⑨长信少府关内侯
胜⑩邑户各有差。封御史大夫广明为昌水侯、⑪后将军充国为营平
侯、⑫大司农延年为阳城侯、⑬少府乐成为爰氏侯、⑭光禄大夫迁
为平丘侯、⑮赐右扶风德、⑯典属国武、⑰廷尉光、⑱宗正德、⑲大鸿
胪贤、⑳詹事畸、㉑光禄大夫吉、㉒京辅都尉广汉㉓爵皆关内侯。
德、武食邑。"㉔

①李斐曰:"居光禄位,以车骑官号尊之,无车骑官属。"

②师古曰:"蔡义。"

③师古曰:"范明友。"

④师古曰:"韩增。"

⑤师古曰："杜延年。"

⑥师古曰："苏昌。"

⑦师古曰："王谭。"

⑧师古曰："《功臣表》云：魏不害以捕反者胡倩功封当涂侯，其子圣以定
策功益封，凡二千二百户。今此纪言当涂侯平，与表乖错，未知孰是。或
者有二名乎？"

⑨苏林曰："姓复陆。其祖父复陆支本匈奴胡也，归义为属国王，从骠骑有
功，乃更封也。"

⑩师古曰："夏侯胜。"

⑪师古曰："田广明。"

⑫师古曰："赵充国。"

⑬师古曰："田延年。"

⑭师古曰："史乐成。"

⑮师古曰："王迁。"

⑯师古曰："周德。"

⑰师古曰："苏武。"

⑱师古曰："李光。"

⑲师古曰："楚元王之曾孙，刘辟强子也。"

⑳师古曰："韦贤。"

㉑苏林曰："畸，音踦只之踦。"师古曰："宋踦也。音居宜反。"

㉒师古曰："邴吉。"

㉓师古曰："赵广汉也。三辅郡皆有都尉，如诸郡。左辅都尉治高陵，右辅
都尉治郿，京辅都尉治华阴灌北。"

㉔张晏曰："旧关内侯无邑也，以苏武守节外国，刘德宗室俊彦，故特令食
邑。"

夏四月庚午，地震。诏内郡国举文学高第各一人。①

①韦昭曰："中国为内郡，缘边有夷狄障塞者为外郡。武帝时，内郡举方
正，北边二十二郡举勇猛士。"

五月，凤皇集胶东、千乘。赦天下。赐吏二千石、诸侯相下至中
都官、宦吏、六百石爵各有差，①自左更至五大夫。②赐天下人爵各
一级，孝者二级，女子百户牛酒。租税勿收。

①如淳曰："中都官、宦吏，奄人为吏者也。"晋灼曰："凡职在京师者也。"
　师古曰："二说皆非也。中都官，谓在京师诸官也。宦吏，诸奄官也。"

②师古曰："左更，第十二爵也。五大夫，第九爵也。更，音工衡反。"

六月，诏曰："故皇太子在湖，未有号谥。①岁时祠，其议谥，置
园邑。"语在《太子传》。

①师古曰："湖，县名也。死于湖，因即葬焉。"

秋七月，诏立燕剌王太子建为广阳王，①立广陵王胥少子弘为
高密王。

①师古曰："剌，音来曷反。"

二年春，以水衡钱为平陵，徙民起第宅。①大司农阳城侯田延
年有罪，自杀。②

①应劭曰："水衡与少府，皆天子私藏耳。县官公作，当仰给司农，今出水
　衡钱，言宣帝即位为异政也。"晋灼曰："《食货志》：'初，大司农管盐铁，
　官布多，故置水衡，欲以主盐铁。及杨可告缗，上林财物众，乃令水衡主
　上林。'上林三官，主铸钱也。"

②师古曰："坐增僦直而自入。"

夏五月，诏曰："朕以眇身奉承祖宗，夙夜惟念孝武皇帝躬履仁
义，选明将，讨不服，匈奴远遁，平氏、羌、昆明、南越，百蛮乡风，①
款塞来享；②建太学，修郊祀，定正朔，协音律，封泰山，塞宣房，③
符瑞应，宝鼎出，白麟获。功德茂盛，不能尽宣，而庙乐未称，④其议
奏。"有司奏请宜加尊号。六月庚午，尊孝武庙为世宗庙，奏《盛德》、
《文始》、《五行》之舞，⑤天子世世献。武帝巡狩所幸之郡国皆立庙。
赐民爵一级，女子百户牛酒。

①师古曰："乡，读曰向也。"

②应劭曰："款，叩也。皆叩塞门来服从也。"如淳曰："款，宽也。请除守塞
　者，自保不为寇害也，故曰款五原塞。"师古曰："应说是也。此泛说夷狄
　来宾之事，非呼韩邪保塞意。"

③苏林曰："堤名，在东郡界。"李斐曰："决河上宫名也。"张晏曰："瓠子堤
　名。"师古曰："苏、张二说皆是。"

④师古曰："称，副也。"

⑤应劭曰："宣帝复采《昭德》之舞为《盛德舞》，以尊世宗庙也。诸帝庙皆
　　常奏《文始》、《四时》、《五行》舞也。"

匈奴数侵边，又西伐乌孙。乌孙昆弥及公主因国使者上书，①
言昆弥愿发国精兵击匈奴，唯天子哀怜，出兵以救公主。秋，大发兴
调关东轻车锐卒，②选郡国吏三百石伉健习骑射者，皆从军。③御
史大夫田广明为祁连将军，④后将军赵充国为蒲类将军，⑤云中太
守田顺为虎牙将军，及度辽将军范明友、前将军韩增，凡五将军，兵
十五万骑，校尉常惠持节护乌孙兵，咸击匈奴。

①师古曰："昆弥，乌孙王之号也。国使者，汉朝之使也。"

②师古曰："调，亦选也。锐，利也，言其勇利也。调，音徒钓反。"

③师古曰："伉，强也，音口浪反。"

④应劭曰："祁连，匈奴中山名也。诸将分部，广明值此山，因以为号也。"
　　师古曰："祁，音上夷反。"

⑤应劭曰："蒲类，匈奴中海名也，在敦煌北。"晋灼曰："《匈奴传》有蒲类
　　泽。"师古曰："晋说是也。"

三年春正月癸亥，皇后许氏崩。戊辰，五将军师发长安。夏五
月，军罢。祁连将军广明、虎牙将军顺有罪，下有司，皆自杀。①校尉
常惠将乌孙兵入匈奴右地，大克获，封列侯。

①晋灼曰："田千秋子也。广明坐逗留，顺坐增虏获。"

大旱。郡国伤旱甚者，民毋出租赋。三辅民就贱者，且毋收事，
尽四年。①

①晋灼曰："不给官役也。"师古曰："收，谓租赋也。事，谓役使也。尽本始
　　四年而止。"

六月己丑，丞相义薨。①

①师古曰："蔡义。"

四年春正月，诏曰："盖闻农者兴德之本也，今岁不登，已遣使
者振贷困乏。其令太官损膳省宰，①乐府减乐人，使归就农业。丞相

以下至都官令丞②上书入谷，输长安仓，助贷贫民。民以车船载谷入关者，得毋用传。"③

> ①师古曰："膳，具食也，食之善者也。宰，为屠杀也。省，减也。《汉仪注》太宰令屠者七十二人，宰二百人。"
> ②师古曰："都官令丞，京师诸署之令丞。"
> ③师古曰："传，传符也。欲谷之多，故不问其出入也。传，音张恋反。"

三月乙卯，立皇后霍氏。赐丞相以下至郎吏从官金钱帛各有差。赦天下。

夏四月壬寅，郡国四十九地震，或山崩水出。诏曰："盖灾异者，天地之戒也。朕承洪业，奉宗庙，托于士民之上，未能和群生。乃者地震北海、琅邪，坏祖宗庙，朕甚惧焉。丞相、御史其与列侯、中二千石博问经学之士，有以应变，①辅朕之不逮，毋有所讳。令三辅、太常、内郡国举贤良方正各一人。律令有可蠲除以安百姓，条奏。被地震坏败甚者，勿收租赋。"大赦天下。上以宗庙堕，素服，避正殿五日。②

> ①师古曰："谓御塞灾异也。"
> ②师古曰："堕者，毁也，音火规反。"

五月，凤皇集北海安丘、淳于。①

> ①师古曰："二县皆属北海郡。"

秋，广川王吉有罪，废迁上庸，自杀。

地节元年①春正月，有星孛于西方。

> ①应劭曰："以先者地震，山崩水出，于是改元曰地节，欲令地得其节。"

三月，假郡国贫民田。①

> ①师古曰："权以给之，不常与。"

夏六月，诏曰："盖闻尧亲九族，以和万国。①朕蒙遗德，奉承圣业，惟念宗室属未尽而以罪绝，若有贤材，改行劝善，其复属，使得自新。"②

> ①师古曰："《尚书·尧典》云：'克明俊德，以亲九族。九族既睦，平章百姓。百姓昭明，协和万邦。'故诏引之。"

②师古曰:"复,音扶目反。"

冬十一月,楚王延寿谋反,自杀。

十二月癸亥晦,日有食之。

　　二年春三月庚午,大司马大将军光薨。诏曰:"大司马大将军博陆侯①宿卫孝武皇帝三十余年,辅孝昭皇帝十有余年,遭川难,躬秉义,率三公、诸侯、九卿、大夫定万世策,以安宗庙。天下蒸庶,咸以康宁,②功德茂盛,朕甚嘉之。复其后世,畴其爵邑,③世世毋有所与。④功如萧相国。"

①师古曰:"尊之,故不名。"

②师古曰:"蒸庶,众人也。康,安也。"

③张晏曰:"律,非始封,十减二。畴者,等也,言不复减也。"师古曰:"复,音方目反。"

④师古曰:"与,读曰豫。"

夏四月,凤皇集鲁,群鸟从之。①大赦天下。

①师古曰:"今流俗书本此下云'戊申立皇太子',而后年又有立皇太子事,此盖以《元纪》云元帝二岁宣帝即位,八岁为皇太子,故后人妄于此书加之,旧本无也。据《疏广》及《景吉传》并地节三年立皇太子,此即明验,而或者妄为臆说,乖于实矣。"

五月,光禄大夫平丘侯王迁有罪,下狱死。

　　上始亲政事,又思报大将军功德,乃复使乐平侯山领尚书事,①而令群臣得奏封事,以知下情。五日一听事,自丞相以下各奉职奏事,以傅奏其言,②考试功能。侍中尚书功劳当迁及有异善,厚加赏赐,至于子孙,终不改易。③枢机周密,品式备具,上下相安,莫有苟且之意也。

①师古曰:"霍山,光之兄孙。"

②应劭曰:"敷,陈也。各自奏陈其言,然后试之以官,考其功德也。"师古曰:"傅,读曰敷。"

③师古曰:"言各久其职事也。"

　　三年春三月,诏曰:"盖闻有功不赏,有罪不诛,虽唐虞犹不能以化天下。今胶东相成劳来不怠，①流民自占八万余口，②治有异等。③其秩成中二千石，赐爵关内侯。"又曰："鳏寡孤独高年贫困之民，朕所怜也。前下诏假公田，贷种、食。④其加赐鳏寡孤独高年帛。二千石严教吏谨视遇，毋令失职。"⑤令内郡国举贤良方正可亲民者。

> ①师古曰："王成也。劳来者，言慰勉而招延之也。《小雅·鸿雁》之诗序曰'劳来还定安集之'。劳，音卢到反。来，音卢代反。"
>
> ②师古曰："占者，谓自隐度其户口而著名籍也。占，音之赡反。"
>
> ③师古曰："政治异于常等。"
>
> ④师古曰："贷，音吐戴反。"
>
> ⑤师古曰："职，常也。失职，谓失其常业也。"

夏四月戊申，立皇太子，大赦天下。赐御史大夫爵关内侯，中二千石爵右庶长，①天下当为父后者爵一级。赐广陵王黄金千斤，诸侯王十五人黄金各百斤，列侯在国者八十七人黄金各二十斤。

> ①张晏曰："自公孙弘后，丞相常封列侯，第二十等爵。故赐御史大夫爵关内侯，第十九等爵也。右庶长，第十一等爵也。"师古曰："张说非也。此以立皇太子国之大庆，故特赐御史大夫及中二千石爵耳，非常制也。"

冬十月，诏曰："乃者九月壬申地震，朕甚惧焉。有能箴朕过失，①及贤良方正直言极谏之士以匡朕之不逮，②毋讳有司。③朕既不德，不能附远，是以边境屯戍未息。今复饬兵重屯，久劳百姓，④非所以绥天下也。其罢车骑将军、右将军屯兵。"又诏："池籞未御幸者，假与贫民。⑤郡国宫馆，勿复修治。流民还归者，假公田，贷种、食，⑥且勿算事。"⑦

> ①师古曰："箴，戒也。"
>
> ②师古曰："匡，正也。"
>
> ③李奇曰："讳，避也。虽有司在显职，皆言其过，勿避之。"
>
> ④师古曰："饬，读与敕同。饬，整也。"
>
> ⑤苏林曰："折竹以绳绵连禁御，使人不得往来，律名为籞。"服虔曰："籞，在池水中作室，可用栖鸟，鸟入中则捕之。"应劭曰："池者，陂池也；籞者，禁苑也。"臣瓒曰："籞者，所以养鸟也。设为藩落，周覆其上，令鸟不

得出，犹苑之畜兽，池之畜鱼也。"师古曰："苏、应二说是。"

⑥师古曰："贷，音吐戴反。种，五谷种也，音之勇反。"

⑦师古曰："不出算赋及给徭役。"

十一月，诏曰："朕既不逮，导民不明，①反侧晨兴，念虑万方，不忘元元。唯恐羞先帝圣德，②故并举贤良方正以亲万姓，历载臻兹，然而俗化阙焉。③传曰：'孝弟也者，其为仁之本与！'④其令郡国举孝弟、有行义闻于乡里者各一人。"

①师古曰："不逮者，意虑不及也。"

②师古曰："羞，谓忝辱也。"

③师古曰："多历年载，迄至于今。"

④师古曰："《论语》载有若之言。与，读曰予。"

十二月，初置廷尉平四人，秩六百石。省文山郡，并蜀。①

①师古曰："以其县道隶蜀郡。"

四年春二月，封外祖母为博平君，故酂侯萧何曾孙建世为侯。

诏曰："导民以孝，则天下顺。今百姓或遭衰绖凶灾，①而吏繇事，使不得葬，②伤孝子之心，朕甚怜之。自今诸有大父母、父母丧者，勿繇事，使得收敛送终，尽其子道。"

①师古曰："衰，音千回反。"

②师古曰："繇，读曰徭。事，谓役使之。"

夏五月，诏曰："父子之亲，夫妇之道，天性也。虽有患祸，犹蒙死而存之。①诚爱结于心，仁厚之至也，岂能违之哉！自今子首匿父母、妻匿夫、孙匿大父母，皆勿坐。②其父母匿子，夫匿妻，大父母匿孙，罪殊死，皆上请廷尉以闻。"

①师古曰："蒙，冒也。"

②师古曰："凡首匿者，言为谋首而藏匿罪人。"

立广川惠王孙文为广川王。

秋七月，大司马霍禹谋反。诏曰："乃者，东织室令史张赦①使魏郡豪李竟②报冠阳侯霍云谋为大逆，③朕以大将军故，抑而不扬，冀其自新。今大司马博陆侯禹与母宣成侯夫人显及从昆弟冠阳

侯云、乐平侯山、④诸姊妹婿度辽将军范明友、长信少府邓广汉、中
郎将任胜、骑都尉赵平、长安男子冯殷等⑤谋为大逆。显前又使女
侍医淳于衍进药杀共哀后，⑥谋毒太子，欲危宗庙。逆乱不道，咸伏
其辜。诸为霍氏所诖误未发觉在吏者，皆赦除之。"八月己酉，皇后
霍氏废。

①应劭曰："旧时有东西织室，织作文绣郊庙之服。令史，其主者吏。"
②文颖曰："有权势豪右大家。"
③如淳曰："报，白也。"师古曰："此说非也。谓张赦因李竟传言于霍云与
　　共谋反耳，非告白其罪也。赦既为织室令史，身在京师，不须令李竟发
　　之。据《霍禹传》，其事明矣。"
④师古曰："据《霍光传》，云、山皆去病之孙，则于禹为子行也。今此纪言
　　从昆弟，盖转写者脱子字耳。当言从昆弟子也。"
⑤晋灼曰："《汉语》字子都。"
⑥师古曰："杀，读曰弑。共，读曰恭。"

　　九月，诏曰："朕惟百姓失职不赡，遣使者循行郡国，问民所疾
苦。①吏或营私烦扰，不顾厥咎，朕甚闵之。今年郡国颇被水灾，已
振贷。②盐，民之食而贾咸贵，③众庶重困。④其减天下盐贾。"又
曰："令甲，死者不可生，⑤刑者不可息。⑥此先帝之所重，而吏未
称。⑦今系者或以掠辜若饥寒瘐死狱中，⑧何用心逆人道也！朕甚
痛之。其令郡国岁上系囚以掠笞若瘐死者所坐名、县、爵、里，⑨丞
相御史课殿最以闻。"⑩

①师古曰："行，音下更反。"
②师古曰："贷，音他戴反。"
③师古曰："贾，读曰价。其下亦同。"
④师古曰："更增其困也。重，音直用反。"
⑤文颖曰："萧何承秦法所作为律令，经是也。天子诏所增损，不在律上者
　　为令。令甲者，前帝第一令也。"如淳曰："令有先后，故有令甲、令乙、令
　　丙。"师古曰："如说是也。甲乙者，若今之第一、第二篇耳。"
⑥李斐曰："息，灭也。若黥劓者，虽欲改过，其创瘢不可复灭也。"师古曰：
　　"息，谓生长也。言劓、刖、膑、割之徒不可更生长，亦犹谓子为息耳。李

说非也。"

⑦师古曰:"称,副也。"

⑧苏林曰:"瘐,病也。囚徒病,律名为瘐。"如淳曰:"律,囚以饥寒而死曰瘐。"师古曰:"瘐,病,是也。此言囚或以掠笞及饥寒及疾病而死。如说非矣。瘐,音庾,字或作愈,其音亦同。"

⑨师古曰:"名,其人名也。县,所属县也。爵,其身之官爵。里,所居邑里也。"

⑩师古曰:"凡言殿最者:殿,后也,课居后也;最,凡要之首也,课居先也。殿,音丁见反。"

十二月,清河王年有罪,废迁房陵。

元康元年春,以杜东原上为初陵,更名杜县为杜陵。徙丞相、将军、列侯、吏二千石、訾百万者杜陵。

三月,诏曰:"乃者,凤皇集泰山、陈留,甘露降未央宫。朕未能章先帝休烈,①协宁百姓,承天顺地,调序四时,获蒙嘉瑞,赐兹祉福,夙夜兢兢,靡有骄色,内省匪解,永惟罔极。②《书》不云乎?'凤皇来仪,庶尹允谐。'③其赦天下徒,赐勤事吏中二千石以下至六百石爵,自中郎吏至五大夫,④佐史以上二级,民一级,女子百户牛酒。加赐鳏寡孤独、三老、孝弟、力田帛。所振贷勿收。"

①师古曰:"章,明也。休,美也。烈,业也。"

②师古曰:"省,视也。永,长也。惟,思也。罔,无也。极,中也。帝言内自视察,不敢惰怠,长思政道,恐无其中也。解,读曰懈。"

③师古曰:"《虞书·益稷》之篇曰:'箫韶九成,凤皇来仪,击石拊石,百兽率舞,庶尹允谐。'言奏乐之和,凤皇以其容仪来下,百兽相率舞蹈。是乃众官之长,信皆和辑,故神人交畅。"

④师古曰:"赐中郎吏爵得至五大夫。自此以上,每为等级而高赐也。五大夫,第九爵也。一曰,二千石至五大夫,自此以下而差降。"

夏五月,立皇考庙。益奉明园户为奉明县。①复高皇帝功臣绛侯周勃等百三十六人家子孙,令奉祭祀,②世世勿绝。其毋嗣者,复其次。

①师古曰:"奉明园即皇考史皇孙之所葬也,本名广明,后追改也。"

②师古曰:"复,音方目反。次下亦同。"

秋八月,诏曰:"朕不明六艺,郁于大道,①是以阴阳风雨未时。其博举吏民,厥身修正,通文学,明于先王之术,宣究其意者,各二人,②中二千石各一人。"

①孟康曰:"郁,不通也。"

②师古曰:"究,尽也。"

冬,置建章卫尉。

二年春正月,诏曰:"《书》云'文王作罚,刑兹无赦'。①今吏修身奉法,未有能称朕意,朕甚愍焉。其赦天下,与士大夫厉精更始。"②

①师古曰:"《周书·康诰》之辞也。言文王作法,罚其有乱常违教者,则刑之无放释也。"

②李斐曰:"今吏已修身奉法矣,但不能称上意耳,故赦之。"师古曰:"言文王作罚,有犯之者皆刑无赦,今我意有所闵,闵吏修身奉法矣,而未称其任,故特赦之,与更始耳。李说非也。"

二月乙丑,立皇后王氏。①赐丞相以下至郎从官钱帛各有差。

①师古曰:"王奉光女。"

三月,以凤皇甘露降集,赐天下吏爵二级,民一级,女子百户牛酒,鳏寡孤独高年帛。

夏五月,诏曰:"狱者,万民之命,所以禁暴止邪,养育群生也。能使生者不怨,死者不恨,则可谓文吏矣。今则不然。用法或持巧心,析律贰端,深浅不平,①增辞饰非,以成其罪。奏不如实,上亦亡繇知。②此朕之不明,吏之不称,四方黎民,将何仰哉!二千石各察官属,勿用此人。吏务平法。或擅兴繇役,饰厨传,称过使客,③越职逾法,以取名誉,譬犹践薄冰以待白日,岂不殆哉!④今天下颇被疾疫之灾,朕甚愍之。其令郡国被灾甚者,毋出今年租赋。"

①师古曰:"析,分也。谓分破律条,妄生端绪,以出入人罪。"

②师古曰:"上者,天子自谓也。繇,读与由同。"

③韦昭曰："厨,谓饮食。传,谓传舍。言修饰意气,以称过使而已。"师古
　曰："使人及宾客来者,称其意而遣之,令过去也。称,音尺孕反。过者,
　过度之过也。"

④师古曰："殆,危也。"

又曰："闻古天子之名,难知而易讳也。今百姓多上书触讳以犯
罪者,朕甚怜之。其更讳询。诸触讳在令前者,赦之。"①

①师古曰："令,谓今诏书。"

冬,京兆尹赵广汉有罪,要斩。

三年春,以神爵数集泰山,赐诸侯王、丞相、将军、列侯、二千石
金,郎从官帛,各有差。赐天下吏爵二级,民一级,女子百户牛酒,鳏
寡孤独高年帛。

三月,诏曰："盖闻象有罪,舜封之。①骨肉之亲,粲而不殊。②
其封故昌邑王贺为海昏侯。"

①应劭曰："象者,舜弟也,日以杀舜为事。舜为天子,犹封之于有鼻之
　国。"

②师古曰："粲,明也。殊,绝也。当明于仁恩不离绝也。"

又曰："朕微眇时,御史大夫邴吉、中郎将史曾、史玄、长乐卫尉
许舜、侍中光禄大夫许延寿皆与朕有旧恩。及故掖庭令张贺辅导朕
躬,修文学经术,恩惠卓异,厥功茂焉。《诗》不云乎?'无德不报。'①
封贺所子弟子侍中中郎将彭祖为阳都侯,②追赐贺谥曰阳都哀侯。
吉、曾、玄、舜、延寿皆为列侯。故人下至郡邸狱复作③尝有阿保之
功,④皆受官禄宅财物,各以恩深浅报之。"

①师古曰："《大雅·抑》之诗也。言受人之德,必有报也。"

②如淳曰："贺,张安世兄,有一子早死,故以彭祖为子。"师古曰："所子
　者,言养弟子以为子。"

③师古曰："谓胡组、赵徵卿之辈也。复,音扶目反。"

④臣瓒曰："阿,倚;保,养也。"

夏六月,诏曰："前年夏,神爵集雍。①今春,五色鸟以万数飞过
属县,②翱翔而舞,欲集未下。其令三辅毋得以春夏摘巢探卵,弹射

飞鸟。③具为令。"

①晋灼曰："《汉注》大如鹥爵,黄喉,白颈,黑背,腹斑文也。"师古曰："鹥,
音晏。"

②师古曰："三辅诸县也。"

③师古曰："撎,音佗狄反。射,音食亦反。"

立皇子钦为淮阳王。

四年春正月,诏曰："朕惟耆老之人发齿堕落,血气衰微,亦亡暴虐之心,今或罹文法,拘执囹圄,不终天命,朕甚怜之。自今以来,诸年八十以上,非诬告杀伤人,佗皆勿坐。"①

①师古曰："诬告人及杀伤人皆如旧法,其余则不论。"

遣太中大夫强等十二人循行天下,①存问鳏寡,览观风俗,察吏治得失,举茂材异伦之士。

①师古曰："行,音下更反。"

二月,河东霍征史等谋反,诛。

三月,诏曰："乃者,神爵、五采以万数集长乐、未央、北宫、高寝、甘泉、泰畤殿中及上林苑。朕之不逮,寡于德厚,屡获嘉祥,非朕之任。其赐天下吏爵二级,民一级,女子百户牛酒。加赐三老、孝弟力田帛,人二匹,鳏寡孤独各一匹。"

秋八月,赐故右扶风尹翁归子黄金百斤,以奉其祭祀。又赐功臣適后①黄金,人二十斤。

①师古曰："適,读曰嫡,承嗣者也。或子或孙,不拘后裔,故总言后也。"

丙寅,大司马卫将军安世薨。

比年丰,谷石五钱。①

①师古曰："比,频也。"

神爵元年①春正月,行幸甘泉,郊泰畤。三月,行幸河东,祠后土。诏曰："朕承宗庙,战战栗栗,惟万事统,未烛厥理。②乃元康四年嘉谷玄稷降于郡国,③神爵仍集,④金芝九茎产于函德殿铜池中,⑤九真献奇兽,⑥南郡获白虎、威凤为宝。⑦朕之不明,震于珍

物，⑧饬躬斋精，祈为百姓。⑨东济大河，天气清静，神鱼舞河。幸万岁宫，神爵翔集。⑩朕之不德，惧不能任。其以五年为神爵元年。赐天下勤事吏爵二级，民一级，女子百户牛酒，鳏寡孤独高年帛。所振贷物勿收。行所过毋出田租。"

①应劭曰："前年，神爵集于长乐宫，故改年。"
②师古曰："惟，思也。统，绪也。烛，照也。"
③服虔曰："玄稷，黑粟也。"
④师古曰："仍，频也。"
⑤服虔曰："金芝，色像金也。"如淳曰："函，亦含也。铜池，承霤也。"晋灼曰："以铜作池也。"师古曰："函德，殿名也。铜池，承霤是也，以铜为之。函，读与含同。"
⑥苏林曰："白象也。"晋灼曰："《汉注》驹形，麟色，牛角，仁而爱人。"师古曰："非白象也，晋说是矣。"
⑦服虔曰："威凤，鸟名也。"晋灼曰："凤之有威仪者也，与《尚书》'凤皇来仪'同意。"师古曰："晋说是。"
⑧服虔曰："震，惊也。"苏林曰："震，动也。珍物，瑞应也。"师古曰："苏说是也。获珍物而心感动也。"
⑨师古曰："饬，与敕同。为，音于伪反。"
⑩服虔曰："万岁宫在东郡平阳县，今有津。"晋灼曰："《黄图》汾阴有万岁宫，是时幸河东。"师古曰："晋说是。"

西羌反，发三辅、中都官徒弛刑①及应募、佽飞射士、②羽林孤儿、③胡越骑，三河、颍川、沛郡、淮阳、汝南材官，金城、陇西、天水、安定、北地、上郡骑士、羌骑，诣金城。夏四月，遣后将军赵充国、强弩将军许延寿击西羌。

①李奇曰："弛，废也。谓若今徒解钳钛赭衣，置任输作也。"师古曰："中都官，京师诸官府也。《汉仪注》长安中诸官狱三十六所。弛刑，李说是也。若今徒囚但不枷锁而责保散役之耳。弛，音式尔反。"
②服虔曰："周时度江，越人在船下负船，将覆之。佽飞入水杀之。汉因以材力名宫。"如淳曰："《吕氏春秋》荆有兹非，得宝剑于干将。渡江中流，两蛟绕舟。兹非拔宝剑赴江刺两蛟，杀之。荆王闻之，仕以执圭。后世以为勇力之官。兹、佽，音相近。"臣瓒曰："本秦左弋官也，武帝改曰佽

飞官，有一令九丞，在上林苑中结矰缴以弋凫雁，岁万头，以供祀宗庙。许慎曰‘佽，便利也’。便利矰缴以弋凫雁，故曰佽飞。《诗》曰‘抉拾既佽’者也。”师古曰：“取古勇力人以名官，熊渠之类是也。亦因取其便利轻疾若飞，故号佽飞。弋凫雁事，自使佽飞为之，非取飞鸟为名。瓒说失之。佽，音次。”

③应劭曰：“天有羽林大将军之星。林，喻若林木之盛。羽，羽翼鸷击之意。故以名武官焉。”如淳曰：“《百官表》取从军死事者之子养羽林，官教以五兵，号曰羽林孤儿，少壮令从军。《汉仪注》羽林从官七百人。”

六月，有星孛于东方。即拜酒泉太守辛武贤为破羌将军，①与两将军并进。②诏曰：“军旅暴露，转输烦劳，其令诸侯王、列侯、蛮夷王侯君长当朝二年者，皆毋朝。”③

①师古曰：“即，就也。就酒泉而拜之，不征入。”

②师古曰：“两将军，即赵充国、许延寿。”

③师古曰：“朝来年之正月。”

秋，赐故大司农朱邑子黄金百斤，以奉祭祀。后将军充国言屯田之计，语在《充国传》。

二年春二月，诏曰：“乃者正月乙丑，凤皇甘露降集京师，群鸟从以万数。朕之不德，屡获天福，祗事不怠，其赦天下。”

夏五月，羌虏降服，斩其首恶大豪杨玉、酋非首。①置金城属国以处降羌。

①文颖曰：“羌胡名大帅为尊，如中国言魁。非首，其名也。”如淳曰：“酋，音酒酣孰。”师古曰：“文说失矣。酋者，自其是魁帅之称，而此酋不当其义也。盖首恶者，唱首为恶也。大豪者，魁帅也。杨玉及酋非皆人名，言斩此二人之首级耳。既已言大豪，不当重言酋。且《赵充国传》又云酋非、杨玉首，此其明验也。酋，音才由反。”

秋，匈奴日逐王先贤掸①将人众万余来降。使都护西域骑都尉郑吉迎日逐，破车师，皆封列侯。

①郑氏曰：“掸，音缠束之缠。”晋灼曰：“音田。”师古曰：“郑音是也。”

九月，司隶校尉盖宽饶有罪，下有司，自杀。

匈奴单于遣名王奉献，①贺正月，始和亲。②

①师古曰："名王者，谓有大名，以别诸小王也。"

②师古曰："贺来岁之正月。"

三年春，起乐游苑。①

①师古曰："《三辅黄图》云在杜陵西北。又《关中记》云宣帝立庙于曲池之北，号乐游。案其处则今之所呼乐游庙者是也，其余基尚可识焉。盖本为苑，后因立庙乎？乐，音来各反。"

三月丙午，丞相相薨①

①师古曰："魏相。"

秋八月，诏曰："吏不廉平则治道衰。今小吏皆勤事，而奉禄薄，①欲其毋侵渔百姓，难矣。②其益吏百石以下奉十五。"③

①师古曰："奉，音扶用反。其下亦同。"

②如淳曰："渔，夺也，谓夺其利便也。"晋灼曰："许慎云：捕鱼之字也。"师古曰："渔者，若言渔猎也。晋说是也。"

③如淳曰："律，百石奉月六百。"韦昭曰："若食一斛，则益五斗。"

四年春二月，诏曰："乃者，凤皇甘露降集京师，嘉瑞并见。修兴泰一、五帝、后土之祠，祈为百姓蒙祉福。①鸾凤万举，蜚览翱翔，集止于旁。②斋戒之暮，神光显著。荐鬯之夕，神光交错。③或降于天，或登于地，或从四方来集于坛。上帝嘉飨，海内承福。④其赦天下，赐民爵一级，女子百户牛酒，鳏寡孤独高年帛。"

①师古曰："为，音于伪反。"

②师古曰："万举，犹言举以万数也。蜚，古飞字也。言鸾凤飞翔，览观都邑也。"

③师古曰："鬯，香酒，所以祭神。"

④师古曰："飨，读曰飨。"

夏四月，颍川太守黄霸以治行尤异，秩中二千石，①赐爵关内侯，黄金百斤。及颍川吏民有行义者爵，人二级，力田一级，贞妇顺女帛。令内郡国举贤良可亲民者各一人。

①如淳曰:"太守虽号二千石,有千石、八百石居者。有功德茂异乃得满秩。霸得中二千石,九卿秩也。"晋灼曰:"此直谓二千石增秩为中二千石耳,不谓满不满也。"师古曰:"如说非也。霸旧已二千石矣,今增为中二千石,以宠异之。此与地节三年增胶东相王成秩其事同耳。汉制,秩二千石者,一岁得一千四百四十石,实不满二千石也,其云中二千石者,一岁得二千一百六十石。举成数言之,故曰中二千石。中者,满也。"

五月,匈奴单于遣弟呼留若王胜之来朝。①

①师古曰:"呼留若者,王之号也。胜之,其人名。"

冬十月,凰皇十一集杜陵。

十一月,河南太守严延年有罪,弃市。

十二月,凤皇集上林。

五凤元年①春正月,行幸甘泉,郊泰畤。

①应劭曰:"先者凤皇五至,因以改元云。"

皇太子冠。皇太后赐丞相、将军、列侯、中二千石帛,人百匹,大夫人八十匹,夫人六十匹。又赐列侯嗣子爵五大夫,男子为父后者爵一级。

夏,赦徒作杜陵者。

冬十二月乙酉朔,日有蚀之。

左冯翊韩延寿有罪,弃市。

二年春三月,行幸雍,祠五畤。

夏四月己丑,大司马车骑将军增薨。①

①师古曰:"韩增。"

秋八月,诏曰:"夫婚姻之礼,人伦之大者也;酒食之会,所以行礼乐也。今郡国二千石或擅为苛禁,禁民嫁娶不得具酒食相贺召。由是废乡党之礼,令民亡所乐,非所以导民也。《诗》不云乎?'民之失德,乾糇以愆。'①勿行苛政。"

①师古曰:"《小雅·伐木》之诗也。糇,食也。愆,过也。言人无恩德,不相饮食,则阙乾糇之事,为过恶也。乾,音干。糇,音侯。"

冬十一月,匈奴呼遬累单于帅众来降,①封为列侯。

①师古曰:"遬,古速字。累,音力追反。"

十二月,平通侯杨恽①坐前为光禄勋有罪,免为庶人。不悔过,怨望,大逆不道,要斩。

①师古曰:"恽,音于吻反。"

三年春正月癸卯,丞相吉薨。①

①师古曰:"丙吉也。"

三月,行幸河东,祠后土。诏曰:"往者,匈奴数为边寇,百姓被其害。朕承至尊,未能绥定匈奴。虚闾权渠单于请求和亲,病死。右贤王屠耆堂代立。骨肉大臣立虚闾权渠单于子为呼韩邪单于,击杀屠耆堂。诸王并自立,分为五单于,更相攻击,①死者以万数,畜产大耗什八九,②人民饥饿,相燔烧以求食,③因大乖乱。单于阏氏④子孙昆弟及呼遬累单于、名王、右伊秩訾、且渠、当户以下⑤将众五万余人来降归义。单于称臣,使弟奉珍朝贺正月,北边晏然,靡有兵革之事。朕饬躬斋戒,⑥郊上帝,祠后土,神光并见,或兴于谷,烛耀齐宫,十有余刻。⑦甘露降,神爵集。已诏有司告祠上帝、宗庙。三月辛丑,鸾凤又集长乐宫东阙中树上,⑧飞下止地,文章五色,留十余刻,吏民并观。朕之不敏,惧不能任,娄蒙嘉瑞,获兹祉福。⑨《书》不云乎?'虽休勿休,祗事不怠。'⑩公卿大夫其勖焉。⑪减天下口钱。赦殊死以下。赐民爵一级,女子百户牛酒。大酺五日。加赐鳏寡孤独高年帛。"置西河、北地属国以处匈奴降者。

①师古曰:"更,音工衡反。"

②师古曰:"耗,损也。言十损其八九也。耗,音呼到反。"

③师古曰:"燔,焚也,音扶元反。"

④服虔曰:"阏氏,音焉支。"

⑤师古曰:"伊秩訾、且渠、当户,皆匈奴官号也。訾,音子移反。且,音子余反。"

⑥师古曰:"饬,与敕同。"

⑦师古曰:"烛,亦照也。刻者,以漏言时也。"

⑧张晏曰："门外阙内衡马之里树也。"

⑨师古曰："娄，古屡字。"

⑩师古曰："《周书·吕刑》之辞。言虽见褒美，勿自以为有德美，当敬于事，无怠堕也。"

⑪师古曰："勖，勉也。"

四年春正月，广陵王胥有罪，自杀。

匈奴单于称臣，遣弟谷蠡王入侍。①以边塞亡寇，减戍卒什二。

①服虔曰："谷，音鹿。"韦昭曰："蠡，音如丽。"师古曰："谷，服音是也。蠡，音落奚反。"

大司农中丞耿寿昌奏设常平仓，以给北边，①省转漕，赐爵关内侯。

①应劭曰："寿昌奏令边郡谷贱时增贾而籴，谷贵时减贾而粜，名曰常平仓。见《食货志》。"

夏四月辛丑晦，日有蚀之。诏曰："皇天见异，以戒朕躬，是朕之不逮，吏之不称也。①以前使使者问民所疾苦，复遣丞相、御史掾二十四人循行天下，②举冤狱，察擅为苛禁深刻不改者。"

①师古曰："称，副也。"

②师古曰："行，音下更反。"

甘露元年春正月，行幸甘泉，郊泰畤。匈奴呼韩邪单于遣子右贤王铢娄渠堂入侍。①

①师古曰："铢，音殊。娄，音力于反。"

二月丁巳，大司马车骑将军延寿薨。①

①文颖曰："许延寿。"

夏四月，黄龙见新丰。

丙申，太上皇庙火。甲辰，孝文庙火。上素服五日。

冬，匈奴单于遣弟左贤王来朝贺。

二年春正月，立皇子嚣为定陶王。①

①师古曰："嚣,音敖。"

诏曰："乃者,凤皇甘露降集,黄龙登兴,醴泉滂流,枯槁荣茂,①神光并见,咸受祯祥。②其赦天下。减民算三十。③赐诸侯王、丞相、将军、列侯、中二千石金钱各有差。赐民爵一级,女子百户牛酒,鳏寡孤独高年帛。"

①师古曰："槁,音口老反。"

②师古曰："祯,正也。祥,福也。祯,音贞。"

③师古曰："一算减钱三十也。"

夏四月,遣护军都尉禄将兵击珠崖。

秋九月,立皇子宇为东平王。

冬十二月,行幸萯阳宫①属玉观。②

①应劭曰："宫在鄠,秦文王所起。"伏俨曰："在扶风。"李斐曰："萯,音倍。"师古曰："应说李音是也。"

②服虔曰："以玉饰,因名焉,在扶风。"李奇曰："属玉,音鸳鸯。其上有此鸟,因以为名。"晋灼曰："属玉,水鸟,似鹭鹚,以名观也。"师古曰："晋说是也。属,音之欲反。"

匈奴呼韩邪单于款五原塞,①愿奉国珍,朝三年正月。②诏有司议。咸曰："圣王之制,施德行礼,先京师而后诸夏,先诸夏而后夷狄。《诗》云:'率礼不越,遂视既发。相土烈烈,海外有截。'③陛下圣德,充塞天地,光被四表。④匈奴单于乡风慕义,⑤举国同心,奉珍朝贺,自古未之有也。单于非正朔所加,王者所客也,礼仪宜如诸侯王,称臣昧死再拜,位次诸侯王下。"诏曰："盖闻五帝三王,礼所不施,不及以政。⑥今匈奴单于称北藩臣,朝正月,朕之不逮,德不能弘覆。其以客礼待之,位在诸侯王上。"

①师古曰："款,叩也。"

②师古曰："欲于甘露三年正月行朝礼。"

③文颖曰："遂,遍也。发,行也。言契能使其民率礼不越法度,遍承视其教令奉顺而行也。相土,契孙也。烈烈,威也。截,整齐也。威武之盛烈烈然,四海之外率服整齐也。"师古曰："此《商颂·长发》之诗。"

④师古曰："四表,四方之外也。"

⑤师古曰:"乡,读曰向。"

⑥师古曰:"言荒外之人非礼所设者,政刑亦不及。"

　　三年春正月,行幸甘泉,郊泰畤。

　　匈奴呼韩邪单于稽侯狦来朝,①赞谒称藩臣而不名。赐以玺绶、冠带、衣裳、安车、四马、黄金、锦绣、缯絮。使有司道单于②先行就邸长安,宿长平。上自甘泉宿池阳宫。上登长平阪,③诏单于毋谒。④其左右当户之群皆列观,⑤蛮夷君长王侯迎者数万人,夹道陈。上登渭桥,咸称万岁。单于就邸。置酒建章宫,飨赐单于,观以珍宝。⑥二月,单于罢归。遣长乐卫尉高昌侯忠、⑦车骑都尉昌、⑧骑都尉虎⑨将万六千骑送单于。单于居幕南,保光禄城。⑩诏北边振谷食。郅支单于远遁,⑪匈奴遂定。

①应劭曰:"狦,音若讪。"李奇曰:"狦,音山。"师古曰:"稽,古奚反。狦,音删,又音先安反。"

②师古曰:"道,读曰导。导,引也。"

③如淳曰:"阪名也,在池阳南。上原之阪有长平观,去长安五十里。"师古曰:"泾水之南原,即今所谓畦城阪。"

④师古曰:"不拜见也。"

⑤孟康曰:"左右当户,匈奴官名。"

⑥师古曰:"观,示也。"

⑦晋灼曰:"《功臣表》董忠。"

⑧晋灼曰:"韩昌。"

⑨文颖曰:"不知姓。"晋灼曰:"《百官表》唯记三辅、郡以上。若此皆不见姓,无从知之。"

⑩孟康曰:"前光禄徐自为所筑城。"

⑪师古曰:"郅,音质。"

　　诏曰:"乃者凤皇集新蔡,群鸟四面行列,皆乡凤皇立,以万数。①其赐汝南太守帛百匹,新蔡长吏、三老、孝弟力田、鳏寡孤独各有差。赐民爵二级。毋出今年租。"

①师古曰:"行,音胡郎反。乡,读曰向。"

三月己丑,丞相霸薨。①

①师古曰:"黄霸。"

诏诸儒讲五经同异,太子太傅萧望之等平奏其议,上亲称制临决焉。乃立梁丘《易》、大小夏侯《尚书》、谷梁《春秋》博士。

冬,乌孙公主来归。①

①应劭曰:"楚王女解忧。"

四年夏,广川王海阳有罪,废迁房陵。

冬十月丁卯,未央宫宣室阁火。

黄龙元年①春正月,行幸甘泉,郊泰畤。

①应劭曰:"先是黄龙见新丰,因以冠元焉。"师古曰:"《汉注》云此年二月黄龙见广汉郡,故改年。然则应说非也,见新丰者乃此五载矣。"

匈奴呼韩邪单于来朝,礼赐如初。二月,单于归国。

诏曰:"盖闻上古之治,君臣同心,举措曲直,各得其所。①是以上下和洽,海内康平,其德弗可及已。②朕既不明,数申诏公卿大夫务行宽大,③顺民所疾苦,④将欲配三王之隆,明先帝之德也。今吏或以不禁奸邪为宽大,纵释有罪为不苛,或以酷恶为贤,皆失其中。⑤奉诏宣化如此,岂不谬哉!方今天下少事,繇役省减,兵革不动,而民多贫,盗贼不止,其咎安在?上计簿,具文而已,⑥务为欺谩,以避其课。⑦三公不以为意,朕将何任?⑧诸请诏省卒徒自给者,皆止。⑨御史察计簿,疑非实者按之,使真伪毋相乱。"

①师古曰:"措,置也,音千故反。"

②师古曰:"已,语终辞。"

③师古曰:"申,束也,谓约束之。"

④师古曰:"知所疾苦,则顺其意也。"

⑤师古曰:"中,音竹仲反。"

⑥师古曰:"虽有其文,而实不副也。簿,音步户反。其下亦同。"

⑦师古曰:"谩,诳言也,音慢,又音莫连反。"

⑧师古曰:"言无所委任。"

⑨应劭曰:"时有请云,诏使出者省卒徒,以其直自给,不复取稟假。虽有进入于官,非旧章也,故绝之。"张晏曰:"先是,武帝以用度不足,宜有以益官者。或奉使,求不受奉禄,自省其徒众,以取其稟者或自给。于是奸吏缘以为利,所得多于本禄,故绝之。"如淳曰:"是时有所省卒徒,而群臣有请之以自给官府者。先时听与之,今更悔之,不复听也。"师古曰:"应、张二说是也。"

三月,有星孛于王良、阁道,入紫宫。①

①苏林曰:"皆星名。"

夏四月,诏曰:"举廉吏,诚欲得其真也。吏六百石位大夫,有罪先请,秩禄上通,足以效其贤材,自今以来毋得举。"①

①韦昭曰:"吏六百石者不得复举为廉吏也。"

冬十二月甲戌,帝崩于未央宫。①癸巳,尊皇太后曰太皇太后。②

①臣瓒曰:"帝年十八即位,即位二十五年,寿四十三。"

②师古曰:"于此已书尊太皇太后,《元纪》之首又重书之。然尊太皇太后及皇太后宜同一时,则《元纪》为是,而此纪误重之。"

赞曰:孝宣之治,信赏必罚,①综核名实,政事文学法理之士咸精其能,至于技巧工匠器械,自元、成间鲜能及之,②亦足以知吏称其职,民安其业也。遭值匈奴乖乱,推亡固存,③信威北夷,④单于慕义,稽首称藩。功光祖宗,业垂后嗣,可谓中兴,侔德殷宗、周宣矣!⑤

①师古曰:"有功必赏,有罪必罚。"

②师古曰:"械者,器之总名也。一曰,有盛为械,无盛为器。鲜,少也,言少有能及之者。鲜,音先践反。"

③李奇曰:"推亡者,若纣为无道,天下苦之,有灭亡之形,周武遂推而弊之。固存者,譬如邻国以道莅民,上下一心,势必能存,因就而坚固之。今匈奴内自奋争有土,故宣帝能朝呼韩邪而固存之,走郅支单于使远遁,是谓推亡也。"师古曰:"《尚书·仲虺之诰》曰:'推亡固存,邦乃其昌。'言有亡道者则推而灭之,有存道者则辅而固之。王者如此,国乃昌

盛,故此赞引之。"

④师古曰:"信,读为申,古通用字。一说,恩信及威,并著北夷。"

⑤师古曰:"侔等殷之高宗及周宣王也。"

汉书卷九
帝纪第九

元　帝

　　孝元皇帝,①宣帝太子也。母曰共哀许皇后,②宣帝微时生民间。年二岁,宣帝即位。八岁,立为太子。③壮大,柔仁好儒。见宣帝所用多文法吏,以刑名绳下,④大臣杨恽、盖宽饶等坐刺讥辞语为罪而诛,⑤尝侍燕从容言:⑥"陛下持刑太深,宜用儒生。"宣帝作色曰:⑦"汉家自有制度,本以霸王道杂之,奈何纯任德教,用周政乎!⑧且俗儒不达时宜,好是古非今,使人眩于名实,⑨不知所守,何足委任!"乃叹曰:"乱我家者,太子也!"繇是疏太子而爱淮阳王,⑩曰:"淮阳王明察好法,宜为吾子。"而王母张婕妤尤幸。上有意欲用淮阳王代太子,然以少依许氏,俱从微起,故终不背焉。

　　①荀悦曰:"讳奭之字曰盛。"应劭曰:"谥法'行义悦民曰元'。"师古曰:"奭,音式亦反。"

　　②张晏曰:"礼,妇人从夫谥。闵其见杀,故兼二谥。"师古曰:"共,读曰恭。"

　　③师古曰:"宣帝即位之明年改元曰本始。本始凡四年而改元曰地节。地节三年,立皇太子。若初即位年二岁,则立为太子时年九岁矣。又宣帝以元平元年七月即位,而《外戚传》云许后生元帝数月,宣帝立为帝。是则即位时,太子未必二岁也。参校前后众文,此纪进退为错。"

　　④晋灼曰:"刑,刑家;名,名家也。太史公曰:'法家严而少恩,名家俭而善失真。'"师古曰:"晋说非也。刘向《别录》云申子学号刑名。刑名者,以名责实,尊君卑臣,崇上抑下。宣帝好观其《君臣篇》。绳,谓弹治之耳。"

⑤师古曰："恽,音于吻反。"

⑥师古曰："从,音千容反。"

⑦师古曰："作,动也。意怒故动色。"

⑧师古曰："姬周之政。"

⑨师古曰："眩,乱视也,音胡晄反。"

⑩师古曰："繇,读与由同。"

黄龙元年十二月,宣帝崩。癸巳,太子即皇帝位,谒高庙。尊皇太后曰太皇太后,①皇后曰皇太后。②

①苏林曰："上官后。"

②文颖曰："邛成王皇后,母养元帝者也。"

初元元年春正月辛丑,孝宣皇帝葬杜陵。①赐诸侯王、公主、列侯黄金,吏二千石以下钱帛,各有差。大赦天下。三月,封皇太后兄侍中中郎将王舜为安平侯。丙午,立皇后王氏。以三辅、太常、郡国公田及苑可省者振业贫民,②赀不满千钱者赋贷种、食。③封外祖父平恩戴侯同产弟子中常侍许嘉为平恩侯,奉戴侯后。④

①臣瓒曰："自崩至葬凡二十八日。杜陵在长安南五十里也。"

②师古曰："振起之,令有作业。"

③师古曰："赋,给与之也。贷,假也。贷,音土戴反。种,音之勇反。"

④文颖曰："戴侯,许广汉。"

夏四月,诏曰:"朕承先帝之圣绪,获奉宗庙,战战兢兢。间者地数动而未静,惧于天地之戒,不知所繇。①方田作时,朕忧蒸庶之失业,②临遣光禄大夫褒等十二人③循行天下,④存问耆老鳏寡孤独困乏失职之民,⑤延登贤俊,招显侧陋,因览风俗之化。相守二千石诚能正躬劳力,⑥宣明教化,以亲万姓,则六合之内和亲,庶几乎无忧矣。《书》不云乎?'股肱良哉,庶事康哉!'⑦布告天下,使明知朕意。"又曰:"关东今年谷不登,民多困乏。其令郡国被灾害甚者毋出租赋。江海陂湖园池属少府者以假贫民,⑧勿租赋。赐宗室有属籍者马一匹至二驷,⑨三老、孝者帛五匹,弟者、力田三匹,鳏寡孤独二匹,吏民五十户牛酒。"⑩

①师古曰："繇,与由同。"

②师古曰："蒸,众也。"

③应劭曰："自临面约敕乃遣之。"

④师古曰："行,音下更反。"

⑤师古曰："失职,失其常业。"

⑥师古曰："相者,诸侯王相也。守,郡守也。"

⑦师古曰：《虞书·益稷》之辞也。言君能任贤,股肱之臣皆得良善,则众
　事安宁。"

⑧师古曰："湖,深水。"

⑨师古曰："二驷,八匹。"

⑩师古曰："以五十户为率,共赐之。"

　　六月,以民疾疫,令太官损膳,减乐府员,省苑马,以振困乏。

　　秋八月,上郡属国降胡万余人亡入匈奴。

　　九月,关东郡国十一大水,饥,或人相食,转旁郡钱谷以相救。
诏曰："间者阴阳不调,黎民饥寒,无以保治,①惟德浅薄,不足以充
入旧贯之居。②其令诸宫馆希御幸者勿缮治,③太仆减谷食马,水
衡省肉食兽。"④

①师古曰："保,安也。"

②应劭曰："言已德浅薄,不足以充旧贯。旧贯者,常居也。"师古曰：《论
　语》称闵子骞云'仍旧贯'。帝自谦,言不足充入先帝之宫室,故引以为
　言也。"

③师古曰："缮,补也。"

④师古曰："减,谓损其数。省者,全去之。"

　　二年春正月,行幸甘泉,郊泰畤。赐云阳民爵一级,女子百户牛
酒。立弟竟为清河王。

　　三月,立广陵厉王太子霸为王。

　　诏罢黄门乘舆狗马,①水衡禁囿、宜春下苑、②少府佽飞外
池、③严籞池田④假与贫民。诏曰："盖闻贤圣在位,阴阳和,风雨
时,日月光,星辰静,黎庶康宁,考终厥命。⑤今朕恭承天地,托于公

侯之上，明不能烛，德不能绥，灾异并臻，连年不息。乃二月戊午，地震于陇西郡，毁落太上皇庙殿壁木饰，坏败豲道县城郭宫寺及民室屋，压杀人众。⑥山崩地裂，水泉涌出。天惟降灾，震惊朕师。⑦治有大亏，咎至于斯。夙夜兢兢，不通大变，深惟郁悼，未知其序。⑧间者岁数不登，元元困乏，不胜饥寒，以陷刑辟，朕甚闵之。郡国被地动灾甚者无出租赋。赦天下。有可蠲除减省以便万姓者，条奏，毋有所讳。丞相、御史、中二千石举茂材异等直言极谏之士，朕将亲览焉。"

①师古曰："黄门，近署也，故亲幸之物属焉。"

②孟康曰："宫名也，在杜县东。"晋灼曰："《史记》云：葬二世杜南宜春苑中。"师古曰："宜春下苑即今京城东南隅曲池是。"

③如淳曰："《汉仪注》伏飞具缯缴以射凫雁，给祭祀，是故有池也。"

④苏林曰："严饰池上之屋及其地也。"严灼曰："严籞，射苑也。许慎曰：'严，弋射者所蔽也。'池田，苑中田也。"师古曰："晋说是。"

⑤师古曰："考，老也。言得寿考，终其天命。"

⑥师古曰："豲道属天水。凡府庭所在皆谓之寺。豲，音桓。压，音乌狎反。"

⑦师古曰："师，众也。"

⑧师古曰："郁，不通之意也。序，次也。"

夏四月丁巳，立皇太子。赐御史大夫爵关内侯，中二千石右庶长，①天下当为父后者爵一级，列侯钱各二十万，五大夫十万。②

①师古曰："第十一爵。"

②师古曰："五大夫，第九爵。"

六月，关东饥，齐地人相食。秋七月，诏曰："岁比灾害，民有菜色，①惨怛于心。②已诏吏虚仓廪，开府库振救，赐寒者衣。今秋禾麦颇伤。一年中地再动。北海水溢，流杀人民。阴阳不和，其咎安在？公卿将何以忧？其悉意陈朕过，靡有所讳。"③

①师古曰："五谷不收，人但食菜，故其颜色变恶。"

②师古曰："惨，痛也。怛，悼也。"

③师古曰："悉意，尽意也。靡，无也。"

冬，诏曰："国之将兴，尊师而重傅。故前将军望之傅朕八年，道以经书,厥功茂焉。①其赐爵关内侯,食邑八百户,朝朔望。"

　　①师古曰:"茂,美也。道,读曰导。"

　　十二月,中书令弘恭、石显等谮望之,令自杀。

　　三年春,令诸侯相位在郡守下。①

　　①师古曰:"此诸侯谓诸侯王也。"

　　珠崖郡山南县反,博谋群臣。待诏贾捐之以为宜弃珠崖,救民饥馑。①乃罢珠崖。

　　①师古曰:"谷不熟为饥,蔬不熟为馑,蔬,菜也。"

　　夏四月乙未晦,茂陵白鹤馆灾。诏曰:"乃者,火灾降于孝武园馆,朕战栗恐惧。不烛变异,咎在朕躬。①群司又未肯极言朕过,以至于斯,将何以寤焉!百姓仍遭凶厄,无以相振,②加以烦扰乎苛吏,拘牵乎微文,不得永终性命,③朕甚闵焉。其赦天下。"

　　①师古曰:"烛,照也。"

　　②师古曰:"仍,频也。"

　　③师古曰:"永,长也。"

　　夏,旱。立长沙炀王弟宗为王。①封故海昏侯贺子代宗为侯。

　　①郑氏曰:"炀,音供养之养也。"

　　六月,诏曰:"盖闻安民之道,本繇阴阳。①间者阴阳错谬,风雨不时。朕之不德,庶几群公有敢言朕之过者,今则不然。喻合苟从,未肯极言,②朕甚闵焉。惟蒸庶之饥寒,远离父母妻子,劳于非业之作,卫于不居之宫,③恐非所以佐阴阳之道也。其罢甘泉、建章宫卫,令就农。百官各省费。④条奏毋有所讳。有司勉之,毋犯四时之禁。丞相御史举天下明阴阳灾异者各三人。"于是言事者众,或进擢召见,人人自以得上意。⑤

　　①师古曰:"繇,与由同。"

　　②师古曰:"喻,与偷同。"

　　③师古曰:"不急之事,故云非业也。"

　　④师古曰:"费用之物务减省。"

　　⑤师古曰:"人人各自以当天子之意。"

四年春正月,行幸甘泉,郊泰畤。三月,行幸河东,祠后土。赦汾阴徒。赐民爵一级,女子百户牛酒,鳏寡高年帛。行所过无出租赋。

五年春正月,以周子南君为周承休侯,[1]位次诸侯王。

①文颖曰:"姓姬,名延。其祖父姬嘉,本周后,武帝元鼎四年封为周子南君,令奉周祀。"师古曰:"承休国在颍川。"

三月,行幸雍,祠五畤。

夏四月,有星孛于参。诏曰:"朕之不逮,序位不明,[1]众僚久懬,[2]未得其人。元元失望,上感皇天,阴阳为变,咎流万民,朕甚惧之。乃者关东连遭灾害,饥寒疾疫,天不终命。《诗》不云乎?'凡民有丧,匍匐救之。'[3]其令大官毋日杀,[4]所具各减半。[5]乘舆秣马,无乏正事而已。[6]罢角抵、上林宫馆希御幸者、齐三服官、[7]北假田官、[8]盐铁官、常平仓。博士弟子毋置员,以广学者。赐宗室子有属籍者马一匹至二驷,三老、孝者帛,人五匹,弟者、力田三匹,鳏寡孤独二匹,吏民五十户牛酒。"省刑罚七十余事。除光禄大夫以下至郎中保父母同产之令。[9]令从官给事宫司马中者,得为大父母、父母、兄弟通籍。[10]

①师古曰:"逮,及也。言官人之位失其次序。"

②应劭曰:"懬,音旷。"师古曰:"懬,古旷字。旷,空也。不得其人,则职事空废。"

③师古曰:"《邶国·谷风》之诗也。言见人有丧祸之事,则当尽力以救之。匍,音步扶反。匐,音步得反。"

④师古曰:"不得日日宰杀。"

⑤师古曰:"食具也。"

⑥师古曰:"秣,养也,粟秣食之也。正事,谓驾供郊祀蒐狩之事,非游田者也。秣,音末。"

⑦李斐曰:"齐国旧有三服之官。春献冠帻䌸缕为首服,纨素为冬服,轻绡为夏服,凡三。"如淳曰:"《地理志》曰:齐冠带天下。胡公曰:服官主作文

绣，以给衮龙之服。《地理志》襄邑亦有服官。"师古曰："齐三服官，李说是也。缲，与绡同，音山尔反，即今之方目纱也。纨素，今之绢也。轻绡，今之轻纱也。襄邑自出文绣，非齐三服也。"

⑧李斐曰："主假赁见官田与民，收其假税也，故置田农之官。"晋灼曰："《匈奴传》秦始皇渡河据阳山北假中，《王莽传》五原北假膏壤殖谷。北假，地名。"师古曰："晋说是也。"

⑨应劭曰："旧时相保，一人有过，皆当坐之。"师古曰："特为郎中以上除此令者，所以优之也。同产，谓兄弟也。"

⑩应劭曰："从官，谓宦者及虎贲、羽林、大医、大官是也。司马中者，宫内门也。司马主武，兵禁之意也。籍者，为二尺竹牒，记其年纪名字物色，县之宫门，案省相应，乃得入也。"师古曰："应说非也。从官，亲近天子常侍从者皆是也。故此下云科第郎、从官。司马门者，宫之外门也。卫尉有八屯，卫候司马主卫士徼巡宿卫。每面各二司马，故谓宫之外门为司马门。"

冬十二月丁未，御史大夫贡禹卒。卫司马谷吉使匈奴，不还。①

①师古曰："即卫尉八屯之卫司马。"

永光元年春正月，行幸甘泉，郊泰畤。赦云阳徒。赐民爵一级，女子百户牛酒，高年帛。行所过毋出租赋。

二月，诏丞相、御史举质朴、敦厚、逊让、有行者，光禄岁以此科第郎、从官。①

①师古曰："始令丞相、御史举此四科人以擢用之。而见在郎及从官，又令光禄每岁依此科考校，定其弟高下，用知其人贤否也。"

三月，诏曰："五帝三王任贤使能，以登至平，而今不治者，岂斯民异哉？①咎在朕之不明，亡以知贤也。是故壬人在位，②而吉士雍蔽。③重以周秦之弊，民渐薄俗，④去礼义，触刑法，岂不哀哉！繇此观之，元元何辜？⑤其赦天下，令厉精自新，各务农亩。无田者皆假之，贷种、食如贫民。⑥赐吏六百石以上爵五大夫，勤事吏二级，民一级，女子百户牛酒，鳏寡孤独高年帛。"是月雨雪，⑦陨霜伤麦稼，秋罢。⑧

①师古曰："言今所治人，即五帝三王之众庶。"

②服虔曰："壬人，佞人也。"

③师古曰："吉，善也。《大雅·卷阿》之诗曰'蔼蔼王多吉士'。雍，读曰雝。"

④师古曰："为薄俗所渐染也。重，音直用反。"

⑤师古曰："繇，读与由同。"

⑥师古曰："此皆谓遇赦新免罪者也，故云如贫人。"

⑦师古曰："雨，音于具反。"

⑧如淳曰："当言罢某事，烂脱失之。"晋灼曰："或无稼字，或稼字在秋下。稼或作穑，或作穧。《五行志》永光元年三月陨霜杀桑，九月二日陨霜杀稼，天下大饥。言伤麦稼，秋罢，是也。"师古曰："晋说得之。秋者，谓秋时所收谷稼也。今俗犹谓黍豆之属为杂稼。云秋罢者，言至秋时无所收也。"

二年春二月，诏曰："盖闻唐虞象刑而民不犯，①殷周法行而奸轨服。②今朕获承高祖之洪业，托位公侯之上，夙夜战栗，永惟百姓之急，未尝有忘焉。然而阴阳未调，三光晻昧。③元元大困，流散道路，盗贼并兴。有司又长残贼，失牧民之术。是皆朕之不明，政有所亏。咎至于此，朕甚自耻。为民父母，若是之薄，谓百姓何！④其大赦天下，赐民爵一级，女子百户牛酒，鳏寡孤独高年、三老、孝弟力田帛。"又赐诸侯王、公主、列侯黄金，中二千石以下至中都官长吏各有差，吏六百石以上爵五大夫，勤事吏各二级。

①师古曰："象刑，解在《武纪》。"

②师古曰："轨，与宄同。乱在外曰奸，在内曰轨。"

③师古曰："晻，与暗同，又音乌感反。"

④师古曰："言何以抚临百姓。"

三月壬戌朔，日有蚀之。诏曰："朕战战栗栗，夙夜思过失，不敢荒宁。①惟阴阳不调，未烛其咎。娄敕公卿，日望有效。②至今有司执政，未得其中，③施与禁切，未合民心。④暴猛之俗弥长，和睦之

道日衰,百姓愁苦,靡所错躬。⑤是以氛邪岁增,侵犯太阳,⑥正气
湛掩,日久夺光。⑦乃壬戌,日有蚀之。天见大异,以戒朕躬,⑧朕甚
悼焉。其令内郡国举茂材异等贤良直言之士各一人。"

①师古曰:"荒,废也。不敢废事而自宁。"

②师古曰:"娄,古屡字。其后亦同。"

③师古曰:"中,音竹仲反。"

④师古曰:"施惠褊薄,禁令烦苛。"

⑤师古曰:"错,置也,音千故反。"

⑥师古曰:"氛,恶气也。邪者,言非正气也。太阳,日也。"

⑦师古曰:"湛,读与沈同。湛掩者,见掩而湛没。"

⑧师古曰:"见,显示。"

夏六月,诏曰:"间者连年不收,四方咸困。元元之民,劳于耕
耘,又亡成功,困于饥馑,亡以相救。朕为民父母,德不能覆,而有其
刑,甚自伤焉。其赦天下。"

秋七月,西羌反,遣右将军冯奉世击之。八月,以太常任千秋为
奋威将军,别将五校并进。①

①师古曰:"别领五校之兵,而与右将军并进。"

三年春,西羌平,军罢。

三月,立皇子康为济阳王。

夏四月癸未,大司马车骑将军接薨。①

①师古曰:"王接。"

冬十一月,诏曰:"乃者己丑地动,中冬雨水,大雾,①盗贼并
起。吏何不以时禁? 各悉意对。"②

①师古曰:"中,读曰仲。雨,音于具反。"

②师古曰:"时禁,谓月令所当禁断者也。悉,尽也。"

冬,复盐铁官、博士弟子员。①以用度不足,民多复除,②无以
给中外繇役。

①师古曰:"复,音扶目反。"

②师古曰:"复,音方目反。"

四年春二月,诏曰:"朕承至尊之重,不能烛理百姓,娄遭凶咎。加以边竟不安,师旅在外,①赋敛转输,元元骚动,穷困亡聊,犯法抵罪。夫上失其道而绳下以深刑,朕甚痛之。其赦天下,所贷贫民勿收责。"

①师古曰:"娄,读曰屡。竟,读曰境。"

三月,行幸雍,祠五畤。

夏六月甲戌,孝宣园东阙灾。戊寅晦,日有蚀之。诏曰:"盖闻明王在上,忠贤布职,则群生和乐,方外蒙泽。今朕晻于王道,①凤夜忧劳,不通其理,靡瞻不眩,靡听不惑,②是以政令多还,民心未得,③邪说空进,事亡成功。此天下所著闻也。公卿大夫好恶不同,④或缘奸作邪,侵削细民,元元安所归命哉!乃六月晦,日有蚀之。《诗》不云乎?'今此下民,亦孔之哀!'⑤自今以来,公卿大夫其勉思天戒,慎身修永,以辅朕之不逮。⑥直言尽意,无有所讳。"

①师古曰:"晻,读与暗同。"

②师古曰:"靡,无也。眩,视乱也,音胡畎反。"

③李奇曰:"还,反也。《易》曰'涣汗其大号',言王者发号施令如汗出,不可复反。"

④师古曰:"爱憎各异也。"

⑤师古曰:"《小雅·十月之交》之诗也。孔,甚也。言灾异既多,百姓甚可哀愍。"

⑥师古曰:"《虞书·咎繇谟》云'慎厥身修思永',言当慎修其身,思为长久之道。故此诏云'慎身修永'也。今流俗书本永上有职字者,后人不晓,妄加之耳。"

九月戊子,罢卫思后园①及戾园。冬十月乙丑,罢祖宗庙在郡国者。诸陵分属三辅。②以渭城寿陵亭部原上为初陵。③诏曰:"安土重迁,黎民之性;④骨肉相附,人情所愿也。顷者有司缘臣子之义,奏徙郡国民以奉园陵,令百姓远弃先祖坟墓,破业失产,亲戚别离,人怀思慕之心,家有不自安之意。是以东垂被虚耗之害,关中有无聊之民,⑤非久长之策也。《诗》不云乎?'民亦劳止,迄可小康,惠此中国,以绥四方.'⑥今所为初陵者,勿置县邑,使天下咸安土乐业,亡有动摇之心.布告天下,令明知之."又罢先后父母奉邑.⑦

①服虔曰:"戾太子母也."

②师古曰:"先是诸陵总属太常,今各依其地界属三辅."

③服虔曰:"元帝所置陵也,未有名,故曰初."

④师古曰:"重,难也."

⑤师古曰:"耗,损也,音呼到反."

⑥师古曰:"《大雅·人劳》之诗也.止,语助也.迄,至也.康,安也.言人劳已久,至此可以小安逸之.施惠京师,以及四远也."

⑦应劭曰:"先后为其父母置邑守冢,以奉祭祀,既以久远,又非典制,故罢之."师古曰:"奉邑,奉,音扶用反."

五年春正月,行幸甘泉,郊泰畤.三月,上幸河东,祠后土.

秋,颍川水出,流杀人民.吏、从官县被害者与告,①士卒遣归.

①晋灼曰:"从官,犹从役从军也."臣瓒曰:"告,休假也."师古曰:"晋说非也.从官,即上侍从之官也.言凡为吏为从官,其本县有被害者,皆与休告."

冬,上幸长杨射熊馆,①布车骑,大猎.

①师古曰:"射,音食亦反."

十二月乙酉,毁太上皇、孝惠皇帝寝庙园.

建昭元年春三月,上幸雍,祠五畤.

秋八月,有白蛾群飞蔽日,从东都门至枳道.①

①如淳曰:"《三辅黄图》长安城东面北头门号曰宣平城门,其外郭曰东都门也."师古曰:"蛾成群若今之蚕蛾类也.音五何反.枳,音只.枳道,解在《高纪》."

冬,河间王元有罪,废迁房陵.罢孝文太后、孝昭太后寝园.

二年春正月,行幸甘泉,郊泰畤.三月,行幸河东,祠后土.益三河大郡太守秩.户十二万为大郡.

夏四月,赦天下。

六月,立皇子舆为信都王。闰月丁酉,太皇太后上官氏崩。

冬十一月,齐楚地震,大雨雪,①树折屋坏。

①师古曰:"雨,音于具反。"

淮阳王舅张博、魏郡太守京房坐窥道诸侯王以邪意,漏泄省中语,①博要斩,房弃市。

①师古曰:"道,读曰导。"

三年夏,令三辅都尉、大郡都尉秩皆二千石。

六月甲辰,丞相玄成薨。①

①师古曰:"韦玄成。"

秋,使护西域骑都尉甘延寿、副校尉陈汤①桥发戊己校尉屯田吏士及西域胡兵攻郅支单于。②冬,斩其首,传诣京师,县蛮夷邸门。③

①师古曰:"言延寿及汤本充西域之使,故先言使而后序其官职及姓名。"

②师古曰:"桥,与矫同。矫,托也。实不奉诏,诈以上命发兵,故言矫发也。戊己校尉者,镇安西域,无常治处,亦犹甲乙等各有方位,而戊与己四季寄王,故以名官也。时有戊校尉,又有己校尉。一说,戊己位在中央,今所置校尉处三十六国之中,故曰戊己也。郅,音质。"

③师古曰:"县,古悬字也。蛮夷邸,若今鸿胪客馆。"

四年春正月,以诛郅支单于告祠郊庙。赦天下。群臣上寿。置酒,以其图书示后宫贵人。①

①服虔曰:"讨郅支之图书也。或曰单于土地山川之形书也。"师古曰:"或说非。"

夏四月,诏曰:"朕承先帝之休烈,①夙夜栗栗,惧不克任。间者阴阳不调,五行失序,百姓饥馑。惟蒸庶之失业,临遣谏大夫博士赏等二十一人循行天下,②存问耆老鳏寡孤独困乏失职之人,举茂材特立之士。相将九卿,其帅意毋怠,使朕获观教化之流焉。"

①师古曰:"休,美也。烈,业也。"

②师古曰："行,音下更反。"

六月甲申,中山王竟薨。蓝田地沙石雍霸水,安陵岸崩雍泾水,水逆流。①

①孟康曰："安陵岸,惠帝陵旁泾水岸也。"师古曰："雍,读曰壅。"

五年春三月,诏曰："盖闻明王之治国也,明好恶而定去就,崇敬让而民兴行,故法设而民不犯,令施而民从。今朕获保宗庙,兢兢业业,匪敢解怠,①德薄明晻,教化浅微。②传不云乎？'百姓有过,在予一人。'③其赦天下,赐民爵一级,女子百户牛酒,三老、孝弟力田帛。"又曰："方春农桑兴,百姓戮力自尽之时也,故是月劳农劝民,无使后时。④今不良之吏,覆案小罪,⑤征召证案,兴不急之事,以妨百姓,使失一时之作,亡终岁之功,公卿其明察申敕之。"⑥

①师古曰："兢兢,慎也。业业,危也。解,读曰懈。"

②师古曰："晻,读与暗同。"

③师古曰："《论语》载殷汤伐桀告天下之文也。言君天下者,当任其忧责。"

④师古曰："劳农,谓慰勉之。劳,音来到反。"

⑤师古曰："覆,音方目反。"

⑥师古曰："申,重也。一曰,约束之耳。"

夏六月庚申,复戾园。壬申晦,日有蚀之。

秋七月庚子,复太上皇寝庙园、原庙、①昭灵后、武哀王、昭哀后、卫思后园。②

①文颖曰："高祖已自有庙,在长安城中,惠帝更于渭北作庙,谓之原庙。《尔雅》曰：原者再,再作庙也。"晋灼曰："原,本也。始祖之庙,故曰本也。"师古曰："文说是。"

②师古曰："昭灵后,高祖母也。武哀王,高祖兄也。昭哀后,高祖姊也。卫思后,戾太子母也。"

竟宁元年①春正月,匈奴呼韩单于来朝。诏曰："匈奴郅支单于背叛礼义,既伏其辜。呼韩邪单于不忘恩德,乡慕礼义,②复修朝贺之礼,愿保塞传之无穷,边垂长无兵革之事。其改元为竟宁。赐单于待诏掖庭王檣为阏氏。"③

①应劭曰:"呼韩邪单于愿保塞,边竟得以安宁,故以冠元也。"师古曰:"据如应说,竟读为境。古之用字,境、竟实同。但此诏云'边垂长无兵革之事',竟者,终极之言,言永安宁也。既无兵革,中外安宁,岂止境上?若依本字而读,义更弘通也。"

②师古曰:"乡,读曰向。"

③应劭曰:"郡国献女未御见,须命于掖庭,故曰待诏。王檣,王氏女,名檣,字昭君。"文颖曰:"本南郡秭归人也。"苏林曰:"阏氏,音焉支,如汉皇后也。"师古曰:"秭,音姊。"

皇太子冠。赐列侯嗣子爵五大夫,①天下为父后者爵一级。

①师古曰:"第九爵。"

二月,御史大夫延寿卒。①

①师古曰:"即繁延寿也。繁,音蒲何反。"

三月癸未,复孝惠皇帝寝庙园、孝文太后、孝昭太后寝园。

夏,封骑都尉甘延寿为列侯。赐副校尉陈汤爵关内侯,黄金百斤。

夏五月壬辰,帝崩于未央宫。①

①臣瓒曰:"帝年二十七即位,即位十六年,寿四十三。"

毁太上皇、孝惠、孝景皇帝庙。罢孝文、孝昭太后、昭灵后、武哀王、昭哀后寝园。

秋七月丙戌,葬渭陵。①

①臣瓒曰:"自崩及葬凡五十五日。渭陵在长安北五十六里也。"

赞曰:臣外祖兄弟为元帝侍中,①语臣曰元帝多材艺,善史书。②鼓琴瑟,吹洞箫,③自度曲,被歌声,④分刌节度,⑤穷极幼眇。⑥少而好儒,及即位,征用儒生,委之以政,贡、薛、韦、匡迭为宰相。⑦而上牵制文义,优游不断,⑧孝宣之业衰焉。然宽弘尽下,出于恭俭,号令温雅,有古之风烈。

①应劭曰:"《元》、《成帝纪》皆班固父彪所作,臣则彪自说也。外祖,金敞

也。"如淳曰："班固外祖,樊叔皮也。"师古曰："应说是。"

②应劭曰："周宣王太史史籀所作大篆。"

③如淳曰："箫之无底者。"

④应劭曰："自隐度作新曲,因持新曲以为歌诗声也。"荀悦曰："被声,能播乐也。"臣瓒曰："度曲,谓歌终更授其次,谓之度曲。《西京赋》曰'度曲未终,云起雪飞'。张衡《舞赋》亦曰'度终复位,次受二八'。"师古曰："应、荀二说皆是也。度,音大各反。被,音皮义反。"

⑤苏林曰："刌,度也,知曲之终始节度也。"韦昭曰："刌,切也,谓能分切句绝,为之节制也。"师古曰："韦说是也。刌,音千本反。"

⑥师古曰："幼眇,读曰要妙。"

⑦师古曰："贡禹、薛广德、韦贤、匡衡迭互而为丞相也。迭,音大结反。"

⑧师古曰："为文义所牵制,故不断决。"

汉书卷一〇
帝纪第一〇

成　帝

孝成皇帝，①元帝太子也。母曰王皇后，元帝在太子宫生甲观画堂，②为世嫡皇孙。宣帝爱之，字曰太孙，常置左右。年三岁而宣帝崩，元帝即位，帝为太子。壮好经书，宽博谨慎。初居桂宫，③上尝急召，太子出龙楼门，④不敢绝驰道，⑤西至直城门，⑥得绝乃度，还入作室门。上迟之，问其故，以状对。上大说，⑦乃著令，令太子得绝驰道云。⑧其后幸酒，乐燕乐，⑨上不以为能。而定陶恭王有材艺，母傅昭仪又爱幸，上以故常有意欲以恭王为嗣。赖侍中史丹护太子家，辅助有力，上亦以先帝尤爱太子，故得无废。

①荀悦曰："讳骜，字太孙。骜之字曰俊。"应劭曰："谥法'安民立政曰成'。"师古曰："骜，音五到反。"

②应劭曰："甲观在太子宫甲地，主用乳生也。画堂画九子母。"如淳曰："甲观，观名。画堂，堂名。《三辅黄图》云太子宫有甲观。"师古曰："甲者，甲乙丙丁之次也。《元后传》言见于丙殿，此其例也。而应氏以为在宫之甲地，谬矣。画堂，但画饰耳，岂必九子母乎？霍光止画室中，是则宫殿中通有彩画之堂室。"

③师古曰："《三辅黄图》桂宫在城中，近北宫，非太子宫。"

④张晏曰："门楼上有铜龙，若白鹤、飞廉之为名也。"

⑤应劭曰："驰道，天子所行道也，若今之中道。"师古曰："绝，横度也。"

⑥晋灼曰："《黄图》西出南头第二门也。"

⑦师古曰："说，读曰悦。"

⑧师古曰:"言云者,此举著令之文。"

⑨晋灼曰:"幸酒,好酒也。乐燕,沈宴也。"师古曰:"幸酒,晋说是也。乐燕乐者,《论语》称孔子云:'损者三乐:乐骄乐,乐逸游,乐燕乐,损矣。'燕乐,燕私之乐也。上乐,读如本字,又音五孝反。下乐,音来各反。今流俗本无下乐字,后人不晓辄去之。"

竟宁元年五月,元帝崩。六月己未,太子即皇帝位,谒高庙。尊皇太后曰太皇太后,皇后曰皇太后。以元舅侍中卫尉阳平侯王凤为大司马大将军,领尚书事。

乙未,有司言:"乘舆车、牛马、禽兽皆非礼,不宜以葬。"奏可。

七月,大赦天下。

建始元年春正月乙丑,皇曾祖悼考庙灾。①立故河间王弟上郡库令良为王。②有星孛于营室。罢上林诏狱。③

①文颖曰:"宣帝父史皇孙庙。"

②如淳曰:"《汉官》北边郡库,官之兵器所藏,故置令。"

③师古曰:"《汉旧仪》云上林诏狱主治苑中禽兽宫馆事,属水衡。"

二月,右将军长史姚尹等使匈奴还,去塞百余里,暴风火发,烧杀尹等七人。

赐诸侯王、丞相、将军、列侯、王太后、公主、王主、①吏二千石黄金,宗室诸官吏千石以下至二百石及宗室子有属籍者、三老、孝弟力田、鳏寡孤独钱帛,各有差,吏民五十户牛酒。

①张晏曰:"天子女曰公主,秩比公也。王主,王之女也。"师古曰:"王主则翁主也。王自主婚,故曰王主。"

诏曰:"乃者,火灾降于祖庙,有星孛于东方,始正而亏,①咎孰大焉!②《书》云:'惟先假王正厥事。'③群公孜孜,帅先百寮,辅朕不逮。④崇宽大,长和睦,凡事恕己,毋行苛刻。⑤其大赦天下,使得自新。"

①如淳曰:"言始即帝之正,而有彗星之亏也。"

②师古曰:"孰有大于此者。孰,谁也。"

③师古曰:"《商书·高宗肜日》载武丁之臣祖乙之辞也。假,至也。言先古

至道之君遭遇灾变,则正其行事,修德以应之。"

④师古曰:"孜孜,不怠之意。孜,音兹。"

⑤师古曰:"恕者,仁也。恕己之心以度于物。"

封舅诸吏光禄大夫关内侯王崇为安成侯。①赐舅王谭、商、立根、逢时爵关内侯。

①应劭曰:"《百官表》诸吏得举法案劾,职如御史中丞。武帝初置,皆兼官所加,或列侯、将军、卿大夫为之,无员也。"

夏四月,黄雾四塞,博问公卿大夫,无有所讳。六月,有青蝇无万数,①集未央宫殿中朝者坐。②

①师古曰:"言其极多,虽欲以万数计之而不可得,故云无万数。"

②服虔曰:"公卿以下朝会坐也。"晋灼曰:"内朝臣之朝坐也。"师古曰:"朝臣坐之在宫殿中者也,服说是矣。坐,音才卧反。"

秋,罢上林宫馆希御幸者二十五所。

八月,有两月相承,晨见东方。①九月戊子,流星光烛地,长四五丈,委曲蛇形,贯紫宫。

①服虔曰:"相承,在上下也。"应劭曰:"案京房《易传》云'君弱如妇,为阴所乘,则两月出'。"

十二月,作长安南北郊,罢甘泉、汾阴祠。是日大风,拔甘泉畤中大木十韦以上。①郡国被灾什四以上,毋收田租。②

①师古曰:"韦,与围同。"

②师古曰:"什四,谓田亩所收,十损其四。"

二年春正月,罢雍五畤。辛巳,上始郊祀长安南郊。诏曰:"乃者徙泰畤、后土于南郊、北郊,朕亲饬躬,郊祀上帝。①皇天报应,神光并见。三辅长无共张繇役之劳,②赦奉郊县长安、长陵③及中都官耐罪徒。④减天下赋钱,算四十。"⑤

①师古曰:"饬,整也,读与敕同。"

②师古曰:"共,音居用反。张,音竹亮反。谓供具张设。他皆类此。"

③应劭曰:"天郊在长安城南,地郊在长安城北长陵界中。二县有奉郊之勤,故一切并赦之。"

④师古曰：中都官，京师诸官府。”

⑤孟康曰：“本算百二十，今减四十，为八十。”

闰月，以渭城延陵亭部为初陵。

二月，诏三辅内郡举贤良方正各一人。①

①师古曰：“内郡，谓非边郡。”

三月，北宫井水溢出。辛丑，上始祠后土于北郊。丙午，立皇后许氏。①罢六厩技巧官。②

①师古曰：“许嘉女。”

②服虔曰：“倡技巧者也。”师古曰：“谓巧艺之技耳，非倡乐之技也。”

夏，大旱。东平王宇有罪，削樊、亢父县。①

①师古曰：“樊及亢父，东平之二县也。亢，音抗。父，音甫。”

秋，罢太子博望苑，①以赐宗室朝请者。②减乘舆厩马。

①文颖曰：“武帝为卫太子作此苑，令受宾客也。”

②师古曰：“请，音才性反。”

三年春三月，赦天下徒。赐孝弟力田爵二级。诸逋租赋所振贷勿收。

秋，关内大水。七月，虒上小女陈持弓闻大水至，走入横城门，阑入尚方掖门，①至未央宫钩盾中。吏民惊上城。九月，诏曰：“乃者，郡国被水灾，流杀人民，多至千数。京师无故讹言大水至，②吏民惊恐，奔走乘城。③殆苛暴深刻之吏未息，元元冤失职者众。④遣谏大夫林等循行天下。”⑤

①服虔曰：“虒，音斯。”应劭曰：“虒上，地名，在渭水边。陈，姓也。持弓，名也。无符籍妄入宫曰阑。掖门者，正门之傍小门也。”如淳曰：“横，音光。《三辅黄图》北面西头第一门。”师古曰：“掖门在两傍，言如人臂掖也。”

②师古曰：“讹，伪言。”

③师古曰：“乘，登也。”

④师古曰：“职，常也。失其常业。”

⑤师古曰：“行，音下更反。”

冬十二月戊申朔，日有蚀之。夜，地震未央宫殿中。诏曰：“盖闻天生众民,不能相治,为之立君以统理之。君道得,则草木昆虫咸得其所;①人君不德,谪见天地,②灾异娄发,以告不治。③朕涉道日寡,举错不中,④乃戊申日蚀、地震,朕甚惧焉。公卿其各思朕过失,明白陈之。'女无面从,退有后言。'⑤丞相、御史与将军、列侯、中二千石及内郡国举贤良方正能直言极谏之士,诣公车,朕将览焉。"

①师古曰:"昆,众也。昆虫,言众虫也。又许慎《说文》云'二虫为蚰',读与昆同,谓虫之总名,两义并通。而郑康成以昆虫为明虫,失之矣。虫,音许尾反。"

②师古曰:"言天地见变,所以责之。"

③师古曰:"娄,古屡字也。治,音丈吏反。"

④师古曰:"中,当也,音竹仲反。"

⑤师古曰:"《虞书·益稷》之篇云帝曰:'予违汝弼,汝无面从,退有后言。'谓我有违道,汝当正之,无得对面则顺从唯唯,退后则有谤讟之言也。故此诏引之。"

越嶲山崩。

四年春,罢中书宦官,①初置尚书员五人。②

①臣瓒曰:"汉初,中人有中谒者令。孝武加中谒者令为中书谒者令,置仆射。宣帝时,任中书官弘恭为令,石显为仆射。元帝即位数年,恭死,显代为中书令,专权用事。至成帝乃罢其官。"

②师古曰:"《汉旧仪》云尚书四人为四曹:常侍尚书主丞相御史事,二千石尚书主刺史二千石事,户曹尚书主庶人上书事,主客尚书主外国事。成帝置五人,有三公曹,主断狱事。"

夏四月,雨雪。①

①师古曰:"雨,音于具反。"

五月,中谒者丞陈临杀司隶校尉辕丰于殿中。①

①应劭曰:"丰为长安令,治有能名,擢拜司隶。临素与丰有怨,见其尊显,畏为己害,拜讫未出,使人刺杀。"

秋,桃李实。大水,河决东郡金堤。①冬十月,御史大夫尹忠以河决不忧职,自杀。

①师古曰:"金堤者,河堤之名,今在滑州界。"

河平元年春三月,诏曰:"河决东郡,流漂二州,①校尉王延世堤塞辄平,其改元为河平。赐天下吏民爵,各有差。"

①师古曰:"兖州、豫州之地。"

夏四月己亥晦,日有蚀之,既。诏曰:"朕获保宗庙,战战栗栗,未能奉称。①传曰:'男教不修,阳事不得,则日为之蚀。'天著厥异,辜在朕躬。公卿大夫其勉悉心,以辅不逮。②百寮各修其职,惇任仁人,退远残贼。③陈朕过失,无有所讳。"大赦天下。

①师古曰:"谓不副先帝之业。"

②师古曰:"悉,尽也。逮,及也。"

③师古曰:"惇,厚也。远,离也。远,音于万反。"

六月,罢典属国并大鸿胪。

秋九月,复太上皇寝庙园。

二年春正月,沛郡铁官治铁飞。语在《五行志》。

夏六月,封舅谭、商、立、根、逢时皆为列侯。

三年春二月丙戌,犍为地震山崩,①雍江水,水逆流。②

①师古曰:"犍,音其言反,又其连反。"

②师古曰:"雍,音壅。其下皆同。"

秋八月乙卯晦,日有蚀之。

光禄大夫刘向校中秘书。①谒者陈农使使求遗书于天下。②

①师古曰:"言中以别外。"

②师古曰:"言令陈农为使,而使之求遗书也。上使,音所吏反,下使,读如本字。"

四年春正月,匈奴单于来朝。

赦天下徒,赐孝弟力田爵二级,诸逋租赋所振贷勿收。

二月,单于罢归国。

三月癸丑朔，日有蚀之。

遣光禄大夫博士嘉等十一人行举濒河之郡①水所毁伤困乏不能自存者，财振贷，②其为水所流压死，不能自葬，令郡国给槥椟葬埋。③已葬者与钱，人二千。避水它郡国，在所冗食之，④谨遇以文理，无令失职。⑤举惇厚有行能直言之士。

①师古曰："巡行而举其状也。濒，水崖也。濒河，言傍河也。行，音下更反。濒，音频，又音宾。傍，音步浪反。"

②师古曰："财，与裁同，谓量其等差而振贷之。"

③师古曰："槥椟，谓小棺。槥，音卫。椟，音读。"

④文颖曰："冗，散廪食使生活，不占著户给役使也。"如淳曰："散著人间给食之，官偿其直也。"师古曰："文说是也。冗，音如勇反。食，读曰饲。"

⑤师古曰："勿使失其常理。"

壬申，长陵临泾岸崩，雍泾水。

夏六月庚戌，楚王嚣薨。

山阳火生石中，改元为阳朔。

阳朔元年①春二月丁未晦，日有蚀之。

①应劭曰："时阴盛阳微，故改元曰阳朔，欲阳之苏息也。"师古曰："应说非也。朔，始也。以火生石中，言阳气之始。"

三月，赦天下徒。

冬，京兆尹王章有罪，下狱死。

二年春，寒。诏曰："昔在帝尧立羲、和之官，①命以四时之事，令不失其序。故《书》云'黎民于蕃时雍'。②明以阴阳为本也。今公卿大夫或不信阴阳，薄而小之，③所奏请多违时政。④传以不知，周行天下，⑤而欲望阴阳和调，岂不谬哉！其务顺四时月令。"

①应劭曰："《尚书·尧典》曰'乃命羲、和'。羲氏、和氏世掌天地之官。"

②应劭曰："黎，众也。时，是也。雍，和也。言众民于是变化，用是大和也。"韦昭曰："蕃，多也。"师古曰："此《虞书·尧典》之辞也。今《尚书》作变，而此纪作蕃，两说并通。蕃，音扶元反。"

③师古曰："谓为轻小之事也。"

④李奇曰："时政，月令也。"

⑤如淳曰："在位者皆不知阴阳时政，转转相因，故令后人遂不知也。"师
　　古曰："如说非也。言递相因循，以所不知之事施设教命，周遍天下。"

三月，大赦天下。

五月，除吏八百石、五百石秩。①

①李奇曰："除八百就六百，除五百就四百。"

秋，关东大水，流民欲入函谷、天井、壶口、五阮关者，勿苛
留。①遣谏大夫博士分行视。②

①应劭曰："天井在上党高都。壶口在壶关。五阮在代郡。"如淳曰："阮，音
　　近卷反。"师古曰："苛，细刻也。阮，音其远反。苛，音何。"

②师古曰："行，音下更反。"

八月甲申，定陶王康薨。

九月，奉使者不称。①诏曰："古之立太学，将以传先王之业，流
化于天下也。儒林之官，四海渊原，宜皆明于古令，温故知新，通达
国体，②故谓之博士。否则，学者无述焉，为下所轻，非所以尊道德
也。'工欲善其事，必先利其器。'③丞相、御史其与中二千石、二千
石杂举可充博士位者，使卓然可观。"④

①师古曰："不副上意。"

②师古曰："温，厚也，谓厚积于故事也。"

③师古曰："《论语》载孔子之言也，故此诏引焉。"

④师古曰："卓然，高远之貌也。"

是岁，御史大夫张忠卒。①

①师古曰："史不记其月，故书之于岁末。其下王骏亦同。"

三年春三月壬戌，陨石东郡，八。

夏六月，颍川铁官徒申屠圣等百八十人杀长吏，盗库兵，自称
将军，经历九郡。遣丞相长史、御史中丞逐捕，以军兴从事，皆伏
辜。①

①师古曰："逐捕之事须有发兴，皆依军法。"

秋八月丁巳,大司马大将军王凤薨。

四年春正月,诏曰:"夫《洪范》八政,以食为首,①斯诚家给刑错之本也。②先帝劝农,③薄其租税,宠其强力,④令与孝弟同科。⑤间者,民弥惰怠,乡本者少,趋末者众,将何以矫之?⑥方东作时,⑦其令二千石勉劝农桑,出入阡陌,致劳来之。⑧《书》不云乎?'服田力啬,乃亦有秋。'⑨其勖之哉!"

①师古曰:"《洪范》,《尚书》篇名,箕子为周武王所说。洪,大也。范,法也。八政一曰食,盖王政之所先,故以为首。"

②师古曰:"言仓廪充盈,则家家自足,人不犯禁,无所用刑也。"

③苏林曰:"劝,音翘,精异之意也。"晋灼曰:"劝,劝勉也。"师古曰:"晋说是也。其字从力,音时召反。"

④师古曰:"谓优宠力田之人。"

⑤师古曰:"谓每同荐举及加赐也。"

⑥师古曰:"乡,读曰向。矫,正也。"

⑦应劭曰:"东作,耕也。"师古曰:"春位在东,耕者始作,故曰东作。《虞书·尧典》曰'平秩东作'。"

⑧师古曰:"阡陌,田间道也,南北曰阡,东西曰陌,盖秦孝公用商鞅所井也。劳来,劝勉之意也。劳,音郎到反。来,音郎代反。"

⑨应劭曰:"农夫服田,厉其膂力,乃有秋收也。"师古曰:"此《商书·盘庚》之辞。"

二月,赦天下。

秋九月壬申,东平王宇薨。闰月壬戌,御史大夫于永卒。①

①师古曰:"于定国子。"

鸿嘉元年春二月,诏曰:"朕承天地,获保宗庙,明有所蔽,德不能绥,刑罚不中,众冤失职,趋阙告诉者不绝。是以阴阳错谬,寒暑失序,①日月不光,百姓蒙辜,朕甚闵焉。②《书》不云乎?'即我御事,罔克耆寿,咎在厥躬。'③方春生长时,临遣谏大夫理等④举三辅、三河、弘农冤狱。公卿大夫、部刺史明申敕守相,称朕意焉。其

赐天下民爵一级,女子百户牛酒,加赐鳏寡孤独高年帛。逋贷未入
者勿收。"

①师古曰:"序,次也。"

②师古曰:"蒙,被也。"

③文颖曰:"此《尚书·文侯之命》篇中辞也。言我周家用事者,无能有耆
　老贤者,使国危亡,罪咎在其用事者也。"师古曰:"'咎在厥躬',平王自
　谓,故帝引之以自责耳。文氏乃云咎在用事,斯失之矣。"

④师古曰:"天子自临敕而遣。"

壬午,行幸初陵,赦作徒。①以新丰戏乡为昌陵县,②奉初陵,
赐百户牛酒。

①师古曰:"徒人之在陵作役者。"

②师古曰:"戏水之乡也,音许宜反。"

上始为微行出。①

①张晏曰:"于后门出,从期门郎及私奴客十余人。白衣组帻,单骑出入市
　里,不复警跸,若微贱之所为,故曰微行。"

冬,黄龙见真定。①

①师古曰:"本赵国东垣县也,高祖十一年更名真定。"

二年春,行幸云阳。

三月,博士行饮酒礼,有雉蜚集于庭,历阶升堂而雊,①后集诸
府,又集承明殿。②

①师古曰:"蜚,古飞字也。历阶,谓以次而登也。"

②师古曰:"在未央宫中。"

诏曰:"古之选贤,傅纳以言,明试以功,①故官无废事,下无逸
民,②教化流行,风雨和时,百谷用成,众庶乐业,咸以康宁。朕承鸿
业十有余年,数遭水旱疾疫之灾,黎民娄困于饥寒,③而望礼义之
兴,岂不难哉!朕既无以率道,④帝王之道日以陵夷,⑤意乃招贤选
士之路郁滞而不通与,⑥将举者未得其人也?其举敦厚有行义能直
言者,冀闻切言嘉谋,匡朕之不逮。"

①师古曰:"傅,读曰敷。敷,陈也。令其陈言而省纳之,乃试以事也。"

②师古曰："逸,遁也。"

③师古曰："娄,古屡字。"

④师古曰："道,读曰导。"

⑤师古曰："陵,丘陵也。夷,平也。言其颓替若丘陵之渐平也。又曰,陵迟
　　亦言如丘陵之逶迟,稍卑下也。他皆类此。"

⑥师古曰："与,读曰欤。"

　　夏,徙郡国豪杰訾五百万以上五千户于昌陵。赐丞相、御史、将
军、列侯、公主、中二千石冢地、第宅。①

①师古曰："并于昌陵赐之。"

　　六月,立中山宪王孙云客为广德王。

　　三年夏四月,赦天下。令吏民得买爵,贾级千钱。①大旱。

①师古曰："贾,读曰价。"

　　秋八月乙卯,孝景庙阙灾。

　　冬十一月甲寅,皇后许氏废。

　　广汉男子郑躬等六十余人攻官寺,篡囚徒,①盗库兵,自称山
君。

①师古曰："逆取曰篡。"

　　四年春正月,诏曰："数赦有司,务行宽大,而禁苛暴,迄今不
改。一人有辜,举宗拘系,农民失业,怨恨者众,伤害和气,水旱为
灾,关东流冗者众,①青、幽、冀部尤剧,朕甚痛焉。未闻在位有恻然
者,孰当助朕忧之!②已遣使者循行郡国。③被灾害什四以上,民赀
不满三万,勿出租赋。贷贷未入,皆勿收。流民欲入关,辄籍内。④所
之郡国,谨遇以理,⑤务有以全活之。思称朕意。"

①师古曰："冗,散失其事业也。冗,音人勇反。"

②师古曰："孰,谁也。"

③师古曰："行,音下更反。"

④师古曰："录其名籍而内之。"

⑤师古曰："之,往也。"

秋,勃海、清河河溢,被灾者振贷之。

冬,广汉郑躬等党与浸广,①犯历四县,众且万人。拜河东都尉赵护为广汉太守,发郡中及蜀郡合三万人击之。或相捕斩除罪。②旬月平。迁护为执金吾,赐黄金百斤。

①师古曰:"浸,古浸字。浸,渐也。"

②师古曰:"贼党相捕斩而来者,赦其本罪。"

永始元年春正月癸丑,太官凌室火。①戊午,庆后园阙火。

①师古曰:"藏冰之室。"

夏四月,封婕妤赵氏父临为成阳侯。五月,封舅曼子侍中骑都尉光禄大夫王莽为新都侯。六月丙寅,立皇后赵氏。①大赦天下。

①师古曰:"赵飞燕也,即上所谓婕妤赵氏。"

秋七月,诏曰:"朕执德不固,谋不尽下,①过听将作大匠万年②言'昌陵三年可成'。作治五年,中陵、司马殿门内尚未加功。③天下虚耗,④百姓罢劳,⑤客土疏恶,⑥终不可成。朕惟其难,怛然伤心。⑦夫'过而不改,是谓过矣'。⑧其罢昌陵,及故陵勿徙吏民,令天下毋有动摇之心。"立城阳孝王子俚为王。⑨

①师古曰:"言不博谋于群下。"

②师古曰:"过,误也。万年,解万年也。"

③如淳曰:"陵中有司马殿门,如生时制也。"臣瓒曰:"天子之藏圹中无司马殿门也,此谓陵上寝殿及司马门也。时皆未作之,故曰尚未加功。"师古曰:"中陵,陵中正寝也。司马殿门内,瓒说是也。"

④师古曰:"耗,损也,音呼到反。"

⑤师古曰:"罢,读曰疲。"

⑥服虔曰:"取他处土以增高,为客土也。"

⑦师古曰:"惟,思也。"

⑧师古曰:"《论语》载孔子之言,故诏引之。"

⑨如淳曰:"俚,音里。"

八月丁丑,太皇太后王氏崩。①

①师古曰:"宣帝王皇后也。"

二年春正月己丑,大司马车骑将军王音薨。

二月癸未夜,星陨如雨。乙酉晦,日有蚀之。诏曰:"乃者,龙见于东莱,日有蚀之。天著变异,以显朕邮,①朕甚惧焉。公卿申敕百寮,深思天诫,有可省减便安百姓者,条奏。所振贷贫民,勿收。"又曰:"关东比岁不登,②吏民以义收食贫民、入谷物助县官振赡者,已赐直,③其百万以上,加赐爵右更,④欲为吏,补三百石,其吏也,迁二等。⑤三十万以上,赐爵五大夫,⑥吏亦迁二等,民补郎。十万以上,家无出租赋三岁。万钱以上,一年。"

①师古曰:"邮,与尤同,谓过也。"

②师古曰:"比,频也。"

③如淳曰:"赐之爵,复租赋以为直。"师古曰:"此说非也。收食贫人,谓收取而养食之。助县官振赡,谓出物以助郡县之官也。已赐直,谓官赐其所費直也。今方更加爵及免赋耳。食,读曰饲。"

④师古曰:"第十四爵也。更,音工行反。"

⑤师古曰:"先已为吏,则迁二等。"

⑥师古曰:"第九爵也。"

冬十一月,行幸雍,祠五畤。

十二月,诏曰:"前将作大匠万年知昌陵卑下,不可为万岁居,奏请营作,建置郭邑,妄为巧诈,积土增高,多赋敛繇役,兴卒暴之作。①卒徒蒙辜,死者连属,②百姓罢极,天下匮竭。③常侍闳前为大司农中丞,数奏昌陵不可成。④侍中卫尉长数白宜早止,徙家反故处。⑤朕以长言下闳章,⑥公卿议者皆合长计。首建至策,闳典主省大费,⑦民以康宁。闳前赐爵关内侯,黄金百斤。其赐长爵关内侯,食邑千户,闳五百户。万年佞邪不忠,毒流众庶,海内怨望,至今不息,虽蒙赦令,不宜居京师。其徙万年敦煌郡。"

①师古曰:"卒,读曰猝,谓急也。"

②师古曰:"属,音之欲反。"

③师古曰:"罢,读曰疲。匮,空也。竭,尽也。"

④师古曰:"闳,王闳也。"

⑤师古曰:"长,淳于长也。"

⑥如淳曰：“以卫尉长数白罢，故因下阅请奏罢作之章。”师古曰：“下，音
　胡稼反。”

⑦师古曰：“司农中丞主钱谷顾庸，故云典主。”

　　是岁，御史大夫王骏卒。①

①师古曰：“王吉之子也。”

　　三年春正月己卯晦，日有蚀之。诏曰：“天灾仍重，朕甚惧焉。①
惟民之失职，②临遣太中大夫嘉等循行天下，③存问耆老，民所疾
苦。其与部刺史举惇朴逊让有行义者各一人。”

①师古曰：“仍，频也。重，音直用反。”

②师古曰：“失其常业也。”

③师古曰：“行，音下更反。”

　　冬十月庚辰，皇太后诏有司复甘泉泰畤、汾阴后土、雍五畤、陈
仓陈宝祠。①语在《郊祀志》。

①师古曰：“陈宝祠在陈仓。”

　　十一月，尉氏男子樊并等十三人谋反，①杀陈留太守，劫略吏
民，自称将军。徒李谭等五人共格杀并等，皆封为列侯。十二月，山
阳铁官徒苏令等二百二十人攻杀长吏，盗库兵，自称将军，经历郡
国十九，杀东郡太守、汝南都尉。遣丞相长史、御史中丞持节督趣逐
捕。②汝南太守严䜣捕斩令等。③迁䜣为大司农，赐黄金百斤。

①师古曰：“尉氏，陈留之县。”

②师古曰：“趣，读曰促。”

③师古曰：“䜣，与欣同。令，即苏令。”

　　四年春正月，行幸甘泉，郊泰畤，神光降集紫殿。大赦天下。赐
云阳吏民爵，女子百户牛酒，鳏寡孤独高年帛。三月，行幸河东，祠
后土，赐吏民如云阳，行所过无出田租。

　　夏四月癸未，长乐临华殿、未央宫东司马门皆灾。①

①师古曰：“东面之司马门也。”

　　六月甲午，霸陵园门阙灾。出杜陵诸未尝御者归家。诏曰：“乃

者,地震京师,火灾娄降,①朕甚惧之。有司其悉心明对厥咎。②朕将亲览焉。"

①师古曰:"娄,古屡字。"

②师古曰:"悉,尽也。"

又曰:"圣王明礼制以序尊卑,异车服以章有德,虽有其财而无其尊,不得逾制。故民兴行,①上义而下利。②方今世俗奢僭罔极,③靡有厌足。公卿列侯亲属近臣,四方所则,④未闻修身遵礼,同心忧国者也。或乃奢侈逸豫,务广第宅,治园池,多畜奴婢,被服绮縠,⑤设钟鼓,备女乐,车服嫁娶葬埋过制。吏民慕效,浸以成俗,⑥而欲望百姓俭节,家给人足,岂不难哉!《诗》不云乎?'赫赫师尹,民具尔瞻。'⑦其申敕有司,以渐禁之。⑧青绿,民所常服,且勿止。⑨列侯近臣,各自省改。⑩司隶校尉察不变者。"

①师古曰:"行,音下更反。"

②师古曰:"以义为上,以利为下。"

③师古曰:"罔,无也。极,中也,一曰止也。"

④师古曰:"则,法也。"

⑤师古曰:"被,音皮义反。"

⑥师古曰:"浸,渐也。"

⑦师古曰:"《小雅·节南山》之诗也。赫赫,盛貌也。师尹,尹氏为太师之官也。言居位甚高,备为众庶所瞻仰。"

⑧师古曰:"谓约束也。"

⑨师古曰:"然则禁红紫之属。"

⑩师古曰:"省,视也。视而改之。《论语》称曾子曰'吾日三省吾身'。"

秋七月辛未晦,日有蚀之。

元延元年春正月己亥朔,日有蚀之。

三月,行幸雍,祠五畤。

夏四月丁酉,无云有雷,声光耀耀,四面下至地,昏止。赦天下。

秋七月,有星孛于东井。诏曰:"乃者,日蚀星陨,谪见于天,大异重仍。①在位默然,罕有忠言。今孛星见于东井,朕甚惧焉。公卿大夫、博士、议郎其各悉心,惟思变意,明以经对,无有所讳,与内郡国举方正能直言极谏者各一人,②北边二十二郡举勇猛知兵法者各一人。"

①师古曰:"仍,频也。重,音直用反。"

②师古曰:"令公卿与内郡国各举一人。"

封萧相国后喜为酂侯。

冬十二月辛亥,大司马大将军王商薨。

是岁,昭仪赵氏害后宫皇子。①

①师古曰:"赵飞燕之妹。"

二年春正月,行幸甘泉,郊泰畤。三月,行幸河东,祠后土。

夏四月,立广陵孝王子宇为王。

冬,行幸长杨宫,从胡客大校猎。①宿萯阳宫,②赐从官。

①如淳曰:"合军聚众,有幡校击鼓也。《周礼》校人掌王田猎之马,故谓之校猎。"师古曰:"如说非也。此校谓以木自相贯穿为阑校耳。《校人》职云'六厩成校',是则以遮阑为义也。校猎者,大为阑校以遮禽兽而猎取也。军之幡旗虽有校名,本因部校,此无豫也。"

②师古曰:"萯,音倍。"

三年春正月丙寅,蜀郡岷山崩,①雍江三日,江水竭。

①师古曰:"岷,音武巾反。"

二月,封侍中卫尉淳于长为定陵侯。

三月,行幸雍,祠五畤。

四年春正月,行幸甘泉,郊泰畤。

二月,罢司隶校尉官。

三月,行幸河东,祠后土。甘露降京师,赐长安民牛酒。

绥和元年春正月,大赦天下。

二月癸丑,诏曰:"朕承太祖鸿业,奉宗庙二十五年,德不能绥理宇内,百姓怨恨者众。不蒙天佑,至今未有继嗣,天下无所系心。观于往古近事之戒,祸乱之萌,皆由斯焉。①定陶王欣于朕为子,慈仁孝顺,可以承天序,继祭祀。其立欣为皇太子。封中山王舅谏大夫冯参为宜乡侯,益中山国三万户,以慰其意。②赐诸侯王、列侯金,天下当为父后者爵,三老、孝弟力田帛,各有差。"

①师古曰:"始生曰萌。"

②师古曰:"以不得继统为帝之后,恐其怨恨。"

又曰:"盖闻王者必存二王之后,所以通三统也。①昔成汤受命,列为三代,②而祭祀废绝。考求其后,莫正孔吉。③其封吉为殷绍嘉侯。"三月,进爵为公,及周承休侯皆为公,地各百里。行幸雍,祠五畤。

①师古曰:"天、地、人是为三统。二王之后并己为三。"

②师古曰:"夏、殷、周是为三代。"

③臣瓒曰:"无若孔吉最正也。"

夏四月,以大司马票骑大将军为大司马,①罢将军官。御史大夫为大司空,封为列侯。益大司马、大司空奉如丞相。②

①文颖曰:"王根也。"

②如淳曰:"律,丞相、大司马人将军奉钱月六万,御史大夫奉月四万也。"

秋八月庚戌,中山王兴薨。

冬十一月,立楚孝王孙景为定陶王。

定陵侯淳于长大逆不道,下狱死。廷尉孔光使持节赐贵人许氏药,饮药死。①

①师古曰:"即前所废皇后许氏也。"

十二月,罢部刺史,更置州牧,秩二千石。

二年春正月,行幸甘泉,郊泰畤。

二月壬子,丞相翟方进薨。

三月,行幸河东,祠后土。

丙戌,帝崩于未央宫。①皇太后诏有司复长安南北郊。四月己卯,葬延陵。②

①臣瓒曰：“帝年二十即位，即位二十六年，寿四十五。”师古曰：“即位明
　年乃改元耳，寿四十六。”

②臣瓒曰：“自崩至葬凡五十四日。延陵在扶风，去长安六十二里。”

　　赞曰：臣之姑充后宫为婕妤，①父子昆弟侍帷幄，数为臣言成
帝善修容仪，升车正立，不内顾，不疾言，不亲指，②临朝渊嘿，尊严
若神，可谓穆穆天子之容者矣！③博览古今，容受直辞。公卿称职，
奏议可述。④遭世承平，上下和睦。然湛于酒色，⑤赵氏乱内，外家
擅朝，言之可为于邑。⑥建始以来，王氏始执国命，哀、平短祚，莽遂
篡位，盖其威福所由来者渐矣！

①晋灼曰：“班彪之姑也。”

②师古曰：“不内顾者，谓俨然端严，不回眄也。不疾言者，为轻肆也。不亲
　指者，为惑下也。此三句者，本《论语·乡党篇》述孔子之事，故班氏引
　之以美成帝。今《论语》云：‘车中不内顾，不疾言，不亲指。’内顾者，说
　者以为前视不过衡轭，旁视不过辋较，与此不同。辋，音于绮反。”

③师古曰：“《礼记》云‘天子穆穆，诸侯皇皇，大夫济济，士跄跄’，故此赞
　引之。”

④师古曰：“称职，克当其任也。可述，言有文采。”

⑤师古曰：“湛，读曰耽。”

⑥师古曰：“于邑，短气貌，读如本字。于，又音乌。邑，又音乌合反。他皆
　类此。”

汉书卷一一
帝纪第一一

哀　帝

　　孝哀皇帝,①元帝庶孙,定陶恭王子也。母曰丁姬。年三岁,嗣立为王。长好文辞法律。②元延四年入朝,尽从傅、相、中尉。③时成帝少弟中山孝王亦来朝,独从傅。上怪之,以问定陶王,对曰:"令,诸侯王朝,得从其国二千石。傅、相、中尉皆国二千石,故尽从之。"上令诵《诗》,通习,能说。④他日,问中山王:"独从傅在何法令?"不能对。令诵《尚书》,又废。⑤及赐食于前,后饱;起下,袜系解。⑥成帝由此以为不能,而贤定陶王,数称其材。时王祖母傅太后随王来朝,私赂遗上所幸赵昭仪及帝舅票骑将军曲阳侯王根。昭仪及根见上亡子,亦欲豫自结为长久计,皆更称定陶王,⑦劝帝以为嗣。成帝亦自美其材,为加元服而遣之,⑧时年十七矣。明年,使执金吾任宏守大鸿胪,持节征定陶王,立为皇太子。谢曰:"臣幸得继父守藩为诸侯王,材质不足以假充太子之宫。⑨陛下圣德宽仁,敬承祖宗,奉顺神祇,宜蒙福佑子孙千亿之报。⑩臣愿且得留国邸,旦夕奉问起居,俟有圣嗣,归国守藩。"书奏,天子报闻。后月余,立楚孝王孙景为定陶王,奉恭王祀,所以奖厉太子专为后之谊。⑪语在《外戚传》。

　　①荀悦曰:"讳欣之字曰喜。"应劭曰:"恭仁短折曰哀。"
　　②师古曰:"年长而好之。"
　　③师古曰:"三官皆从王入朝。"
　　④师古曰:"说其义。"
　　⑤师古曰:"中忘之。"

⑥师古曰："食而独在后饱，及起，又袜系解也。袜，音武伐反。"

⑦师古曰："更，音工衡反。"

⑧师古曰："为之冠。"

⑨师古曰："谦不敢言为太子，故云假充，若言非正。"

⑩师古曰："《大雅·假乐》之诗曰'干禄百福，子孙千亿'。言成王宜众宜
　　人，天所保佑，求得福禄，故子孙众多也。十万曰亿。故此谢书引以为
　　言。"

⑪师古曰："奖，劝使也。"

　　绥和二年三月，成帝崩。四月丙午，太子即皇帝位，谒高庙。尊
皇太后曰太皇太后，皇后曰皇太后。大赦天下。赐宗室王子有属者
马各一驷，①吏民爵，百户牛酒，三老、孝弟力田、鳏寡孤独帛。太皇
太后诏尊定陶恭王为恭皇。

①师古曰："有属，谓亲未尽，尚有服者。"

　　五月丙戌，立皇后傅氏。①诏曰："《春秋》'母以子贵'，尊定陶
太后曰恭皇太后，丁姬曰恭皇后，各置左右詹事，食邑如长信宫、中
宫。"②追尊傅父为崇祖侯、丁父为褒德侯。③封舅丁明为阳安侯，
舅子满为平周侯。追谥满父忠为平周怀侯，皇后父晏为孔乡侯，皇
太后弟侍中光禄大夫赵钦为新成侯。

①师古曰："傅晏女。"

②应劭曰："成帝母王太后居长信宫。"李奇曰："傅姬如长信，丁姬如中宫
　　也。"师古曰："中宫，皇后之宫。"

③师古曰："傅父，傅太后之父。丁父，丁太后之父。"

　　六月，诏曰："郑声淫而乱乐，①圣王所放，②其罢乐府。"

①师古曰："郑国有溱、洧之水，男女亟于其间聚会，故俗乱而乐淫。

②师古曰："放，弃也。《论语》称孔子曰'放郑声'。"

　　曲阳侯根前以大司马建社稷策，益封二千户。①太仆安阳侯舜
辅导有旧恩，益封五百户，②及丞相孔光、大司空汜乡侯何武益封
各千户。③

①师古曰："王根也。建议立哀帝为太子。"

②师古曰："王舜。"

③师古曰:"氾,音泛。"

诏曰:"河间王良丧太后三年,为宗室仪表,①益封万户。"

①师古曰:"仪表者,言为礼仪之表率。"

又曰:"制节谨度以防奢淫,为政所先,百王不易之道也。①诸侯王、列侯、公主、吏二千石及豪富民多畜奴婢,田宅亡限,与民争利,百姓失职,重困不足。②其议限列。"③有司条奏:"王、列侯得名田国中,列侯在长安及公主名田县道,关内侯、吏民名田,皆无得过三十顷。④诸侯王奴婢二百人,列侯、公主百人,关内侯、吏民三十人。年六十以上,十岁以下,不在数中。贾人皆不得名田、为吏,⑤犯者以律论。诸名田畜奴婢过品,皆没入县官。齐三服官、诸官织绮绣,难成,害女红之物,皆止,无作输。⑥除任子令及诽谤诋欺法。⑦掖庭宫人年三十以下,出嫁之。官奴婢五十以上,免为庶人。禁郡国无得献名兽。益吏三百石以下奉。⑧察吏残贼酷虐者,以时退。有司无得举赦前往事。博士弟子父母死,予宁三年。"⑨

①师古曰:"言为常法,不可改易。"

②师古曰:"失职,失其常分也。重,音直用反。"

③师古曰:"令条列而为限禁。"

④如淳曰:"名田国中者,自其所食国中也,既收其租税,又自得有私田三十顷。名田县道者,令甲,诸侯在国,名田他县,罚金二两。今列侯有不之国者,虽遥食其国租税,复自得田于他县道,公主亦如之,不得过三十顷。"

⑤如淳曰:"市井子孙不得为吏,见《食货志》。"

⑥如淳曰:"红,亦工也。其所作已成未成皆止,无复作,皆输所近官府也。"师古曰:"如说非也。谓未成者不作,已成者不输耳。"

⑦应劭曰:"任子令者,《汉仪注》吏二千石以上视事满三年,得任同产若子一人为郎。不以德选,故除之。"师古曰:"任者,保也。诋,诬也,音丁礼反。"

⑧师古曰:"奉,音扶用反。"

⑨师古曰:"宁,谓处家持丧服。"

秋,曲阳侯王根、成都侯王况皆有罪。根就国,况免为庶人,归故郡。

诏曰:"朕承宗庙之重,战战兢兢,惧失天心。间者日月亡光,五星失行,郡国比比地动。①乃者河南、颍川郡水出,流杀人民,坏败庐舍。朕之不德,民反蒙辜,朕甚惧焉。已遣光禄大夫循行举籍,②赐死者棺钱,人三千。③其令水所伤县邑及他郡国灾害什四以上,民赀不满十万,皆无出今年租赋。"④

①师古曰:"比比,犹言频频也。"

②师古曰:"举其名籍也。行,音下更反。"

③师古曰:"赐钱三千以充棺。"

④师古曰:"什四,谓十分损四。"

建平元年春正月,赦天下。侍中骑都尉新成侯赵钦、成阳侯赵䜣皆有罪,免为庶人,①徙辽西。太皇太后诏外家王氏田非冢茔,皆以赋贫民。②

①师古曰:"䜣、钦皆赵昭仪之兄。"

②师古曰:"茔,冢域也。赋,给与也。茔,音营。"

二月,诏曰:"盖闻圣王之治,以得贤为首。其与大司马、列侯、将军、中二千石、州牧、守、相举孝弟惇厚能直言通政事,延于侧陋可亲民者,各一人。"①

①师古曰:"言有孝弟惇厚直言通政事之人,虽在侧陋,可延致而任者,皆令举之。"

三月,赐诸侯王、公主、列侯、丞相、将军、中二千石、中都官郎吏金钱帛,各有差。

冬,中山孝王太后媛,①弟宜乡侯冯参有罪,皆自杀。

①师古曰:"冯奉世之女。媛,音爰。"

二年春三月,罢大司空,复御史大夫。①

①师古曰:"复,音扶目反。此下皆同。"

夏四月,诏曰:"汉家之制,推亲亲以显尊尊。①定陶恭皇之号,不宜复称定陶。尊恭皇太后曰帝太太后,称永信宫;恭皇后曰帝太后,称中安宫。立恭皇庙于京师。赦天下徒。"

①师古曰:"天子之至亲,当极尊号。"

罢州牧,复刺史。

六月庚申,帝太后丁氏崩。上曰:"朕闻夫妇一体。《诗》云:'谷则异室,死则同穴。'①昔季武子成寝,杜氏之殡在西阶下,请合葬而许之。②附葬之礼,自周兴焉。③'郁郁乎文哉!吾从周。'④孝子事亡如事存。帝太后宜起陵恭皇之园。"遂葬定陶。发陈留、济阴近郡国五万人穿复土。⑤

①师古曰:"《诗·王风·大车》之篇也。谷,生也。穴,冢圹也。"

②师古曰:"季武子,鲁大夫季孙宿也。成寝,新为寝室也。事见《礼记·檀弓》。"

③师古曰:"《礼记》称孔子曰'合葬非古也,自周公以来未之有改也'。"

④师古曰:"《礼语》称孔子曰:'周监于二代,郁郁乎文哉!吾从周。'言周观视夏、殷之礼而损益之,典文大备,吾从周礼也。郁郁,文章貌。"

⑤师古曰:"为冢圹也。复,音扶目反。"

待诏夏贺良等言赤精子谶,①汉家历运中衰,当再受命,宜改元易号。诏曰:"汉兴二百载,历数开元。皇天降非材之佑,②汉国再获受命之符,朕之不德,曷敢不通!夫基事之元命,必与天下自新,③其大赦天下。以建平二年为太初元年。号曰陈圣刘太平皇帝。④漏刻以百二十为度。"⑤

①应劭曰:"诸以材技征召,未有正官,故曰待诏。夏,姓也。贺良,名也。高祖感赤龙而生,自谓赤帝之精,良等因是作此谶文。"

②应劭曰:"哀帝自言不才,天降之佑。"

③师古曰:"基,始也。元,大也。始为大事之命,谓改制度也。又曰,更受天之大命。"

④李斐曰:"陈,道也。言得神道圣者刘也。"如淳曰:"陈,舜后。王莽,陈之后。谬语以明莽当篡立而不知。"韦昭曰:"敷陈圣刘之德也。"师古曰:"如、韦二说是也。"

⑤师古曰:"旧漏昼夜共百刻,今增其二十。此本齐人甘忠可所造,今贺良等重言,遂施行之。事见《李寻传》。"

七月，以渭城西北原上永陵亭部为初陵。勿徙郡国民，使得自安。

八月，诏曰："待诏夏贺良等建言改元易号，增益漏刻，可以永安国家。朕过听贺良等言，①冀为海内获福，卒亡嘉应。皆违经背古，不合时宜。六月甲子制书，非赦令也，皆蠲除之。②贺良等反道惑众，下有司。"皆伏辜。

①师古曰："过，误也。"

②如淳曰："悔前赦令不蒙其福，故收令还之。"臣瓒曰："改元易号，大赦天下，以求延祚，而不蒙福，哀帝悔之，故更下制书，诸非赦罪事皆除之。谓改制易号，令皆复故也。"师古曰："如释非也，瓒说是矣。非赦令也，犹言自非赦令耳。也，语终辞也。而读者不晓，辄改也为他字，失本文也。"

丞相博、御史大夫玄、孔乡侯晏有罪。①博自杀，玄减死二等论，晏削户四分之一。语在《博传》。

①师古曰："博，朱博。玄，赵玄。晏，傅晏。"

三年春正月，立广德夷王弟广汉为广平王。

癸卯，帝太太后所居桂宫正殿火。

三月己酉，丞相当薨。①有星孛于河鼓。

①师古曰："平当"。

夏六月，立鲁顷王子郚乡侯闵为王。①

①苏林曰："郚，音鱼，县名也，属东海。"师古曰："又音吾。"

冬十一月壬子，复甘泉泰畤、汾阴后土祠，罢南北郊。

东平王云、云后谒、安成恭侯夫人放①皆有罪。云自杀，谒、放弃市。

①文颖曰："恭侯王崇，王太后弟。"

四年春，大旱。关东民传行西王母筹，①经历郡国，西入关，至京师。民又会聚祠西王母，或夜持火上屋，②击鼓号呼相惊恐。③

①师古曰："西王母，元后寿考之象。行筹，又言执国家筹策行于天下。"

②李奇曰："皆阴为阳之象。"

③师古曰："呼,音火故反。"

二月,封帝太太后从弟侍中傅商为汝昌侯,太后同母弟子侍中郑业为阳信侯。

三月,侍中驸马都尉董贤、光禄大夫息夫躬、南阳太守孙宠皆以告东平王封列侯。语在《贤传》。

夏五月,赐中二千石至六百石及天下男子爵。

六月,尊帝太太后为皇太太后。

秋八月,恭皇园北门灾。

冬,诏将军、中二千石举明兵法有大虑者。①

①师古曰："虑,谓策谋思虑。"

元寿元年春正月辛丑朔,日有蚀之。诏曰："朕获保宗庙,不明不敏,宿夜忧劳,未皇宁息。①惟阴阳不调,元元不赡,②未睹厥咎。娄敕公卿,庶几有望。③至今有司执法,未得其中,④或上暴虐,假势获名,温良宽柔,陷于亡灭。是故残贼弥长,和睦日衰,百姓愁怨,靡所错躬。⑤乃正月朔,日有蚀之,厥咎不远,在余一人。公卿大夫其各悉心勉帅百寮,⑥敦任仁人,黜远残贼,⑦期于安民。陈朕之过失,无有所讳。其与将军、列侯、中二千石举贤良方正能直言者各一人。大赦天下。"

①师古曰："皇,暇也。"

②师古曰："赡,足也。"

③师古曰："望其厉精为治。娄,古屡字。"

④师古曰："中,音竹仲反。"

⑤师古曰："错,置也,音千故反。"

⑥师古曰："悉,尽也。寮,官也。"

⑦师古曰："敦,厚也。远,音于万反。"

丁巳,皇太太后傅氏崩。

三月,丞相嘉有罪,下狱死。①

①师古曰："王嘉。"

秋九月,大司马票骑将军丁明免。

孝元庙殿门铜龟蛇铺首鸣。①

①如淳曰:"门铺首作龟蛇之形而鸣呼也。"师古曰:"门之铺首,所以衔环者也。铺,音普胡反。"

二年春正月,匈奴单于、乌孙大昆弥来朝。二月,归国,单于不说。①语在《匈奴传》。

①师古曰:"说,读曰悦。"

夏四月壬辰晦,日有蚀之。

五月,正三公官分职。大司马卫将军董贤为大司马,丞相孔光为大司徒,御史大夫彭宣为大司空,封长平侯。正司直、司隶,造司寇职,①事未定。

①师古曰:"司直、司隶,汉旧有之,但改正其职掌。而司寇旧无,今特创置,故云造也。"

六月戊午,帝崩于未央宫。①秋九月壬寅,葬义陵。②

①臣瓒曰:"帝年二十即位,即位六年,寿二十五。"师古曰:"即位明年乃改元,寿二十六。"

②臣瓒曰:"自崩至葬凡百五日。义陵在扶风,去长安四十六里。"

赞曰:孝哀自为藩王及充太子之宫,文辞博敏,幼有令闻。①睹孝成世禄去王室,权柄外移,是故临朝娄诛大臣,欲强主威,以则武、宣。②雅性不好声色,时览卞射武戏。③即位痿痹,④末年浸剧,⑤飨国不永,哀哉!⑥

①师古曰:"博,广也。敏,疾也。令,善也。闻,名也。"

②师古曰:"则,法也。"

③应劭曰:"卞射,皮卞而射也。"苏林曰:"手搏为卞,角力为武戏也。"晋灼曰:"《甘延寿传》'试卞为期门'。"师古曰:"苏、晋二说是。"

④苏林曰:"痿,音萎枯之萎。"如淳曰:"痿,音蹶蹙弩。病两足不能相过曰痿。"师古曰:"痿,亦痹病也,音人佳反。痹,音必寐反。蹶蹙者,弩名,事见《晋令》。蹶,音烦。蹙,音蕤。"

⑤师古曰:"浸,渐也。"

⑥师古曰:"永,长也。"

汉书卷一二
帝纪第一二

平　帝

　　孝平皇帝,①元帝庶孙,中山孝王子也。母曰卫姬。年三岁,嗣
立为王。元寿二年六月,哀帝崩,太皇太后诏曰:"大司马贤年少,不
合众心。②其上印绶,罢。"贤即日自杀。新都侯王莽为大司马,领尚
书事。秋七月,遣车骑将军王舜、大鸿胪左咸使持节迎中山王。③辛
卯,贬皇太后赵氏为孝成皇后,退居北宫,哀帝皇后傅氏退居桂
宫。④孔乡侯傅晏、少府董恭等皆免官爵,徙合浦。⑤九月辛酉,中
山王即皇帝位,谒高庙,大赦天下。

　　①荀悦曰:"讳衎之字曰乐。"应劭曰:"布纲治纪曰平。"师古曰:"衎,音口
　　　旱反。"
　　②师古曰:"董贤。"
　　③师古曰:"为使而持节也。使,音所吏反。"
　　④师古曰:"北宫及桂宫皆在城中,而非未央宫中也。"
　　⑤师古曰:"恭,董贤之父。"

　　帝年九岁,太皇太后临朝,大司马莽秉政,百官緫己以听于
莽。①诏曰:"夫赦令者,将与天下更始,诚欲令百姓改行洁己,全其
性命也。往者有司多举奏赦前事,累增罪过,诛陷亡辜,殆非重信慎
刑,洒心自新之意也。②及选举者,其历职更事有名之士,则以为难
保,③废而弗举,甚谬于赦小过、举贤材之义。④诸有臧及内恶未发
而荐举者,皆勿案验。⑤令士厉精乡进,⑥不以小疵妨大材。⑦自今

以来,有司无得陈赦前事置奏上。⑧有不如诏书为亏恩,以不道论。定著令,布告天下,使明知之。"

①师古曰:"聚束曰緫,音总。"

②师古曰:"洒,涤也,音先礼反。"

③师古曰:"更,经也。难保者,言己尝有罪过,不可保也。更,音工衡反。"

④师古曰:"《论语》云仲弓问政,孔子对曰'赦小过,举贤材'。故此诏引之。"

⑤师古曰:"有臧,谓以臧货致罪。"

⑥师古曰:"乡,读曰向。"

⑦师古曰:"疢,病也。"

⑧师古曰:"置,立也。置奏上,谓立文奏而上陈也。上,音时掌反。"

元始元年春正月,越裳氏重译献白雉一、黑雉二,①诏使三公以荐宗庙。

①师古曰:"越裳,南方远国也。译,谓传言也。道路绝远,风俗殊隔,故累译而后乃通。"

群臣奏言大司马莽功德比周公,赐号安汉公,及太师孔光等皆益封。语在《莽传》。赐天下民爵　级,吏在位二百石以上,一切满秩如真。①

①如淳曰:"诸官吏初除,皆试守一岁乃为真,食全奉。平帝即位,故赐真。"师古曰:"此说非也。时诸官有试守者,特加非常之恩,令如真耳。非凡除吏皆当试守也。一切者,权时之事,非经常也。犹如以刀切物,苟取整齐,不顾长短纵横,故言一切。他皆放此。"

立故东平王云太子开明为王,故桃乡顷侯子成都为中山王。封宣帝耳孙信等三十六人皆为列侯。太仆王恽等二十五人①前议定陶傅太后尊号,守经法,不阿指从邪,右将军孙建爪牙大臣,大鸿胪咸前正议不阿,②后奉节使迎中山王,③及宗正刘不恶、执金吾任岑、中郎将孔永、尚书令姚恂、沛郡太守石诩,④皆以前与建策,东迎即位,⑤奉事周密勤劳,赐爵关内侯,食邑各有差。赐帝征即位所过县邑吏二千石以下至佐史爵,各有差。又令诸侯王、公、列侯、关

内侯亡子而有孙若子同产子者,皆得以为嗣。⑥公、列侯嗣子有罪,
耐以上先请。宗室属未尽而以罪绝者,复其属,⑦其为吏举廉佐史,
补四百石。⑧天下吏比二千石以上年老致仕者,参分故禄,以一与
之,终其身。⑨遣谏大夫行三辅,⑩举籍吏民,⑪以元寿二年仓卒时
横赋敛者,偿其直。⑫义陵民冢不妨殿中者,勿发。⑬天下吏民亡得
置什器储偫。⑭

①师古曰:"恽,音于吻反。"

②师古曰:"左咸。"

③师古曰:"谓奉持节而为使。"

④师古曰:"岑,音士林反。恂,音荀。诩,音况羽反。"

⑤师古曰:"帝本在中山,出关而迎,故曰东迎。与,读曰豫。"

⑥师古曰:"子同产子者,谓养昆弟之子为子者。"

⑦师古曰:"复,音扶目反。"

⑧如淳曰:"宗室为吏及举廉及佐史,皆补四百石。"师古曰:"此说非也。
　言宗室为吏者,皆令举廉,各从本秩。而依廉吏迁之为佐史者,例补四
　百石。"

⑨师古曰:"参,三也。"

⑩师古曰:"行,音下更反。"

⑪张晏曰:"举录赋敛之籍而偿之。"

⑫师古曰:"卒,读曰猝。横,音胡孟反。"

⑬如淳曰:"陵上有宫墙,象生制度为殿屋,故曰殿中。"师古曰:"此说非
　也。殿中,谓圹中象正殿处。"

⑭师古曰:"军法,五人为伍,二伍为什,则共其器物。故通谓生生之具为
　什器,亦犹今之从军及作役者十人为火,共畜调度也。储,积也。偫,具
　也。偫,音丈纪反。"

　二月,置羲和官,秩二千石;外史、闾师,秩六百石。①班教化,
禁淫祀,放郑声。

①应劭曰:"《周礼》闾师掌四郊之民,时其征赋也。"

　乙未,义陵寝神衣在柙中,丙申旦,衣在外床上,①寝令以急变
闻。②用太牢祠。

①文颖曰:"哀帝陵也。衣在寝中,今自出在床上。"师古曰:"柙,匮也,音

狎。"

②师古曰:"非常之事,故云急变。"

夏五月丁巳朔,日有蚀之。大赦天下。公卿、将军、中二千石举敦厚能直言者各一人。

六月,使少府左将军丰①赐帝母中山孝王姬玺书,拜为中山孝王后。赐帝舅卫宝、宝弟玄爵关内侯。赐帝女弟四人号皆曰君,食邑各二千户。

①师古曰:"甄丰。"

封周公后公孙相如为褒鲁侯,孔子后孔均为褒成侯,奉其祀。追谥孔子曰褒成宣尼公。

罢明光宫及三辅驰道。

天下女徒已论归家,顾山钱月三百。①复贞妇,乡一人。②置少府海丞、果丞各一人;③大司农部丞十三人,人部一州,劝农桑。太皇太后省所食汤沐邑十县,属大司农,常别计其租入,以赡贫民。

①如淳曰:"已论者,罪已定也。今甲,女子犯罪,作如徒六月,顾山遣归。说以为当于山伐木,听使入钱顾功直,故谓之顾山。"应劭曰:"旧刑鬼薪,取薪于山以给宗庙,今使女徒出钱顾薪,故曰顾山也。"师古曰:"如说近之。谓女徒论罪已定,并放归家,不亲役之,但令一月出钱三百,以顾人也。为此恩者,所以行太皇太后之德,施惠政于妇人。"

②师古曰:"复,音方目反。乡一人,取其尤最者。"

③师古曰:"海丞,主海税也。果丞,掌诸果实也。"

秋九月,赦天下徒。以中山苦陉县为中山孝王后汤沐邑。①

①师古曰:"陉,音形。"

二年春,黄支国献犀牛。①

①应劭曰:"黄支在日南之南,去京师三万里。"师古曰:"犀状如水牛,头似猪而四足类象,黑色,一角当额前,鼻上又有小角。"

诏曰:"皇帝二名,通于器物,①今更名,合于古制。②使太师光奉太牢告祠高庙。"

①孟康曰:"平帝本名箕子,更名曰衍。箕,用器也,故云通于器物。"

②师古曰:"更,改也。"

夏四月,立代孝王玄孙之子如意为广宗王,江都易王孙盱台侯宫为广川王,①广川惠王曾孙伦为广德王。封故大司马博陆侯霍光从父昆弟曾孙阳、宣平侯张敖玄孙庆忌、绛侯周勃玄孙共、舞阳侯樊哙玄孙之子章皆为列侯,复爵。②赐故曲周侯郦商等后玄孙郦明友等百一十三人爵关内侯,食邑各有差。

①师古曰:"盱,音许于反。台,音怡。"

②师古曰:"共,读曰恭。复,音扶福反。"

郡国大旱,蝗,青州尤甚,民流亡。安汉公、四辅、三公、卿大夫、吏民为百姓困乏献其田宅者二百三十人,①以口赋贫民。②遣使者捕蝗,民捕蝗诣吏,以石斗受钱。③天下民赀不满二万,及被灾之郡不满十万,勿租税。民疾疫者,舍空邸第,为置医药。④赐死者一家六尸以上葬钱五千,四尸以上三千,二尸以上二千。罢安定呼池苑,以为安民县,⑤起官寺市里,募徙贫民,县次给食。至徙所,赐田宅什器,假与犁牛、种、食。⑥又起五里于长安城中,⑦宅二百区,以居贫民。

①张晏曰:"王莽为太傅,孔光为太师,王舜为太保,甄丰为少傅,是为四辅。莽复兼大司马,马宫为司徒,王崇为司空,是为三公。"

②师古曰:"计口而给其田宅。"

③师古曰:"量蝗多少而赏钱。"

④师古曰:"舍,止也。"

⑤师古曰:"中山之安定也。池,音大河反。"

⑥师古曰:"种,音之勇反。"

⑦如淳曰:"民居之里。"

秋,举勇武有节明兵法,郡一人,诣公车。

九月戊申晦,日有蚀之。赦天下徒。使谒者大司马掾四十四人持节行边兵。①遣执金吾候陈茂假以钲鼓,②募汝南、南阳勇敢吏士三百人,谕说江湖贼成重等二百余人皆自出,送家在所收事。③重徙云阳,④赐公田宅。

①师古曰:"行,音下更反。"

②晋灼曰:"《百官表》执金吾属官有两丞、候、司马。"应劭曰:"将帅乃有
　钲鼓,今茂官轻兵少,又但往谕晓之耳,所以假钲鼓者,欲重其威也。钲
　者,铙也,似铃,柄中上下通。"师古曰:"钲,音征。铙,音女交反。"

③如淳曰:"贼虽自出,得还其家而已,不得复除,尚当役作之也。"师古
　曰:"如说非也。言身既自出,又各送其家人诣本属县邑从赋役耳。"

④服虔曰:"重,成重也。作贼长帅,故徙之也。"

　冬,中二千石举治狱平,岁一人。①

①李奇曰:"吏治狱平端也。"

　三年春,诏有司为皇帝纳采安汉公莽女。①语在《莽传》。又诏
光禄大夫刘歆等杂定婚礼。四辅、公卿、大夫、博士、郎、吏家属皆以
礼娶,亲迎立轺并马。②

①师古曰:"婚礼有纳采、问名之礼,谓采择其可娶者。"

②服虔曰:"轺,音谣,立乘小车也。并马,骊驾也。"师古曰:"新定此制也。
　并,音步鼎反。"

　夏,安汉公奏车服制度,吏民养生、送终、嫁娶、奴婢、田宅、器
械之品。立官稷及学官。①郡国曰学,县、道、邑、侯国曰校。校、学置
经师一人。乡曰庠,聚曰序。②序、庠置《孝经》师一人。

①如淳曰"《郊祀志》曰'已有官社,未有官稷,遂立官稷于官社之后'。"臣
　瓒曰:"汉初,除秦社稷,立汉社稷,其后又立官社,配以夏禹,而不立官
　稷。至此始立官稷。光武之后,但有官社,不立官稷。"师古曰:"淳、瓒二
　说皆未尽也。初立官稷于官社之后,是为一处。今更创置建于别所,不
　相从也。"

②张晏曰:"聚,邑落名也。"师古曰:"聚小于乡。聚,音才喻反。"

　阳陵任横等自称将军,盗库兵,攻官寺,出囚徒。大司徒掾督
逐,皆伏辜。

　安汉公世子宇与帝外家卫氏有谋。宇下狱死,诛卫氏。

　四年春正月,郊祀高祖以配天,宗祀孝文以配上帝。改殷绍嘉
公曰宋公,周承休公曰郑公。

诏曰："盖夫妇正则父子亲,人伦定矣。前诏有司复贞妇,归女徒,①诚欲以防邪辟,②全贞信。及耄悼之人③刑罚所不加,圣王之所制也。惟苛暴吏多拘系犯法者亲属,妇女老弱,构怨伤化,百姓苦之。④其明敕百寮,妇女非身犯法,及男子年八十以上七岁以下,家非坐不道,诏所名捕,它皆无得系。⑤其当验者,即验问。⑥定著令。"

①师古曰:"复,音方目反。"

②师古曰:"辟,读曰僻。"

③师古曰:"八十曰耄,七年曰悼。耄者,老称,言其昏暗也。悼者,未成为人,于其死亡,可哀悼也。耄,音莫报反。"

④师古曰:"构,结也。"

⑤张晏曰:"名捕,谓下诏特所捕也。"

⑥师古曰:"就其所居而问。"

二月丁未,立皇后王氏,大赦天下。

遣太仆王恽等八人置副,假节,分行天下,览观风俗。①赐九卿已下至六百石、宗室有属籍者爵,自五大夫以上各有差。②赐天下民爵一级,鳏寡孤独高年帛。

①师古曰:"行,音下更反。"

②师古曰:"五大夫,第九爵。"

夏,皇后见于高庙。加安汉公号曰"宰衡"。①赐公大夫人号曰功显君。封公子安、临皆为列侯。

①应劭曰:"周公为太宰,伊尹为阿衡,采伊、周之尊以加莽。"

安汉公奏立明堂、辟雍。①尊孝宣庙为中宗,孝元庙为高宗,天子世世献祭。

①应劭曰:"明堂所以正四时,出教化。明堂上圆下方,八窗四达,布政之宫,在国之阳。上八窗法八风,四达法四时,九室法九州,十二重法十二月,三十六户法三十六旬,七十二牖法七十二候。《孝经》曰:'宗祀文王于明堂,以配上帝。'上帝,谓五時帝太昊之属。黄帝曰合宫,有虞曰总章,殷曰阳馆,周曰明堂。辟雍者,象璧圆,雍之以水,象教化流行。"

冬,置西海郡,徙天下犯禁者处之。

梁王立有罪,自杀。

分京师置前辉光、后丞烈二郡。更公卿、大夫、八十一元士官名位次①及十二州名。分界郡国所属,罢置改易,天下多事,吏不能纪。

①师古曰:"更,改也。"

冬,大风吹长安城东门屋瓦且尽。

五年春正月,祫祭明堂。①诸侯王二十八人、列侯百二十人、宗室子九百余人征助祭。②礼毕,皆益户,赐爵及金帛,增秩补吏,各有差。

①应劭曰:"礼,五年而再殷祭,壹禘壹祫。祫祭者,毁庙与未毁庙之主皆合食于太祖。"师古曰:"祫,音洽。"

②师古曰:"征,召也。"

诏曰:"盖闻帝王以德抚民,其次亲亲以相及也。昔尧睦九族,舜惇叙之。①朕以皇帝幼年,且统国政,②惟宗室子皆太祖高皇帝子孙及兄弟吴顷、楚元之后,③汉元至今,十有余万人,虽有王侯之属,莫能相纠,④或陷入刑罪,教训不至之咎也。传不云乎?'君子笃于亲,则民兴于仁。'⑤其为宗室自太上皇以来族亲,各以世氏,郡国置宗师以纠之,致教训焉。二千石选有德义者以为宗师。考察不从教令有冤失职者,宗师得因邮亭书言宗伯,请以闻。⑥常以岁正月赐宗师帛各十匹。"

①师古曰:"《虞书·尧典》云'昔在帝尧,克明峻德,以亲九族,九族既睦,平章百姓'。《咎繇谟》曰'惇叙九族,庶明厉翼'。言尧能明峻德之士而任用之,以睦高祖玄孙之亲,乃令百姓平和章明。舜又厚叙此亲,使众庶皆明其教,而自勉励翼戴上命也。故此诏引之。"

②师古曰:"朕者,太皇太后自称也。"

③师古曰:"吴顷,谓高帝之兄仲也。初为代王,后废为合阳侯,而子濞封为吴王,故追谥仲为吴顷王。顷,读曰倾。"

④师古曰:"纠,谓禁察也。"

⑤师古曰:"此《论语》载孔子之辞也。言上能厚于亲属,则下皆化之,起为

仁行也。以《论语》传圣人之言,故为谓之传。他皆类此。"

⑥晋灼曰:"宗伯,宗正也。"师古曰:"邮,行书舍也。言为书以付邮亭,令
　送至宗伯也。邮,音尤。"

　义和刘歆等四人使治明堂、辟雍,①令汉与文王灵台、周公作
洛同符。②太仆王恽等八人使行风俗,③宣明德化,万国齐同。皆封
为列侯。

①师古曰:"为使者而典其事。"

②师古曰:"文王筑灵台,周公成雒邑,言与之符合。"

③师古曰:"行,音下更反。"

　征天下通知逸经、古记、天文、历算、钟律、小学、《史篇》、方术、
《本草》及以五经、《论语》、《孝经》、《尔雅》教授者,在所为驾一封轺
传,①遣诣京师。至者数千人。

①如淳曰:"律,诸当乘传及发驾置传者,皆持尺五寸木传信,封以御史大
　夫印章。其乘传参封之。参,三也。有期会累封两端,端各两封,凡四封
　也。乘置驰传五封之,两端各二,中央一也。轺传两马再封之,一马一封
　也。"师古曰:"以一马驾轺车而乘传。传,音张恋反。"

　闰月,立梁孝王玄孙之耳孙音为王。

　冬十二月丙午,帝崩于未央宫。①大赦天下。有司议曰:"礼,臣
不殇君。皇帝年十有四岁,宜以礼敛,加元服。"②奏可。葬康陵。③
诏曰:"皇帝仁惠,无不顾哀,④每疾一发,气辄上逆,害于言语,故
不及有遗诏。其出媵妾,皆归家得嫁,如孝文时故事。"⑤

①臣瓒曰:"帝年九岁即位,即位五年,寿十四。"师古曰:"《汉注》云:帝春
　秋益壮,以母卫太后故怨不悦。莽自知益疏,篡杀之谋由是生,因到腊
　日上椒酒,置药酒中。故翟义移书云'莽鸩弑孝平皇帝'。"

②师古曰:"敛,音力赡反。"

③臣瓒曰:"在长安北六十里。"

④师古曰:"言帝平生多所顾念哀怜。"

⑤师古曰:"媵妾,谓从皇后俱来者。媵之言送也。媵,音食证反,又音孕
　也。"

赞曰：孝平之世，政自莽出，褒善显功，以自尊盛。观其文辞，方外百蛮，亡思不服；①休征嘉应，颂声并作。②至乎变异见于上，民怨于下，莽亦不能文也。③

①师古曰："《大雅·文王有声》之诗曰：'自西自东，自南自北，无思不服。'言武王于镐京行辟雍之礼，自四方来观者，皆感其德化，心无不归服。故此赞引之。"

②师古曰："休，美也。征，证也。"

③如淳曰："不可复文饰也。"

汉书卷一三

异姓诸侯王 表第一

昔《诗》《书》述虞夏之际,舜禹受禅,①积德累功,洽于百姓,治于天,②经数十年,然后在位。殷周之王,乃繇卨稷,③修仁行义,历十余世,至于汤武,乃放杀。然后考之于天,摄位行政,⑤秦起襄公,章文、缪、献,⑥稍蚕食六国,⑥百有余载,至始皇,乃并天下。以德若彼,用力如此,其艰难也。⑦

① 师古曰:"古禅字,音上擅反。"

② 师古曰:"谓在璿玑玉衡以齐七政。考之于天,知已合天心不也。"

③ 师古曰:"繇,读与由同。"

④ 师古曰:"杀,读曰弑。它皆类此。"

⑤ 师古曰:"言秦之初大,起于襄公始为诸侯,至文公、缪公、献公,更为章著也。襄公,庄公之子,文公,襄公之子也。缪公,德公之少子,献公,灵公之子也。"

⑥师古曰："孝谓孝公也，即献公之子。昭谓昭襄王，即惠王之子，武王之弟也。严谓庄襄王，即襄王之孙，孝文王之子也。后汉时避明帝讳，以庄为严，故《汉书》姓及谥本作庄者皆为严也。它皆类此。"

⑦师古曰："籍，古耤字也。"

秦既称帝，患周之败，以为起于处士横议，诸侯力争，四夷交侵，以弱见夺。①于是削去五等，②隳城销刃，③箝语烧书，④内锄雄俊，外攘胡粤，⑤用壹威权，⑥为万世安，⑦然十余年间，猛敌横发乎不虞，⑧适戍强于五伯，⑨闾阎偪于戎狄，⑩嚮应譬于甲兵，乡秦之禁，适所以资豪桀而速自毙也。⑪是以汉亡尺土之阶，繇一剑之任，五载而成帝业。⑫书传所记，未尝有焉。何则？古世相革，皆承圣王之烈，⑬今汉独收孤秦之弊。镕金石者难为功，摧枯朽者易为力，⑭其势然也。故据汉受命，谱十八王，月而列之，天下一统，乃以年数，⑮讫于孝文，异姓尽矣。

①服虔曰："言因横议而败也。"应劭曰："孟轲云'圣王不作，诸侯恣行，处士横议'，"师古曰："处士，谓不官而居家者也。"横，音胡孟反。

②应劭曰："周制五等：公、侯、伯、子、男五等爵。"

③应劭曰："坏其坚城，恐其复阻以害己也。聚天下之兵，铸以为锺八十二，不欲令民复逆命也。古者以铜为兵。"师古曰："隳，音火规反。"

④应劭曰："禁民聚语，畏其谤己。箝，铁也。籍，箴也。籍其口，不听妄言者也，即所谓禁耦语者也。箝，音其廉反。"师古曰："许慎云'箝，籍也。籍，音越字。'晋灼曰'晋说是也。'"师古曰："箝，籍也。籍，音渐。"

⑤师古曰："攘，却也。攘，古越字。"

⑥师古曰："令威权壹于己也。"

⑦师古曰:"庾,度也。意所不度,谓之不庾。"

⑧师古曰:"迺,读曰诮。诮成,谓陈胜,吴广等也。伯,读曰霸。五霸,谓昆吾,大彭,豕韦,齐桓,晋文也。诮,音才笑反。"

⑨应劭曰:《周礼》二十五家为闾,闾外旋下雨,谓之步檐也。闾阎民陈胜之属也,故总言闾阎,言其通秦替于戎水也。信,音谭。师古曰:"闾,里门也。阎,里中门也。陈胜,吴广本起闾左之众,故总言闾阎,应说非也。阎应之事更摧烈干所游议也。音遁。"师古

⑩服虔曰:"檐,音响。"应劭曰:"秦法,诽谤者族。今陈胜奋臂大呼,天下莫不嚮应,嚮应之事更摧烈干所游议也。"师古曰:"嚮,音响。应者如响之应声。服虔是也。"

⑪师古曰:"乡,读曰向。襄,时也。"

⑫师古曰:"繇,读与由同,用也,事也。"

⑬师古曰:"革,变也。"

⑭师古曰:"镂,琢石也,音余全也。"

⑮应劭曰:"谱,音朴。"张晏曰:"时天下未定,参错变易,不可以年纪,故列其月,五年诛籍,乃以年纪焉。"师古曰:"谱,音普,故以冠表焉。"

汉	楚	衡山（分为）	临江（分为）	九江（分为）	赵 分为常山	代	齐 分为临淄	济北（分为）	胶东（分为）	雍 分为关中	塞 分为关中	翟 分为关中	燕	辽东（魏 分为）	殷（魏 分为）	河南（韩 分为）
元年十月 应劭曰:始,为元,故以冠表焉。	西楚霸王项籍始,为天下主,命十八王,王高祖于蜀汉。汉元年,诸王毕封,各就国,始受命之	衡山王吴芮始,故番君。	临江王共敖	九江王英布	常山王张耳	代王	临淄王田都	济北王田安	胶东王田市	雍王章邯	塞王司马欣	翟王董翳	燕王臧荼始,燕将。	辽东王韩广,故燕王,五年诛籍,乃以年纪焉。	殷王司马卬,故赵将。	河南王申阳

始，故楚将。	韩成始，故韩王。	魏豹始，故魏王。	韩广始，故燕王。	师古曰："荼，音弋奢反。"	始，故秦都尉。	欣始，故秦长史。	始，故齐将。	市始，故齐将。	始，故齐将。	赵歇始，故赵王。	始，故赵将。	始，故楚将。	始，故楚柱国。师古曰："共，读曰'恭'。"	师古曰："番，音蒲何反。"
	故赵将。													"诸王始天下受封之主，命之十月也。十八王同时称一月。赵歇已起二十七月，侯为代以月数旁行视都行云。"
廿三	廿三 廿二	廿二 廿二	廿二 廿一	廿三	一二	一二	一二	一二	廿八	二	二	二	二	二月
都雒阳。	都阳翟。都朝歌。	都平阳。都无终。	都蓟。	都高奴。	都栎阳。	都废丘。	都即墨。	都博阳。	都临淄。	都代。襄国。	都江陵。六。	都邾。	都彭城。
廿一	廿三	廿三	廿三	廿二	廿二	廿三	廿三	廿三					三月
廿三	廿三 廿四						四		四				四月

		廿七 项籍诛成。
	廿四廿三五	廿五廿四六
		六
		六
	廿 田荣击杀市。属齐。	六
		六 田荣击杀
田荣击都,降楚。沔王田荣始,故齐相。		廿三二
		六
		六
		六
	五月	六
		六月

	七		八
	王郑昌始，项王立之。		三
	七		八
	井五廿六		廿六
	臧荼击杀广，属燕。		
	七	翳降汉。	属汉，为上郡。
	七	欣降汉。	属汉，为渭南、河上
		邯郸守废丘，汉围之。	八
安。属齐。			
	井三三		井四四
	七	七	八 八
	七	七	八
	七		八
七月	七		八月

十三月	十二月	十一月	十月	九月
		韩信始汉立之。王	属汉，为河南郡。	九　阳降汉。
卅　十三		廿九　十一	廿八　十	廿七　九
	十二　汉拔我北	十一	十　汉拔我陇西。	九
十一　卅二 十二　卅三	七　项籍击荣，走	以六　歇以陈余为代王，号安成君。代王歇还王赵。	九	卅五五　耳降汉。复赵王。
十三　十三	十二　十二	十一　十一	十　十	九　九
十三	十二	十一	十	九
十三月	十二月	十一月	十月	九月

四　卅三　卅一

五　卅二十四

豹降，印降为王。降汉。

二年一月

二

二年一月

二

地。

平原民杀之。

二

项籍复立故齐王田假为王。田荣弟横反城

四　卅九　十三二年一月

四十五

十四二

二年一月

二

二年一月

二

二年一月

二月

	从汉伐楚 六 属汉，为河内郡。	七
	从汉伐楚。 卅三	卅四
	三	四
	三	四
阳，击假，假奔楚，杀假。	王广，始，故田荣子，横立之。 二二	二二
	四十六一	四十七
	十五三	十六四
	三三	四
三月 项王三万人破汉兵五十六万。		四月

八	
并五。	豹归,畔汉。
五	
五	汉杀邯。属汉为中地、陇西、北地
三 三	
四十八 三	二
十七五	
五	
五	
五月	

	六月	七月	八月	九月
	九	十	十一	十二
	卅六	卅七	卅八	汉将韩信击虏豹。属汉,为河东、上党郡。
	六	七	八	九
				郡。
	四	五	六	七
	四十四	四十五	四十六	四十七
	十八	十九	廿	廿一
	六	七	八	九
	六	七	八	九
月	六月	七月	八月	九月

二年一月	二	三	四	五	六	七
十	十一	十二	三年一月	二	三	四
八	九	十	十一	十二	十三	十四
四十十三十八 汉灭歇。	属汉为太原郡。	十 布降汉。		十一	十二	十三 十四
廿二	廿三			廿五	廿六	廿七 廿八
十	十一	十二	三年一月	二	三	四
十月十	十一月十一	十二月十二	三年一月	二月二	三月三	四月甲田

	五月	六月	七月	八月	九月	十月	十一月
	八	九	十	十一		十二 三年一月	二
	五	六	七	八		九	十 十一
	十五	十六	十七	十八		十九	廿 廿一　汉将韩信击
	廿九	卅	卅一	子尉嗣为王。二	三	四	复赵王张耳始。汉
	五	六	七	八	九	十	十一
汉荥阳。	五	六	七	八	九	十	十一月十一　汉将韩信击杀龙且。

	三	四	五		六	七	八
	十二	四年一月	二		三	四	五
杀广属汉为郡。	齐国王韩信始，汉立之。			二	三	四
立之。	二	三	四		五	六	七
	五	六	七		八	九	十
	十二	四年一月	二		三	四	五
	十二月	四年一月二月			三月	四月	五月

				初置长沙国。	二月乙未，王吴芮苪始。
九	十		十一	十二	四年
				置梁国。	王彭越始。
六	七		八	九	反。汉诛荼。 后九月，王卢绾始。故太尉。
五	六		七	八	徙韩信王楚。
十一更为淮南王。	十二王英布始，汉立之。	十三	十四三月	十二年十二月乙丑，耳薨。以大原为国。	十 徙韩王信太原。芮徙长沙王。汉诛籍。韩信
六	七		八	九	正月 十
六月	七月		八月	九月	五年即皇帝位。

丙始，六月，薨。成王臣嗣。			二	二
	五　信徙大原。			
	二		二	四
	二		二	四
	王韩信始。子敦为嗣王。九月，信反，降匈奴。			
	三		二三　敕废	四五
始。	十一月，信废为侯。			
	六年		七年	八年

九年	十年	十一年	十二年	孝惠帝元年	二年
四	五	六	七	八	衰王回嗣
	五	六 趫反，诛。			
	五	六 绾反，降匈奴。			
为侯。					
	六	七	八 布反，诛。		

二	三	四	五	六	七	
					初置吕国。	四月辛卯，王吕台始，高后兄子。
					复置常山国。	四月辛卯，王不疑始，高后所诈立。
					初置淮阳国。	四月辛卯，王强始，高后所诈立孝子。
				初置鲁国。		四月，王张偃始，高后外孙。
三年	四年	五年	六年	七年	高后元年	

共王若嗣。

台薨，谥曰肃。子嘉嗣为王。

孝惠子不疑薨，谥曰哀。无子。十月癸丑，王义始，故

惠子。　二

二

二年

	二十	
	二十	三	四
	二十	三	四
襄城侯。	二十	又立为帝。五月丙辰，王朝始，故织侯。	三
	二十		
	三十	四	五
	三十	四	五
	三年	四年	五年

	五	六
	初置梁国。	二
		初置燕
	嘉坐骄废。十一月，王吕产始。	产。始
		赵
	三	四
强薨，谥曰怀，无子。	王武始，故壶关侯。	二
	六	七
	六年	七年

	七
月，王吕产始。	三　汉大臣
国。	七月癸丑，王吕通。八月，
徙梁。十一月丁巳，王大始，故平昌侯。　王吕禄始，高后兄子。	八月，汉大臣
	五　朝以非
	三　武以非
	八　傀废为
	八年

	八	孝文元年	二年	三年	四年	五年	六年	七年	八年	九年	十年	十一年	十二年	十三年
共诛产。														
汉大臣共诛通。														
靖王产嗣。		一	二	三	四	五	六	七	八	九	十	十一	十二	
共诛禄。 子诛。														
子诛。														
侯。														

十三	十四	十五	十六	十七	十八	十九	二十	二十一	二十二	来朝，薨，无子，
十四年	十五年	十六年	后元元年	二年	三年	四年	五年	六年	七年	

国除。

汉书卷一四
表第二

诸侯王

昔周监于二代，①三圣制法，②立爵五等，③封国八百，同姓五十有余。周公、康叔建于鲁、卫，各数百里；太公于齐，亦五侯九伯之地。④《诗》载其制曰："介人惟藩，大师惟垣，大邦惟屏，大宗惟翰。怀德惟宁，宗子惟城。毋俾城坏，毋独斯畏。"⑤所以亲亲贤贤，褒表功德，深根固本，为不可拔者也。故盛则周、邵相其治，致刑错；衰则五伯扶其弱，与共守。⑦自幽、平之后，⑧日以陵夷，⑨至虖陵阨河洛之间，⑨分为二周，⑩有逃责之台，被窃铁之言。⑪然天下谓之共主，⑫强大弗之敢倾，⑬历载八百余年，数极德尽，既于王赧，⑭降为庶人，用天年终。号位已绝于天下，尚犹枝叶相持，莫得居其虚位，海内无主，三十余年。⑮

①师古曰："监，视也。二代，夏、殷也。"
②师古曰："三圣，谓文王、武王及周公也。"

③师古曰："公、侯、伯、子、男。"

④臣瓒曰："《礼记·王制》云：'五国以为属，属有长；二百一十四以为州，州有伯。'"师古曰："五侯，五等诸侯也。伯，九州之伯也。伯，长也。"

⑤师古曰："《大雅·板》之诗也。介，善也。藩，屏也。垣，墙也。翰，干也。怀，和也。俾，使也。以善人为之藩篱，谓封周公、康叔于鲁、卫；以大师为垣墙，谓封大公于齐也。大邦以为屏蔽，谓成国诸侯也，大宗以为桢干，谓王之同姓也。能和其德则天下安宁，分建宗子则城坚固。城不可使卑单独。单独堕坏，则畏惧斯至。"

⑥师古曰："来贤贲封，功德并建。"

⑦师古曰："伯，读曰霸。此五霸谓齐桓、宋襄、晋文、秦穆、吴夫差也。"

⑧师古曰："陵夷，言如山陵之渐平。"

⑨应劭曰："隁者，陕也。隁隁不安也。"西迫强秦，东有韩、魏，数见侵暴，隁隁不安。师古曰：音壅反。隁，音堰。

⑩师古曰："谓东西二周也。"

⑪服虔曰："周赧王负责，无以归之，主迫责急，乃逃于此台，后人因以名之。"应劭曰："洛阳南宫谯台是也。"刘德曰："洛阳南宫谯台是也。"师古曰："应说非也。王者以为威，用斩毅也，斩音皮义反。毅，音宜。铁，音直移反。谯，音才笑反。窃铁，谓出至路边窃取人铁也，王者以为威，用斩毅也。虽有铁毅，无所用之，是谓私窃隐藏之耳。"

⑫如淳曰："虽至微弱，犹共主之王也。"

⑬师古曰："言诸侯虽强大者，不敢倾灭周也。"

⑭师古曰："既亦尽也。撖，灭也，一曰名也，音女版反。"

⑮师古曰："秦昭襄王五十二年周初亡，孝文王立一年而卒，庄襄王四年卒，孝文王立一年而卒，庄襄王四年而卒，子政立二十六年而……"

乃并天下，自号为始皇帝，是为三十五年无主也。"

秦据势胜之地，骋狙诈之兵，①蚕食山东，②壹切取胜，因任私知，姗笑三代，荡灭古法，③窃自号为皇帝，而子弟为匹夫，内亡骨肉本根之辅，外亡尺土藩翼之卫。陈、吴奋其白梃，④刘、项随而毙之。故曰：周过其历，秦不及期，国势然也。⑤

①应劭曰："狙，伺也，因同伺陈出兵也。狙，音若姐。"师古曰："狙者，解在《异姓诸侯王表》。"

②师古曰："蚕食，解在字也。"

③师古曰："姗，古汕字也。汕，游也，音所谏反，又音删。"

④应劭曰："白梃，大杖也。"

⑤应劭曰："《孟子》书曰'可使制梃以挞秦楚'是也。"师古曰："梃，音徒鼎反。"

表，自称始，子曰一世，欲以一迄万，今乃七世，卜年二十六世，八百六十七岁，此谓过其历万世，今至亡而二世亡，此之为不及期也。

汉兴之初，海内新定，同姓寡少，惩戒亡秦孤立之败，于是剖裂疆土，立二等之爵。①功臣侯者百有余邑，尊王子弟，大启九国。②自雁门以东，尽辽阳，为燕、代。③常山以南，太行左转，度河、济、漯、淮，为淮、齐、赵，④谷、泗以往，奄有龟、蒙，为梁、楚。⑤东带江、湖，薄会稽，为荆吴。⑥北界淮濒，略庐、衡，为淮、南，⑦波汉之阳，亘九嶷，为长沙。⑧诸侯比境，周匝三垂，外接胡越。⑨天子自有三河、东郡、颍川、南阳，⑩自江陵以西至巴蜀，北自云中至陇西，与京师内史凡八十五郡，公主、列侯颇邑其中。⑪而藩国大者夸州兼郡，连城数十，⑫宫室百官同制京师，可谓挢枉过其正矣。⑬虽然，高祖创业，日不暇给，孝惠享国又浅，高后女主摄位，而海内晏如，⑭亡狂狡之忧，卒折诸吕之难，成太宗之业者，亦赖之于诸侯也。

①项羽曰："汉封功臣，大者王，小者侯也。"

②师古曰："九国之数在下也。"

③师古曰："辽阳，辽水之阳也。"

④师古曰："大行，山名也。左转，亦谓自大行而东也。渐，入也。一曰，浸也。行，音胡刚反。渐，音子廉反，亦读如本字。"

⑤晋灼曰："《水经》云泗水出鲁卞县。"臣瓒曰："谷在彭城，泗之下流为谷水。"师古曰："龟、蒙，二山名也。荆，音匡。"

⑥文颖曰："即今吴也。高帝六年为荆国，十年更名吴。"师古曰："庐、衡，二山名也。"

⑦师古曰："濒，水涯也，音频。又衡，音衡。"

⑧邓氏曰："陂，音彼陂泽之陂。"孟康曰："旦，竟也，音古嶷反。"师古曰："陂汉之阳者，循汉水而往也。水北曰阳。陂，音彼义反。又音彼义反。九嶷，山名，有九峰，在零陵营道，音频乘反。"

⑨师古曰："比，谓相接次也。三垂，谓北未南也。比，音频寐反。"

⑩师古曰："三河，河东、河南、河内也。"

⑪师古曰："十五郡中又往往有列侯、公主之邑。"

⑫师古曰："夸，音跨。"

⑬师古曰："析，与斯同。析，曲也。正曲曰析。音斯。"

⑭师古曰："晏如，安然也。"

然诸侯原本以大，末流滥以致溢，小者淫荒越法，大者睽孤横逆，以害身丧国。①故文帝采贾生之议分齐、赵，景帝用晁错之计削吴、楚，②武帝施主父之偃，下推恩之令，使诸侯王得分户邑以封子弟，不行黜陟，③而藩国自析。④自此以来，齐分为七，⑤赵分为六，⑥梁分为五，⑦淮南分为三。⑧皇子始立者大国不过十余城。长沙、燕、代虽有旧名，皆亡南北边矣。⑨景遭七国之难，抑损诸侯，减黜其官。⑩武有衡山、淮南之谋，作左官之律，设附益之法，诸侯惟得衣食税租，不与政事。

至于哀、平之际，皆继体苗裔，亲属疏远，①生于惟墙之中，不为士民所尊，势与富室亡异。而本朝短世，国统三绝，②是故王莽知汉中外殚微，本末俱弱，③亡所忌惮，生其奸心，因母后之权，假伊、周之称，颛作威福庙堂之上，不降阶序而运天下，④诈谋既成，遂据南面之尊，分遣五威之吏，驰传天下，班行符命，⑤奉上玺韨，⑥惟恐在后，⑥或乃称美颂德，以求容媚，岂不哀哉！是以究其终始强弱之变，明监戒焉。

①师古曰："《易·睽卦》九四爻辞曰'睽孤，见豕负涂'。睽孤，乖剌之意。睽，音工携反。"

②师古曰："谓末，峨阳、济南、淄川、胶西、胶末也。"

③师古曰："谓赵、平原、真定、中山、广川、河间也。"

④师古曰："谓梁、济东、山阳、济阴也。"

⑤师古曰："谓淮南、衡山、庐江。"

⑥如淳曰："长沙之南夏置郡，燕、代以北更置缘边郡。其所有饶利，兵马、器械，三国皆仝之矣。"

⑦师古曰："谓改丞相曰相，省御史大夫、廷尉、少府，诸官长吏丞皆员等也。"

⑧服虔曰："仕于诸侯为左官，绝不得仕于王侯。"应劭曰："人道上右，令左官以右为尊，朝廷之列以右为尊，朝廷降秩为左迁，仕诸侯为左官也。"师古曰："左者，犹言左道也。皆僻左不正，应说是也。汉时依上古法，朝廷之右为正，故谓之右也。"师古曰："仕诸侯为左也。"

⑨张晏曰："律郑氏说，封诸侯过限曰附益。或曰，阿媚王侯，有重法也。"师古曰："附益者，盖取孔子云'求也为之聚敛而附益之'之义也，皆背正法而厚私家也。"

⑩师古曰："与，读曰豫。"

①师古曰："晋非始封之君，皆其后裔也，故于天子益疏远矣。"

②师古曰:"谓戊,哀、平皆早崩,又无继嗣。"

③师古曰:"禅,尽也,音单。"

④师古曰:"序,谓东西厢。厢,与专同。"

⑤应劭曰:"顑也。角者,顑角,稽首,首至地也。言荐渍咸戚福日久,亦值汉之单弱,王侯见荐渍威,莫敢悠望,皆顑角稽首至地而上其玺绶也。"晋灼曰:"厥犹竖也,叩头则顑角竖。"师古曰:"应说是也。音口礼反,与稽同。"

⑥师古曰:"较音弗,玺之组也。"

号谥	属	始封	子	孙	曾孙	玄孙	六世	七世
楚元王 交	高帝弟。师古曰:"楚立,二十三年薨。元王,帝弟而表居代"	六年正月丙午	孝文二年,夷王郢客嗣,四年薨。	六年,王戊嗣,二十一年,孝景三年,反,诛。				张晏曰:"礼,服尽于玄孙,故以世数名也。"

		孝景四年，文王礼以元王子嗣，二十二年，薨。平陆侯绍封，三年薨。	七年，安王道二十二年	元朔元年，襄王注嗣，十二年薨。	元鼎元年，元王纯嗣，十六年薨。	天汉元年，王延寿嗣，三十二年，地节元年，谋反，诛。
	王前者，以封日先后为次也。"					
代王喜	高帝兄。正月王子立，七年，为匈奴所攻，弃国自归，废为郃阳侯，孝惠二年薨。					
	吴 高祖十二年十月辛丑，王濞，以故王子沛侯立，四十二年，孝景三年，反，诛。					

齐悼惠王肥　高帝子。	正月王子立，十三年薨。	孝惠七年，哀王襄嗣，十二年薨。	孝文二年，文王则嗣，十四年薨，亡后。	孝景四年，懿王寿嗣，二十二年薨。孝王将闾以悼惠王子杨虚侯绍封，十一年薨。	元光四年，厉王次昌嗣，二十年薨，亡后。	
城阳	孝文二年二月乙卯，景王章以悼惠王子虚侯立，二年薨。	孝文十六年，共王喜嗣，八年，徙淮南，四年，复还，嗣，凡三十三年薨。	孝景后元年，顷王延嗣，二十六年薨。	元狩六年，敬王义嗣，九年薨。	元封三年，惠王武嗣，十二年薨。	天汉四年，荒王顺嗣，四十六年薨。
			八世	九世	十世	

甘露三年，戴王钦嗣，八年薨。

永光元年，孝王景嗣，二十四年薨。

鸿嘉二年，哀王云嗣，一年薨，亡后。元始元年，王俚以云弟绍封，二十五年，王莽篡位，贬为公，明年废。

济北

二月乙卯，王兴居以悼惠王子东牟侯立，二年谋反，诛。

菑川	元光六年，靖王建嗣，二十年薨。	元封二年，顷王遗嗣，三十五年薨。	元平元年，思王终古嗣，二十八年薨。	初元三年，考王尚嗣，二十一年薨。
十六年四月丙寅，懿王志以悼惠王子安都侯立为济北王，十一年，孝景四年徙菑川，三十五年薨。				永光四年，孝王横嗣，三十一年薨。
八世 元延四年，怀王友嗣，六年薨。	九世 建平四年，王永嗣，十二年，王莽篡位，贬为公，明年废。			
济北				

胶西 四月丙寅，王 卬以悼惠王子 平昌侯立，十	菑川 四月丙寅，王 贤以悼惠王子 武城侯立，十 一年反，诛。	四月丙寅，王 辟光以悼王子 朸侯立，十一 年反，诛。 师古曰："朸音 力。"

			荆王贾	淮南厉王长
一年反,诛。	胶东 四月丙寅,王熊渠以悼惠王子白石侯立,十一年反,诛。		高帝从父兄弟。	高帝子。
			正月丙午立,六年十二月,为英布所攻,亡后。	十一年十月庚午立,二十三年,孝文六年,谋反,废徙蜀,死雍。
				十六年四月丙寅,王安以厉王子阜陵侯绍封,四十二年,元狩元年,谋反,元符元年,诛。

反，自杀。

衡山　四月丙寅，王赐以厉王子阳周侯立为庐江王，十二年，徙衡山，三十四年，谋反，自杀。

孝景六年，成王胡嗣，五十四年薨。

天汉四年，王宽嗣，十一年，后二年，谋反，自杀。

济北　四月丙寅，王勃以厉王子安阳侯立为衡山王，十二年，徙济北，一年薨，谥曰贞王。

			十一年三月丙寅孝文元年，王黄，立为淮阳 遂以幽王子绍
赵隐王如意　高帝子。	九年四月立，十二年，为吕太后所杀，亡后。		
代王　高帝子。	十一年正月丙子立，十七年，高后八年，为皇帝。		
赵共王恢　师古曰："共，读曰恭。下皆类此。"　高帝子。	十一年三月丙午，为梁王，十六年，高后七年，徙赵，其年自杀，亡后。		
赵幽王友　高帝子。	十一年三月丙寅，立为淮阳		

		十五年，哀王		
		河间 孝文二年二月福嗣，一年薨， 乙卯，文王辟 亡后。 强以幽王子 立，十三年薨。		王二年，徙赵，封二十六年， 十四年，高后三年，反， 七年，自杀。
燕灵王建	高帝子。	十二年二月甲午立，十五年，高后七年薨，吕太后杀其子。		
燕敬王泽	高帝从祖昆弟。	营陵侯立为琅琊，三年，康王嘉嗣，二十六年薨，孝景六年，王定国嗣，二十	孝景六年，王定国嗣，二十	

永光五年,荒王嘉嗣,十五年薨。	初元四年,敬王定国嗣,四十六年薨。	始元二年,夷王遂嗣,四十年薨。	太始元年,贞王毋伤嗣,十一年薨。	建元五年,平王襄嗣,四十年薨。		
					四年,坐禽兽行,自杀。	
					邪王,二年,孝薨。文元年,徙燕,二年薨。	
						右高祖十一人。吴随父,凡十二人。 师古曰:"吴王濞从其父代王喜在此表中,故十二人也。"
					二年二月乙卯立,十年薨,亡后。	梁怀王揖　文帝子。
				孝景后元年,恭王买嗣,七年薨。	二月乙卯,立为代王,三年,徙为淮阳王,十年,徙梁,三十五年薨。	梁孝王武　文帝子。八世 阳朔元年,王

立嗣，二十七 年，元始三年， 有罪，废，徙汉 中，自杀。元 始五年二月丁 酉，王音以孝 王玄孙之曾孙 绍封，五年，王 莽篡位，贬为 公，明年废。	**济川** 孝景中六年五 月丙戌，王明 以孝王子桓邑 侯立，七年，

	济阴	山阳	济东	
		五月丙戌，哀王定以孝王子立，九年薨，亡后。	五月丙戌，王彭离以孝王子立，二十九年，坐杀人，废迁上庸。	建元三年，坐杀中傅，废迁房陵。

代孝王 参						
文帝子。	二月乙卯,立为大原王,三年恭王登嗣,二年更为代王,七年薨。	孝文后三年,恭王登嗣,十九年薨。	**清河**　元光三年,刚王义嗣,十九年,元鼎三年,徙清河,三十八年薨。	太始三年,颇王阳嗣,二十五年,薨。	**广宗**　地节元年,王年嗣,四年始元二年,坐与同产姝奸,废王如意以迁房陵,与孝王玄孙之子绍封,邑百家。四月丁酉,七年,王莽篡位,贬为公,明年废。	五月丙戌,哀王不识以孝王子立,七年薨,亡后。

右孝文三人。齐、城阳、两济北、济南、菑川、胶西、胶东、赵、河间、淮南、衡山十二人随父,凡十五人。

河间献王德	景帝子。	二年三月甲寅立,二十六年薨。	元光六年,共王不周嗣,四年薨。	元朔四年,刚王基嗣,十二年薨。	元鼎四年,顷王缓嗣,十七年薨。	天汉四年,孝王庆嗣,四十二年薨。	五凤四年,王元嗣,建昭七年,建昭元年,坐杀人,废迁房陵。	建始元年,正月丁亥,王良以孝王子绍封,二十七年薨。	建平二年,正月丁亥,王尚嗣,四年,王莽篡位,贬为公,明年废。
临江哀王阏 师古曰:"	景帝子。	三月甲寅立,三年薨,亡后。							

鲁共王 余 景帝子。	三月甲寅，立为淮阳王，二年，徙鲁，二十年薨。 八年薨。	元朔元年，安王光嗣，四十年薨。	后元元年，孝王庆忌嗣，十七年薨。	甘露三年，顷王封嗣，二十八年薨。 阳朔二年，文王晙嗣，十九年薨。亡后。 晋灼曰：“晙，音骏。”师古曰：“晙，音子缘反。”	建平三年，六月辛卯，王闵以顷王子部乡侯绍封，十	

閔，音一曷反。”

三年，王莽
篡位，贬为
公，明年，
献神书言
莽德，赐列
侯，封姓
王。
师古曰："郚，
音吾，又音
鱼。"

广世
元始二年四月
丁酉，王宫以
易王庶孙盱眙
侯子绍封，王

元朔二年，王
建嗣，六年，元
狩二年，谋反，
自杀。

三月甲寅，立
为汝南王，二
年，徙江都，二
十八年薨。

景帝子。

江都易
王非
师古曰："
谥法，好更
故旧曰易。"

		元延三年，王隐，十九年，王莽篡位，贬为公，明年废。			
年，王莽篡位，贬为公，明年废。	本始元年，怀王尊嗣，五年薨。	地节四年二月甲子，哀王高嗣，以顷王子绍封，四月薨。元康元年，共王充嗣，五十六年薨。		征和二年，缪王偃以敬肃王元嗣，二十	
	征和元年，顷王昌嗣，十九年薨。	二月甲寅，立为广川王，徙赵，六十三年薨。	景帝子。	元凤元年，顷以敬肃王元嗣	
				赵敬肃王彭祖	

			初元四年,孝王宗以剌王子绍封,三年薨。	
			永光二年,缪王鲁人嗣,四十八年薨。	
			居摄二年,舜嗣,二年,王莽篡位,贬为公,明年薨。	
	四年,五凤二年,坐杀谒者,会薨,不得代。	小子立,十一年薨。	黄龙元年,炀王旦嗣,三十四年薨,亡后。	
	始元四年,剌王建德嗣,七年薨。	天汉元年,顷王胸嗣,十七年薨。晋灼曰:"附,音符。"师古曰:"附读如本字。胸,音昫,本传作鮈,其音同耳。"		
三月甲黄立,二十八年薨。	元朔二年,戴王庸嗣,二十七年薨。			
景帝子。				
长沙定王发				

胶西于王端	景帝子。	三年六月乙巳立，四十七年薨，元封三年薨，亡后。				薨。			年废。
中山靖王胜	景帝子。	六月乙巳立，四十二年薨。	元鼎五年，哀王昌嗣，二年薨。	元封元年，康王昆侈嗣，二十一年薨。师古曰："穅，音与康同。穅，恶谥也。好乐怠政曰穅。它皆类此。"	征和四年，顷王辅嗣，三年薨。	始元元年，怀王修嗣，十七年薨，亡后。	地节元年，宪王福嗣，十五年薨。	鸿嘉二年，八月，夷王云客以怀王从父弟子绍封，一年薨，亡后。	广德。建平三年正月壬寅，广平，年废。

			王汉以夷王弟绍封，王十三年，王莽篡位，贬为公，明年废。
胶东王	景帝子。	四年四月乙巳立，四年为皇太子。	
临江愍王荣	景帝子。	七年十一月己酉，以故太子立，三年，坐侵庙壖地为宫，自杀。	
广川惠王	景帝子。	中二年四月乙巳建元五年，缪，征和二年，王	

王越

已立，十二年
薨。

王齐嗣，四十
五年薨。

去嗣，二十二
年，本始四年，
坐享姬不道，
废徙上庸，子
邑百户。

师古曰："怨怨其
姬，亨煮而杀。"

地节四年五月
庚午，戴王文，
以缪王子绍
封，二年薨。

元康二年，
王汝阳嗣，
十五年，甘
露四年，杀
人，废徙居
房陵。

广德
元始二年，

居摄元年，
王赤嗣，三

胶东康王寄 景帝子。	四月乙巳立，二十八年薨。	元狩三年，哀王贤嗣，十一年薨。	元封五年，戴王通平嗣，十四年薨。	始元五年，顷王音嗣，五十四年薨。	河平元年，顷王授嗣，十四年薨。	永始三年，王殷嗣，二……王莽篡位，贬为公，明年废。	四月丁酉，靖王输以惠王曾孙戴王子绍封，四年薨。王莽篡位，贬为公，明年废。
六安	元狩二年七月壬子，恭王庆，康王子，□年薨。	始元四年，夷王禄嗣，十一年薨。	本始元年，缪王定嗣，二十三年薨。	甘露四年，顷王光嗣，二十七年薨。	阳朔二年，王育嗣，三十三年薨……王莽篡位，贬为公，明年废。		

号谥姓名	属	始封及历世继嗣
（承前页）		以康王少子立，三十八年薨。 — 薨。 — 薨。 — 莽篡位，为公，明年废。
清河哀王乘	景帝子。	中三年三月丁酉立，十二年薨，亡后。
常山宪王舜	景帝子。	中五年三月丁巳立，三十二年薨。 — 元鼎三年，王勃嗣，坐免丧服奸，废徙房陵。
真定		元鼎三年，顷王平以宪王子绍封，二十五年薨。 — 征和四年，烈王偃嗣，十八年薨。 — 本始二年，孝王申嗣，三十三年薨。 — 建昭元年，安王普嗣，二十三年薨。 — 阳朔三年，共王雍嗣，十五年薨。 — 绥和二年，王杨嗣，十六年，王莽篡位，贬为公，明年废。

废。					
			元凤元年,	永光三年,	元延三年,王靖嗣,十
			三年,戴王贺	庚王骏嗣,	九年,王莽
	太初二年,哀		以思王子绍	勤王综嗣,三十一年,	篡位,贬为
	王安世嗣,一		封,二十年薨。	三十九年	公,明年
泗水	年薨,亡后。			薨。	废。
元鼎三年,思					
王商以宪					
王少子立,五十年					
薨。					

右孝景十四人。楚、济川、济东、山阳、济阴五人随父,凡十九人。

师古曰:"此表列诸侯王次第与本传不同者,本传因母氏之次而尽言所生,表则叙其昆弟长幼。又临江闵王封时年月在后,故不同也。它皆类此。"

齐怀王闳	武帝子。元狩六年四月乙巳立，八年，元封元年薨，亡后。				
燕剌王旦	武帝子。四月乙巳立，三十七年，元凤元年，坐谋反，自杀。	本始元年，顷王建以刺王子绍封，二十九年薨。	初元五年，穆王舜嗣，二十一年薨。	阳朔二年，思王璜嗣，二十二年薨。	建平四年，王嘉嗣，十二年，王莽篡位，贬为公，明年废。
广陵厉王胥	武帝子。四月乙巳立，六十三年，五凤四年，坐祝诅上，自杀。	初元二年三月壬申，孝王霸以厉王子绍封，十三年薨。	建昭五年，共王意嗣，十三年薨。	建始二年，哀王护嗣，十五年薨，亡后。	元延二年，靖王守嗣，居摄二年，

		鸿嘉元年，王慎嗣，二十一年，王莽篡位，贬为公，明年废。	建始二年，怀王宽嗣，十一年薨。	十九年，王莽篡位，贬为公，明年废。
		元康元年，顷王章嗣，三十四年薨。		王守以孝王子王发嗣，三绍封，十七年，王莽篡位，贬为公，明年废。
		高密 本始元年，顷王弘以哀王子立，八年薨。		
		天汉四年六月始元年，王乙丑立，十三年，贺嗣，十一年薨。征为昭帝后，立二十七日，以行淫乱，废。		
		昌邑哀 王髆 武帝子。		

					中山
					居摄元年，
右孝武四人。	六安、真定、泗水、平干四人随父兄，八人。 归故国，子邑三千户。				
淮阳宪 王钦　宣帝子。	元康三年四月 丙子立，三十 六年薨。	河平二年，文 王玄嗣，二十 六年薨。	元寿二年，王 缟嗣，十九年， 王莽篡位，贬 为公，明年废。 师古曰："缟音羊 善反。"		
东平思 王宇　宣帝子。	甘露二年十月 乙亥立，三十 二年薨。	鸿嘉元年，炀 王云嗣，十六 年，建平三年， 坐祝诅上，自 杀。	元始元年二月 丙辰，王开明 嗣，立五年薨， 亡后。		

元始元年二月严乡侯子匡为东平王。以思王孙桃乡顷侯宣子立，奉中山孝王后，八年，王莽篡位，贬为公，明年，献书言莽德，封列侯，赐姓王。	阳朔元年，怀王芳嗣，一年薨，亡后。 元寿元年，王		
	阳朔二年，思王		
楚孝王嚣 师古曰："嚣，音敖。"	宣帝子。 十月乙亥，立为定陶王，四年，徙楚，二十八年薨。		

王衍以孝王子纡嗣，十年，王绍封，十一年薨。	公，子明年废。		
	信都 绥和元年十一月王子，王景以孝王孙立为定陶王，奉恭王后，三年，建平二年，徙信都，十三年，王莽篡位，贬为公，明年废。		
中山哀王竟	宣帝子。	初元二年二月丁巳，立为清	

河王，五年，徙中山王，十三年薨，亡后。

右孝宣四人。燕王继绝，高密随父，凡六人。

永光三年三月立，立为济阳王，八年，徙山阳，八年，河平四年四月，徙定陶，凡十九年薨。

阳朔三年，王欣嗣，十四年，绥和元年，为皇太子。

定陶共王康　元帝庶子。

建昭二年六月乙亥，立为信都王，十五年，阳朔二年，徙中山王，立为皇帝。

绥和二年，王箕子嗣，六年，元寿二年，立。

中山孝王兴　元帝庶子。

	中山，凡三十年薨。	

右孝元二人。广陵继绝，凡三人。孝成时河间，广德，定陶三国，孝哀时广平一国，孝平时东平、中山、广德、广世、广宗五国，皆继绝。

汉书卷一五上
表第三上

王子侯上

大哉，圣祖之建业！后嗣承序，以广亲亲。至于孝武，以诸侯王疆土过制，或替差失轨，而子弟为匹夫，①轻重不相准，于是制诏御史："诸侯王或欲推私恩分子弟邑者，令各条上，朕且临定其号名。"②信矣哉！③庶毕侯矣。《诗》云"文王孙子，本支百世"，②信矣哉！③

① 师古曰："墨水疆字也。替，古僭字也。轨，法也。"
② 师古曰："《大雅·文王》之诗也。本，本宗也。支，支子也。言文王有明德，故天祚之，子孙嗣者为天子，支庶为诸侯，皆不绝也。"
③ 师古曰："侯所食邑，皆书其郡县于下。其有不书者，史失之也。或但言某人嗣及直书甍，不具年月，皆阙文也。"

号谥名	属	始封位次	子	孙	曾孙	玄	孙
颉羹侯信 服虔曰"音夏古之夏。"师古曰:"音居辖反。"	帝兄子。	七年中封,十三年,高后元年,有罪削爵一级,为关内侯。师古曰:"不记月日,故云七年中也。"					
合阳侯喜	帝兄,为代王,匈奴攻代,弃国,废为侯。	八年九月丙午封,七年,孝惠二年薨,以子为齐,谥曰顷王。	十一年十二月癸巳,侯濞以帝兄子封,十二年,为吴王。				
德哀侯广		一百二十 十二年十一月	高后三年,顷侯通嗣,二十四年乾嗣。	孝景六年,康侯	元鼎四年,侯何嗣。五年,坐酎		元康四年,广玄 泰山

孙长安大夫猛，诏复家。师古曰："大夫，第五爵也。复家，蠲赋役也。复，音方目反。"	
金免。	
麃。师古曰："麃，音匏。下亦同。"	七世 元寿四年五月甲子，侯勋以广玄孙之孙长安公乘绍封，千户，九年，王莽篡位，绝。师古曰："公乘，第八爵也。"
庚辰，以兄子封，十年麃。 麃。	六世

右高祖

上邳侯郢客	楚元王子。	一百二十八	二年五月丙午封,七年,为楚王。
朱虚侯章	齐悼惠王子。	一百二十九	五月丙申封,八年,为城阳王。张晏曰:"高后二年诏丞相陈平,令差列侯位次高下,故王子侯三人有第,二年之后皆不弟。"
东牟侯兴居	齐悼惠王子。		六年四月丁酉

号谥姓名	属	始封	嗣
		封,四年,为济北王。	北王
管共侯罢军 师古曰:"罢音皮。反,彼反,又读曰疲。共,读曰恭,下皆类此。"		四年五月甲寅封,二年薨。	六年,侯戎奴嗣,二十年,孝景三年,反,诛。
氏丘共侯宁国	齐悼惠王子。	五月甲寅封,十一年薨。	十五年,侯偃嗣,十年,孝景三年,反,诛。
营平侯信都	齐悼惠王子。	五月甲寅封,十四年薨。	十四年,侯广嗣,十一年,孝景三年,诛。
杨丘共侯安	齐悼惠王子。	五月甲寅封,十六年薨。	十六年,侯偃嗣,

右高后

侯国	属	元朔（封年）		
杨虚侯将闾	齐悼惠王子。	五月甲寅封。	十一年，孝景四年，坐出国界，削为司寇。	二年薨。
朸侯辟光　师古曰："朸，音其力反。下亦同。"	齐悼惠王子。	五月甲寅封，十二年，为济南王。		
安都侯志	齐悼惠王子。	五月甲寅封，十二年，为济北王。		
平昌侯卬	齐悼惠王子。	五月甲寅封，十二年，为胶西王。		
武成侯贤	齐悼惠王子。	五月甲寅封。十		

白石侯雄渠	齐悼惠王子。	二年,为菑川王。五月甲寅封,十二年,为胶东王。
阜陵侯安	淮南厉王子。	八年五月丙午封,八年,为淮南王。
安阳侯勃	淮南厉王子。	五月丙午封,八年,为衡山王。
阳周侯赐	淮南厉王子。	五月丙午封,八年,为庐江王。
东城哀侯良	淮南厉王子。	五月丙午封,七年薨,亡后。
右孝文		
平陆侯礼	楚元王子。	元年四月乙巳封,三年,为楚

	王。			
休侯富	楚元王子。	四月乙巳封，三年，怀侯登嗣，以兄子楚王戊反，免。三年，侯富更封红侯，六年薨，谥曰缪。	中元年，敬侯嘉嗣，二十四年薨。	元朔四年，哀侯章嗣，一年薨，亡后。
沈猷夷侯岁 师古曰："沈，音审。"	楚元王子。	四月乙巳封，二十年薨。	建元五年，侯受嗣，十八年，元狩五年，坐为宗正听请，不具宗室，削为司寇。师古曰："受为宗正，人有私请求者，受听许之，故于宗室中事有不具，十年。	

宛朐侯埶 师古曰："埶，音艺。"	辣乐敬侯调	乘氏侯买	桓邑侯明	右孝景	兹侯明
楚元王子。	楚元王子。	梁孝王子。	梁孝王子。		河间献王子。
四月乙巳封,三年,反,诛。	三年八月壬子封,十六年薨。	中五年五月丁卯封,一年,为梁王。	五月丁卯封,一年,为济川王。		元光五年正月
而受获罪。"	建元三年,恭侯应嗣,十五年薨。应嗣,十六年,元鼎五年,元 侯庆元朔元年,侯庆嗣,十六年,元鼎五年,坐酎金免。				

号	王子父	位次	子	孙	郡
安城思侯苍	长沙定王子。	王子封,四年,元朔三年,坐杀人,自杀。	六年七月乙巳封,十三年薨。自当嗣。	元鼎元年,节侯寿光嗣,五凤二年,坐与姊乱,下狱病死。	豫章
宜春侯成	长沙定王子。	七月乙巳封,十七年,元鼎五年,坐酎金免。			
句容哀侯党 师古曰:"句,读为章句之句。"	长沙定王子。	七月乙巳封,二年薨,亡后。			会稽
容陵侯福	长沙定王子。	七月乙巳封,十七年,元鼎五年,坐酎金免。			

号谥姓名	属籍	封	嗣	属
杏山侯成	楚安王子。	后九月壬戌封，十七年，元鼎五年，坐酎金免。		
浮丘节侯不害	楚安王子。	后九月壬戌封，十一年薨。	元鼎五年，侯霸嗣，六年，元符五年，坐酎金免。	沛
广威节侯将	鲁共王子。	元朔元年十月丁酉封，薨。	侯始嗣，元鼎五年，坐酎金免。	
丹阳哀侯敢	江都易王子。	十二月甲辰封，六年，元符元年薨，亡后。		无湖
盱台侯蒙之	江都易王子。	十二月甲辰封，十六年，元鼎五年，坐酎金免。		
胡孰顷侯胥	江都易王子。	正月丁卯封，十元鼎五年，侯圣		丹阳

	淮陵		

	六年薨。	嗣，坐知人脱亡名数，以为保，杀人，免。 师古曰："脱亡名数，谓不占户籍也。以此人为庸保，而又别杀人也。"	
秣陵终侯缯	江都易王子。	正月丁卯封，元鼎四年薨，亡后。	
淮陵侯定国	江都易王子。	正月丁卯封，十六年，元鼎五年，坐酎金免。	
张梁哀侯仁	梁共王子。	二年五月乙巳封，十三年薨。	元鼎三年，侯顺嗣，二十三年，

行

号谥姓名	属	始封					六世	琅邪
龙丘侯代	菑川懿王子。	五月乙巳封,十五年,元鼎五年,坐酎金免。	征和三年,为奴所杀。					琅邪
剧原侯錯	菑川懿王子。	九月乙巳封,十七年薨。	广昌嗣。	孝侯戴侯胄嗣。	质侯吉嗣。	节侯器嗣。	侯胜容嗣。	
怀昌夷侯高遂	菑川懿王子。	五月乙巳封,二十四年薨。	胡侯延年嗣。	节侯胜时嗣。	侯可置嗣。			
平望夷侯赏	菑川懿王子。	五月乙巳封,七年,元狩三年薨。	原侯太始三年,楚人嗣,二十六年薨。	敬侯神爵四年,光嗣,二十六年薨。	顷侯起嗣。	孝侯均嗣,十四年薨。	六世	

号	属	封年及世系				
临众敬侯始昌	菑川懿王子。	五月乙巳封，三年，太始元年，康侯元凤二年，顷侯原侯衣嗣。革生嗣，十八年广平嗣，薨。薨。十一年薨。	侯目嗣。	六世 董侯贤嗣。	七世 侯商嗣，王恭篡位，绝。	临原 节侯理嗣。
葛魁节侯宽	菑川懿王子。	五月乙巳封，八年元符四年，侯威嗣，五年，元鼎三年，坐缚家吏恐猲受赇，弃市。师古曰："猲，谓以威力胁人也。赇，枉法以赇相谢。猲，音呼葛反。赇，音求。"年薨。				

号	属	始封	子	孙	曾孙	玄孙	六世
益都敬侯胡	菑川懿王子。	五月乙巳封，薨。	原侯广嗣。	侯嘉嗣，元凤二年，坐非广子免。			
平的戴侯强 师古曰："的，丁历反。"	菑川懿王子。	五月乙巳封，十七年薨。	元狩元年，思侯中时嗣，三十年薨。	太始三年，节侯福嗣，十三年薨。	神爵四年，顷侯鼻嗣。	釐侯利亲嗣。	六世 侯宣嗣。
剧魁夷侯墨	菑川懿王子。	五月乙巳封，七年薨。	元狩元年，思侯招嗣，三年薨。	四年，康侯德嗣。	孝侯利亲嗣。	釐侯婴嗣。	六世 侯向嗣。
寿梁侯守	菑川懿王子。	五月乙巳封，十五年，元鼎五年，坐酎金免。					
平度康侯行	菑川懿王子。	五月乙巳封，四年薨。	元凤元年，节侯嗣，四年薨。	质侯帅军嗣。	顷侯歆嗣。	孝侯宗嗣。	

号谥姓名	属	始封	子	孙	曾孙	玄孙	六世	国
宣成康侯偃	菑川懿王子。	十七年薨。	庆忌嗣,三年薨。	嗣。			六世 侯嘉嗣。	平原
临朐夷侯奴 师古曰:"朐,音劬。"	菑川懿王子。	五月乙巳封,十一年薨。	元鼎元年,侯福嗣,十二年,大初元年,坐杀弟弃市。					
		五月乙巳封,四十一年薨。	戴侯乘嗣。	节侯赏嗣。	孝侯信嗣。	安侯祷嗣 师古曰:"祷,音祷。"	六世 侯岑嗣。	东海
雷侯豨	城阳共王弟。	五月甲戌封,十五年,元鼎五年,						东海

	东海		坐酎金免。	城阳共王子。	东莞侯吉
			五月甲戌封，五年，癎病不任朝，免。	城阳共王子。	辟土节侯壮 师古曰："辟，音闢。"
		五月甲戌封，三五年，侯明嗣，十二年，元鼎五年，坐酎金免。			
		六月甲午封，五元朔元年，侯楼嗣，十年，元鼎五年，坐酎金免。	赵敬肃王子。	尉文节侯丙 年薨。
南郡		六月甲午封，二太初三年，原侯甘露四年，孝侯侯仁嗣。如意嗣，五十二官嗣。十五年薨。	赵敬肃王子。	封斯戴侯胡伤
		六月甲午封，十五年，元鼎五年，	赵敬肃王子。	榆丘侯受福

	广平				
襄嚵侯建 晋灼曰:"音内言嵚兔。"师古曰:"音士咸反。"	赵敬肃王子。	六月甲午封,十五年,元鼎五年,坐酎金免。	坐酎金免。		
郟会衍侯仁	赵敬肃王子。	六月甲午封,薨。	哀侯慧嗣。	后元年,勤侯贺甘露元年嗣,三十五年薨。	原侯釐侯康嗣,原侯釐侯展嗣。张嗣。
朝节侯义	赵敬肃王子。	六月甲午封,十三年薨。	六世 节侯重嗣。	十元鼎三年,戴侯固城嗣,五凤四年,坐酎金少四两免。 七世 怀侯苍嗣,薨,亡后。	禄嗣。
东城侯遗	赵敬肃王子。	六月甲午封,十			

号谥姓名	属					郡
阴城思侯苍	赵敬肃王子。	一年，元鼎元年，为孺子所杀。师古曰："孺子，妾之号也。"				
广望节侯忠	中山靖王子。	六月甲午封，十七年，太初元年，薨。嗣子有罪，不得代。	三天汉四年，顷侯始元三年，思侯恭侯遂嗣。中嗣，十三年薨。	何齐嗣。	侯阁嗣。	
将梁侯朝平	中山靖王子。	六月甲午封，十年薨。	六月甲午封，元鼎五年，坐酎金免。			涿
薪馆侯未央	中山靖王子。	六月甲午封，十五年，元鼎五年，坐酎金免。				涿

号谥姓名		始封					属
陆城侯贞	中山靖王子。	坐酎金免。					涿
薪处侯嘉	中山靖王子。	六月甲午封,十五年,元鼎五年,坐酎金免。					涿
蒲领侯嘉	广川惠王子。	六月甲午封,十五年,元鼎五年,坐酎金免。					东海
西熊侯明	广川惠王子。	三年十月癸酉封,有罪,绝。					
寒强侯晏	广川惠王子。	十月癸酉封,薨,亡后。					
毕梁侯婴	广川惠王子。	十月癸酉封,薨,亡后。					
	广川惠王子。	十月癸酉封,十九年,元封四年,					魏

距阳侯匄		旁光侯殷		魏
河间献王子。		河间献王子。		
十月癸酉封,十元鼎五年,侯萋四年薨。嗣,坐酎金免。师古曰:"萋音妻。"		十月癸酉封,十年,元鼎元年,坐贷子钱不占租,取息过律,会赦,免。师古曰:"以子钱出贷人,律令收租,匿不占,取息利又多也。占,音之赡反。"		坐首匿罪人,为鬼薪。

号	属					
蒌节侯退 师古曰:"蒌,音力朱反。"	河间献王子。	十月癸酉封,六年薨。		元封元年,釐侯后寿嗣,二十二年薨。	五凤元年,安侯益昌嗣,三十一年薨。	原侯遗嗣,二十年,建始四年薨,亡后。
阿武戴侯豫	河间献王子。	十月癸酉封,十四年薨。	太初三年,敬侯始昌嗣,二十年薨。	节侯信嗣,二十三年薨。	神爵元年,釐侯顷侯黄嗣。	婴齐嗣。
				六世 侯长久嗣,篡位,王莽绝。		
参户节侯免	河间献王子。	十月癸酉封,十六年薨。	元凤元年,敬侯顷嗣,严嗣。		孝侯利亲嗣。	侯度嗣。
州乡节侯柴	河间献王子。	十月癸酉封,一年薨。	元鼎二年,思侯齐嗣,齐嗣。	元封六年,宽侯商嗣,釐侯商嗣,惠嗣。		恭侯伯嗣。
			六世 侯禹嗣,王莽篡。			

平堤侯礼	河间献王子。	十月癸酉封，六年，元狩三年，坐恐猲取鸡以令买偿免，复谩，完为城旦。师古曰："恐猲取人鸡，依令买鸡以偿，坐此免侯，又犯欺谩，故为城旦也。谩，音漫。"		位，绝。
广侯顺	河间献王子。	十月癸酉封，十四年，元鼎五年，坐酎金免。	勃海	
盖胥侯让	河间献王子。	十月癸酉封，十	魏	

号谥姓名	属	始封	嗣	续	国名
陪缪侯则	济北贞王子。	十月癸酉封,一年薨。	元鼎二年,侯邑嗣,五年,坐酎金免。		平原
周望康侯何	济北贞王子。	十年癸酉封,八年薨。	元狩五年,侯当时嗣,六年,元鼎五年,坐酎金免。		
荣关侯骞	济北贞王子。	十月癸酉封,坐谋杀人,会赦,免。			崔平 师古曰:"崔,音仕。疑,仕反。"
阴安康侯不害 师古曰:"盖,音公腊反。"	济北贞王子。	十月癸酉封,一年薨。	元鼎三年,哀侯秦客嗣,三年薨,亡后。	四年,元鼎五年,坐酎金免。	魏

前侯信 师古曰："字或作褒，音侧流反。"	济北贞王子。	十月癸酉封，十四年，元鼎五年，坐酎金免。			平原
安阳侯乐	济北贞王子。	十月癸酉封，三后元年，穅侯延本始二年，穅侯五凤元年，安侯得嗣，薨，亡后。 年嗣，十七年薨。　记嗣，十五年薨。　戚嗣。	哀侯得嗣，薨，亡后。		平原 泰山
五据侯曋丘 师古曰："曋，音劬，又音昌惧。"	济北武王子。	十月癸酉封，十四年，元鼎五年，坐酎金免。			泰山
富侯龙	济北武王子。	十月癸酉封，六年，元康元年，坐使奴杀人，下狱病死。			

侯号	属					泰山
平侯遂	济北式王子。	十月癸酉封，四年，元狩元年，坐知人盗官母马为臧，复作。	师古曰："有人盗官马，为藏匿之，虽会赦，犹复作。复作者，徒役也。复，音扶。反，音扶目反。"			
羽康侯成	济北式王子。	十月癸酉封，六地节三年，恭侯莽嗣，系嗣。十年薨。			恭侯莽嗣，王莽篡位，绝。	泰山
胡母侯楚	济北式王子。	二月癸酉封，十四年，元鼎五年，坐酎金免。				

号谥姓名	属				
离石侯绾	代共王子。	正月壬戌封，后更为涉侯，坐上书谩，耐为鬼薪。师古曰："谩，欺诬也，音漫。"			
邵侯顺	代共王子。	正月壬戌封，二十六年，天汉元年，坐杀人及奴凡十六人，以捕匈奴千骑，免。师古曰："诈云捕得匈奴骑，故私杀人以当之。"			
利昌康侯嘉	代共王子。	正月壬戌封，五元凤五年，十一年薨。	戴侯元康二年，乐嗣，十二年薨。万世嗣。	顷侯节侯光禄嗣。	刺侯殷嗣。

	西河			六世 侯换嗣，王莽篡位，绝。
蔺侯罢军	代共王子。	正月壬戌封，后更为武原侯，坐盗贼免。		
临河侯贤	代共王子。	正月壬戌封，后更为高前侯，坐酎金免。		
湿成侯忠 师古曰："湿，音它合反。"	代共王子。	正月壬戌封，后更为端氏侯，薨，亡后。		
土军侯郡客 师古曰："土军，西河之县也。"说	代共王子。	正月壬戌封，后更为巨乘侯，坐酎金免。		

者以为洛阳土军里,非也。

号谥姓名	属	始封	子	孙（六世）	郡
皋虞侯迮	代共王子。	正月壬戌封,薨,亡后。			临淮
千章侯遇	代共王子。	正月壬戌封,后更为夏丘侯,坐酎金免。			平原
博阳顷侯就	齐孝王子。	三月乙卯封,薨。	侯终古嗣,元鼎五年,坐酎金免。		济南
宁阳节侯恬	鲁共王子。	三月乙卯封,十二年薨。	安侯五凤元年,康侯孝侯庆嗣。庆忌嗣,十八年薨。	侯方嗣。	
瑕丘节侯政	鲁共王子。	三月乙卯封,十三年薨。	侯五元平元年,思侯本始四年,孝侯神爵二年,场侯……国嗣,四年薨。汤嗣,十年薨。	侯鲝侯暨嗣,场侯整侯遂成嗣。孝义嗣。	

号	王子	始封·世系	国
公丘夷侯顺	鲁共王子。	三月乙卯封,十年薨。侯禹嗣。置嗣。三年,太始元年,康侯延寿嗣,地节四年,炀侯赏嗣,五凤元年,思侯侯元嗣,元凤元年,王莽篡位,绝。	
郁桹侯骄〔师古曰:"桹,音狼。"〕	鲁共王子。	三月乙卯封,十四年,元鼎五年,坐酎金免。	
西昌侯敬	鲁共王子。	三月乙卯封,十四年,元鼎五年,坐酎金免。	
陆地侯义	中山靖王子。	三月乙卯封,十四年,元鼎五年,坐酎金免。	辛处
邯平侯顺	赵敬肃王子。	三月乙卯封,十四年,元鼎五年,坐酎金免。	广平

武始侯昌	赵敬肃王子。	四月甲辰封,三十四年,为赵王。			魏
象氏节侯贺	赵敬肃王子。	四月甲辰封,十八年薨。	元封三年,思侯安意嗣,二十七年薨。	始元六年,康侯始昌嗣,十七年秋嗣,十六年汉强嗣。孝侯元康元年,康侯鄡嗣,王莽篡位,绝。	
易安侯平	赵敬肃王子。	四月甲辰封,十年薨。	元封五年,康侯德嗣,种嗣。	侯德嗣,始元元年,坐杀人免。	鄗　师古曰:"鄗,音呼各反。"
路陵侯童	长沙定王子。	四年三月乙丑封,四年,元狩二年,坐杀人,自杀。			南阳
敛舆侯则	长沙定王子。	三月乙丑封,二十二年,大初元年,坐篡死罪囚,			南阳

茶陵节侯䜣 师古曰："荼,音涂。䜣,与欣同。"	长沙定王子。	弃市。	三月乙丑封,十一年薨。元鼎二年,哀侯汤嗣,十一年,太初元年薨,亡后。	桂阳
建成康侯拾	长沙定王子。		三月乙丑封,元鼎二年,坐使行人奉璧贺,元年十月不会,免。师古曰："以皮荐璧也。时以十月为岁首,有贺而不及会也。"	
安众康侯丹	长沙定王子。		三月乙丑封,三元封六年,节侯地节三年,缪侯醴侯襃嗣。	侯数嗣。

	山拊嗣，三十八年莽嗣。 十年薨。 师古曰："拊，音方于反。"	十年薨。		师古曰："敫，敫音其枭反，又其锦反。"
	侯崇嗣，居摄元年举兵，为王莽所灭。			
	侯宠，建武二年以崇从父弟绍封。	建武十三年，侯松嗣。		**今见** 师古曰："作表时见为侯也。"
叶平侯喜 师古曰："叶，音式涉反。"		三月乙丑封，十三年，元鼎五年，坐酎金免。 长沙定王子。		
利乡侯婴		三月乙丑封，五年，元狩三年， 城阳共王子。		

		东海			东海		东海	

有利侯钉 师古曰:"音丁, 又音鼎。"	城阳共王子。	有罪免。	三月乙丑封,三年,元符元年,坐遗淮南王书称臣茅市。					东海
东平侯庆	城阳共王子。		三月乙丑封,五年,元符三年,坐与姊奸,下狱病死。					东海
运平侯记	城阳共王子。		三月乙丑封,十三年,元鼎五年,坐酎金免。					东海
山州侯齿	城阳共王子。		三月乙丑封,十三年,元鼎五年,坐酎金免。					

号谥姓名	属	始封			琅邪
海常侯福	城阳共王子。	三月乙丑封,十三年,元鼎五年,坐酎金免。			
驺丘敬侯宽	城阳共王子。	三月乙丑封,六年薨。	元狩四年,原侯母害嗣,报德嗣。	本始二年,坐使人杀兄弃市。	
南城节侯贞	城阳共王子。	三月乙丑封,十二年薨。	元狩四年,戴侯神爵元年,元侯猛嗣,二十二年薨。六世 侯友嗣,王莽篡位,绝。	元康四年,釐侯充国顷侯遂嗣。二年尊嗣,二年薨。嗣。	
广陵厉侯袭 晋灼曰:"虒,音斯。"	城阳共王子。	三月乙丑封,七年薨。	元狩五年,侯成嗣,六年,元鼎五年,坐酎金免。		

号谥姓名	属	始封			
杜原侯皐	城阳共王子。	三月乙丑封，十三年，元鼎五年，坐酎金免。			
临乐敦侯光 师古曰："敦字或音七对反，又作敦，古穆字。"	中山靖王子。	四月甲午封，二元封六年，兔侯列侯固嗣。十年薨。	建嗣。		五凤三年，节侯广都嗣，王莽篡位，绝。万年嗣。
东野戴侯章	中山靖王子。	四月甲午封，薨。	侯中时嗣，大初四年薨，亡后。		
高平侯喜	中山靖王子。	四月甲午封，十三年，元鼎五年，坐酎金免。		平原	
广川侯颇	中山靖王子。	四月甲午封，十三年，元鼎五年，坐酎金免。			

号谥姓名	属	始封	世代承袭		平原
重侯担 师古曰："担,音丁甘反。"	河间献王子。	四月甲午封,四年,元狩二年,坐不使人为秋请免。师古曰："请,音材姓反。"			
被阳敬侯燕 师古曰："被,音披。披彼反,千乘之县也。"	齐孝王子。	四月乙卯封,十年鼎五年薨。	穰侯始元二年,顷孝侯定嗣。二十八年寿嗣。	儇嗣,二年薨。 六世 侯广嗣,王莽篡位,绝。	节侯囵嗣。
定敷侯越	齐孝王子。	四月乙卯封,十元鼎四年,思侯元康四年,羌侯恭侯汤嗣。二年薨。	德嗣,五十一年福嗣。		定侯乘嗣,王莽篡位,绝。

号	属	始封	子	孙	曾孙	玄孙
稻夷侯定	齐孝王子。	四月乙卯封。薨。	簡侯阳都嗣。薨。	本始二年，戴侯咸嗣，四十二年薨。	甘露元年，顷侯阅嗣。	永嗣，王莽篡位，绝。
山原侯国	齐孝王子。	四月乙卯封，十七年薨。五十户。	天汉三年，康侯宰嗣，十四年薨。	始元三年，安侯发嗣。	**勃海** 甘露二年，孝侯外人嗣，十八年，建始五年薨。	
繁安夷侯忠	齐孝王子。	四月乙卯封，十八年薨。	元封四年，安侯守嗣。 **六世** 侯起嗣。	节侯寿汉嗣。	元凤五年，顷侯嘉嗣。	孝侯光嗣。
柳康侯阳已	齐孝王子。	四月乙卯封，薨。	子侯自为嗣。 **六世** 侯守嗣，王莽篡位，绝。	戴侯晏师嗣。	安侯携嗣。	缪侯轲嗣。

号	属	始封	六世	七世	中山
云喪侯信	齐孝王子。	四月乙卯封,四年薨。	十元鼎六年,侯茂太始二年,康侯蕫董侯终古嗣。		侯得之嗣,王莽篡位,绝。
牟平共侯漤（師古曰:"漤,音先列反。"）	齐孝王子。	四月乙卯封,五元狩三年,节侯太始二年,敬侯地节四年,康侯元康元年,孝侯乾嗣,一年薨。	奴嗣,二十五年更生嗌,二十九建嗣,一年薨。	发嗣。	乾嗣。
			蕫侯戚嗣。蕫侯威嗣。	侯隆嗣,王莽篡位,绝。	
柴原侯代	齐孝王子。	四月乙卯封,三征和二年,节侯元康二年,敬侯二年,康侯齐嗣。	胜之嗣,二十七贤嗣。十四年薨。		恭侯莫如嗣,薨,亡后。
柏畅戴侯终古	赵敬肃王子。	五年十一月辛酉封,薨。	侯朱嗣,始元三年薨,亡后。		
歊安侯延年	赵敬肃王子。	十一月辛酉封,			

號諡姓名	屬	始封	子	孫	曾孫
樊輿節侯修	中山靖王子。	三月癸酉封,三后元元年,煬侯過思侯異眾嗣。	頃侯士生嗣。	侯自子嗣,王莽	
戎丘侯讓	中山靖王子。	二月癸酉封,十二年,元鼎五年,坐酎金免。			
柳宿夷侯蓋	中山靖王子。	三月癸酉封,四年元狩三年,侯蘇嗣,八年,元鼎五年,坐酎金免。			
高丘哀侯破胡	中山靖王子。	三月癸酉封,八年,元鼎元年薨,亡後。			
乘丘節侯將夜	中山靖王子。	三月癸酉封,十元鼎四年,戴侯外人嗣,元康四年,坐為子時與后母亂,免。	侯德嗣		
師古曰："歇,音許昭反。"		十二年,元鼎五年,坐酎金免。			

	曲成侯万岁	安郭于侯傅富	安险侯应	安道侯恢	夫夷敬侯义
世系	中山靖王子。	中山靖王子。	中山靖王子。	中山靖王子。	长沙定王子。
封	十六年薨。	三月癸酉封，十二年，元鼎五年，坐酎金免。	三月癸酉封，十二年，元鼎五年，坐酎金免。	三月癸酉封，十二年，元鼎五年，坐酎金免。	三月癸酉封，十元鼎五年，节侯五凤三年，顷侯庆嗣，釐侯庆嗣。二年薨。
嗣	伦嗣。	釐侯偃嗣，薨，五百二十户。			禹嗣，五十八年奉宗嗣。
续		侯崇嗣，元康元年，坐首匿死罪免。			
末	篡位，绝。	薨	薨		怀侯福嗣。

号谥姓名	属·始封	子	孙	曾孙	玄孙（六世）
春陵节侯买	长沙定王子。六月壬子封，四年薨。	元狩三年，戴侯熊渠嗣，五十六年薨。	孝侯仁嗣。	侯敞嗣。	建武二年，立敞子祉为城阳王。
都梁敬侯定	长沙定王子。八月壬子封。六年薨。	元鼎元年，顷侯弘嗣。偄嗣。 师古曰："偄，音胡礼反。偄又礼反。"	原侯顺怀嗣。	炀侯容嗣。	六世　侯佗人嗣，王莽篡位，绝。
洮阳靖侯狩	长沙定王子。六月壬子封，七…				六世　侯商嗣，王莽篡位，绝。

属	号谥姓名	子	封及事	嗣
燕			年,元狩六年薨,亡后。	
	众陵节侯贤	长沙定王子。	六月壬子封。十年薨。	年,元本始四年,戴侯黄龙元年,顷侯胄嗣,真定嗣,二十二庆嗣。位,绝,王莽篡。
汝南	终飞侯广置	衡山赐王子。	六年四月丁丑封,十一年,元鼎五年,坐酎金免。	
琅邪	麦侯昌	城阳顷王子。	元鼎元年四月戊寅封,五年,坐酎金免。	
平原	巨合侯发	城阳顷王子。	四月戊寅封,五年,坐酎金免。	
琅邪	昌侯差	城阳顷王子。	四月戊寅封,五	

号	属	始封	子	孙	曾孙	玄孙	位次
黄侯方 师古曰："黄，音口怪反，字或作费，音拂未反，又音秋。"	城阳顷王子。	四月戊寅封，五年，坐酎金免。	年，坐酎金免。				
犂蕃康侯泽 师古曰："犂，音平。蕃，音工垦反。"	城阳顷王子。	四月戊寅封，十二年薨。	六神爵元年，夷侯顷侯阁嗣。	舞嗣。		侯永嗣，王莽篡位，绝。	
原洛侯敢	城阳顷王子。	四月戊寅封，二十六年，征和三年，坐杀人弃市。					琅邪
挟术侯昆景	城阳顷王子。	四月戊寅封，十六年，天汉元年					琅邪

号谥姓名	封	嗣	子孙	国名
			薨，亡后。	
挟术侯霸	城阳顷王子。四月戊寅封，三十五年薨。	三始元五年，夷侯神爵五年，节侯威嗣，二十一年贤嗣。薨。顷侯思嗣。	孝侯众嗣，薨，亡后。	平原
扐节侯让	城阳顷王子。四月戊寅封，薨。	侯兴嗣，为人所杀。		东海
文成侯光	城阳顷王子。四月戊寅封，五年，坐酎金免。			东海
校靖侯云 师古曰："校，音效。"	城阳顷王子。四月戊寅封，五年，坐酎金免。			
庸侯余	城阳顷王子。四月戊寅封，有罪死。			琅邪
瞿侯寿	城阳顷王子。四月戊寅封，五年，坐酎金免。			东海

号谥姓名	属				国名
鳣侯应 师古曰："鳣,音竹连反。"	城阳顷王子。	四月戊寅封,五年,坐酎金免。			襄贲 师古曰："贲,音奔,又音肥。"
彭侯强	城阳顷王子。	四月戊寅封,五年,坐酎金免。			东海
郅节侯息 师古曰："郅即㺊字也,又音孤。"	城阳顷王子。	四月戊寅封,五元康四年,质侯守嗣,七年薨。	十五年薨。		
虚水康侯禹	城阳顷王子。	四月戊寅封,三地节元年,息侯怠嗣,十八年薨。	爵嗣,七年薨。	五凤四年,侯敞嗣,王莽位,绝。	
东淮侯类	城阳顷王子。	四月戊寅封,五年,坐酎金免。			北海
拘侯贤	城阳顷王子。	四月戊寅封,五年,坐酎金免。			千乘

		东海		寿光			

淯侯不疑	城阳顷王子。	四月戊寅封，五年，坐酎金免。					
师古曰："淯，音育。"							
陆元侯何	菑川靖王子。	七月辛卯封，薨。	原侯贾嗣。	侯延寿嗣，五凤三年，坐命女妹夫亡命笞二百，首匿罪，免。 师古曰："妹夫亡命，又有笞罪，而藏匿之，坐免也。"			
广饶康侯国	菑川靖王子。	七月辛卯封，十年薨。	侯坊嗣，五地节三年，共侯甘露元年，侯麟嗣，王莽篡位，十四年薨。 师古曰："坊，音房。"	绝。			
瓶敬侯成	菑川靖王子。	七月辛卯封，十四年薨。	侯龙嗣，五地节二年，顷侯元康三年，原侯闵嗣，王莽篡位，绝。融嗣，五十年薨。					
师古曰："瓶，音瓶。"							

步丁反。"

号谥姓名	属·封				
俞闾炀侯毋害 师古曰:"俞,音喻。"	菑川靖王子。 七月辛卯封,四十四年薨。	地节三年,原侯况嗣。	五凤元年,侯膦嗣,十三年,初三年薨,亡后。 师古曰:"膦,音邻。"		
甘井侯光	广川缪王子。 七月乙酉封,二十五年,征和二年,坐杀人弃市。			巨庵	
襄陿侯圣 师古曰:"陿,音丁夹反。"	广川缪王子。 七月乙酉封,五十年,地节四年,坐奉酎金斤八两少四两,免。	初始元二年,圣子伦以曾祖广川惠王曾孙为广德王。		巨庵	
皋虞炀侯建 师古曰:"炀,音步丁反。"	胶东康王子。 元封元年五月丙午封,九年薨。	太初四年,釐侯定嗣,十四年薨。	本始二年,节侯勋嗣。	哀嗣。	颂侯显嗣。

号	属	始封			六世		郡
七向反。后皆类此。”							
魏其炀侯昌	胶东康王子。	五月丙午封,十年薨。	原侯甘露三年,傅光嗣,三十三年薨。	孝侯质侯峤嗣。师古曰:“峤,音峤。”	侯乐嗣,王莽篡位,绝。	侯嘉嗣,王莽篡位,绝。	琅邪
祀兹侯延年	胶东康王子。	五月丙午封,五年,坐葬印绶出国免。					
高乐康侯 师古曰:“史夫其名也。”	齐孝王子。	不得封年,薨,亡后。					济南
参戚侯则	广川惠王子。	不得封年,坐酎					东海

号谥姓名	事迹			国别
晋灼曰:"嚻,音 憍敖。"师古曰: "音子弄反,又 子公反。"	金免。			
沂陵侯喜 师古曰:"沂,音 牛衣反。"	广川惠王子。不得封年,坐酎 金免。			东海
沈阳侯自为	河间献王子。不得封年。			勃海
漳北侯宽	赵敬肃王子。不得封年,元凤 三年,为奴所杀。			魏
南䜴侯佗 师古曰:"䜴,音 力专反。"	赵敬肃王子。征和 二年,坐酎金免。			钜鹿
南陵侯庆	赵敬肃王子。不得封年,后三 年,坐为沛郡大			临淮

	常山	魏	济南
鄗侯舟 师古曰:"鄗,音呼各反。"	守横恣闿上,下狱病死。 赵敬肃王子。		
安檀侯福		不得封年,征和四年,坐祝櫨上,要斩。 师古曰:"櫨,古诅字也,音侧据反。" 赵敬肃王子。	
爰戚侯当			不得封年,后三年,坐为常山大守祝诅上,讯未竟,病死。 师古曰:"讯,谓考问之。" 赵敬肃王子。

号谥姓名	属					
栗节侯乐	赵敬肃王子。	反，自杀。				
洨夷侯周舍〔师古曰："洨，音交，又音爻。"〕	赵敬肃王子。	征和元年封，二地节四年，十七年薨。	忠嗣。	炀侯质侯终根嗣。	侯况嗣。	侯承嗣。
虢节侯起〔晋灼曰："虢，音……"师古曰："音干虢反。"〕	赵敬肃王子。	元年封，薨。	孝侯惠嗣。	节侯乃始嗣。	哀侯勋嗣。	侯巨鹿嗣。
柳𥙭戴侯道〔郑氏曰："𥙭裴，音即非，在肥乡县南五里，即非城也。"〕	赵敬肃王子。	元年封，十三年始元六年，夷侯神爵元年，恭侯充国嗣，二十年广明嗣。薨。元年封，十二年元凤元年，……薨。	尊嗣。	哀侯顷嗣。	釐侯固嗣。釐侯景嗣。	**东海**　侯发嗣。

澎侯屈釐 师古曰:"澎,音 彭,东海县也。 屈,音丘勿反, 又音求勿反。"	中山靖王子。	二年三月丁巳 封,三年,坐为 丞相祝诅,要斩。
右孝武		

王子侯下

汉书卷一五下
表第三下

孝元之世，亡王子侯者，盛衰终始，岂非命哉！元始之际，王莽擅朝，伪褒宗室，侯及王之孙焉，①居摄
而愈多，非其正。②旋踵亦绝，悲夫！
①师古曰："王之孙亦不得封侯，谓承乡侯冈以下是也。"
②师古曰："王莽所封，故不以为正也。"

号谥姓名	属	始封	子	孙	曾	孙	玄	孙
松兹戴侯霸	六安共王子。	始元五年六月辛丑封，二十二薨。	神爵二年，恭侯顷继嗣。师古曰："继，音于继切。"	甘露二年，恭侯顷侯继嗣。	侯均嗣。王莽篡位，绝者凡百八			

號諡姓名	屬	始封	子	孫	曾孫	玄孫	人
温水侯安國	膠東哀王子	六月辛丑封。十一年，本始二年，坐上書為妖言，會救免。					
蘭旗頃侯臨朝	魯安王子	六月辛丑封，二年薨。	二神爵二年，節侯甘露元年，釐侯位嗣，絕。	去疾嗣，七年薨。嘉嗣。			
容丘戴侯方山	魯安王子	六月辛丑封。	侯昭嗣，絕。	頃侯未央嗣。			
良成頃侯文德	魯安王子	六月辛丑封。	共侯舜嗣。	釐侯原嗣。	戴侯元嗣。		
蒲領煬侯禄	清河綱王子	六年五月乙卯封。	哀侯推嗣，亡後。元延三年，節侯京嗣，免。不識以推弟紹	侯閎嗣，絕。			

年薨。

十一人。

師古曰：「此下言免爵者皆是也。」

涉反。」

号谥姓名	属	封				郡
南曲阳侯迁	清河纲王子。	五月乙卯封，十年薨。	三甘露三年，节侯尊嗣，免。			
高城节侯梁	长沙顷王子。	六月乙未封。	江嗣。	质侯景嗣。	顷侯清士嗣。	
成献侯喜	中山康王子。	元凤五年十一月庚子封，十五年薨。	神爵元年，顷侯杨得疏嗣。师古曰："疏，音才斯反。"	哀侯贵嗣，建平元年薨，亡后。	侯冯嗣，免。	涿郡
新市康侯吉	广川缪王子。	十一月庚子封，二十五年薨。	甘露三年，顷侯钦嗣。	义嗣。		堂阳
江阳侯仁	城阳惠王子。	六年十一月乙丑封，十年，元康元年，坐役使附落免。师古曰："有聚落，未附者，辄役使之，非法制也。"				东海

号名	封	嗣一	嗣二	郡
阳武侯	孝武皇帝曾孙。元平元年七月庚申封，即日即皇帝位。			
右孝昭十二				
朝阳荒侯圣	广陵厉王子。本始元年七月王子封。	思侯广德嗣。	侯安国嗣，免。	济南
平曲节侯曾	广陵厉王子。七月王子封，九年，五凤四年，坐父祝诅上，免，后复封。	十整侯临嗣。	侯衣嗣，免。	东海
南利侯昌	广陵厉王子。七月王子封，五年，地节二年，坐贼杀人免。			汝南
安定侯贤	燕剌王子。十月王子封。	顷侯延年嗣。	侯昱嗣，免。	巨鹿
东襄爱侯宽	广川缪王子。三年四月壬申封。	侯使亲嗣，建昭		信都

号谥姓名	封				
宣处节侯章	中山康王子。三年六月甲辰封，四年薨。	元年薨，亡后。	地节三年，原侯众嗣，薨，亡后。		
修市原侯黄	清河纲王子。四年四月乙丑封，三年薨。	地节三年，顷侯釐嗣。千秋嗣。	侯元嗣。	侯云嗣，免。	勃海
东昌楼侯成　晋灼曰："音躁疾。"师古曰："即古躁字也。"	清河纲王子。四月己丑封。	顷侯亲嗣。	节侯霸嗣。	侯祖嗣，免。	
新乡侯豹	清河纲王子。四月乙丑封，四年薨。	地节四年，釐侯杨嗣，步可嗣。	侯尊嗣。	侯佟嗣，元始五年，上书言王莽宜居摄践位，赐姓王。师古曰："佟，音徒冬反。"	

国					王子
清河	侯伯造嗣，免。			四月乙丑封，五年，元康元年，坐首匿群盗，弃市。	修故侯福　清河纲王子。
	哀侯封亲嗣。	顷侯乃始嗣纵嗣。		四月己丑封，十神爵二年，釐侯年薨。	东阳节侯弘　清河纲王子。
涿		顷侯称嗣。		五月癸丑封。	新昌节侯庆　燕刺王子。
		哀侯未央嗣，薨，亡后。			
	哀侯晋嗣，免。	元延元年，釐侯嬬以未央弟绍封。 师古曰："嬬，音乃丁反。"			
魏	侯定嗣，免。	侯度嗣。	胜嗣。	地节二年四月癸卯封，九年薨。	邯莘节侯偃 师古曰："郸，音

号谥姓名	子	始封	嗣	嗣	嗣	郡
乐阳缪侯说	赵顷王子。	四月癸卯封。	孝侯宗嗣。	顷侯崇嗣。	侯镇嗣，免。	常山
桑中戴侯广汉	赵顷王子。	四月癸卯封。	节侯纵嗣。	顷侯敬嗣，亡后。	元延二年，侯舜以敬弟绍封，十九年免。	常山
张侯嵩	赵顷王子。	四月癸卯封，八年，神爵二年，坐贼杀人，上书要上，下狱瘐死。师古曰："要上者，怙来而不服罪也。"				常山
景成原侯雍	河间献王子。	四月癸卯封，六年，元康四年，顷侯欧嗣。年甍。	顷侯董侯禹嗣。	节侯福嗣，免。		勃海

寒。塞，音沟。"

号谥姓名	功状						六世
平隄严侯招 师古曰："隄音丁奚反。"	河间献王子。	四月癸卯封，二年薨。	二年，缪侯来嗣。	节侯曾世嗣。	釐侯育嗣。	巨鹿 侯乃始嗣，免。	
乐乡荒侯佟	河间献王子。	四年癸卯封，二年薨。	神爵三年，节侯蒯嗣。	顷侯邓嗣。	釐侯胜嗣。	巨鹿 侯地绪嗣，免。	
高郭节侯曒 师古曰："曒音一盖反。"	河间献王子。	四月癸卯封，薨。	孝侯久长嗣，薨。	顷侯非嗣。师古曰："非，音斐。"	共侯称嗣。	哀侯霸嗣，薨，亡后。 郑 元延二年，侯异众以霸弟绍封。师古曰："河间之县也，音莫。"	侯发嗣，免。

侯名	来源	封				郡
乐望孝侯光	胶东戴王子。	四年二月甲寅封。	釐侯林嗣。	侯起嗣,免。		北海
成康侯饶	胶东戴王子。	二月甲寅封。	侯新嗣,免。			北海
柳泉节侯强	胶东戴王子。	二月甲寅封,七年薨。	十黄龙元年,孝侯建嗣。	扬侯万年嗣。	侯永昌嗣,免。	南阳
复阳严侯延年 师古曰:"复,音方目反。"	长沙顷王子。	元康元年正月癸卯封。	炀侯汉嗣。	侯道嗣,免。		南阳
钟武节侯度	长沙顷王子。	正月癸卯封。元延二年,节侯则以霸叔父绍封。	孝侯宣嗣。	哀侯霸嗣,亡后。		
高城节侯梁	长沙顷王子。	正月癸卯封。	质侯景嗣。	顷侯诸士嗣。		
富阳侯赐	六安夷王子。	二年五月丙戌			侯冯嗣,免。	

		封，二十八年，建昭二年，坐上书归印绶免。八百户。				
海昏侯贺	昌邑哀王子。	三年四月壬子，以昌邑王封，四年，神爵三年薨。坐故行淫辟，不得置后。师古曰："辟，读曰僻。"	初元三年，釐侯代宗以贺子绍封。	原侯保世嗣。	侯会邑嗣，免，建武后封。	**豫章**
曲梁安侯敬	平干顷王子。	七月壬子封。	节侯时光嗣。	侯瓠辩嗣，免。		**魏郡**
遽乡侯宣	真定列王子。	四年三月甲寅封，二年薨，亡后。				**常山**

号谥姓名	始封				国
新利侯偃	胶东戴王子。神爵元年四月癸巳封，十一年，甘露四年，坐上书谩，免。复更封户都侯，建始三年又上书谩，免。四百户。				
乐信顷侯强	广川缪王子。三年四月戊戌封。	孝侯何嗣。	节侯贺嗣。	侯涉嗣，免。	巨鹿
昌成节侯元	广川缪王子。四月戊戌封，四年薨。	五凤三年，坐齿嗣。	釐侯应嗣。	质侯江嗣，建平三年薨，亡后。	信都
广乡孝侯明	平干顷王子。七月壬申封。	节侯安嗣。	釐侯周齐嗣。	侯充国嗣，免。	巨鹿
成乡质侯庆	平干顷王子。七月壬申封，九百户。	节侯霸嗣，鸿嘉三年薨，亡后。元延二年，侯果			广平

号	属	封	嗣	嗣	嗣	郡
平利节侯世	平干顷王子。	四年三月癸丑封。	质侯嘉嗣	釐侯禹嗣	侯旦嗣，以霸弟绍封，十九年免。	魏郡
平乡孝侯王	平干顷王子。	三月癸丑封。	节侯成嗣。	侯阳嗣，免。		魏郡
平纂节侯梁	平干顷王子。	三月癸丑封，亡后。				平原
成陵节侯元	平干顷王子。	三月癸丑封，百一十户。	四侯德嗣，鸿嘉三年，坐弟与后母乱，共杀兄，德知不举，不道，下狱病死。			广平
西梁节侯辟兵	广川戴王子。	三月乙亥封，七年薨。	甘露三年，孝哀侯官嗣。	广嗣。	侯敞嗣，免。	巨鹿
历乡康侯必	广川缪王子。	七月壬子封，五凤元年，顷侯官嗣。	缪侯官嗣。		侯东之嗣，免。	巨鹿

	王子	年薨	长寿嗣			郡
胜						
阳城懰侯田	平干顷王子。	七月壬子封。	节侯贤嗣。	釐侯说嗣。	侯报嗣，免。	
柏阳侯仁	平干顷王子。	五凤元年四月乙未封，十三年，初元五年，坐擅兴繇赋，削爵一级，为关内侯。九百一十户。				广平
武陶节侯朝	广川缪王子。	七月壬子封。	孝侯弘嗣。	节侯勋嗣。	侯京嗣，免。	巨鹿
阳兴侯昌	河间孝王子。	十二月癸巳封，二十六年，建始二年，坐朝私留它县，使庶子杀人，弃市。千三百五十户。				涿郡

侯号	子属	封	嗣	嗣	郡
利乡孝侯安	中山顷王子。	甘露元年三月壬辰封。	戴侯遂嗣。	侯国嗣，免。免。	常山
都乡孝侯景	赵顷王子。	二年七月辛未封。	侯溱嗣，免。师古曰："溱,音臻。"		东海
昌慮康侯弘 师古曰："慮,音力于反。"	鲁孝王子。	四年闰月丁亥封。	釐侯奉世嗣。	侯盖嗣，免。	泰山
平邑侯敞	鲁孝王子。	闰月丁亥封，二年，初元元年，坐杀一家二人，弃市。			东海
山乡节侯绪	鲁孝王子。	闰月丁亥封。	侯丘嗣，免。		东海
建陵靖侯遂	鲁孝王子。	闰月丁亥封，一年薨。鲁嗣。	黄龙元年，节侯连文嗣，免。		东海

侯名	属	始封				国
合阳节侯平	鲁孝王子。	闰月丁亥封,一百六十户。	千孝侯安上嗣,始元年薨,亡后。			东海
东安孝侯强	鲁孝王子。	闰月丁亥封。	侯拔嗣,免。			东海
承乡节侯当 师古曰:"承,音证。"	鲁孝王子。	闰月丁亥封,二千七百户。	侯德天嗣,鸿嘉二年,坐恐猲国人,受财减五百以上,免。			东海
建阳节侯咸	鲁孝王子。	闰月丁亥封。	孝侯霸嗣。	侯并嗣,免。		东海
高乡节侯休	城阳惠王子。	十一月壬申封。	顷侯兴嗣。	侯革始嗣,免。		琅邪
兹乡孝侯弘	城阳荒王子。	十一月壬申封。	顷侯昌嗣。	节侯应嗣。	侯宇嗣,免。	琅邪
蒲阳侯显	城阳荒王子。	十一月壬申封,十六年,建昭四年,坐恐猲国民取财物,免。六百户。				东海

都平爱侯丘	城阳荒王子。	十一月壬申封。	恭侯诉免	侯堪嗣，免。		东海
寒原侯山	城阳荒王子。	十一月壬申封。	节侯翟嗣。	侯妾得嗣，薨，亡后。		琅邪
箕愿侯文 师古曰："愿，音愿，又音原。"	城阳荒王子。	十一月壬申封。	节侯瞵嗣 师古曰："瞵，音邻。"	侯褒嗣，免。		琅邪
高广节侯勋	城阳荒王子。	十一月壬申封。	哀侯贺免。	质侯福嗣。	侯吴嗣，免。	琅邪
即来节侯佼 师古曰："佼，音狡。"	城阳荒王子。	十一月壬申封。	侯钦嗣，免。			琅邪
右孝宣						
胶乡敬侯汉	高密哀王子。	初元年三月丁巳封，七百四四年薨，亡后。十户。	节侯成嗣，阳朔			琅邪
桃乡侯良	广川缪王子。	三月封。	共侯歆嗣。	侯狗嗣，免。		巨鹿

安平釐侯习	长沙孝王子。	三月封。	侯嘉嗣，免。		巨鹿
阳山节侯宗	长沙孝王子。	三月封。	侯贺奴嗣，免。		桂阳
庸釐侯谈	城阳荒王子。	三月封，九百一十户。	侯端嗣，永光二年，坐强奸人妻，会救，免。		琅邪
昆山节侯光	城阳荒王子。	三月封。	侯仪嗣，免。		琅邪
折泉节侯根	城阳荒王子。	三月封。	侯诩嗣，免。		琅邪
博石顷侯渊	城阳荒王子。	三月封。	侯获嗣，免。		琅邪
要安节侯胜	城阳荒王子。	三月封。	哀侯守嗣，薨，亡后。		琅邪
房山侯勇	城阳荒王子。	三月封，五十六年免。			琅邪
武节侯羌	城阳荒王子。	三月封，三百户。	哀侯霸嗣，鸿嘉元年薨，亡后。	元延元年，侯萌	泰山

号	属	封	嗣	郡
临乡顷侯云	广阳顷王子。	五年六月封。	以霸弟绍封，十九年免。	涿
西乡顷侯容	广阳顷王子。	六月封。	侯文嗣，免。	涿
阳乡思侯发	广阳顷王子。	六月封。	侯景嗣，免。	涿
益昌顷侯婴	广阳顷王子。	永光三年三月封。	共侯改嗣。侯福嗣，免。	涿
羊石顷侯回	胶东顷王子。	三月封。	共侯成嗣。侯顺嗣，免。	北海
石乡炀侯理	胶东顷王子。	三月封。	侯建国嗣，免。	北海
新城节侯根	胶东顷王子。	三月封。	侯霸嗣，免。	北海
上乡侯歆 师古曰："歆，音歠。"	胶东顷王子。	三月封，三十九年免。		北海
于乡节侯定	泗水勤王子。	三月封。	侯圣嗣，免。	东海
就乡节侯玮	泗水勤王子。	三月封，七年薨，		东海

侯			
石山节侯玄	城阳戴王子。	三月封。	釐侯嘉嗣,免。
郁阳节侯音	城阳戴王子。	三月封。	侯凶嗣,免。
参封侯嗣	城阳戴王子。	三月封。	侯殷嗣,免。
伊乡顷侯迁	城阳戴王子。	三月封,薨,亡后。	
襄平侯瞫	广阳厉厉王子。	五年三月封,四十七年免。	
贲乡侯平 师古曰:"贲,音肥;音武制反。"	梁敬王子。	建昭元年正月封,四年,病狂自杀。	
乐侯义	梁敬王子。	正月封,四年,坐使人杀人,髡为城旦。	
中乡侯延年	梁敬王子。	正月封,四十六	

号谥姓名	属	始封	嗣	国
郑顷侯罢军	梁敬王子。	年薨。	侯良嗣，免。	
黄节侯顺	梁敬王子。	正月封。	节侯骏嗣。釐侯申嗣，元寿二年薨，亡后。	济阴
平乐节侯迁	梁敬王子。	正月封。	侯宝嗣，免。	济南
留乡釐侯就	梁敬王子。	正月封。	侯逢喜嗣，免。	济南
东乡节侯方	梁敬王子。	正月封。	侯护嗣，免。	沛
陵乡侯诉	梁敬王子。	正月封，七年，建始二年，坐使人伤家丞，又贷谷息过律，免。师古曰："以谷贷人而多取其息也。"		沛
溧阳侯钦 师古曰："溧，音栗。"	梁敬王子。	正月封。	侯毕嗣，免。	沛

栗。"

号谥姓名	属	始封	子	孙	曾孙	玄孙
厘乡节侯固　师古曰："厘，音力之反。"	梁敬王子。	正月封，二十一年，鸿嘉四年，坐上书归印绶，免。四百二十二户。				沛
高柴节侯发	梁敬王子。	正月封。	董侯贤嗣	侯隐嗣，免。		沛
临都节侯末央	梁敬王子。	正月封。	侯息嗣，免。			
高质侯舜	梁敬王子。	正月封。	董侯始嗣	侯便翁嗣，免。		
北乡侯谭	菑川孝王子。	四年六月封，四十三年免。				
兰陵节侯宣	广陵孝王子。	五年十二月封。	共侯谭嗣	侯便强嗣，免。		
广平节侯德	广陵孝王子。	十二月封。	侯态嗣，免。			
博乡节侯交	六安缪王子。	竟宁元年四月封。	侯就嗣，免。			

侯名	王子	封						齐
柏乡戴侯买	赵哀王子。	丁卯封。	顷侯云嗣。	侯谭嗣，免。				
安乡孝侯喜	赵哀王子。	四月丁卯封。	釐侯昫嗣。	侯合众嗣，免。				齐
广戚侯便	菑川孝王子。	四月丁卯封。	节侯护嗣。	侯年嗣，免。				齐
平节侯服	菑川孝王子。	四月丁卯封。	侯嘉嗣，免。					
右孝元								
昌乡侯宠	胶东顷王子。	建始二年正月封，三十年，元寿二年，坐使家丞封上印绶，免。						
颖阳侯共	胶东顷王子。	正月封，三十九年免。						
乐阳侯获	胶东顷王子。	正月封，三十九年免。						
平城釐侯邑	胶东顷王子。	正月封。	节侯珍嗣。	侯理嗣，免。				

号谥姓名	封			
密乡顷侯林	胶东顷王子。正月封。	孝侯钦嗣。	侯敞嗣，免。	
乐都杨侯诉	胶东顷王子。正月封。	缪侯临嗣。	侯延年嗣，免。	
卑梁都	高密顷王子。正月封，三十九年免。			
胶东侯愿 师古曰："愿，音女林反。"	高密顷王子。正月封，三十九年免。			
武乡侯庆	高密顷王子。正月封。	侯劲嗣。		
成乡釐侯安	高密顷王子。正月封。	侯德嗣，免。		
丽兹共侯赐	高密顷王子。正月封。	侯放嗣，免。		
娄梁怀侯强	河间孝王子。正月封，四年薨，亡后。			
广戚炀侯勋	楚孝王子。河平三年二月乙亥封。	侯显嗣。		子婴，居摄元年为孺子，王莽篡位，为定安公，

阴平釐侯回	楚孝王子。	阳朔二年正月丙午封。	侯诗嗣，免。	**承乡** 元始元年二月丙午，侯阅以孝王孙封，八年免。	莽败，死。
乐平侯䜣	淮阳宪王子。	国六月壬午封，免，元寿二年更封共乐侯。师古曰："病狂而改易其本姓也。"	**外黄** 元始元年二月丙辰，侯围以宪王孙封，八年免。	**高阳** 二月丙辰，侯并	

号谥姓名	属	始封			
郚乡侯闵 师古曰："郚，音吾，又音鱼。"	鲁顷王子。	四月甲寅封，十七年，建平三年为鲁王。	**辛乡** 侯延以顷王孙封，八年免。	**平陆** 二月丙辰，侯宪 以宪王孙封，八年免。	以宪王孙封，八年免。
建乡侯康	鲁顷王子。	四月甲寅封。	侯自当嗣，免。		
安丘侯常	高密顷王子。	鸿嘉元年正月癸巳封，二十八年免。			
栗乡侯护	东平思王子。	四月辛巳封。	**金乡** 侯玄成嗣，免。		

元始元年二月丙辰，侯不害以思王孙封，八年免。	平通 二月丙辰，侯旦以思王孙封，八年免。	西安 二月丙辰，侯汉以思王孙封，八年薨。	湖乡 二月丙辰，侯开以思王孙封，八年

桑丘侯颂					
东平思王子。	四月辛巳封。				
		高乐 二月丙辰，侯修	**陵阳** 二月丙辰，侯嘉 以思王孙封，八 年免。	**阳兴** 二月丙辰，侯寄 生以思王孙封， 八年免。	**重乡** 二月丙辰，侯少 柏以思王孙封， 八年薨。 左免。

以思王孙封,八年免。	**平邑** 二月丙辰,侯闳 以思王孙封,八年免。	**平纂** 二月丙辰,侯况 以思王孙封,八年免。	**合昌** 二月丙辰,侯辅 以思王孙封,八年免。	**伊乡**

			二月丙辰，侯开以思王孙封，八年免。			
			就乡 二月丙辰，侯不害以思王孙封，八年免。			
			胶乡 二月丙辰，侯武以思王孙封，八年免。			
			宜乡 二月丙辰，侯恢以思王孙封，八年免。			

昌城 二月丙辰,侯丰 以思王孙封,八 年免。	乐安 二月丙辰,侯禹 以思王孙封,八 年免。			

侯立嗣,免。	侯级嗣,免。		侯富嗣,免。	
二年正月戊子封。	五月戊子封。	四年六月乙巳封,二十五年免。	永始二年五月乙亥封。	
东平思王子。	鲁顷王子。	胶东共王子。	梁夷王子。	
桃乡顷侯宣	**新阳顷侯承**	**陵石侯庆**	**祁乡节侯贤**	

		济南			齐
富阳侯萌	东平思王子。	三年三月庚申封，二十三年免。			
曲乡顷侯凤	梁荒王子。	六月辛卯封，十侯云嗣，免。七年薨。			
桃山侯钦	城阳孝王子。	四年五月戊申封，二十一年免。			
昌阳侯霸	泗水庆王子。	五月戊申封，二十一年免。			
临安侯闵	胶东共王子。	五月戊申封，二十一年免。			
徐乡侯炔 师古曰："炔，音桂，字或作快。"	胶东共王子。	元延元年二月癸卯封，二十一年，王莽建国元年，举兵欲诛莽，死。			

号谥	属	功状	嗣	封	王子	侯国
				二年正月癸卯封,十八年免。	菑川孝王子。	**台乡侯滕** 师古曰:"滕,音称。"
			侯偃嗣,免。	四月甲寅封。	东平思王子。	两阳顷侯并
	东莱			绥和元年五月戊午封,三年薨,亡后。	胶东共王子。	堂乡哀侯恢
				六月丙寅封,十六年免。	赵共王子。	安国侯吉
				六月丙寅封,十六年免。	赵共王子。	梁乡侯交
			侯章嗣,免。	六月丙寅封。	赵共王子。	襄乡顷侯福
			侯弘嗣,免。	六月丙寅封。	赵共王子。	容乡釐侯强
				六月丙寅封,十六年免。	赵共王子。	缗乡侯固 师古曰:"缗,音绲。"

						哀育嗣,免。		
於粉反。"	河间孝王子。六月丙寅封,十六年免。	河间孝王子。六月丙寅封。	河间孝王子。六月丙寅封,十六年免。	广阳惠王子。六月丙寅封,十六年免。	六安顷王子。三年七月庚午封,十五年免。		河间惠王子。建平二年五月丁酉封,十三年免。	东平炀王子。五月丁酉封,四
	广昌侯贺	都安节侯普	乐平侯永	方乡侯常得	庸乡侯宰	右孝成	南昌侯宇	严乡侯信

年，坐父大逆，免，元始元年复封。六年，王莽居摄二年，东郡大守翟义举兵，立信为天子，兵败，死。	东平炀王子。五月丁酉封。四年，坐父大逆，免，元始元年复封，居摄二年举兵死。	楚思王子。四年三月丁卯封，至王莽六年，举兵欲诛莽，死。
	武平侯璜	**陵乡侯曾**

武安侯慢 师古曰："慢，音受。"	楚思王子。	三月丁卯封，二年，元寿二年，坐使奴杀人免，元始元年复封，八年免。				
湘乡侯昌	长沙王子。	五月丙午封，十一年免。				
方乐侯嘉	广陵缪王子。	元寿元年五月乙卯封，十一年免。				
宜禾节侯得	河间孝王子。	二年四月丁酉封。侯恢嗣，免。				
富春侯玄	河间孝王子。	四月丁酉封，十年免。				
右孝哀						

陶乡侯歆	东平炀王子。	元始元年二月丙辰封,八年免。
厘乡侯襃	东平炀王子。	二月丙辰封,八年免。
昌乡侯且	东平炀王子。	二月丙辰封,八年免。
新乡侯鲤	东平炀王子。	二月丙辰封,八年免。
鄑乡侯光	楚思王子。	二月丙辰封,八年免。
新成侯武	楚思王子。	二月丙辰封,八年免。
宜陵侯丰	楚思王子。	二月丙辰封,八年免。
堂乡侯护	楚思王子。	二月丙辰封,八年免。

扶乡侯普	朝乡侯充	梧安侯誉	安陆侯平	复昌侯休	成阳侯众	成陵侯由
楚思王子。	楚思王子。	楚思王子。	楚思王子。	楚思王子。	楚思王子。	楚思王子。
二月丙辰封,八年免。	二月丙辰封,八年免。	二月丙辰封,八年免。	二月丙辰封,八年免。	二月丙辰封,八年免。	二月丙辰封,八年免。	二月丙辰封,八年免。

二年四月丁酉封，七年免。	四月丁酉封，七年免。	四月丁酉封，七年免。	四月丁酉封，七年免。	五年闰月丁酉封，四年免。	闰月丁酉封，四年免。	闰月丁酉封，四
广阳缪王子。	广阳思王子。	广阳思王子。	东平炀王子。	长沙剌王子。	长沙剌王子。	真定共王子。
方城侯宣	当阳侯益	广城侯建 师古曰："建，音竹二反。"	春城侯允	昭阳侯赏	承阳侯景 师古曰："承，音丞。字或作丞。"	信昌侯广

昌乡侯尚	李乡侯毂	菀乡侯隆	寿泉侯承	杏山侯遵	右孝平
楚思王子。	楚思王子。	楚思王子。	楚思王子。	楚思王子。	
年免。	闰月丁酉封，四年免。	闰月丁酉封，四年免。	闰月丁酉封，四年免。	闰月丁酉封，四年免。	闰月丁酉封，四年免。

汉书卷一六
表第四

高惠高后文功臣

自古帝王之兴，曷尝不建辅弼之臣所与共成天功者乎！①汉兴自秦二世元年之秋，楚陈之岁，②初以沛公总帅雄俊，三年然后西灭秦，立汉王之号，五年东克项羽，即皇帝位，八载而天下乃平，始论功而定封。讫十二年，侯者百四十有三人。时大城名都民人散亡，户口可得而数裁什二三，③是以大侯不过万家，小者五六百户。封爵之誓曰："使黄河如带，泰山若厉，国以永存，爰及苗裔。"④于是申以丹书之信，重以白马之盟，⑤又作十八侯之位次。⑥高后二年，复诏丞相陈平尽差列侯之功，录弟下竟，臧诸宗庙，副在有司。⑦始未尝不欲固根本，而枝叶稍落也。

①师古曰："天功，天下之功也。《虞书·舜典》曰'钦哉，惟时亮天功'也。"
②师古曰："谓陈涉自称楚王时也。"

③师古曰："萩，与才同。十分之内才有二三也。"

④应劭曰："封爵之誓，国家欲使功臣传祚无穷。带，衣带也。厉，砥厉石也。河当何时如厉石，山当何时如厉石也。言如带厉，国犹永存，以及后世之子孙也。"

⑤师古曰："解在《高纪》。白马之盟，谓刑白马歃其血以为盟也。"

⑥孟康曰："惟有功萧、傅宽、灌婴、靳歙、王陵、陈武、薛欧、周昌、丁复、虫达，从第一至十八也。"

⑦师古曰："副，贰也。其列侯功臣已藏于宗庙，副贰之本又在有司。"

故逮文、景四五世间，流民既归，户口亦息，列侯大者至三四万户，小国自倍，①富厚如之。②子孙骄逸，忘其先祖之艰难，多陷法禁，殒命亡国，或云亡国，讫于孝武后元之年，靡有孑遗，耗矣。③罔亦少密焉。④故孝宣皇帝愍而录之，乃开庙臧，览旧籍，诏令有司求其子孙，咸出庸保之中，⑤并受复除，或加以金帛，⑥用章中兴之德。

①师古曰："自倍者，谓旧五百户，今者至千户，曹参初封万六百户，至后嗣侯宗免时，有户二万三千，是为户口之蕃息故也。它皆类此。"

②师古曰："言其赀财亦稍富厚，各如户口之多也。"

③孟康曰："耗，音毛，无有毛米在者也。"师古曰："孟音是也，而解非也。耗，然，独立貌，言无有独存者，至于耗尽也。今俗语犹谓无为耗毛。"

④服虔曰："法罔差益密也。"

⑤师古曰："庸，卖功庸也；保，可安信也；皆赁作者也。"

⑥师古曰："复，音方目反。"

降及孝成，复加恤问，稍益衰微，不绝如线。①善乎，杜业之纳说也！曰："昔唐以万国致时雍之政，②虞、夏以之多群后，殷氏大平。③汤法三圣，④周封八百，重译来贺。⑤是以君之君乐继绝世，隆名之主安立亡国，⑥至于不及下车，德念深矣。⑦成王蔡牧野之克，顺群后之勤，知其恩结于民心，功光于王府也，故追述先父之志，录遗老之策，高其位，大其宇，⑧爱敬伤尽，命赐备厚。⑨大孝之隆，于是为至。至其没也，世主叹其功，无民而不思。所息之树之树且扰不伐，⑩况其庙乎？是以燕、齐之祀与周并传，存子继祈及，历载不堕。⑪吕无刑辟，鬷祖之竭力，故支庶赖焉。⑫迹汉功臣，亦皆割符世爵，受山河之誓，存以著其号，亡以显其魂，赏亦无细矣。百余年间而袭封者尽，或绝失姓，或贲胄孤于墓，苗裔流于道，生为愍隶，死为转尸。⑬以往况今，甚可悲伤。⑭圣朝怜闵，诏求其后，四方忻忻，靡不归心。⑮非所以视化劝后也。⑯三人为众，虽难尽继，宜从尤功。⑰于是成帝复绍萧何。

①晋灼曰："线，今线缕字也，音先战反。"

②师古曰："雍，和也。《尧典》云'黎萌于变时雍'，故社业引之也。"

③师古曰："群后，谓诸侯也。殷己，无为也。孔子曰：'无为而治者，其舜也欤！夫何为哉？恭己正南面而已。'共，读曰恭。"

④师古曰："三圣，谓尧、舜、禹三人也。"

⑤师古曰："重译，谓越裳氏也。"

⑥师古曰："以立亡国之后为安泰也。"

⑦张晏曰："谓武王入殷，未及下车，封黄帝之后于蓟，虞舜之后于陈也。"

⑧师古曰："宇，谓启土所居也。"

⑨师古曰："饬，谨也，读与敕同。"

⑩师古曰："谓召伯止于甘棠之下而听讼，人思其德，不伐其树，《召南·甘棠》之诗是也。"

⑪师古曰："弟代兄谓之及。堕，毁也，音火规反。"

⑫师古曰："言国家非有刑辟，而功臣子孙转在沟壑之中。"

⑬应劭曰："死不能葬，故尸流在沟壑之中。"师古曰："暨表者，言为徒表也。暨，读与由同。"

⑭师古曰："况，譬也。"

⑮晋灼曰："许慎云：遴，难行也。柬，古简字也。"师古曰："遴，读与吝同。"

⑯师古曰："视，读与示同。"

⑰孟康曰："言人三为众，虽难尽继，取其功尤高者一人继之，子名为众矣。"服虔曰："尤功，封者一人也。"师古曰："尤功，封者重一人也。"

哀、平之世，增修曹参、周勃之属，得其宜矣。以缀续前记，究其本末，并序位次，以昭元功之侯籍云。①

①师古曰："籍，谓名录也。《高纪》所云通侯籍也。"

号谥姓名	侯状户数	始封	位次	子	孙	曾孙	玄孙
平阳懿侯曹参	以中涓从起沛，至霸上，侯。以将军入汉，定三秦，食邑。	六年十二月甲申封。	孟康曰："参位第二，而萧何位在首，表在首，萧何……"	孝惠六年，靖侯窋嗣，九年薨。侯窋出嗣……	孝文后四年，简侯奇嗣，七年薨。	孝景四年，夷侯时嗣，二十三年薨。	元光五年，共侯襄嗣，十六年薨。

		六世	七世	八世	九世
		元鼎三年，宗嗣，二十四年，征和二年，坐与中人奸，阑入宫掖门，入财赎完为城旦。户二万。	元康三年，侯元康四年，参玄孙之孙杜陵公乘喜诏复家。		元寿二年五月甲子，侯本始以参玄孙之玄孙杜陵公士绍封，千户，元始元年益满二千户。

左丞相定魏、齐，以右丞相，侯，万六百户。

师古曰："中涓，亲近之臣，若谒者，舍人之类也。涓，洁也，言其在内主居中扫洁也。涓，音工玄反。"

位第一而表在十三，表以封前后故也。

孟康曰："诸家皆世世。"

			玄孙
		曾孙	
无所与,得传同产子。"	十一世 建武二年,侯旷嗣,今以本始年,子举兵佐军,绍封。	侯孙 高后六年,侯亭嗣,二十一年,孝文后三年,坐事国人过律,免。师古曰:"事,谓役使之也。"	
三千。	十世		六世 元康四年,歙玄孙之子长
		十一 十二月甲申封,九年薨。	
信武肃侯靳歙 师古曰:"歙,音翕。"	以中涓从起宛朐,入汉,以骑都尉定三秦,击黥布,别定江汉,项籍,五千三百户。以将军攻稀、布。		

				玄孙	六世
汝阴文侯夏侯婴	八	以令史从降沛，十二月甲申封，三十一年薨。以太仆，常奉车，竟定天下，及全皇太子、鲁元公主，侯，六千九百户。	安上造安汉诏复家。	孝文七年，夷十六年，共元光二年，侯颇嗣，四年，元鼎三年，坐尚公主与父御婢奸，自杀。侯灶嗣，七年侯赐嗣，四年，十一年薨。	元康四年，玄孙之子长安大夫信诏复家。
清河定侯王吸	十四	以中涓从起丰，十二月甲申封，二十三年薨。至霸上，为骑郎将，入汉，以将军击项籍，侯，		孝文元年，孝侯不害嗣，七年，孝景五年，哀侯伉嗣，十九年薨。二十不害嗣，元光二年薨，亡后。 哀八年，	元康元年，吸玄孙长安大夫充国诏复家。 师古曰："伉音抗。"

号谥姓名	侯状户数	始封	子	孙	玄孙	六世	七世
		音口浪反，又音工郎反。"					
		元寿二年八月，诏赐吸后爵关内侯，不言世。	孝惠六年，顷孝文十五封，二十年，共侯清嗣，二年薨。		孝景四年，侯偃玄孙		
	二千二百户。						
阳陵景侯傅宽	以舍人从起横阳，至霸上，为骑将，入汉，定三秦，属淮阴，定齐，为齐丞相，侯，二千六百户。	十二月甲申封，十二位次曰武忠侯。　师古曰："汉列侯位次簿有谥号姓名与史所记不同者，表则具载矣。	侯清嗣，二十年，共侯明嗣，二年薨。	侯偃嗣，三十一年，二十二元符元年，坐与淮南王谋反，诛。	侯偃嗣，三十一年，二十二元符元年，坐与淮南王谋反，诛。		

号谥姓名	侯功		位次			曾孙	玄孙
广严侯召欧 师古曰："召音邵。读曰邵。它皆放此。"	以中涓从起沛，至霸上，为连敖，入汉，以骑将定燕、赵，得燕将军，侯，二千二百户。	十二月甲申封，二十三年薨。	二十八	孝文二年，戴侯胜嗣，九年薨。十二年，孝文后七年薨，亡后。			元康四年，宽玄孙之孙长陵士伍景诏复家。 元康四年，欧玄孙安陵大夫不识诏复家。
广平敬侯薛欧	以舍人从起丰，至霸上，为郎，入汉，以将军击齐，项籍将钟离眜军固陵，侯，四千五百户。	十二月甲申封，十四年薨。	十五	高后元年，靖平侯山嗣，二十年，孝文后三年薨。六年薨。侯泽嗣，元年，坐受淮南赂称臣，在赦前，免。孝景中三年，有罪，免。中五年，泽复封，二十三年		元朔四年，侯穰嗣，三年，元符元年，坐受淮南赂称臣，在赦前，免。	元康四年，侯穰孙长安大夫去病南病诏复家。 元康四年，欧玄孙长安大夫去病南诏复家。

号谥姓名	侯第		子	孙	曾孙
博阳严侯陈濞以舍人从砀,以刺客将入汉,以都尉击项羽荥阳,绝甬道,杀追卒,卒,侯。师古曰:"楚军追汉兵者,濞杀其士卒也。"	十九	十二月甲申封,三十年薨。	孝文帝三年,侯始嗣,九年,坐谋杀人,会赦,免。孝景中五年,始复封,二年,后元年,后,有罪,免。	薨,谥曰节侯。	元康四年,濞曾孙茂陵公乘寿诏复家。
堂邑安侯陈婴以自定东阳为将,属楚项梁,为楚柱国。四岁,项羽死,属汉,定豫章、浙江,都浙,自立为王	八十六	十二月甲申封,十八年薨。	高后五年,共侯禄嗣,十八年薨。孝文二年,侯午嗣,尚馆陶公主,四十八年薨。		元光六年,侯季须嗣,十三年,元鼎元年,坐母公主卒未除服奸,兄弟争财,当死,自杀。

隆虑

孝景中五
年,侯融以
长公主子
侯,万五千
户,二十九
年,坐母繻
未除服奸,

壮息,侯,六百
户。复相楚元
王十二年。

师古曰:"渐,水
名。在丹阳黝县南
蛮中。婴既定诸
地而都之,时又有
壮息,称僭王,
婴复讨平也。"

	六世					
自杀。	元康四年，婴玄孙之子霸陵公士尊诏复家。	孝文三年，共侯买嗣，二年薨。	五年，简侯恬嗣，二十二年薨。	孝景五年，侯何嗣，二十三年，元光五年，坐略人妻，弃市。户万六千。		

六世		四十七			
元康四年，平玄孙之子长安簪袅莫诏复家。	元始二年，平诏赐平代后者凤爵关内侯，不言世。	七年十二月甲申封，二十七年薨。	曲逆献侯陈平，以故楚都尉，汉王二年初起修武，为都尉，以护军中尉出奇计，定天下，侯，五千户。		

留文成侯张良	正月丙午	六十二		曾孙	玄孙
以厩将从起下邳，以韩申都下，策降秦王婴，请解上与项羽陈汉中地，常为计谋，侯，万户。师古曰："韩申都即韩王信也。《楚汉春秋》作信都。古信、申同义。"	封，十六年薨。	师古曰："高祖自云得天下由张良，称其才也。叙位次，乃以曹参比萧何，校其勤也。至如户数多，或以功劳，亦无定。故称萧何功第一，户牖八千。张良食万户，而位过六十。它皆类此。"	高后三年，侯不疑嗣，十年，孝文五年，坐与门大夫杀故楚内史，赎为城旦。师古曰："门大夫，侯之属官也。"		

		六世
		元康四年,良玄孙之子阳陵公乘千秋诏复家。
		孝惠三年,哀侯禄嗣,六年,亡后;薨,高后二年,后二年,封何夫人禄母同为侯,孝文
射阳侯刘缠 师古曰:"即项伯也。射字或作贲者,后人作贲也。改也。"	兵初起,与诸侯共击秦,为楚左尹,九年,令尹。汉王与项羽有隙于鸿门,缠薨。嗣子睢解难,以破羽降汉,侯。	正月丙午封,九年,孝惠三年嗣,有罪,不得代。
酇文终侯萧何 师古曰:"酇,音赞。"	以客初从入汉,为丞相,守蜀及关中,给军食,佐定诸侯,为法令宗庙,侯,八千户。	正月丙午封,九年薨。一

武阳
五年，侯则
以何孙遗
弟绍封，二
十年有罪，
免。二万六
千户。

孝景二年，中二年，侯胜嗣，

筑阳
高后二年，定
侯延以何少
子封，孝文元
年更为鄜，二
年薨。
师古曰："筑，音
逐。"

阳侯遗嗣，
二年薨，亡
后。

元年薨。

		六年，侯寿成嗣，坐为太常牺牲瘦，免。
		鄼 元狩三年，共侯何曾孙绍庆以何玄孙绍封，二千四百户。三年薨。
侯嘉以则弟绍封，二十一年，坐不斋，耐为隶臣。千户，七年师古曰："谓当侍祠而不斋也。"卒。		地节四年，安侯建世以何玄孙绍封，十四年薨。
	六世 甘露二年，思侯护嗣，侯辅嗣。	七世 永始元年，坐使奴杀人，减死，完为

城邑。

六世	七世	八世	九世
永始元年七月癸卯，釐侯何玄孙之子南绎长喜以绍封，三年薨。师古曰："绎，音力全反，巳鹿之县也。"	永始四年，侯尊嗣，五年薨。	绥和元年，质侯草嗣，元始元年，益封满二千户，十三年薨。	王莽居摄元年，侯禹嗣，建国元年更为萧乡侯，莽败，绝。

绛武侯周勃以中涓从起沛，至霸上，侯。入汉，定三秦，食邑，为将军，击项籍，定泗水，东海，侯，八千一百八十户。

四：正月丙午，定封，十三年薨。

孝文十二年，侯胜之嗣，六年，有罪，免。

元始二年，侯共封，以勃玄孙绍封，千户。	元康四年，勃曾孙槐里公乘广元始二年，元汉诏复家。	元朔五年，侯建德嗣，年，共侯坚以勃子绍封，十九年薨。十二年，元始二鼎五年，坐酎金免。	后三年，修侯亚夫以勃子绍封，十八年，有罪免。师古曰："修，读曰条。"

平曲
孝景后元元年，共侯勃子勃子绍封，十九年薨。

孝惠七年，侯伉嗣，九年，高后八年，坐吕氏诛。
师古曰："伉，音……"

百户。

舞阳武侯樊哙 以舍人起沛，从至霸上，为侯。以郎入汉，定三秦，为将军，击项籍，再益封。

五月丙午封，十三年薨。

师古曰："亢，音……"

		玄孙			
	孝文元年，荒侯市人以哙子绍封，二十九年薨。	孝景七年，侯它嗣，二十六年，中六年，非子免。	元康四年，哙曾孙长陵不更胜坐它广嗣，诏复家。师古曰："不更，爵名。胜客，其人名。"		
	六世 元始二年，侯章以哙玄孙之子绍封，千户。				
	孝文元年，侯寄嗣，三十二年，有罪，免。户万千八。				
从破燕，执韩信，侯，五千户。	口浪反，又音冈。"				
曲周景侯郦商 以将军从起岐，攻长社以南，别封，二十二，定汉及蜀，定三年薨。奏，击项籍，侯，					六

四千八百户。		元鼎二年,侯终根嗣,二十九年,后二年,祝诅上,腰斩。	繆 元光四年,康侯遂成嗣。孝景中三年,靖侯坚绍封。	怀侯世宗嗣。	
			六世 元康四年,商诏赐商侯玄孙之子长安公士共诏复家。 元始二年,商诏赐商代后者猛友爵关内侯。	孝文五年,平侯何嗣,二十年,八年薨。	孝景中三年,侯强嗣,二十年,侯强嗣,十三年,有罪,免。户八千四百。
颍阴懿侯灌婴	以中涓从起砀,至霸上,为昌文君,入汉,定三秦,食邑。以将军属韩信,定齐,淮南及八邑,杀项籍,侯,五千	正月丙午封,二十六年薨。			九

				临汝			汾阴悼侯周昌

元寿二年八月，诏赐婴代后者后谊爵关内侯。

元康四年，婴曾孙长安官首匿诏复家。师古曰："官首，爵名也；匿，其人名也。"

临汝

元光二年，侯贤以婴孙绍封，九年，元朔五年，坐子伤人首匿，免。千户。

孝惠四年，侯开方嗣，六年薨。

哀孝文五年，侯意嗣，十三年，坐行赇，髡为城旦。

汾阴悼侯周昌

初起以职志击秦，入汉，出关，以内史坚守敖仓，以御史大夫侯，比清阳侯。如淳曰："职志，官名，主旗帜也。"师古曰："志，音戈吏

正月丙午，封，十年薨。

十六

		元康四年，昌曾孙沃侯国土伍年，侯左车明诏复家。	
	安阳	孝景中二年，以昌孙绍封，八年，建元元年，侯左车有罪，免。 师古曰："明旧有封，官爵，免为士伍而属沃侯之国也。"	
六世 元康四年，虎玄孙之子夫	孝惠五年，侯元年，五十八顷侯婴齐最嗣，二十年薨。	元光三年，侯最嗣，一年薨。	元鼎四年，侯山坐树嗣酎金免。 师古曰："树，音豉。"其字从木。
梁邹孝侯武以兵初起，以谒者正月丙午二十从击破秦，入汉，定三秦，出关，以将军击诸侯，比博阳侯，二千八百户。十一年，封，薨。			

反。"

号谥姓名	始封	位次	继嗣	建元已下	玄孙
成敬侯董渫初起舍人从起薛，击秦，为都尉，定三秦，出关，以将军定诸侯，比厌次侯，二千八百户。师古曰："渫，字先列反。或作渫。"	正月丙午封，七年薨。	二十五	节氏　孝惠元年，康共侯罢军嗣，四十年薨，五年侯赤嗣，四年，有罪，免。户五千六百。孝景中五年，赤复封，八年薨。	建元四年，元光三年，侯朝嗣，十二年，元狩三年，坐为城阳南太守与城阳王女通，耐为鬼薪。	夷侯国公乘充竟诏复家。元康四年，渫玄孙平陵公乘世诏复家。
慎夷侯孔聚以执盾前元年从起砀，以左司马入汉，为将军，三以都尉击项籍，属韩信，侯。师古曰："前元年，谓初起之年，即秦二世元年。"	正月丙午封，三十年薨。	三十	孝文九年，侯臧嗣，四十五年，元朔三年，坐为太常衣冠道桥坏不得度，免。师古曰："游衣冠……"	曾孙	元康四年，聚玄孙长安公士宣诏复家。

号谥姓名	侯功	高祖	孝惠高后	孝景	孝武元康
	明至元年。后皆类此。击项籍者，即《楚汉春秋》所谓孔将军居左者。			寇之道。	
费侯陈贺	以舍人前元年，从起砀，以左司马入汉，用都尉属韩信，击项籍，为将军，定会稽、浙江、湖陵，侯。师古曰："棘音扶栗反。说者以为季氏邑，非也。"	正月丙午，二十二年薨。　三十一	孝文元年，共侯偃嗣，侯常嗣，二十年，孝景中六年，侯最以贺子绍封，二年薨，亡后。	孝景二年，共侯偃嗣，八年，有罪，免。　集	孝景二年，元康四年，贺曾孙茂陵上造诉，诏复家。
阳夏侯陈豨	以特将将卒五百人前元年从，起宛朐，至霸上，为游击将军，别定代，定赵，别为王，破臧荼，十二年，	正月丙午，封，十年，以赵相国，自为王，反，诛。			

侯功		孙	曾孙	玄孙
隆虑哀侯周灶　以卒从起砀，以长铚入汉，以都尉击项籍，侯。 如淳曰："连敖，楚有连尹、莫敖，其后合为一官号。"师古曰："长铚，长刀也。《史记》作长铍，铍亦刀而剑形，铍音披，音亦读曰阳都。"	三十四 正月丁未封，三十九年薨。 诛。 侯。	孝文后二年，侯通嗣，十二年，孝景中元年，有罪，完为城旦。		元康四年，灶玄孙阳陵公乘诏复家。
敬侯丁复 师古曰："复音服。"	十七 正月戊申封，十九年	高后六年，樕孝文十年，复孝文四年，侯宁嗣，十三侯安城嗣	元康四年，复，孙临沂公士赐	

号谥姓名	侯状户数	位次	高祖十二	孝惠七	高后八	孝文二十三	孝景十六	建元至元封六世	太初已后
（续上）"晋扶目反。"	将入汉，定三秦，罢。属周吕侯，破龙且彭城，为大司马，破项籍叶，为将军，忠臣，侯，七千八百户。					十五年，孝景二年，有罪，免。户万七千。师古曰："謜字也。"謜古也。			十五年，孝诏复家。
阳信胡侯吕青	以汉五年用令尹初从，功比堂邑侯，千户。	八十七	正月壬子封，十年薨。	孝惠四年，顷侯臣嗣，二年薨。		孝文七年，十八，怀侯义嗣，	九年，惠侯它嗣，十九年薨。孝景五年，共侯襃嗣，五年薨。	六世。十三年，侯谈嗣，三十五年，元鼎五年，坐酎金免。	元康四年二月，青玄孙长陵大夫阳诏复家。
东武贞侯郭蒙	以户卫起薛，属周吕侯，破秦军，封，十九年	四十一	正月戊午封，十九年		高后六年，侯孙它嗣，三十一			曾孙	元康四年，蒙玄孙茂陵公士广

号谥姓名	功状	侯第	始封	子孙嗣		汉诏复家
	杠里，陷杨熊军薨。曲遇，入汉，定三秦，为城将，以都尉坚守敖仓，为将军破项籍，侯，二千户。师古曰："城将，将筑城之兵也。"			年，孝景六年，有罪，弃市。户万一百。		汉诏复家。
汁防肃侯雍齿　如淳曰："汁，音什。防，音方。"	以赵将前三年从定诸侯，二千户，功比平定侯。齿故沛豪，有力，与上有隙，故晚从。	五十七	正月戊午	孝惠三年，荒侯巨鹿嗣，十八年薨。孝景三年，三侯野嗣，十年，薨。终侯栒嗣，元鼎五年，坐酎金免。	子	元康四年，玄孙，不得，长安上造章诏复家。
鬷蒱刚侯陈武	以将军将卒前元年，二千五百封，三十八人起薛，别救东阿，孝文后	十三	三月丙申		孙	元康四年，武功孙云阳上造嘉诏复家。

号谥姓名·侯功	位次	高后	孝文	孝景	玄孙
阿，至霸上，二岁十月入汉，齐历下军临菑侯。		元年薨。子……击奇反，诛，不代。			
都昌严侯朱轸　以舍人前元年从起沛，以队率，十四年，降翟王，房章薨郡，侯。三月庚子封，十四年薨。	二十三	高后元年，侯率嗣，十五年夷侯诎嗣，十六年薨。	孝文八年，刚侯……孝景元年，共侯偃嗣，十六年薨。	二年，侯降强嗣，五年，中元年薨，亡后。	元康四年，轸玄孙昌国公士先诏复家。
武强严侯严不职　以舍人从起沛公霸上，以骑将，入汉，还击项籍，属丞相宁，功侯。用将军击黥布，侯。三月庚子封，二十年薨。	三十三	高后七年，简侯婴嗣，十九年薨。	孝文后二年，侯青翟嗣，四十七年薨。	元鼎二年，坐为丞相建御史	元康四年，不职曾孙长安公乘仁诏复家。

元朔五年，侯清遺元鼎嗣，八年，元年，坐杀人，弃市。	十二年，康侯遺嗣，嗣，十一年薨。	元年，孝文十年，湯侯赤嗣，四十年薨。	大夫陽不直，自杀。師古曰："以狄建之意，而不直也。"	元康四年，胡害玄孫茂陵公士世詔復家。
	嗣，四十年薨。		八年，共侯方山嗣，二十年薨。	元壽二年八月，詔賜胡害為后者爵大上造。
	三十六			
貴齊侯台傳胡害 師古曰："貴，音弌制反。"	以越戸将从破秦，入汉，定三秦，以都尉击项籍，侯，六百戸，功比台侯。	三月庚子封，三年薨。		

侯名	侯功	高祖	年数	孝惠	高后	孝景	六世（续）
海阳齐信侯摇母余	以越队将从破秦，入汉，定三秦，以都尉击项籍，侯，千七百户。	三月庚子封，九月薨。	三十七	孝惠三年，哀侯昭襄嗣，年薨。	哀高后五年，侯建嗣，三十年薨。	孝景四年，哀侯嗣，十年薨，亡后。	元康四年，余玄孙之子不更未央诏复家。 元寿二年，母八月，诏赐余贤爵关内侯。
南安严侯宣虎	以河南将军汉王三年降晋阳，以重将破臧荼，侯，九百户。 师古曰："重将者，主将领辎重也。重，直用反。一曰持… 首直用反。"	三月庚子封，三十年薨。	六十三			孝文九年，侯戎嗣，十一年秋薨。	元康四年，虎曾孙南安籍袋护，孝景复家。 中元年，坐伤人，免。户二千一百。

号谥姓名	侯功状、户数	初封	位次	子	孙	曾孙	玄孙
肥如敬侯蔡寅	以魏太仆汉王三年初从，以车骑将军破龙且及彭城，侯，千户。	三月庚子封，二十四年薨。	六十六	孝文三年，严侯戎嗣，十四年薨。	后元年，侯奴嗣，七年，孝景元年薨，亡后。		元康四年，曾孙肥如大夫福诏复家。
曲成圉侯虫达	以西城户将三十七人从起砀，至霸上，为执金吾，为二队将，属周吕侯，入汉，定三秦，以都尉破项籍陈下，侯，四千户。以将军击燕、代。	三月庚子封，二十二年薨。	十八	孝文元年，侯捷嗣，八年，免，十四年，捷复封，四年，为二千石，元鼎二年，坐为汝南太守知民户九千不实，免。孝景中五年，侯捷复封，五钱为赋，为赤侧鬼薪，年薨。师古曰："赤……"		曾孙	元康四年，达玄孙茂陵公乘宣诏复家。

重之将也，音直勇反。"

号谥姓名	侯状户数	始封	子/孙	曾孙	玄孙
河阳严侯陈涓	以卒前元年起砀，从，以二队将入汉，击项籍，得梁郎将处，侯。以丞相定齐。	三月庚子封，二十二年薨。 二十九	孝文元年，信孙嗣，三年，坐不偿人责过六月，免。 侧，解在《食货志》。时并令以充赋，而犹南不逮诏令。	曾孙	元康四年，涓玄孙即丘公士元诏复家。
淮阴侯韩信	信初以卒从项梁，梁死，属项羽为郎中，至咸阳，亡从入汉，为连敖粟客。萧何言信为大将军，别定魏、赵，为齐	六年封，十一年，坐谋反诛。			

王，徙楚，擅发
兵，废为侯。
师古曰：《高纪》
及《信传》并云为
治粟都尉，而此云
粟客，参错不同。
或者以其票疾而
宾客礼之，故云票
客也。票，音频妙
反。"

芒侯耏跖
师古曰："耏，
音而。《左氏
传》曰宋耏班
路之，音之亦
反。"

以门尉前元年，
初起砀，至霸上，
为定武君，入汉，
还定三秦，为都
尉，击项羽，功侯。

六年封，三
年薨，亡后。

张
九年，侯昭嗣，
四年，有罪，
免。孝景三年
免。诏以故列侯
将兵击吴楚，
复封。

侯申嗣，元
朔六年，坐
尚南宫公
主不敬，免。
师古曰："景
帝女也。"

号谥姓名	功状	位次	嗣位				后嗣
敬市侯阎泽赤	以执盾初起从入汉，为河上守，迁为假相，击项籍，侯，千户，功比平定侯。	五十五	四月癸未封，三年薨。	九年，夷侯无害嗣，三十八年薨。	孝文后四年，戴侯续嗣，八年薨。	孝景五年，侯谷嗣，四十年，元鼎五年，坐酎金免。	六世 元康四年，泽赤玄孙之子长安上造章世诏复。
柳丘齐侯戎赐	以连敖从起薛，以队率入汉，定三秦，以都尉击项籍，破项籍军，为将军，侯，八千户。	三十九	六月丁亥封，十八年薨。	高后五年，侯嘉嗣，三十年薨。	孝景四年，侯角嗣，三十年薨。	后元元年，侯角嗣，有罪，免。户三千孙长安	元康四年，赐玄孙长安公士先生诏复家。
魏其严侯周止	以舍人从起沛，以郎中入汉，为将，定诸侯，侯，八千户。	三十四	六月丁亥封，十八年薨。	高后五年，侯简嗣，二十九	曾孙	元康四年，止玄孙长陵陵不更广	

	孝文	曾孙	玄孙
周信侯，定三秦，罢。以为骑郎将，破项籍东城，侯，千户。	年，孝景三年，谋反，诛。户三千。		世诏复家。
祁谷侯缯贺　以执盾汉王三年初起从晋阳，以连敖击项籍。汉王败走，贺击楚追骑，以故不得进。汉王顾谓贺祈王。战彭城，斩项籍，绝延壁，侯，千四百户。师古曰：“谓之祈王，盖嘉其功，故宠号之，许以为王 六月丁亥，封，三十三年薨。 五十一	孝文十二年，项侯胡嗣，十年，元光三年，坐射擅罢，免。 七年薨。	孝景六年，项侯胡嗣，十年，元光三年，坐射擅罢，免。师古曰：“方大射而擅罢也。”	元康四年，贺玄孙茂陵公大夫赐诏复家。

也。争恶,谓争恶地。延壁,壁垒之名也。"	平棘侯工师喜　初以舍人从击破秦,以郎中入封汉,以将军定诸侯,守雍阳,侯,比费侯贺,千三百户。	六月丁亥	三十二　位次曰聊奴嗣,三十一年薨。	十二年,靖侯孝文十六年,侯执嗣,三十一年薨。	十九年,孝景中五年,坐匿死罪,会赦,免。户三千三百。
	鲁侯疵涓　以舍人从起沛至咸阳为郎,汉,以将军定诸侯,四千八百户,比舞阳侯,十功,死九年薨。	重平　六年,侯涓入六年,侯涓亡子,底为侯,死九年薨。	七		

号谥姓名	侯功		子	孙	曾孙	玄孙
城父严侯尹恢	初以谒者从入汉，以将军击定燕蓟，诸侯，以右丞相备守淮阳，功比厌次侯，顷侯诸庄，二千户。	六年封，九二十六。	孝惠三年，侯开方嗣，七年，高后三年，夺爵为关内侯。 六世 元康四年，恢玄孙之子新丰簪袅殷诏复家。			
任侯张越	以骑都尉汉五年从起东垣，击东，燕，代，属雍齿，有功，为车骑将军，免。户七百五十。	六年封，十年，高后二年，坐匿死罪，免。				

椷丘侯襄	以执盾队史前元年从起砀，破秦，洽粟内史入汉，有罪，以上郡守击免。定西魏地，功侯。	六年封，十年，高后四年，有罪，国除。户九百七十。				
河陵侯郭亭	以连敖前元年从起单父，以塞路入汉，还定三秦，属周吕侯，以都尉击项籍，功侯。 师古曰："塞路者，主遮要路，以备敌寇也。"	七月庚寅封，二十四年薨。	孝文三年，惠侯欧嗣，二十七年薨。	孝景二年，胜侯客嗣，八年，有罪，免。	元光六年，侯则嗣，中六年，靖嗣，十七年，元鼎五年，坐酎金，国除。侯延居绍。	元康四年，亭玄孙茂陵公乘贤诏复家。

南

号谥姓名	侯第				玄孙	六世	七世
昌武靖信侯单究　初以舍人从,以郎入汉,定三秦,以郎骑将军击诸侯,侯,九百户,功比魏其侯。	四十五	七月庚寅封,十三年薨。	孝惠六年,惠侯如意嗣,四年薨。	封,十五年免。薨。	元光五年,侯德嗣,元朔四年,坐伤人二旬内死,弃市。户六百。　孝景中元四年,侯贾嗣,四年,元朔成嗣,十六年,坐伤人二年薨。	六世	七世　元康四年,究玄孙之孙阳陵公乘万年诏复家。
高苑制侯丙倩　初以客从入汉,定三秦,以中尉封,侯,千六百五户,比斥丘侯,破项籍,户六百五户,比斥丘侯。	四十一	七月戊戌封,七年薨。	孝惠元年,简侯得嗣,三十年薨。	孝文十六年,武侯平嗣,三年,坐出入属车间,免。	建元元年,侯信嗣,二十四年入属车间,免。户二千二百。		

	六世	七世	八世
		元康四年，猜玄孙之孙高苑大夫齮诏复家。	元始三年，猜玄孙之曾孙内诏赐爵关内侯。 师古曰："天子出行，陈列属车，而辄至于其间。"
丘侯。			

号谥姓名	侯状户数	位次	孙	七世
宣曲齐侯丁义	以卒从起留，以骑将入汉，定三秦，破籍军荥阳，为郎骑将，破钟离昧军固陵，侯，六百七十户。 以七月戊戌封，三十二年薨。	四十三	发娄，孝文十一年，侯通嗣，十七年，有罪，赦为鬼薪。户千一百。孝景中五年，通复封，十一年，有罪，	元康四年，义曾孙阳安公士年诏复家。

号谥姓名	侯功	位次	封年	嗣侯	曾孙/玄孙
终陵齐侯刘华毋害	以越将从起留入汉，定三秦，击臧荼，七百四十户。从攻马邑及布。	四十六	七月戊戌封，三十五年薨。	孝文四年，共后四年免。侯勃嗣，十七禄嗣，七年，孝景四年薨。坐出界，为司寇。户千五百。	曾孙侯元康四年，於陵大夫夏家。免。
东茅敬侯刘到	以舍人从起砀至霸上，以二队将入汉，定三秦，以都尉击项籍，破臧荼，捕韩王信，为将军，邑益千户。	四十八	八月丙辰封，二十四年薨。	孝文三年，侯告嗣，十二年，十六年，坐事国人过员，免。师古曰："嗣爵十三年至孝文十六年而免。"	侯孙元康四年，到孙铜阳公乘咸，诏复家。师古曰："铜，音同。"
斥丘懿侯唐厉	以舍人初从起	四十	八月丙辰	孝文九年，共后六年，侯尊	侯元鼎二年，侯尊

号谥姓名	侯状户数	位次	始封	子孙	曾孙	玄孙
厉	却敌，为东部都尉，破籍，侯成武，为汉中尉，击布，为斥丘侯，千户。师古曰："初为成武侯，后更封斥丘也。"	三十五	封，以左司马入，二十年，薨。	侯朝嗣，十三贤嗣，四十嗣，二年，坐酎金免。三年薨。	元康四年，厉曾孙长安公士广诏复家。曾孙	元康四年，野玄孙长陵上造安昌诏复家。
台定侯戴野以舍人从起砀，用队率入汉，以都尉击籍，籍死，击临江，属将军。		三十五	八月甲子封，二十五年薨。	孝文四年，侯孙午嗣，二十二年，孝景三年，坐谋反，诛。		

号谥姓名	侯状户数	位次	始封	孝惠高后	孝文	孝景	孝武	玄孙
贾，功侯。以将军击燕、代。								元康四年，废，玄孙长安公乘襄诏复家。
安国武侯弇陵	以自聚党定南阳，汉王还击项，以兵属，从定天下，侯，五千户。	十二	八月甲子封，二十一年薨。	高后八年，哀侯忌嗣，一年终侯辟方嗣，二十九年薨。	孝文元年，安侯嗣。		建元元年，安侯定嗣。元狩三年，侯定元年，五年，坐酎金免。	
乐成节侯丁礼	以中涓骑从起砀，为骑将入汉，定三秦，为正奉击籍，属灌婴，杀龙且，更为乐成侯，千户。	四十二	八月甲子封，二十六年薨。	孝文五年，侯马从嗣，八年薨。	夷后七年，侯吾客嗣，十三年薨。四十三年。		武元鼎二年，侯义嗣，三年，坐五利侯不道，弃市。户二千四百。	元鼎二年，侯义**玄孙**

号谥姓名	侯功	侯第	六世	七世	国
辟阳幽侯审食其	以舍人初起,侍吕后、孝惠。吕后……岁十月,吕后入年,为淮南王长所杀。食其侍从一岁,侯。八月甲子,二封,二十五。	五十九	孝文四年,侯平嗣,二十一年,孝景二年,坐谋反,自杀。	元康四年,礼玄孙之孙长安公士禹诏复家。	长沙
鄡成制侯周緤　师古曰:"鄡,音口幺反。又音普候反。緤,音苏结反。音列反。"	以舍人从起沛,至霸上,入汉,定三秦,击项籍荥阳,绝甬道,从度平阴,遇韩信军襄国,军废。	二十二,八月甲子,封,二十七。	侯昌嗣,有罪,免。	元康四年,食其曾孙茂陵公乘非诏复家。	

沛

元始元年，缲玄孙护以诏书为弟，次复禹同产弟子，死，亡子，绝。

侯元康四年，缲曾孙长安公士禹绍封，元鼎四年，坐诏赐黄金十斤，孙护以诏书为子，死，亡子家，死复免。

中二年，侯居嗣，三年，元鼎四年，一年，鼎三年，薨。为大常收赤侧钱不收，完为城旦。

郫

孝景中元年，侯应以昌康侯应绍封，一年，鼎三年，薨。

师古曰："郫，沛之县也，音多。"

如淳曰：《食货志》民巧法，用之不便，又废

国。楚，汉分鸿沟，以缲为信，战不利，不敢离上，侯，二千二百户。

号谥姓名	侯状户数	始封	位次	子	孙	曾孙	玄孙
安平敬侯鄂秋	以谒者汉王三年初从，定诸侯有功，秋举萧何功，因故户，二千户。师古曰："先以食邑，因就封之也。事见《萧何传》。"	八月甲子封，十二年薨。	六十一	孝惠三年，简侯应嗣，九年薨。	孝文十四年，炀侯但嗣，二十五年，侯奇嗣，二十五年薨。十四年薨。	侯，孝景后三年，孝景后八年，简侯应嗣，侯嘉嗣，九年薨。	侯，孝景后三年，炀侯但嗣，十九年，元符元年，坐与淮南王安通，遗王书称臣尽力，弃市。
				六世 元康四年，秋，玄孙之子解，大夫后诏复家。			玄孙
北平文侯张苍	以客从起阳武，至霸上，为常山守，得陈余，为	八月丁丑封，五十年薨。	六十五			孝景六年，康侯奉嗣，六年类嗣，七年，建元五年，薨。	孝景六年，康侯奉嗣，六年类嗣，七年，建元五年，薨。
						曾孙	玄孙

也。

号谥姓名		孙	曾孙	玄孙	六世
代相，徙赵相，以代相侯。为计相四岁，淮南相十四岁。千二百户。如淳曰："计相，官名，但知计会。"		坐临诸侯丧后，免。			元康四年，苍玄孙之子长安公士盖宗诏复家。
高胡侯陈夫乞 以卒从起杠里，入汉，以都尉击项籍，将军定燕，千户。	六年封，二十二年薨。 八十二 十五年薨。		孝文五年，炀侯程嗣，薨，亡后。	元康四年，夫乞玄孙长陵公乘胜之诏复家。	
厌次侯爰类 以慎将元年从入汉，六年封，二十四		孝文元年，侯	曾孙	玄孙	

			七世	
			元康四年,类元始三年, 玄孙之子阳 类玄孙之 陵公士世诏 孙万诏赐 复家。 爵关内侯。	建元元年,侯胜玄孙, 节侯光嗣,嗣,二十八年, 十六年薨。元鼎五年,坐酎 金免。
			六世	
嗣,五年,谋 反,诛。			孝惠五年,共 侯远嗣,二十 四年薨。	
起留,入汉,以 都尉守广武,功 侯。 师古曰:"以谨慎 为将也。"	嗣,十二年薨。		百二十一	
			七年十月癸亥封,十 年薨。	
平皋侯刘它 师古曰:"它, 音徒何反。"		长初从,汉六年以砀郡 功比轪侯,侯,五百八 十户。实项氏, 赐姓。 师古曰:"轪,音大, 又音第。"		

七世	六世		
元康四年，它玄孙之孙长安䜌袤胜之诏复家。			
孝景六年，共侯嘉嗣，十年嘉嗣，十三年二十三年薨。 元朔元年，侯强嗣，七年，元狩二年，坐父拾非嘉子免。	孝文十一年，共侯嘉嗣，十八年薨。	四十九 复阳刚侯陈胥以卒从起薛，以七年十月将军入汉，以右甲子封，三司马击项籍雍侯，十一年薨，千户。	复阳刚侯陈胥
元康四年，胥曾玄孙孙云阳䜌袤幸诏复家。	六世 元始元年，胥之玄孙之子传诏赐帛百匹。		

号谥姓名·功状	高祖	位次	孝惠高后孝文	孝景	孝武	太初以后
阳河齐侯其以中谒者从入汉,以郎中骑从定诸侯,五百户,功比高湖侯。	十一月甲子封,三年薨。	八十三	十年,侯安国嗣,五十一年薨。	孝景中四年,侯午嗣,三十三年薨。	埤山 元鼎四年,共侯章更封,十三年薨。师古曰:"埤,音牌,又音埤。"	元封元年,侯仁嗣,征和三年,坐祝诅,要斩。
				六世 元康四年,石玄孙之子长安官大夫益寿诏复家。		
柏至靖侯许以骈邻从起昌邑,以说卫入汉,以中尉击籍,千户。师古曰:"骈,音马。骈邻,谓并两丙骈。骈邻从丙。"	十月戊辰封,十四年,高后元年,有罪,免,三年,复封,六年薨。	五十八	孝文元年,简侯禄嗣,十四昌嗣,三十如嗣,十三年薨。	十五年,侯元嗣,十四年薨。	元光二年,侯安嗣	元狩三年,侯福嗣,五年,元鼎二年,坐为奸,为鬼薪。

| | | | | 侯官元光元年，侯宜城嗣，二十二年，元鼎五年，坐酎金免。 |

| 中水严侯吕马童 以郎骑将汉元年从起好畤，以司马击龙且，斩项籍，侯，千五百户。 | 正月己酉封，三十年，复共薨。 百一 | 六世
元康四年，盎玄孙之子长安公士建诏复家。

七世
元康四年，马童玄孙 | 六世

孝文十年，夷十三年，共建元六年，靖侯德嗣，一年薨。侯瑕嗣，三年薨。侯青眉嗣，三十二年薨。 | 建元六年，靖侯德嗣，一年薨。城嗣，二十二年，元鼎五年，坐酎金免。 |

谓为军翼也。说，读曰税。卫，谓军行初舍止之时主为卫也。"

元康四年，喜玄孙茂陵不更孟尝诏赐黄金十斤，复家。	高后六年，共侯福嗣，七年嗣。	孝文五年，孝侯市臣嗣，薨。	十二年，侯舍嗣，二十四年，有罪，为鬼薪。户二千四百。
	之孙长安公士建明诏复家。		
曾孙	孝景后年，侯郢人以薨子绍封，十三年薨。	元光四年，孙定国嗣，十二年，元符五年，有罪免。	元康四年，孙长安大夫安元乐诏复家。
曾孙之孙临汝	孝文十二年，定侯歇嗣，十五年薨。	孝景四年，侯母害嗣，五年薨。	孝景四年，侯母害嗣，六年，坐诈

杜衍严侯王翳　以郎中骑汉王二年从起下邳，属淮阴侯，从灌婴共斩项羽，侯，千七百户。　正月己酉封，十八年薨。　百二

如淳曰："翳音翳。"师古曰："音乌兮反。"

赤泉严侯杨喜　以郎中骑汉王二年从起杜，淮阴，后从灌婴共斩项籍，侯，千九百户。　正月己酉封，十三年，高后元年，有罪，免。　百三

号谥姓名	位次	高帝十二	高后八	孝文	孝武	六世	七世	八世	曾孙
千九百户。		给入臧六百，免。中五年，毋害，复封，十二年，元光二年，有罪，免。	二年，复封，十八年薨。			子恢代，复。	子谭代。	子并代，永始元年，赐帛百匹。	元始二年，求复不得。
朝阳齐侯华寄 以舍人从起薛，以连敖入汉，以都尉击古项羽，攻韩王信，侯，千户。	六十九	三月壬寅封，十二年薨。复家。	高后元年，侯要嗣，二十年薨。	文，孝文十四年，侯当嗣，三十九年，	元朔二年，坐教人上书枉法，当为鬼薪。户。				元康四年，寄玄孙奉明大夫定国诏复家。

号谥姓名·功状户数	侯第	子	孙	曾孙	玄孙	六世
橭阳严侯杜得臣 以卒从起湖陵入汉，以郎将迎封，七月丙申，二十六年薨。左丞相击项籍，侯，二千户。	八十一	孝文六年，侯偃嗣，四十三年薨。	元朔七年，怀侯武嗣，五年，元年薨，亡后。五千。			
涅阳严侯吕腾 以骑士汉三年从出关，以郎中十五年，孝文五年薨。共击斩项羽，侯。千五百户，比杜百户，成实非子，不得代衍侯。七月封。	二百四		孙			六世 元康四年，腾玄孙之子涅阳不更忠诏复家。
平棘懿侯林挚 以客从起元父，七年封，孝文五年，侯。	二六十四			曾孙	元康四年，挚曾…	

元康四年,将夕 玄孙平陵上造 延世诏复家。	孙项圉大夫常 欤诏复家,死, 亡子,绝。			
	孝景三年,曾孙 修嗣,八侯,七 年,有罪, 耐为司寇。 **曾孙**		侯 中五年,夷 胡侯以头 子绍封,二 十一年,元 朔五年薨, 亡后。	
	孝文后二年, 戴侯头嗣,八 年薨。			
	降强嗣,有罪, 为鬼薪。			
斩章邯所置蜀 守,用燕相侯, 千户。	十四年薨。	九十八		
	八年十月, 癸丑封,十 年,高后 七元年,有罪, 免,二年, 复封,二年, 薨。			
鸷	深泽齐侯赵将夕 以赵将汉王三 年降,属淮阴侯, 定赵,齐,楚,以三年 击平城功侯, 百户。			

号谥姓名	功状		子孙嗣	曾孙	玄孙
撙顷侯温疥 师古曰:"撙,音绚,又音旬。疥,音介。"	以燕将军汉五年初从,四年从破曹咎军,为燕相,告燕王荼反,以燕相国定卢绾,侯九百户。	九十一 十月丙辰封,二十五年薨。	孝文六年,文后七年,侯仁嗣,十七[何]嗣,七年,孝景四年年薨。	曾孙	元康四年,疥玄孙长安公士福诏复家。
历简侯程黑	以赵卫将军汉王三年从起卢奴,击项羽敖仓下,为将军攻臧荼有功,封千户。	九十二 十月癸酉封,十四年薨。	高后三年,孝文后元年,侯整嗣,二十年,侯灶嗣,十四年,孝景中元年,有罪,免。 六世 元始五年,元康四年,黑诏赐黑代玄孙之子长安者弘沼安簪袤弘沼复家。	曾孙	玄孙
武原靖侯卫胠	汉七年以梁将	九十三 十二月丁	孝惠四年,共孝景三年,	曾孙	元康四年,胠玄

号谥姓名	侯功	始封	侯第	传袭	传袭	玄孙/曾孙
胧 师古曰："胧音胁，又音法。"	以孽子从初起，击韩沛、陈狶、黥布，军，功侯，二千八百户，功比高陵侯。			侯寄嗣，三十七年薨。	侯不害嗣，十二年，后二年，坐葬过律，免。	孙郚公乘尧诏复家。
犒祖侯陈错 师古曰："犒音公老反。错音口骇反。"	高帝七年为将军，从击代陈狶有功，侯，六百户，	十二月丁未封，七年薨。	百二十四	孝惠三年，怀孝文七年，侯婴嗣，十九年薨。侯应嗣，三十一年薨。	侯安元符二年，后五年，节侯嗣，九年，元鼎五年，坐酎金免。	六世 元康四年，错玄孙之子戊陵公乘主儒诏复家。
宋子惠侯许瘛 师古曰："瘛音……"	以汉三年用赵右林将将初击定诸侯，五百三十	二月丁卯封，四年薨。	九十九	十二年，共侯孝文十年，侯九嗣，二十五年，	留嗣，二十年，二年，孝十二年薨。	曾孙

号谥姓名	侯第	始封	六世	七世	备注
音无制反。六户,功比历侯。师古曰:"林将,将士林,犹言羽林之将也。"				元康四年,瘛玄孙之孙末子大夫乃诏复家。	景中二年,坐寄使匈奴买塞外禁物,免。
猗氏敬侯陈遬　以舍人从起丰,入汉,以都尉击项羽,侯,千一百户。师古曰:"遬,古速字。"	五十	三月丙戌封,十一年位次曰长陵,十一年薨。	孝惠七年,靖侯支嗣,三十四年薨。	元康四年,遬曾孙猗氏羌嗣,三十一年薨,亡后。孙猗氏大夫胡,诏赐黄金十斤,复家。	
清简侯室中同　以弩将将初起,从入汉,以都尉击项羽、代,侯,比	七十一	三月丙戌封,五年薨。	孝惠元年,顷侯圣嗣,二十二年薨。孝文八年,顷侯附嗣,二十一年薨。古嗣,二年薨。五十二年	元狩三年,共侯元嗣,元鼎四年,侯生嗣,一年,坐酎金免。	

号谥姓名	位次		曾孙	玄孙
彭侯，户千。			薨。	元康四年，同玄孙高苑簪袤武诏复家。
彊圉侯留肹　以客吏初起，从入汉，以都尉击项羽，代，侯，比彭侯，千户。	七十二	十一年，戴侯章复嗣，二十九年薨。	孝文三年，侯复嗣，九年，有罪，免。	元康四年，肹曾孙长安大夫定诏复家。
彭簡侯秦同　以卒从起薛，以弩将入汉，以都尉击项羽，代，侯，千户。	七十	孝景三年，戴侯执嗣，二十三年薨。	孝武元年，侯武嗣，十一年，后元一年，有罪，免。	元康四年，同玄孙费公士寿王诏复家。
吴房严侯杨武　以郎中骑将汉元年从起下邳，击阳夏，以骑都尉斩项籍，侯，	九十四	孝文十三年，侯去疾嗣，十五年，孝景后三年，有罪，二年赐黄金十	元康四年，武孙霸陵孝景谈诏	诒兄孙为次复，亡子，绝。

侯功	位次	高祖十二	孝惠七 高后八	孝文二十三	孝景十六	建元至元封六世十八	太初已後
宁严侯魏逮以舍人从汉，入汉，以都尉击臧荼，三十五葉功侯，千户。七百户。	七十八	四月辛卯封，三十五年薨。	耐为司寇。斤，复家，亡子，绝。	孝文十六年，共侯连嗣，八年薨。孝文后元年，侯文嗣，侯皆嗣，二年，坐出国界，免。		**曾孙** 元康四年，逮玄孙长安公士都诏复家。	
昌圉侯旅卿以齐将汉王四年从韩信起无盐，定齐，击项羽，又击韩王信于代，侯，千户。	百九	六月戊申封，三十四年薨。		孝文十五年，侯通嗣，十一年，孝景三年，坐谋反，诛。	**孙** **六世** 子赐代，死，无子，绝。有同产子，元年求不得。	**曾孙** 元康四年，卿玄孙昌上造光诏赐黄金十斤，复家。	
共严侯旅罢以齐将汉王四年	百一十四	六月壬子	孝文七年，惠十五年，怀元康四年，罢师				

号谥姓名					
师古曰："共音恭。墨音纂，又读彼反，皮曰皮。" 年从淮阴侯起，击项籍，又攻韩王信于平城，有功，千二百户。	封，二十六年薨。	侯党嗣，八年薨。	侯党嗣，五年薨，亡子。曾孙霸陵簪袅信诏复家。		
胸氏节侯冯解散 以代大与汉王三年，为雁门代守，以将军平代反寇，千户。师古曰："大与，主爵禄之官。"	一百 六月壬子封，四年薨。	十二年，共侯它嗣，一年薨。亡后。	孝文二年，文侯遗以它遗腹子嗣，十四年薨。	十六年，共侯胜之嗣，十三年薨。	孝景六年，侯平嗣，三十九年，元鼎五年，坐酎金免。
安丘懿侯张说 以卒从起方与，属魏豹，一岁五月，以执盾入汉，以司马击项羽，侯，以将军定代，二千户。师古曰："说，读曰悦。"	六十七 七月癸酉封，三十二年薨。	孝文十三年，共侯奴嗣，十三年薨。	孝景三年，敬侯执嗣，一年薨。	四年，康侯新嗣，三十一年薨。	元狩元年，侯拾嗣，九年，元鼎四年，坐入上林谋盗鹿，搏猎，完为城旦。师古曰："博，搏也，为城旦。"

			谓博古掷采人而夺其物也。博字或作博。一曰博，意钱，六博也，掷，意钱之属也，皆谓戏而取人财也。"	元康四年，通玄孙长安籍衰万年诏复家。
		六世 元康四年，说玄孙之子阳陵上造舜诏复家。	孝景中三年，康侯相夫嗣，十九年薨。 元朔元年，侯夷吾嗣，九年，元封元年薨，亡后。	
			高后七年，侯	
		六十六		
襄平侯纪通	父城以将军从击破秦，入汉，定三秦，功比平定侯，故好畤，死事，子侯。	九月丙午封，五十二。		
龙阳敬侯陈胥	以卒从，汉王元九月己未	八十四		

号谥姓名	侯第	子	孙	曾孙	玄孙
……署 ……年起霸上，以谒者，十八年者击项籍，折曹籍□咎，侯，户千。		坚嗣，十八年，孝文后元年，有罪，免。			
平严侯张瞻以赵骑将汉王五年从击诸侯，比吴房侯，千五百户。师	九十五	九年十二月壬黄封，千五年八月薨。	孝惠五年，康孝景四年，康悼嗣，三十年侯寄嗣。七年薨。 师古曰："悼，音纛。" 六世 元康四年，瞻玄孙之子敏上造连城诏复家。		侯安国嗣，元狩元年，为人所杀。
陆量侯须无诏以为列诸侯，自置吏令长，受封，令长沙王。 如淳曰："《秦始皇本纪》所谓临梁地也。"	百三十七	三月丙戌，三年薨。	孝文后三年，侯桑嗣，三十四年薨。	十二年，共侯文后三年，康侯庆嗣，三十四年，忌嗣，四十年薨。	孝景元年，侯冉康侯庆嗣，四十年，忌嗣，五年，坐酎金免。

号谥姓名	侯功	高祖	位次				
高景侯周成	父昌以内史从击破秦,为御史大夫,入汉,围取诸侯,守荥阳,功比辟阳侯,项籍死事,子侯。	四月戊寅封,三十九年,孝文后三年,孝文五年,谋反,下狱死。	六十	子	绳	侯平嗣,元狩四年,坐为大常不屋,免。孝景中元元年,侯应以成孙绍封。	元康四年,无曾孙郿阳秉铎圣诏复家。师古曰:"秉铎,武功爵第六级。"侯应嗣,元符四年,成玄孙长安公大夫赐诏复家。
离侯邓弱	四月戊寅封。《楚汉春秋》亦阙。成帝时光禄大夫滑堪曰旁占验曰:"邓弱以长沙将兵						

号谥姓名	侯第	孝惠	高后	孝文	孝景	建元元光以来	雕陵
侯。"							
义陵侯吴郡以长沙柱国侯，九月丙子封，七年薨。	百三十四 千五百户。	孝惠四年，侯重嗣，十年，高后七年薨，亡后。					
宣平武侯张敖以父耳为赵王，九年封，十三年坐相贯高等谋反，废王为侯。七年薨。 师古曰："张耳及敖并为无大功，盖以鲁元之故，后由升之也。"	十三		高后二年，侯偃嗣，六年，偃为鲁王，孝文元年复为侯，十五年薨，谥共。	侯六年，哀侯欧嗣，十七年薨。	王嗣，十四年，有罪，免。		雕陵 元光三年，侯广嗣，十二年，太孙以王弟绍封，初二年，坐为大常乏祠，免。 师古曰："祠事有阙也。"	元鼎二年，侯昌十八年薨。

元始二年,侯庆忌以敖玄孙绍封,千户。

信都

高后八年四月丁酉,侯偃子封,孝文元年,以非正免。

乐昌

元康四年,耳玄孙长陵公乘遂诏复家。

四月丁亥,侯受以鲁太后子封,元年免。

孝文十六年,后五年,戴侯景四年,哀侯玄孙

共侯殷嗣,五侯安国嗣,强嗣,十三年,

年薨。　六年薨。　建元元年,亡后。

百一十八

六世

十一年十二月癸巳封,三十二年薨。

东阳武侯张相如

相如

高祖六年为中大夫,以河间守击陈豨,力战,功侯,千三百户。

	玄孙	曾孙		
元康四年，相如玄孙之子茂陵公乘宣诏复家。	孝景中六年，靖侯愿嗣，四年薨。	建元元年，侯买之嗣，二十二年，元狩五年，坐铸白金，弃市。		
	六世 元康四年，玄孙之子长安公士通诏			

百三十一	十二月甲申封，五十一年薨。	慎阳侯乐说淮阴侯韩信舍人，告信反，侯，二千户。	如淳曰："慎，音震。"师古曰："字本作滇，音真，后误作慎耳。滇阳，汝南县名也。说，读曰悦。"

号谥姓名	侯功	侯第·始封	玄孙	六世	七世
开封愍侯陶舍	以右司马汉王五年初从，以中尉击燕、代，侯，比共侯，二千户。	十二月丙辰封，一年，薨。百一十五	十二年，夷侯孝景中三年嗣，四十八年，节侯偃嗣，十八年，元朔五年，坐酎金免。元光五年，侯睢嗣，十七年薨。复家。		七世　元康四年，舍玄孙之孙长安公士元始诏复家。
禾成孝侯公孙昔	以卒汉王五年初从，以郎中击豨，代击陈豨，侯，千九百户。	正月己未封，二十一年，薨。百一十七	元康四年，昔曾孙霸陵公乘广意诏复家。	六世　孝文五年，怀侯渐嗣，九年薨。	
堂阳哀侯孙赤	以中涓从起沛，以郎入汉，以将军击齐，九年薨。	正月己未封，九年薨。七十七	元康四年，赤曾孙霸陵公乘明诏复家。	高后元年，侯德嗣，四十三	

号谥姓名	侯功	位次	子	孙	曾孙	玄孙
	军击项籍,为惠侯,坐守荥阳降楚,免,以郎击籍,为上党守击陈豨,侯,八百户。			年,孝景中六年,有罪,免。	曾孙　诏复家。	元康四年,玄孙长陵上造弘诏复家。
祝阿孝侯高色	以上队将入汉,以将军击魏太原、井陉,属淮阴侯,置度军破项籍,军簿及稀,侯,千八百户。如淳曰:"喈桑,邑名。"	七十四	正月己卯封,二十一年薨。	孝文五年,侯孙成嗣,十四年,后三年,坐事国人过律,免。	曾孙	
长修平侯杜恬	御史初从出关,封,四年薨。位次曰信平。	百八	正月丙戌封,四年薨。	御史初从汉王二年用		
			孝惠三年,怀侯中嗣,十七	孝文五年,侯意嗣,二	孝景中五年,侯	

			十七年，有相夫绍封，三十七年，免。
			坐为大常与大乐令中可当郑舞人擅繇，阑出入夫，免。师古曰："繇可以为郑舞而擅从役使之，又阑出入夫。"
	年薨。		
		侯。	
以内史击诸侯，攻项昌，以廷尉死事，侯，千九百户。			
江邑侯赵尧　以五年为御史，用奇计徙御史大夫周昌为赵相，代昌为御史大夫，从击陈豨，功侯，六百户。	十一月封，高后元年，有罪，免。		

	营陵侯刘泽	土军武侯宣义	广阿懿侯任敖
功状	以将军击陈豨，得王黄，后七年，为侯。帝从昆弟，琅邪王。万一千户。	以中地守，以廷尉击陈豨，侯，一千一百户，就国后为燕相。	以客从起沛，为御史，守丰二岁，……
始封	漢三年为郎中，十一月封。	二月丁亥封。	二月丁亥封，十九年。
位次	八十八	百二十，位次曰信成侯。	八十九
孝惠		孝惠六年，侯莫如嗣，十五年薨。	
孝文			孝文三年，夷侯竟嗣，四年，敬侯但嗣，一……
孝景		孝景三年，康侯平嗣，十九年薨。	
建元		建元六年，侯生嗣，八年，元朔二年，坐与人妻奸，免。	建元五年，侯越人嗣，四十……
玄孙／六世		六世　元康四年，义玄孙之子阿武不更寄诏复家。	元康四年，敖玄孙广阿武宝定诏复家，二十一年……

	玄孙	曾孙	六世	七世

击项籍，为上党罢。守，陈豨反，坚守，侯，千八百户。后迁为御史大夫。

元鼎二年，坐为太常庙酒酸免。

年罢。

孝文十六年，后四年，戴侯福嗣，四年罢。

侯嗣，后四年，侯福嗣，四年罢。

八年，孝景五年，有罪，免。

罢。

元康四年，衍玄孙之孙长安簪

颇昌贞侯赵衍以谒者汉王元年初从起汉中。雍军塞渭上，上计欲还，衍言从它道，道通，后为河间守，诛都尉相如，功，侯，千四百户。

二月己丑封，三十二年罢。

百七

号谥姓名	功状	位次·始封	孝惠	孝景·孝文	六世·七世	武帝	玄孙诏复家
临辕壹侯戚鳃	戚鳃初从为郎，以都尉守蕲城，以中尉侯，五百户。	百一十六　二月乙酉封，六年薨。	孝惠五年，夷侯触龙嗣，十七年薨。	孝景四年，共侯中嗣，十六年薨。	七世 元始二年，鳃玄孙之孙少诏赐爵关内侯。	侯贤，建元四年嗣，二十五年，元鼎五年，坐酎金免。	孙贤元康四年，曾玄郎官郎常诏复家。 师古曰："任梁为郎而有官大夫之爵也。" 袭步昌诏复家。
汲绍侯公上不害	上高祖六年为太仆，击代豨有功，侯，千三百户。为赵太仆。	百二十三　二月乙酉封，三年薨。	孝惠二年，侯武嗣，二十年，七年薨。	孝文十四年，康侯通嗣，九年薨。	六世	建元二年，侯广嗣，二十七，元光五年，坐妻逆，弃市。	不害元康四年，元玄孙安陵五大夫常诏复家。

号谥姓名	功状	侯第	始封	继嗣	曾孙	元康（玄孙）
宁陵夷侯吕臣	以舍人从起留，以郎入汉，破曹咎成皋，为都尉，击豨，功侯，千户。	七十三	二月辛亥封，二十七年薨。	孝文十一年，戴侯谢嗣，十七年薨。	孝景四年，惠侯始嗣，六年薨。	元康四年，吕臣玄孙南陵公大夫得诏复家。
汾阳严侯靳强	以郎中骑千人前三年从起栎阳，击项羽，以中尉破钟离眛军，功侯。	九十六	三月辛亥封，十一年薨。	高后三年，共侯解嗣，三十年薨。 孝景五年，康侯胡嗣，十二年绝，三年薨。不得状。	江邹 元鼎五年，侯石嗣，九年，封，九年，大。始四年，坐为太常行斋离宫道，桥苦恶，大不敬，声系以谒闻，赦，免。	元康四年，强玄孙石孙长安公乘忠诏复家。
戴敬侯彭祖 师古曰："今见有秘姓，读如防沛。"	以卒从起沛，以卒开沛城门，为卒，以中涓从，击豨，功侯。	百二十六	三月癸酉封，十一年薨。	高后三年，共侯悼嗣，十二年薨。 孝文八年，安侯安国嗣，三十八年薨。	元朔五年，安侯安国嗣，十二年薨。元鼎五年，夷侯安国嗣，三十八年薨。	元康五年，彭祖曾孙蒙诏复家。后元元年，坐祝诅上，大逆，腰斩。

侯功		侯第	六世	七世
				元康四年，彭祖玄孙之孙阴陵大夫政诏复家。
衍简侯翟盱　以汉王二年为燕令，以都尉下封，十二年，薨。师古曰："盱况于反，音况于反。"	七月己丑	百三十	高后四年，祗六年，节侯嘉嗣，一年，薨。侯山嗣，三十四年，薨。	建元三年，侯不疑嗣，三十四年，薨。元康四年，盱玄孙阳陵公乘光诏复家。
平州共侯昭涉掉尾　汉四年以燕相八月甲辰	八月甲辰	百一十一	孝文二年，戴五年，怀侯戴五年，孝侯马童九年，孝景后二年，侯	元康四年，侯不坐挟诏为司寇。朔元年，坐挟诏复家。书论，顾为司寇。师古曰："诏书当奉持之，而挟以行，故为罪也。"

千一百户。

如淳书，而韦昭妄为音读，非也。

号谥姓名	功状			侯第	玄孙
涉棳尾 师古曰："姓涉,名棳尾也。音侧,棳音竹劣反。"	从击项籍,还击籍,十八年,臧荼,侯,千户。薨。	侯种嗣,三年它人嗣,四嗣,二十九年薨。	陕嗣,二十四年,元狩五年,坐行驰道中,免。		元康四年,棳尾玄孙诏复家。
中牟共侯单右车	以卒从师入汉,以郎击布,功侯,二千二百户。始二十三年,高祖微时有急,给高祖马,故得侯。	十二年十月乙未封,始二十三年薨。	孝文八年,敬侯绾嗣,十三年,戴侯终根嗣,五年薨。	百二十五	元光二年,侯舜嗣,十八年,元鼎五年,坐酎金免。
			六世 元康四年,右车玄孙之子		

号谥姓名	侯功	始封	传袭	六世	诏复家	侯第
邘严侯黄极忠	以群盗长为临江将，已而临江王及诸侯，破布，封千户。师古曰："邘音于。极音巳反。"	十月戊戌，二十七年薨。	孝文十二年，夷侯荣成嗣，元朔五年，侯遂三十五年薨。元鼎元年，坐掩搏夺公主马，髡为城旦。户四千。师古曰："搏字或作博，已解千上。"后元五年，共侯明嗣，八年，元鼎九年薨。	六世　元始元年，诏赐极忠玄孙之子后者瞰爵关内侯。元康四年，忠玄孙之子邘公乘调诏复家。	阳陵不更充国诏复家。	百十三
博阳节侯周聚	以卒从丰，以队率入汉，击项籍，为将军，有城枣有功，封，二十四年薨。	十月辛丑，二十四年薨。	孝文九年，侯遬嗣，十五年，孝景元年，有……		元康四年，聚曾孙长陵公乘万年诏复家。	五十三

侯号功绩	封年月、位次	传袭	曾孙	玄孙
阳羡定侯灵常　以荆令尹汉五年初从,击钟离眛及陈公利几,徙为汉中大夫,从至陈,取韩信,迁中尉,以击布军,布反,定吴郡,侯,二千户。	十月壬寅封,十四年,薨。　百一十九	高后七年,共孝文七年,侯贺嗣,八年哀侯胜嗣,六年薨,亡后。　罪,夺爵一级。	曾孙	元康四年,常玄孙南和大夫横诏复家。
下相严侯泠耳　以客从起沛,入汉,用兵击破齐田解军,以楚丞相坚守彭城,侯,功侯,二千户。　师古曰:"泠音零。"	十月己酉封,十八年,薨。　八十五	孝文三年,侯顺嗣,二十三年,孝景三年,坐谋反,诛。	曾孙	元康四年,耳玄孙长安公士安诏复家。
高陵圉侯王虖　以骑司马汉王元年从起废丘,十年。	十二月丁亥封,十年。　九十二	高后三年,侯文十三弄弓嗣,十八年,侯行嗣,		

号谥姓名	侯功·始封	位次	子	孙	曾孙	玄孙
期思康侯贲赫 师古曰："贲音肥。" 以都尉击破田横、龙且，追籍至东城，以将军击布，侯，九百户。	淮南王英布为大夫，告反，侯，二千户。十二月癸卯封，二十九年，孝文十四年薨，亡后。	百三十二	年薨。	十二年，孝景三年，谋反，诛。		元康四年，株玄孙寿大夫充诏复家。
戚圉侯季必 师古曰："灌婴传作季必，今此作季必，传不同，当有误。" 以骑都尉汉二年初起栎阳，攻卯封，十六年击项籍，破废丘，因击项籍，破籍，属韩信，攻臧荼，为齐将军，击韩信，侯，千五百户。	孝文元年，费四年，躁侯长嗣，三年瑕嗣，三十年薨。十二月癸卯封，改卯封，元年薨。	九十	侯长嗣，建元三年，瑕嗣，二十年，元狩五年，坐为隶臣。八年薨。	建元三年，侯信嗣，二年，坐为相侵神道，为隶臣。	元康四年，必玄孙长安公士买之诏复家。	建信元年，侯信元康四年，必玄孙长安公士买之诏复家。

师古曰："《刑法志》罪人狱已决，完为城旦春，满三岁

为鬼薪白粲，一岁为臣妾，一岁免为庶子。然则男子为隶臣，女子为隶妾也。"

号谥姓名	侯功	位次	孝惠高后	孝文	孝景	建元	元光	元朔	六世
谷阳定侯冯谿	以卒前二年起栎，击籍，定代，为将军，功侯。	百五	正月乙丑封，三十二年薨。	孝文七年，共侯熊嗣，十八年薨。	孝景二年，隐侯卯嗣，十一年薨。	建元四年，侯偃嗣。			元康四年，谿玄孙之子谷阳不更司谒复家。
严敬侯许猜	以楚将汉二年降，从起临济，以郎中击项羽，侯，六百户。师古曰："猜，音千才反。"	百一十二	正月乙丑封，四十年薨。		孝景二年，侯恢嗣，十六年薨。	建元二年，侯汤嗣，九年薨。	元光五年，节侯则嗣，三年薨。	元朔二年，侯广宗嗣，十五年，元鼎五年，坐酎金免。	

号谥姓名	侯第	封	六世	玄孙
成阳定侯奚以魏郎汉王二年从起阳武，击籍，属魏王豹，豹反，徙属相国彭越，以太原尉定代，侯，六百户。	百一十	正月乙酉，武击封，二十六年薨。	孝文十一年，侯信嗣，二十九年，建元元年，有罪，要斩。	元康四年，清玄孙之子平寿公士任寿诏复家。 元康四年，意曾孙阳陵公乘通诏复家。
桃安侯刘襄以客从，汉王二年从起陶，以大谒者击布，侯，孝惠七年，为淮南大有罪，免，千户。	百三十五	二月丁巳封，七年薨。	孝文十年，懿侯舍嗣，二十七年薨。建元二年，侯由嗣，十五年，坐酎金免。元鼎五年薨。十三年薨。元鼎五年，坐酎金免。	元朔二年，侯自为嗣，玄孙，十三年，坐酎免。

户。

功状（号谥姓名）	始封	六世	曾孙	玄孙
高梁共侯郦疥，父食其以客从破秦，定诸侯，还定诸侯，常使诸侯，约和诸侯，说齐王死事，子侯。守。项氏亲。	二月丙寅封，六十三年薨。十年，复封，十六年薨。 六十六	元光三年，侯平嗣，劾嗣。	元光三年，侯平嗣，元符元年，坐诈衡山王取金，免。 **元曾孙**	元康四年，食其玄孙阳陵公乘赐诏复家。 **玄孙**
		元康四年，襄玄孙之子长安上造益寿诏复家。 **六世**		
纪信匡侯陈仓，以中涓从起丰，以骑将入汉，将军击项籍，后攻户绉，侯，七百户。	六月壬辰封，十年薨。 八十	高后二年，侯开嗣，二十年，侯彄嗣，二年薨。八年，孝景二年，反，诛。	**曾孙**	**玄孙**

号谥姓名		侯第	曾孙	六世
景严侯王竟以车司马汉元年初从起高陵，以都尉属刘贾，从击项羽，侯，五百户。	六月壬辰，封，七年薨。	百六	孝惠七年，戴侯真粘嗣，十年，侯煉嗣，二十二年，孝景十年，有罪，免。师古曰："粘亦音黏字。"师古曰："煉，音许孕反。"九年薨。	元康四年，仓玄孙之子长安公士千秋诏复家。
张节侯毛释之以中涓从起丰，以郎骑入汉，还封，从击诸侯，侯，七百户。	六月壬辰，封，二十六年薨。	七十九	孝文十一年，十三年，侯鹿嗣，二年，舜嗣，二十三年，孝景中六年，有罪，免。	元康四年，释之玄孙长安公士景诏复家。

号谥姓名	功状	始封	侯第	子	孙	曾孙	玄孙
煮枣端侯革朱	以越连敖从起薛，别以越将入汉，击诸侯，以都尉侯，九百户。	六月壬辰封，七年，孝惠七年薨。嗣子有罪，不得代。	七十五	孝文二年，康侯朱武以子绍封，二十一年薨。	孝景中二年，侯昌嗣，十一年，有罪，免。	曾孙	元康四年，朱玄孙阳陵大夫奉诏复家。
鄗陵严侯朱濞	以卒从起丰，入以都尉击项籍，臧荼，侯，二千七百户。	十二月封，五十一年薨。	五十二	高后四年，共侯庆嗣，十一年，孝文七年薨，亡后。		曾孙　元康四年，濞曾孙阳陵公士言诏复家。	
菌严侯张平	以中尉前元年从起单父，以击豨布，卢绾，得南阳，侯，二千七百户。	十二月封，四十八年薨。	四十八	高后五年，侯胜嗣，七年，孝文四年，有罪，为隶臣。		曾孙	六世　元康四年，平

号谥姓名						玄孙之子长安公土常诏复家。
右高祖百四十七人。周吕、建成二人在《外戚》，羹颉、合阳、沛、德四人在《王子》，凡百五十三人。						
便顷侯吴浅以父长沙王功侯，二千户。	元年九月癸卯封，三十七年薨。	百三十三		孝文后七年，孝景六年，共侯信嗣。六年广志嗣。	孝景六年，侯千秋嗣。五年，坐酎金免。	元鼎编 元康四年，浅玄孙长陵上造长复家。孙长陵上造长乐诏复家。
軑侯黎朱苍以长沙相侯，百户。师古曰："軑，音大，又音第。"	七二年四月庚子封，八年薨。	百二十		高后三年，孝文十六年，彭祖嗣，二十四年薨。侯稀嗣，一年薨。	二十四年薨。	侯扶嗣，元封元年，坐为东海太守行过曹发卒为卫，当斩，会赦，免。玄孙 六世 元康四年，苍玄孙之子竟陵簪袅衰诏复家。

号谥姓名	始封	侯第	嗣	恩泽	地
平都孝侯刘到 以齐将高祖三年定齐降，侯，千户。	五年六月乙亥封，十三年薨。	百一十	孝文三年，侯成嗣，二十五年，孝景后二年，有罪，免。	元康四年，到曾孙长安公乘如意诏复家。	复家。
右孝惠三人。					
南宫侯张买 以父越人为高祖骑将从军，以中大夫侯。	元年四月以丙寅封。		侯生嗣，孝武初有罪，为隶臣。万六千六百户。		北海
梧齐侯阳城延 以军匠从起郑，入汉，后为少府，作长乐、未央宫，筑长安城先就，侯，五百户。师古曰："郑，颍川之县也，音夫。"	四月乙酉封，六年薨。	七十六	七年，敬侯去疾嗣，三十四年，靖侯偃奴嗣，十四年，嗣，薨。	元光三年，侯戎嗣，十四年，嗣，十五年元狩五年，坐使人杀季父，弃市。户二千三百。	玄孙

	六世						
	元康四年，延玄孙之子梧公士诏复家。						
	孝文二年，侯市人嗣，四年薨。	齐六年，共侯应嗣，四十一年薨，亡后。	侯元光二年，延居嗣，八年薨。	康侯元鼎二年嗣，二年薨。	侯昌嗣，元鼎二年，有罪，免。	平定敬侯齐受以卒从起留，以家车吏入汉，晓骑都尉击项籍，得楼颁将，用齐丞相侯。师古曰："家车吏，主汉王之家车，非军国所用。"	以四月乙酉，以封，九年薨。五十四
	元康四年，受玄孙安平大夫安德诏复家。					博成敬侯冯以悼武王郎中	四月己丑　四年，侯代嗣，

无择	从高祖起丰，攻雍，共击项籍，力战，奉悼武王出荥阳，侯。 师古曰："悼武王，高后兄也，高后追尊曰悼武王。"		八年，坐吕氏诛。
沅陵顷侯吴阳 师古曰："沅，音元。"	以父长沙王功侯。	七月丙申封，二十五年薨。	百三十六	孝文后二年，孝景中五年，哀侯周嗣薨，亡后。 顷侯福嗣，十年薨。 七年薨。
中邑贞侯朱进	以执矛从入汉，以中尉破曹咎，用吕相侯，六百十二年薨。 师古曰："为吕王。"	四年四月丙申封，二		孝文后二年，侯悼嗣，二十一年，孝景后三年，有罪，免。

之相也。"

号	侯状户数	始封	孝文	孝景	武帝
乐平简侯卫毋择	以队率从起沛，属皇欣，以郎击陈余，用卫尉侯，六百户。	四月丙申封，三年薨。		六年，共侯胜嗣，四十一年薨。	孝景后三年，侯彭祖嗣，六年，建元六年，坐买田宅不法，有请赇吏，死。
山都贞侯王恬启	汉五年为郎中柱下令，以卫将军击陈豨，用梁相侯。师古曰："柱下令，今主柱下书史也。"	四月丙申封，八年薨。	孝文四年，宪侯中黄嗣，二十三年薨。	孝景四年，敬侯触龙嗣，十三年薨。	元狩五年，侯当嗣，八年，元封二年，坐阑入甘泉上林，免。
祝兹夷侯徐厉	以舍人从起沛，郎中入汉，还，得雍王邯家属。	四月丙申封，十一年薨。	孝文七年，康侯悼嗣，二十年薨。	孝景中六年，侯偃嗣，九年，建元…	

号谥姓名	侯状户数	高祖			孝文	孝景	侯第
成阴夷侯周信	以卒从起单父，为吕后舍人，度淮，为河南守，五百户。师古曰："时有寇难，得度于水，因以免也。"	四月丙申封，十六年薨。			孝文十二年，侯勃嗣，十五年，有罪，免。	六年，有罪，免。	用常山丞相侯。
俞侯吕它　如淳曰："俞音输。"	父婴以连敖从，高祖破秦入汉，以都尉定诸侯，功比朝阳侯，死事，子侯。	四月丙申封，四年，坐吕氏诛。					
醴陵侯越	以卒从，汉二年起栎阳，以卒吏封，八年，孝击项羽，为河内，文四年，有	四月丙申封，八年，孝			文四年，有		

都尉，用长沙相罪，免。侯，六百户。

右高后十八。扶柳、襄城、积、壶关、昌平、赘其、腾、昌成、睢、祝兹、建陵十一人在《恩泽外戚》，沛、信都、乐昌、乐平、东昌五人在《王子》，朱虚、上郡、东牟三人在《王子》，凡三十一人。

师古曰："睢，音虽。积，音直瑞反。洨，音交，又音下交反。"

阳信夷侯刘揭	高祖十三年为郎，以典客夺吕产等印，闭殿门，距产等，共立孝帝，侯，二千户。	元年十一月辛丑封，十四年薨。	十五年，侯中意嗣，十四年，孝景六年，有罪，免。
壮武侯宋昌	以家吏从高祖起山东，以荥阳，食邑，以代中尉劝王，骖乘入即帝位，侯，千四百户。	四月辛亥封，三十三年，孝景中年，四年，有罪，夺爵一级，为关内侯。	
樊侯蔡兼	以睢阳令高祖	六月丙寅	十五年，康　孝景中二年，元朔二年，

初从阿，以韩家封，子还定北地，用常山相侯，千二百户。 师古曰："本六国时韩家之诸子也，后更姓蔡也。"	十四年侯客嗣，十年薨，用薨。	共侯平嗣，十一年薨。
		二侯降方嗣，元鼎四年，坐搏挤，完为城旦。
涿陵康侯魏以阳陵君侯。驷 师古曰："涿，音灼字也。"师古曰："音宣反。"	七年三月丙黄封，十二年薨，后。	
南䜌侯起以信平君侯。 师古曰："䜌，音郦。说者音贞。云当为邾，非"	三月丙黄封，坐后父故削爵一级，为关内	

	元朔五年,侯延嗣,十九年,元封六年,坐持马,要斩。户千八百。师古曰:"时发马给军,匿而不出也。"	后五年,侯延嗣,十渡嗣,五年薨。	侯。师古曰:"会于廷中而随父,失朝侯以爵之序,故削爵也。"
瓶侯孙单 师古曰:"瓶,读曰瓶。"	十四年三月丁巳封,	十年四月癸丑封,十渡嗣,三十一年薨。	黎顷侯召奴以父齐相侯。师古曰:"召平之子也。召读曰邵。"
父卬以北地都尉匈奴入力战,			也。"

	营陵		
音步丁反。"	元朔五年，侯则嗣，薨，亡后。	不得子嗣侯者年名。	龙頟 元朔五年四月丁未，侯说以都尉击匈奴得王，侯，十二年，元鼎五年，坐酎金免。 师古曰："说音女交反。"
十二年，孝景前三年，坐反，诛。 死事，子侯。	弓高壮侯韩颓当 以匈奴相国降侯。故韩王子。 十六年六月丙子封。		

			按道	齐
元封元年，节侯共以宝从父昆弟绍封。	五凤元年，恩侯宝嗣，鸿嘉元年薨，亡后。	后元元年，侯曾以兴弟绍封龙额，三十一年薨。	元封元年五月己卯，诏以愍侯说以横海将军击东越，侯，十九年，为卫太子所杀。	延和三年，嗣，四年，诏上，坐祝
六世 侯歆嗣，王莽				侯兴齐

	魏				
敗，絕。	后七年，侯釋之嗣，三十一年，元朔四年，坐詐疾不從，耐為隸臣。		襄城哀侯韓嬰以匈奴相國降，六月丙子，韓封，二千戶。七年薨。王信太子之子。		阜、白石、武成、平昌、安都、朸、楊丘、陽虛、昔平、昔丘、管、氏昔丘
清安	孝景前三年，侯共嗣，二十二年薨。	侯更封，二十元狩三年，侯夷更封，五年，元鼎元年，坐為九江太守受故官送，免。	故安節侯申屠嘉以孝文二年舉淮陽守，從高祖功，食邑五百戶，用七年薨，丞相侯。后三年四月丁巳封，		

右孝文十人。積、鄔、周陽三人在《外戚》，管、氏昔丘、昔平、陽虛、楊丘、朸、安都、平昌、武成、白石、阜

陵、安陽、陽周、東城十四人在《王子》，凡二十七人。

師古曰："鄔，音一戶反。又於慮反。"又有鄰字者，誤。

汉书卷一七
表第五

景武昭宣元成功臣

昔《书》称"蛮夷帅服"，①《诗》云"徐方既俅"，②《春秋》列诸子之爵，许其慕诸夏也。③汉兴至于孝文时，乃有弓高、襄城之封，④虽自外俅、本功臣后。故至孝景始欲侯降者，丞相周亚夫守约而争。⑤帝黜其议，初开封赏之科，⑥又有吴楚之事。武兴胡越之伐，将帅受爵，应本约矣。⑦后有承平，颇有劳臣，辑而序之，续元功次云。⑧

① 师古曰："《舜典》之辞也。言王者德泽广被，则四夷相率而降服也。"

② 师古曰："《大雅·常武》之诗也。言周之王道信能充实，则徐方、淮夷并来朝也。俅，古来朝也。"

③ 应劭曰："诸子离戎内附，称其爵，列诸盟会也。"师古曰："俅，音路。"

④ 师古曰："弓高侯颓当、襄城侯桀龙，皆从匈奴来降而得封也。"

⑤应劭曰："景帝欲封王皇后兄信，亚夫对'高祖之约，非功臣不侯也。'"师古曰："景帝欲封匈奴降者徐卢等，而亚夫争之，以为不可。今表夫之言，竟封也。应说失之。"

⑥师古曰："不从亚夫之言，竟封也。"

⑦师古曰："应高祖非有功不得侯之约。"

⑧师古曰："辑，与集同。无功，谓佐兴其帝业者也。"

号谥姓名	功状户数	始封	子	一孙	曾孙	玄孙	孙
俞侯栾布 师古曰："俞，音输。"	以将军吴楚反击齐，侯。	击六年四月丁卯封，六年薨。	中六年，侯贲嗣，二十二年，元狩六年，坐为太常雍牺牲不如令，免。师古曰："雍，右扶风县也，五畤祠在焉。"				
建陵哀侯卫绾	以将军击吴楚，	四年丁卯封，	元光五年，侯信				

用中尉侯。	十一年薨。	嗣，十八年，元鼎五年，坐酎金免。		建平敬侯程嘉
以将军击吴楚，用江都相侯。	四月丁卯封，十八年薨。	元光二年，侯横嗣，一年薨。	节侯回嗣，四年薨，亡后。	平曲侯公孙浑邪 师古曰："浑，音胡昆反，又音混，其音作昆，又作混，其音同。"
以将军击吴楚，用陇西太守侯。	四月己巳封，五年，中四年，有罪，免。	五南斶		
	元朔五年四月丁卯，侯贺以将军击匈奴得王，侯。十二年，元鼎五年，坐酎金免。师古曰："酃，音普孝反。"			
	大初二年，侯贺复以丞相封。三年，延和二年，以子敬声有罪，下	葛绎		

江阳康侯苏息	遽侯横	浙市侯王弃之	商陵侯赵周
以将军击吴楚，用赵相相侯。	父建德以赵相不用王遂反，死事，后二子侯，千一百七十户。 师古曰："史失其姓。它皆类此。"	父悍以赵内史王遂反不听，死事，子侯。	父夷吾以楚太傅，王戊反不听，死事，子侯。
中二年，懿侯卢嗣，八年薨。	中二年四月乙巳封，六年，有罪，弃市。	四月乙巳封，八杨侯始昌嗣，元光四年为人所贼杀。	四月乙巳封，三十六年，元鼎五年，坐酎金轻，列侯酎金知下
建元二年，侯朋嗣，十六年薨。			
元朔六年，侯雕嗣，十一年，元鼎五年，坐酎金免。			

狱死。
师古曰："延亦征字也。"

山阳侯张当居	安陵侯子军	桓侯赐	遒侯陆强	容城携侯徐卢
狱自杀。			侯则嗣，孝武后元年坐祝诅上，要斩。	建元二年，康侯元朔三年，侯光缠嗣，十四年薨。后元二年，坐祝诅上，四十年，坐元二年，坐祝诅上。
父尚以楚相，王戊反不听，死事，子侯。四月乙巳封，二十四年，元朔五年，坐为太常择博士弟子故不以实，完为城旦。	中三年十一月庚子封，十三年，建元六年薨，亡后。	十二月丁丑封。	十二月丁丑封。	十二月丁丑封，七年薨。
	以匈奴王降侯，千五百五十户。	以匈奴王降侯。	以匈奴王降侯，千五百七十户。师古曰："遒即古遒字，音子修反。涿郡之县。"	以匈奴王降侯，七百户。

号谥姓名	侯功	始封	传嗣	玄孙
易侯仆黥 邓氏曰："黥音怛。"	以匈奴王降侯，千一百十户。	十二月丁丑封，六年，后三年薨，亡后。	要斩。	
范阳靖侯范代	以匈奴王降侯，六千二百户。	十二月丁丑封，十四年薨。	元光二年，怀侯德嗣，四年薨，亡后。	元始二年，代玄孙政诏涿郡赐爵关内侯。内黄
翁侯邯郸	以匈奴王降汉。	十二月丁丑讨，六年，元光四年，坐行来不请长信，免。如淳曰："长信宫，太后所居也。"师古曰："请，谒也。"		
亚谷简侯卢它之	以匈奴东胡王降侯，千户，故燕王卢它之。	中五年四月丁巳封，二年薨。后元五年，侯种嗣，七年薨。	建元五年，康侯贺嗣，七年薨。元康六年，侯漏嗣，三年薨。	

				十九年,延和二年,坐卫太子受节,掠死。师古曰:"以卫太子擅发兵,而贺受其节,疑有反心,故见掠而死也。"
塞侯直不疑	以御史大夫侯,后元年八月封,前将军将兵击吴楚,建六年薨。功。	建元四年,康侯相如嗣,十二年嗣,十三年,元鼎五年,坐酎金免。侯坚麃。		绪子。

右孝景十八人。平陆、休、沈猷、红、宛朐、隑乐、乘氏、桓邑八人在《王子》,魏其、盖二人在《外戚》,隆虑一人随父,凡二十九人。

师古曰："据《楚元王传》云休侯富免侯后更封为红侯，而《王子侯表》但云休侯富，又称八人在《王子侯表》，是则此表为误也。然此表乃以休及红列为二数，又称八人在《王子侯》富，虽述重封，又无红邑，其数止七人。"

今地	侯名	功状户数	始封及事
内黄	翕侯赵信	以匈奴相国降侯，元朔二年甲午封，八年，匈奴益封，千六百八十户。	元光四年十月壬元朔六年，为右将军击匈奴，兵败，降匈奴。
南阳	持装侯乐	以匈奴都尉降侯，六百五十户。	元年后九月同黄封，十三年，元鼎元年薨，亡后。
舞阳	亲阳侯月氏（师古曰："氏，音支。"）	以匈奴相降侯，六百八十户。	元朔二年十月癸巳封，五年，坐谋反入匈奴，要斩。
平氏	若阳侯猛	以匈奴相降侯，五百三十户。	十月癸巳封，五年，坐谋反入匈奴，要斩。

国名	侯	侯功・年表
武当	平陵侯苏建	以都尉从车骑将军击匈奴有功侯，元朔五年，用游击将军从大将军独身脱身来归，当斩，赎罪，免。　三月丙辰封，六年，坐为前将军与翕侯信俱败，益封，凡一千一百户。
皮氏	岸头侯张次公	以都尉从车骑将军击匈奴，益封，凡二千户。　五月己巳封，五年，元狩元年，坐与淮南王女陵奸，受财物，免。（师古曰："陵，淮南王女名也。"）
	涉安侯於单	以匈奴单于太子降侯。　大三年四月丙子封，五月薨，封，亡后。
舞阳	昌武侯赵安稽	以匈奴王降侯。以昌武侯从骠骑将军击左王，　四年七月庚申 大初元年，侯充国嗣，二十一年薨，亡国嗣，四年薨，亡后。

号谥姓名	功状	继嗣·事迹	侯病等	地
襄城侯桀龙 师古曰："此龙盖匈奴名耳，而说者以为龙桀，非也。"	以匈奴相国降侯，四百户。益封。	七月庚申封，十二年，与浞野侯俱战死事。三太初三年，侯病已嗣，十五年，后二年，坐祝祖上，下狱瘐死。	侯病	襄垣
安乐侯李蔡	以将军再击匈奴得王，侯，二千户。	四月乙巳封，六年，元狩五年，坐以丞相侵孝园陵道堧地，自杀。户。		昌
合骑侯公孙敖	以护军都尉三从大将军击匈奴，至右王庭得王，侯，元朔六年，益封，从大将军，九千五百户。	三以将军击匈奴，至元狩元年，坐兵击匈奴，与票骑将军期后，畏懦当斩，赎罪。师古曰："懦，音乃唤		高城

	西安	乐昌	千乘
	反,又曰音而捄反。"以校尉三从大将军击匈奴,至年,有罪,当免。右王庭得房阕氏功侯。	三以校尉三从大将军击匈奴,至年,元狩二年,坐发行为上党太守击匈奴不以闻,免。右王庭为雁行先登侯,兵击匈奴不以闻一千一百户。	三以校尉三从大将军击匈奴,攻年,元狩二年,坐为定襄都尉,为定襄都尉,匈奴败,大守以闻,谩,免。师古曰:"谩,音漫。"右匈奴闻辰吾先登石董,吾辰吾先登石董侯,七百户。师古曰:"辰吾水之非实,上也,时匈奴之非实,在焉。山绝水曰
	积侯李朔师古曰:"积,音只。"	从平侯公孙戎奴	随成侯赵不虞

	始莫		舞阳	

博望侯张骞

以校尉数从大将军击匈奴,知道,及前使绝国大夏,侯。

三月甲辰将军击匈奴,元狩二年,坐将军击匈奴道水,畏懦,当斩,赎罪,免。

师古曰:"童,音门。"

众利侯郝贤

以上谷太守四从大将军击匈奴,首虏千级以上,侯,千一百户。

四年五月壬辰封,元狩二年,坐为上谷太守入戍,卒财物,计谩,免。

师古曰:"上财物之计,簿而散谩不实。"

师古曰:"郝,音呼各反,又式亦反。"

涿淖侯王揱訾

以匈奴赵王降,侯,五百六十户。

元狩元年七月壬午封,亡后。

从票侯赵破奴

以司马再从票五月丙戌封,九

	昌	鲁阳
		二月乙丑元鼎四年,侯雷电嗣,二十二年,延和三年,以五

骑将军击匈奴,得两王千骑侯,二千户。

年,元鼎五年,坐酎金免。元封二年,以楼兰将军击楼兰,封浞野侯。五年,太初二年,以浚稽将军击匈奴,为虏所获,军没。

宜冠侯高不识　以校尉从票骑将军再击匈奴,侯,坐击匈奴增首不以实,当斩,赎罪,免。
师古曰:"增加所获首级之数也。"

煇渠忠侯仆朋　师古曰:"煇音,许围反。"　以校尉从票骑将军再出击匈奴,得王,侯,从票骑将军八年薨。

师古曰:"票,音频妙反。"

号谥姓名	功状	年	子孙	国名
下摩侯谯毒尼 师古曰:"谯字与呼同。"	以匈奴王降封,七百户。骑将军房五王,益封。故匈奴归义。	六月乙亥封,九年薨。	原属国都尉与贰师将军俱击匈奴,没。伊即轩嗣。师古曰:"轩,音言居反。" 元鼎五年,杨侯冠支嗣,神爵三年,诏居卢居山,坐将家属居阑入恶师居。师古曰:"恶师,地名,有官所置居室。"	猗氏
湿阴定侯昆邪 师古曰:"湿,音吐合反。昆,音胡门反。"	以匈奴昆邪王将众十万降侯,万户。	三年七月壬午封,四月薨。	元鼎元年,魏侯苏嗣,十年,元封五年薨,亡后。	平原
煇渠慎侯应疕 师古曰:"疕,音匹履里反。"	以匈奴王降侯。	七月壬午封,五年,元鼎三年薨,亡后。		鲁阳

河綦康侯乌黎	以匈奴右王与七月壬午封，六元鼎三年，侯余浑邪降侯，六百年薨。户。	利鞮嗣，四十二年，本始二年薨，亡后。师古曰："鞮，音丁奚反。"	济南
常乐侯稠雕	以匈奴大当户七月壬午封，十太初三年，侯广与浑邪降侯，五八年薨。百七十户。师古曰："当户，匈奴官名也。"	汉嗣，六年，太始元年薨，亡后。	济南
邘离侯路博德	以右北平太守四年六月丁卯从票骑将军击封，十五年，太初左王，得重，会元年，坐见知子期，房首万二千犯逆不道罪免。七百人，侯，六千百户。		朱虚

号谥姓名	侯状户数	始封	子	孙	曾孙	国
义阳侯卫山 师古曰："得重，得辎重也。会期，不失期也。"	以北地都尉从票骑将军击匈奴得王，千六百户。	六月丁卯封，二年，大始四年，坐教人诳告众利侯当时弃市罪，狱未断，病死。				平氏
杜陵侯复陆支	以匈奴归义因淳王从票骑将军击左王，以少破多，捕虏三千一百，侯，千三百户。	六月丁卯封，五凤鼎三年，侯偃侯屠耆嗣。	侯宣平嗣。	侯福嗣，河平四年，坐非子免。		重平
众利侯伊即轩 师古曰："轩，音□"	以匈奴归义楼剸王从票骑将军击右王，侯，千四百户。	六月丁卯封，十元封六年，侯当时嗣。	侯辅宗嗣，始元五年薨，亡后。			

			县
居言反。"　军击左王，手剑合，千一百户。　师古曰："手用剑而合战也，钊，音专，又之兖反。"		诸县。	
湘成侯敢屠洛　以匈奴符离王降侯，千八百户。	六年六月丙子封，七年，元鼎五年，坐酎金免。		阳成
散侯董舍吾　以匈奴都尉降侯，千一百户。	六年丙子封，七年薨。	十太初三年，侯安侯贤嗣，征和三年，坐祝诅上，下狱病死。汉嗣。	阳成
臧马康侯雕延年　以匈奴王降侯，八百七十户。	六年丙子封，五年薨，亡后。		朱虚
瞭侯次公　以匈奴归义王降侯，七百九十户。　师古曰："瞭，音辽。"	元鼎四年六月丙午封，五年，坐酎金免。		舞阳
木阳侯建德　以南越王兄遬王	五年三月壬午		下邳

号谥姓名	功状	封/位次	国除·子孙	属
龙侯摎广德 师古曰："摎，音居求反。"	父乐以校尉击南越死事，子侯，年，坐酎金免。六百七十户。		高昌侯侯，三千封，四年，坐使南海逆不道，诛。户。	郑 师古曰："音夫。"
成安侯韩延年	父千秋以校尉击南越死事，子封，元封六年，坐为太常行大行令事留外国书一月，乏兴，入谷赎，完为城旦。 师古曰："当有所兴发，因其识留故阙乏。"	七月壬午封。 侯，千三百八十为太常行大行令事留外国书户。		
昆侯渠复累 师古曰："累，音力追反。"	以属国大且渠击匈奴侯。	五月戊封。	侯乃始嗣，地节四年薨，亡后。	巨鹿

号谥姓名	功状·封	嗣	再嗣	原籍
骐侯驹几　师古曰：“臬，音其。”	以属国骑击匈奴，五月壬子封，五百二十户。	侯督嗣。	釐侯崇嗣，阳朔二年薨，亡后。元延元年六月己未，侯诗以崇弟绍封，五百五十户。	北屈
梁期侯任破胡	以属国都尉间出击匈奴将军绿綅等侯。师古曰：“綅，音力追反，又音莫汉反。”五年辛巳封。	侯当千嗣，太始四年，坐卖马一匹贾钱十五万，过平，臧五百以上，免。		
瞭侯毕取	以南越将军降六年三月乙酉封，五百一十户。	侯奉义嗣，后二年，坐祝诅上，要斩。		
将梁侯杨仆	以楼船将军击南越椎锋却敌侯，元封四年，坐……			南阳

	侯。	为将军击朝鲜畏懦，入竹二万个，赎完为城旦。师古曰："个，枚也，音古贺反。"				
安道侯揭阳定 师古曰："揭，音竭。"	以南越揭阳令闻汉兵至自定降，侯，六百户。	三月乙酉封。	侯当时嗣，延和四年，坐杀人，弃市。			**南阳**
随桃顷侯赵光	以南越苍梧王闻汉兵至降，侯，三千户。	四月癸亥封，薨。	侯昌乐嗣，本始元年薨。嗣子有罪，不得代。			元始五年，侯放以光玄孙绍封，千户。
湘成侯监居翁	以南越桂林监闻汉兵破番禺谕瓯骆民四十余万降，侯，八百三十户。	五月壬申封。	侯益昌嗣，五凤四年，坐为九真太守盗使人出买犀、奴婢，臧百万以上，不道，诛。			**堵阳**

号谥姓名	功状	封状	侯第	郡
海常严侯苏弘	以伏波司马得南越王建德侯。	七月乙酉封，七年，大初元年薨，亡后。		
外石侯吴阳	以故东越衍侯佐繇王功侯，千户。	元封元年正月壬午封，九年薨。	侯首封大初四年，十四年，坐祝诅上，要斩。	济阳
下邳侯左将黄同 师古曰："邳，音平。"	以故瓯骆左将斩西于王功侯，七百户。	四月封。	侯奉汉嗣，后二年，坐祝诅上，要斩。	南阳
缭嫈侯刘福 师古曰："嫈，音乌聊反。"又曰："缭，音于耕反。"	以校尉从横海将军击南越侯。	正月乙卯封，二年，有罪，免。		
荡儿严侯辕终古	以军卒斩东越徇北将军侯。	闰月癸卯封，六年，大初元年薨，		

师古曰："御"音御。

号	功状	封	嗣	地名
开陵侯建成	以故东粤繇王斩余善与繇王居股侯，二千户。	闰月癸卯封。	侯禄嗣，延和三年，坐舍卫太子所私幸卫女子，又祝诅上，要斩。师古曰："舍，谓居止也。"	临淮
临蔡侯孙都	以南粤郎，汉军破番禺，为伏波得南粤相吕嘉侯，千户。	闰月癸卯封。	侯襄嗣，太初元年，坐击番禺夺人虏，掠，死。	河内
东城侯居股	以故东粤繇王斩东粤繇王余善，万户。	闰月癸卯封，二年	延和三年，坐卫太子举兵谋反，要斩。	九江
无锡侯多军	以东粤将军，汉元年封。		侯卯嗣，延和四	会稽

南阳		梁父		勃海		齐
年,坐与旧义赵文王将兵追反虏,到弘衣擅弃兵还,腰罪,免。						
兵至,弃军降,侯,千户。	以父弃南海元年封,八年,大守,汉兵至,以初二年薨,亡后。越邑降,子侯,二千四百十户。	以朝鲜将,汉兵至,降,千四百八封,四年薨,亡后。	以朝鲜相将,汉四月丁卯封,十年,延和二年薨,封终身,不得嗣。兵围之,降,侯,九年,五百四十户。师古曰:"为相而将朝鲜兵。"	以朝鲜尼谿相六月丙辰封,十		
涉都侯昌	平州侯王唊 如淳曰:"唊,音唊颊。"	荻苴侯韩陶 师古曰:"荻,音荻。苴,音七余反。"	澅清侯参			

郭谅侯扞者	浩侯王恢	骐兹侯稽谷姑	
河东		琅邪	
正月乙酉封,二六月,侯胜嗣,五年,天汉二年薨,	正月甲申封,一月,坐使酒泉矫制害,当死,赎罪,免。如淳曰:"律,矫诏大害。要斩。有矫诏害,矫诏不害。"	四年十一月丁亥封,三年,太初元年薨,亡后。	天汉二年,坐匿朝鲜亡虏,下狱病死。
以小月氏王将军众千骑降,侯,年薨。	以故中郎将将兵捕得车师王,侯。	以小月氏右王将众降,侯,千九百户。师古曰:"萱,音余反。"	使人杀其王右渠降,侯,千户。
师古曰:"扞,读		师古曰:"骐,音大麦反。"	师古曰:"洒,音获,又音胡卦反。"

号谥姓名	事迹	国
与狐同，谋。"谋音之涉反。" 制所幸封，不得嗣。		河东
儿侯张路 七百六十户。师古曰："路音格，又音各。"	以朝鲜王子汉三年癸未封，六年，使朝鲜相路人兵围朝鲜降，侯，谋杀使朝鲜反，格死。	
涅阳康侯最	以父朝鲜相路三月壬黄封，五人，汉兵至，首先至，太初元年薨，降，道死，子侯。亡后。	齐
海西侯李广利	以贰师将军击大宛斩王，太初四年四月丁巳封，八年，延和三年，击匈奴兵败，降。十一年，奴兵败，降。千户。	
新畤侯赵弟 师古曰："郁成，西域国名也。"	以贰师将军骑四月丁巳封，十士斩郁成王首，太始三年，坐侯。为太常鞫狱不实，入钱百万赎死而城旦。	齐

号谥姓名	功状	传承	国
承父侯续相如 如淳曰："鞫者以成辞决罪也。"晋灼曰："律说出罪为故纵，入罪为故不直。"	以使西域发外国兵诛斩车师王子弟扶乐斩王，房二千五百人，侯，千百五。五年，延和四年四月癸亥，坐贼杀军吏，谋入蛮夷，祝诅上，要斩。十户。		
开陵侯成娩 师古曰："娩，音又免。"	以故匈奴介和王将兵击车师，不得封年。	侯顺嗣。 质侯襃嗣，薨，亡后。 元延元年六月侯参嗣，王乙未，釐侯级以葬败，绝。襃荐绍封，千二十户。	东莱

号谥姓名	侯状户数及始封终免	国
秺侯商丘成 如淳曰："秺，音妒。廧亩。"	以大鸿胪击卫太子，力战，亡它意，侯，二千一百二十户。延和二年七月癸巳封，后四年，坐为詹事，侍孝文庙，醉歌堂下曰"出居，安能郁郁"，大不敬，自杀。	济阴
重合侯莽通	以侍郎发兵击反者如侯，侯，四千八百七十户。延和二年七月癸巳封，后二年，坐发兵与卫尉遗等谋反，要斩。	勃海
德侯景建	以长安大夫从击反者如侯，侯，二千七百三十五户。延和二年七月癸巳封，后二年，坐共莽通谋反，要斩。	济南
题侯张富昌	以山阳卒与李寿……四年九月封，后四年，后……	巨鹿

号谥姓名	功状	封／事	嗣（一）	嗣（二）	嗣（三）	郡
邘侯李寿 师古曰："邘，音于。"	以新安令史得卫太子，三年，坐为卫尉居守，擅出长安界，送海西侯至高桥，又使吏谋杀方士，不道，诛。五十户。	寿共得卫太子，二年四月甲戌，侯，八百五十八户，为人所贼杀。				河内
辕阳侯江喜 师古曰："辕，音獠。聊。"	以圉啬夫捕反者故城父令公孙勇侯，千一百二十户。 师古曰："圉，淮阳县也。"	三年十一月封。	六年，侯仁嗣，永光四年，坐使家丞上书还印绶，免。			清河
当涂康侯魏不害	以圉守尉捕反者淮阳胡倩情侯，者淮阳胡倩情，十一月封，薨。		爱侯圣嗣。	刺侯杨嗣。	戴侯向嗣。	九江 侯坚居嗣，

号谥姓名	侯状户数		嗣	子孙
	侯圣与议定策，益封，凡二千二百户。			居摄二年，更为襃汉侯，王莽篡位，为襃新侯，莽败，绝。
蒲侯苏昌	以圉小吏捕反者故越王子邹起侯，千二十六户。	十一月封。	侯夷吾嗣，鸿嘉三年，坐婢自赎为民后略以为婢，免。	琅邪
承父侯孙王	以告反者大原四年三月乙酉封，三年，始元元年，坐杀人，会赦，免。	白义等侯，千一百五十户。		东莱

右孝武七十五人。武安、周阳、长平、冠军、平津、周子南、乐通、牧丘、富民九人在《外戚恩泽》，南窌、龙额、宜春、阴安、发干五人随父，凡八十九人，王子不在其中。

秺敬侯金日磾	以驸马都尉发始元二年侯，丙始元二年，侯赏孙	元始四年，	

号谥姓名	侯状	始封	孝宣	孝元	孝成	孝哀孝平	济阳	济阳
	觉侍中莽何罗反，侯，二千三百二十八户。	……子封，一日薨。	嗣，四十二年薨，亡后。			侯当以日磾曾孙绍侯，千户，王莽败，绝。	济阳 侯芜嗣，建武中以先降梁王薨，不得代。师古曰："梁王，刘永也。"	济阳 侯级嗣。
建平敬侯杜延年	以谏大夫告左将军桀等反，侯，千户，以大仆先定策，大将军先定策，益封，二千三百六十户。	元凤元年七月甲子封，二十八年薨。	甘露二年，孝侯缓嗣，十九年薨。	侯宽竟宁元年，荒侯元始二年，二十四年侯辅嗣，二十四年薨。业嗣。			侯光元始二年侯辅嗣。		
宜城缪侯燕仓	以假稻田使者发觉左将军桀等反谋，告大司农敞，侯，安。削户六百，定七百户。	元平元年六月甲子封，四年薨。	剌侯安嗣，四十一年尊嗣，十年薨。	剌侯竟宁元年安嗣，四十一年尊嗣，十年薨。	阳侯阳朔二年汤侯侯武嗣。			

				六世		
弋阳节侯任宫	以故丞相征事七月甲子封，手捕反者左将军桀，侯，九百一十五户。	三初元二年，千秋嗣，二十二年薨。	刚侯河平三年，愿侯阳朔元年，二年薨。	侯旧嗣，王莽败，绝。	孝侯岑嗣，二十四年薨。	元始元年，侯固嗣，更始元年，为兵所杀。
商利侯王山寿	以丞相少史诱反车骑将军安，入丞相府，侯，九百一十五户。	十月甲子封，元康元年，坐为代郡太守故劾奴十人罪不直，免。				徐
成安严侯郭忠	以张掖属国都尉匈奴入寇与战，斩犁汙王，侯，七百二十四户。	二月癸丑本始三年封，七年薨。	爱侯元康三年嗣，迁嗣，四十一年薨。	釐侯萌嗣，亡后，薨，绝。	刻侯阳朔三年嗣，四年薨。	颍川 侯长嗣， 师古曰："愍，音愿。"

号谥姓名	侯功	始封	六世	国名
平陵侯范明友	以校尉击反氐，后以将军击乌桓封桓，获王，房首六千二百，与大将军光定策，益封，凡二千九百二十户。	四年七月乙巳封，十一年，地节四年，坐首谋反诛。	居摄元年，侯每以忠玄孙之子绍封，王莽败，绝。	武当
义阳侯傅介子	以平乐监使诛楼兰王，斩首，七百五十户。	七月乙巳封，十二年，元康元年，嗣子有罪，不得代。	元始四年，侯长以介子曾孙绍封，更始元年，为兵所杀。	平氏

右孝昭八人。博六、安阳、宜春、安平、富平、阳平六人在《恩泽外戚》，桑乐一人随父，凡十五人。

号谥姓名	功状・继嗣				国名
长罗壮侯常惠	以校尉光禄大夫持节将乌孙击匈奴，获名王、首虏三万九千级，侯，二万八千五百十户。	本始四年四月初元二年，严侯邯嗣，二十四年薨，十六年薨。	建始三年，爰侯嗣，五年薨。	河平四年，侯翕嗣，四十九年，建武四年薨，亡后。	陈留
爰戚靖侯赵长平	以平陵大夫告楚王延寿反，侯，千五百三十户。	地节二年四月癸卯封，十七年薨。	永始四年，节侯诉嗣。	侯牧嗣，四十年，建武四年，以先降梁王，免。	
博成侯张章	以长安男子先发觉大司马霍禹等谋反，以告期门董忠，侯，三千九百三十三户。	四年八月乙丑封，九年薨。	五凤元年，侯建嗣，十二年，建始四年，坐尚阳邑公主与婢奸主旁，数醉骂主，免。		淮阴
高昌壮侯董忠	以期门受张章言霍禹反，告期门董忠，侯。	八月乙丑封，十初元二年，炀侯嗣，元寿元年，侯武嗣，建武二年薨。			千乘

国名	世系·结局	功状·侯
博阳	嗣，四十一年，建嗣，二年，坐父宏月已巳，侯平元年，坐接邪，前为佞邪，免，二年，复封故国，三年薨。永绍封。	言霍禹谋反，告左曹杨恽，侯，再坐法，削户千一百，定七十九户。以左曹中郎受八月乙丑封，十一年薨。 **平通侯杨恽**
	十五凤三年，夷侯常嗣，一年薨，后。元始元年，侯钦以安上孙绍封，亡后。元始元年，戴侯杨嗣，为王莽诛。王莽败，绝。	董忠等言霍禹等谋，以告中为光禄勋诽谤金安上，侯，二千五百户。以侍中郎将受杨恽等言告谋，侯，以霍氏禁闼内，千七百七十一户。政治，免。 **都成敬侯金安上**
平原	元康四年二月壬午封，四十一年，地节四年，侯放薨。建始二年，侯萌以喜孙绍封，以喜孙绍封，四十一嗣。元始五年，侯明以喜孙绍封。	以平阳大夫告霍氏徽史子，霍徽史微史，千四百一十一户。 **合阳爱侯梁喜**

号谥姓名	侯状户数	嗣封历世	籍
（上条续）	家监回伦，故侍郎尚时谋反，侯，千五百户。	……年薨。	慎
安远缪侯郑吉	以校尉光禄大夫将兵迎日逐王降，又破车师，侯，坐法削户二百，定七百九十户。	神爵三年四月戊戌封，十一年薨。初元元年，侯光嗣，八年，永光三年薨，亡后。居摄元年，侯永以吉曾孙绍封，千户，王莽败，绝。	
归德靖侯先贤掸 师古曰："掸，音申。"	以匈奴单于从兄日逐王率众降，侯，二千二百五十户。	神爵二年四月戊戌封，十六年薨。竟宁元年，侯富昌嗣，二年薨。建始二年，侯讽嗣。建武二年，侯飒嗣。侯襄嗣。侯霸嗣，永平十四年，有罪，免。	汝南
信成侯王定	以匈奴栢乌桐屠耆毒单于左大且渠率军众降，侯，后坐……，千六百户。	五凤三年九月癸巳封，薨。元始五年，侯广嗣。元始元年，侯杨嗣。建始二年，侯扬嗣。建武二年，侯汉嗣，三年薨，亡后。永光以定孙绍封，千户。	

			西平、凡建成、将陵、西平、凡邛成、阳城、博阳、高平、阳城、扶阳、爱氏、阳城、昌水、平丘、营平、阳都、鄃，周子南君四人随父，凡三十六人。	杨侯建平二年，节侯建国二年，杨侯建平二年，居摄二年，侯相嗣，建武四年，为兵所杀。更为诛邦支侯，为武四年，十四年薨。
弟谋反，削百五户。师古曰："蓁，音莫白反。"	义阳侯历温温敦　以匈奴溥连累单子率众降，封，侯，四年，坐子伊千五百户。师古曰："谋，与呼同。累，音力住反。"	三年二月甲子封，四年，坐子伊细王谋反，削爵为关内侯，食邑千户。	右孝宣十一人。阳都、营平、平丘、昌水、阳城、爱氏、扶阳、高平、阳城、博阳、乐成二十一人在《恩泽外戚》，乐平、冠阳、鄃，周子南君四人随父，凡三十六人。	义成侯甘延寿　以都尉使西域骑都尉讨郅支单于，竟宁元年四月戊辰封，九年薨。建嗣，十九年薨。斩王以下千五百级，侯，四百户，凡二百孙迁益封，凡二

号谥姓名	功状户数	封年嗣绝				属
駟望忠侯泠广 师古曰:"泠,音冷,音令。"	以湿沃公士告鸿嘉男子马政谋反,辛丑封,薨,千户。师古曰:"湿,音它合反。"	元年正月何齐嗣,王莽败,绝。				琅邪
延乡节侯李谭	以尉氏男子捕得反者樊并侯,己巳封,十三年嗣,薨,千户。	永始四年七月元始元年,侯成,王莽败,绝。				
新山侯称忠	以捕得反者樊并侯,十一月乙酉封,千户。					
童乡釐侯钟祖	以捕得反者樊并侯,七月己酉封,薨,亡后。	元始五年,侯匡,以子绍封,王莽败,绝。				
楼虚侯訾音顺	以捕得反者樊并侯,七月己酉封,千户。					

右孝元一人。安平、平恩、扶阳三人随父，阳平、乐安二人在《恩泽外戚》，凡六人。孝成五人。安昌、高阳、安阳、城阳、高陵、定陵、殷绍嘉、宜乡、氾乡、博山十人在《恩泽外戚》，武阳、博阳、赞、骐、龙额、开陵、乐陵、博望、乐成、安平、平阿、成都、红阳、曲阳、高平十五人随父，凡三十人。

师古曰："额字或作颔。"

汉书卷一八

表第六

外戚恩泽侯

自古受命及中兴之君，必兴灭继绝，修废举逸，然后天下归仁，四方之政行焉。①传称武王克殷，追存贤圣，至平不及下车。②世代虽殊，其揆一也。高帝拨乱诛暴，庶事草创，日不暇给，然犹修祀六国，求聘四皓，过魏则宠无忌冢之墓，适赵则封乐毅之后，爵以功为先后，官用能为次序。后嗣共己遵业，旧臣继踵居位。④至乎孝武，元功宿将略尽。会上亦兴文学，进拔幽隐，公孙弘自海濒而登宰相，⑤于是宠以列侯之爵。又畴咨前代，询问耆老，初得周后，复加爵邑，自是之后，宰相毕侯矣。元成之间，晚得殷世，以备宾位。

①师古曰：《论语》孔子陈帝王之法云：‘审法度，修废官，四方之政行焉，兴灭国，继绝世，举逸民，天下之人归心焉。’故此序引之也。”

②师古曰："《礼纪》云：武王克殷，未及下车，而封黄帝之后于蓟，封帝尧之后于祝，封帝舜之后于陈。'此其事也。"

③师古曰："《高纪》十二年诏云：'秦皇帝、楚隐王、魏安釐王、齐愍王、赵悼襄王皆绝无后。'其与秦皇帝守冢二十家，楚、魏、齐各十家，赵及魏公子无忌各五家。《张良传》高帝谓四人曰：'吾求公，公避逃我，今公何自从吾儿游乎？'又《高纪》十年求天乐平，得其孙乐乡，封之乐乡，号'乐君'也。楚、魏、齐、赵皆旧六国，故总云六国。四皓须眉皓白，故谓之四皓。称号在《王贡两龚鲍传》。

④师古曰："共，读曰恭。"

⑤师古曰："海濒，谓近海之地。濒，音频，又音宾。"

汉兴，外戚恩泽欲与天下，侯者二人。①故誓曰："非刘氏不王，若有亡功非上所置而侯者，天下共诛之。"是以高后欲封诸吕，王陵廷争，孝景将侯王氏，脩侯犯色。②卒用废黜。是后薄昭、窦婴、上官、卫、霍之侯，以功受爵。其余后父据《春秋》褒纪之义，③帝舅缘《大雅》申伯之意，④浸广博矣。⑤是以别而叙之。

①服虔曰："吕后兄周吕侯泽，建成侯释之。"师古曰："与，读曰豫，言豫其功也。"

②师古曰："脩，音条。"

③应劭曰："天子将纳后纪，纪本子爵也，故先褒为侯，言王者不取小国。"

④应劭曰："申伯，周宣王元舅也，为邑于谢。后世欲光宠外来者，缘申伯之恩，援此义以为谕也。"

⑤师古曰："浸，渐也。"

号谥姓名	功状户数	始　　封	子	孙	曾孙	玄孙	孙
临泗侯吕公	以汉王后父赐号。	元年封，四年薨，高后元年追尊曰号。					

	周吕令武侯泽		
	以客从入汉，定三秦，将兵下砀，汉王败彭城，往从之，佐定天下。	吕宣王 六年正月丙戌，封，三年薨。	
			睢 侯台嗣，高祖九年更封为郦侯，四年，高后元年为吕王，二年薨，谥曰肃，追尊令武王。
			二年，王嘉嗣，坐骄废，侯通，弟，六年四月丁酉封，八年，为燕王，九月，反，诛。师古曰："之瑞反。"
			东平 侯忘，通弟，八年五月丙辰封，九月，反，诛。师古曰："忘，音匹履反。"
			汶 侯产，台弟，高后元年四月辛卯

封六年，为吕王，
七年，为梁王，八
年，反，诛。
师古曰："汶，音问。"

孝惠二年，侯则
嗣，七年，有罪，免。
则弟种，高后元
年四月乙酉封，
奉吕宣王国，七
年，更为不其侯，
八年，反，诛。

汉阳

侯禄、种弟、高后
元年九月丙黄
封，八年，为赵王，
追尊康侯曰赵
昭王，九月，反，诛。

汉六年四月丙戌
封，九年薨。

以客从击秦。
王入汉，使释之
归丰卫太上皇。

**建成康侯释
之**

右高祖三人。

扶柳侯吕平	以皇太后姊长姁子侯。 师古曰："平既吕氏所生，不当姓吕，盖史家唯记母族也。姁，音况于反，又音况羽反。"	元年四月丙寅封，八年，反，诛。
襄城侯义	以孝惠子侯。	四月辛卯封，三年，为常山王。
轵侯朝	以孝惠子侯。	四月辛卯封，四年，为常山王。
壶关侯武	以孝惠子侯。	四月辛卯封，六年，为淮阳王。
昌平侯大	以孝惠子侯。	二月癸未封，七年，为吕王。
赘其侯吕胜	以皇太后昆弟子	四月丙申封，八

	淮阳丞相侯。	年,反,诛。		
滕侯吕更始	为舍人郎中十二岁,以都尉屯霸上,用楚丞相侯。	四月丙申封,八年,反,诛。		
吕成侯吕忿	以皇太后昆弟子侯。	四月丙申封,八年,反,诛。		
祝兹侯吕荣　师古曰:"荣音荥。又音乌瑶反。"	以皇太后昆弟子侯。	八年四月丁酉封,九月,反,诛。		
建陵侯张释寺人	以大谒者劝王诸吕侯。	四月丁酉封,九月,免。		
右高后十八人,五人随父,凡十五人。				
织侯薄昭	高祖七年为郎,从军十七年,以中大夫迎帝于代,以车骑将军迎皇太后,侯,万户。	元年正月乙巳封,十年,坐杀使者自杀。帝临,为置后。	十一年,易侯戎封,三十年薨。	建元二年,易侯梁嗣。

号名	户			
邬侯驷钧 师古曰："邬音一户反，又音於虔反。"	以齐王舅侯。	四月辛未封，六年，坐济北王兴居举兵反弗救，免。		
周阳侯赵兼	以淮南王舅侯。	四月辛未封，六年，有罪，免。		
右孝文三人。				
章武景侯窦广国	以皇太后弟侯，万一千户。	孝文后七年六月乙卯封，七年薨。	孝景七年，共侯定嗣，十八年薨。	元光三年，侯常生嗣，十年，坐谋杀人，未杀，免。
南皮侯窦彭祖	以皇太后兄子侯。	六月乙卯封，二十一薨。	建元六年，夷侯良嗣，五年薨。	元光五年，侯桑林嗣，十八年，元鼎五年，坐酎金免。
魏其侯窦婴	以将军屯荥阳捍三年六月乙巳			

侯			
盖靖侯王信	破吴楚七国侯。皇太后昆弟子。	封,二十三年,元光四年,有罪,弃市。	
	以皇后兄侯。	中五年五月甲戌封,二十五年薨。嗣。	元光三年,顷侯受嗣,元鼎五年,坐酎金免。
右孝景四人。			
武安侯田蚡	以皇太后同母弟侯。	孝景后三年三月封,十年薨。	元光四年,侯悟嗣,五年,元朔三年,坐衣襜褕入宫,不敬,免。师古曰:"衣,谓著之也。襜褕,直裾禅衣也。襜,昌占反。褕,音逾。"
周阳懿侯田胜	以皇太后同母弟侯。	元光六年,三月封,十二年薨。	元狩三年,侯祖嗣,八年,坐当轵侯宅。

长平烈侯卫青		不与，免。		
以将军击匈奴，取朔方侯，二十三年，元朔二年三月丙辰封，后破右贤王，益封，又封三子。皇后弟。		**宜春** 侯伉，五年四月丁未以青功封，元鼎元年，坐桥制不害免，大初元年嗣不害侯，五年，坐入宫，完为城旦。	元康四年，诏赐青孙玄钱五十万，复家。	
		阴安 侯不疑，四月丁未以青功封，十二年，元鼎五年，坐酎金免。	永始元年，青曾孙玄以长安公	
		发干 侯登，四月丁未以青功封，坐酎金免。		元始四年，赐青玄孙赏爵关内

号谥姓名	侯状户数	第一代	嗣续	续封	位次
平津献侯公孙弘	以丞相诏所褒侯，三百七十三户。	元朔三年十一月乙丑封，六年薨。	元狩三年，侯度嗣，十三年，元封四年，坐为山阳大守诏征巨野令史成不遣，完为城旦。金免。	乘为侍郎。侯。	高城
冠军景桓侯霍去病	以校尉击匈奴侯，后以骠骑将军破祁连、迎昆邪王，益封。皇后姊子。	六年四月壬申封，七年薨。	元鼎元年，哀侯嬗嗣，七年薨，亡后。南阳 师古曰："嬗，音上战反。"	侯山，地节二年，亡四月癸巳以从祖祖父大将军光功封，三千户，四年，坐谋反，诛。乐平 侯云，山弟，三年四月戊申以大将军光功封，千八…冠阳	东郡 南阳

长社						观
阳朔二年，釐侯世嗣，八年薨。	建昭三年，质侯安嗣，四年薨。	元康元年三月丙戌，君延年以当弟绍封，初元五年正月癸巳，更封为周承休侯，位次诸侯王，二十九年薨，谥曰考。	百户，四年，坐谋反，诛。始元四年，君当嗣，十六年，地节三年，坐使奴杀家丞，弃市。	元鼎四年十一月丁卯封，六年薨。元封四年，君置嗣，二十四年薨。	以周后诏所褒侯，三千户。	
八世	七世	六世				
五年，侯武嗣，十三年，	天凤元年，侯武嗣，建武二年五年，	永始二年，侯党嗣，七年，绥和元			周子南君姬嘉	

号谥姓名	侯状户数	始封	传	国
（续前）			年,进爵为公,地月戊辰更为周承休侯。满百里,为郑公,王莽篡位,为章牟公。更为卫公。	
乐通侯栾大	以方术诏所褒侯,三千户。	四年四月乙巳封,五年,坐罔上,要斩。		高平
牧丘恬侯石庆	以丞相及父万石积行侯。	五年九月丁丑封,十年薨。	太初三年,侯德嗣,二年,天汉元年,坐为大常失法阖上,祠不如令,完为城旦。	平原
富民定侯车千秋	以丞相侯,以遗诏益封,凡千六百户。	征和四年六月丁巳封,十二年薨。	元凤四年,侯顺嗣,六年,本始三年,坐为虎牙将军击匈奴诈增虏获,自杀。	蕲

右孝武九人，三人随父，凡十二人。

号谥姓名	功状			食邑・师古注
博陆宣成侯霍光	以奉车都尉捕反者奉何罗侯，二千三百五十户，后以大将军益封，万七千二百户。	始元二年正月，王寅封，十七年薨。	地节二年四月癸卯，侯禹嗣，四年，谋反，要斩。	北海河间　东郡　元始二年四月乙酉，阳以光父从父昆弟之曾孙初封北海，龙勒土伍绍河间，后益封，封，三千户，又食东郡。王莽纂位，绝。　师古曰："光……所食也。"
安阳侯上官桀	以骑都尉捕斩反者奉何罗侯，二千三百户。女孙为反皇后。	元凤四年二月壬寅封，五年，元凤元年，……诛。		桑乐侯安　始元五年六月辛丑，以皇后父车骑将军封，千五百户，二年，反，诛。　荡阴　师古曰："桀所食也。"　千乘　师古曰："安所食也。"
宜春敬侯王䜣	以丞相侯，子谭与大将军光定……建始三年，孝侯……建平三年，……谭嗣，四十五年薨。	元凤四年二月乙丑封，一年薨。	元凤六年二月乙……康侯谭嗣，……咸嗣，十八年薨，	汝南　元延元年，釐侯章嗣。建平三年，……嗣，咸嗣，十八年薨，……

号谥姓名	侯状	始封（孝昭）	孝宣	孝元	孝成以下	位次
安平敬侯杨敞	以丞相侯七百户，与大司马大将军光定策，益封子忠，凡五千五百四十七户。	六年二月乙丑封，一年薨。	元平元年，顷侯忠嗣，十一年薨。 元康三年，侯谭嗣，九年，五凤四年，坐为典属国季父恽有罪，谭言诽，免。	策，益封，坐法削户五百，定六百八户。 ……薨。	十八年薨。 侯强嗣，二十六年，更始元年，为兵所杀。	汝南
富平敬侯张安世	以右将军光禄勋辅政勤劳侯，以车骑将军与大将军光定策，益封，凡万三千六百四十户。	十一月乙丑封，十三年薨。	元康四年，爱侯延寿嗣，十一年薨。 甘露三年，缪侯敞嗣，四年薨。师古曰："自敞以下皆延寿之嗣也。"	初元二年，共侯临嗣，十五年薨。	恩侯放嗣，三十六年薨。	平原
阳都			元康三年三月乙未，侯彭祖以世父故放廷令贺有旧恩封，千六百户，四年，…… 千六百四十户。			阳都

			济南
			阳朔三年，侯岑嗣，十二年，元延三年，坐父
神爵三年，为小妻所杀。	六世 建平元年，侯纯嗣，王莽建国四年更为张乡侯，建武中为武始侯。		建始四年，考侯钦嗣，七年薨。
元平元年九月戊戌封，三年，本始三年薨，亡后。			甘露三年，质侯弘嗣，二十二年薨。
以丞相侯，前为御史大夫与大将军光定策，益封，凡七百户。	右孝昭六人。一人桑乐侯随父，凡七人。	本始元年八月辛卯封，二十二年，千二百七十九户。	
阳平节侯蔡义	营平壮侯赵充国	以后将军与大将军光定策功侯。	

肥城			钦诈以长安女子君侠子为嗣，免。户二千九百四十四。
於陵			
平丘侯王迁	以光禄大夫与大将军光定策功侯，千二百五十三户。	八月辛未封，五年，地节一年，坐听请受臧四百万，自杀。如淳曰："律，诸为人请求于吏以枉法，而事已行，为听行者皆为司寇。"师古曰："有人私请求，而听受之。"	
昌水侯田广明	以鸿胪击武都反氏赐爵关内	八月辛未封，三年，坐为祁连将	

国名	（前页续）	济阳	单父	萧
	侯，以左冯翊与大将军光定策侯，二千七百户。	以大司农与大将军光定策功侯，二千四百五十三户。四年，坐为大司农盗都内钱三千万，自杀。 如淳曰："天子钱藏中都内，又曰大内。"	以少府与大将军光定策功侯，二千三百二十七户。八月辛未封，二年薨。	以丞相侯，七百户。
	军击匈奴不至期，自杀。		本始二年，康侯辅嗣，三年薨。	地节元年，哀侯临嗣，二年薨，亡子，绝。
				本始二年，康侯嗣，三年薨。
			元始五年闰月丁酉，侯凤以乐成曾孙绍封，千户，王莽败，绝。	地节元年，哀侯临嗣，二年薨，亡子，绝。
				神爵元年，共侯嗣，三年六月甲辰封。
				元延元年，顷侯嗣。建昭三年，顷侯嗣。
名		阳城侯田延年	爰氏肃侯便乐成 师古曰："杜周传作乐成，《霍光传》作使乐成，今此云姓便三者不同，疑表误。"	扶阳节侯韦贤

侯名	侯状	封				
贤	二十一户。	封，十年薨。	玄成嗣，九年，削一级为关内侯，永光二年二月丁酉，复以丞相侯，六年薨。	蘆侯育嗣。	侯湛嗣，元始中户千四百二十，王莽败，绝。	
平恩戴侯许广汉	以皇太子外祖父昌成君侯，五千六百户。	地节三年四月戊申封，七年薨，亡后。	初元元年，共侯嘉以汉弟子中常侍绍侯，二十一年薨。	河平二年，严侯况嗣。	鸿嘉二年，质侯旦嗣，二十九年薨。	建国四年，侯敬嗣，王莽败，绝。
高平宪侯魏相	以丞相侯，八百一十三户。	地节三年六月壬戌封，八年薨。	神爵三年，侯弘嗣，六年，甘露元年，坐祠宗庙骑至司马门，不敬，削爵一级为关内侯。			拓
平昌节侯王无故	以帝舅关内侯，六百户。	四年二月甲寅封，九年薨。	五凤元年，考侯接嗣，十六年薨。	临嗣，二十一年薨。	鸿嘉元年，侯获嗣，三	

号谥姓名	侯状户数					属
乐昌共侯王武	以帝舅关内侯侯，六百户。	二月甲寅封，十四年甍。	甘露二年，戾侯商嗣，二十七年甍。	河平四年，侯安嗣，二十七年，元始三年，为王莽所杀。	甍。十八年，建武五年，诏书复获。师古曰："以其失爵复之也。复，音方目反。"	汝南
阳城缪侯刘德	以宗正关内侯行宗重为宗室率侯，子安民以户五百赎罪更生罪，减一等，定户六百四十户。	四年三月甲辰封，十年甍。	五凤二年，节侯安民嗣，八年甍。	初元元年，釐侯庆忌嗣，二十一年甍。	居摄元年，侯飒嗣，王莽败，绝。师古曰："飒，音立。"	汝南

号谥姓名						
乐陵安侯史高	以悼皇考男子侍中关内侯与发觉霍氏奸，侯，二千三百户。师古曰："与读曰豫。"	八月乙丑封，二十四年薨。	永光二年，严侯术嗣，十一年薨。	建始二年，康侯崇嗣，四年薨，亡后。元延二年六月癸巳，侯溆以崇孙绍封，崇弟子，亡后。	元始四年，侯岑以高曾以前绍封，王莽败，绝。	元始五年，
武阳顷侯丹		鸿嘉元年四月庚辰以帝为太子时辅导有旧恩，侯，千三百户，七年薨。	永始四年，侯邯嗣，十二年薨。	元寿二年，侯获嗣，更始元年，为兵所杀。	郑	
安平夷侯舜		初元元年癸卯		建昭四年	阳朔四年，	元始五年，
邛成共侯王奉光	以皇后父关内侯侯，二千七百五十户。	初元二年三月癸未封，十八年薨。	鸿嘉二年，侯岋嗣，二十八年薨。	初元二年，侯勋嗣，十四年，建平侯坚固以奉光曾孙绍封，二年，坐选举不实，骂廷史，大不敬，免。	济阴	

号谥姓名	侯状				国
（上接前页）	以皇太后兄侍中中郎将封，千四百户，十三年薨。	章嗣，十四年薨。	釐侯渊嗣，二十五年薨。	怀侯买嗣，王莽败，绝。	常山
将陵哀侯史曾	以悼皇考男子侍中中郎将关内侯有旧恩侯，二千二百户。	三月乙未封，五年，神爵四年薨，亡后。			
平台康侯史玄	以悼皇考男子侍中中郎将关内侯有旧恩侯，千九百户。	三月乙未封，二十五年薨。	建昭元年，戴侯怊嗣，十九年薨。师古曰："怊，音女林反。"	鸿嘉二年，侯习嗣。	
博望顷侯许舜	以皇太子外祖父同产弟长乐卫尉有旧恩侯，千五百户。	三月乙未封，四年薨。	神爵三年，康侯敞嗣，八年薨。甘露三年，庆侯党嗣，二十六年薨。	河平四年，釐侯并嗣，薨，亡后。	元延二年六

号谥姓名	侯状户数					
乐成敬侯许延寿	以皇太子外祖父同产弟中关内侯有旧恩侯，千五百户。	三月乙未封，十年薨。	甘露元年，恩侯汤嗣，六年薨。	初元元年，哀侯常嗣，九年薨。	元延二年，节侯恭以常弟绍封，千户。 建昭元年，康侯去疾嗣，二十一年，鸿嘉二年薨，侯修亡后，侯修嗣，王莽败，绝。	平氏 月癸巳，侯报子以并弟绍封，千户，王莽败，绝。
博阳定侯丙吉	以御史大夫内侯有旧恩功。	元康三年二月乙未封，八年薨。	五凤三年，显嗣，二年，甘露元年，	鸿嘉元年六月己巳，康侯昌以	元始二年，董侯并嗣，	南顿 侯胜客嗣，

号谥姓名	侯状始封	宣帝	元帝	成帝	哀平王莽	郡
建成定侯黄霸	以丞相侯，六百户，侯赏以定陶太后不宜立号，益封，二千二百户。五凤三年二月壬申封，四年薨。	甘露三年，忠侯赏嗣，三十年薨。		阳朔四年，思侯辅嗣，二十七年薨。	居摄二年，侯辅嗣，二十七年，王莽败，绝。德茂侯，千三百二十户。坐酎宗庙骑至司马门，不敬，夺爵一级为关内侯。	沛
西平安侯于定国	以丞相侯，六百户。甘露三年五月甲子封，十一年薨。		永光四年，顷侯永嗣，二十七年薨。	鸿嘉元年，侯恬嗣，四十三年，更始元年绝。		临淮

右孝宣二十八人，一人阳都侯随父，凡二十八人。

号谥姓名	侯状始封		元帝	成帝	哀平王莽	郡
阳平顷侯王禁	以皇后父侯，二千六百户，子凤以大将军益封五千四百户，凡八千户。初元元年三月癸卯封，六年薨。		永光二年，敬成侯凤嗣，二十七年薨。	阳朔三年，釐侯襄嗣，二十七年薨。	建平四年，釐侯岑嗣，十九年薨。建国三年，康侯岑嗣，十三年薨。建国三年，侯莽嗣，二年，更始二年，更始元年，为兵。	东郡

侯名					郡
					兵所杀。
安成共侯崇	建始元年二月壬子，以皇太后母弟散骑光禄大夫关内侯侯，万户，一年薨。	建始三年，煬侯奉世嗣，三十九年薨。	建国二年，侯持弓嗣，王莽败，绝。		汝南
平阿安侯谭	河平二年六月乙亥，以皇太后弟关内侯侯，二千一百户，十一年薨。	永始元年，剌侯仁嗣，十九年，为仁所杀。王莽所杀。	元始四年，侯述嗣，建武二年薨，绝。		沛
成都景成侯商	六月乙亥，以皇太后弟关内侯侯，二千户，以大司马益封二千户，十六年薨。	元延二年，侯况嗣，四年，绥和二年，坐山陵未成置酒歌舞，免。	建平元年，侯邑		山阳

红阳荒侯立	六月乙亥封，以皇太后弟关内侯，二千一百户，三十年薨。	以况弟绍封，王莽篡位，为隆信公，与莽俱死。 元始四年，侯柱嗣，王莽败，绝。	曾孙 武桓侯泓，建武元年以父丹为将军战死，在与上有旧，侯。	南阳
曲阳杨侯根	六月乙亥，以皇太后弟关内侯，再以大司马益封七千七百户，哀帝又益二千户，凡万二千四百户，二十一年	建平元年，侯涉嗣，王莽篡位，为直道公，为莽所杀。		九江

临淮		高平戴侯逢时
	元延四年，侯置嗣，王莽败，绝。	六月乙亥，以皇太后弟关内侯嗣，三千户，十八年薨。
		薨。
南阳		
褒新 侯安，元始四年四月甲子以莽功侯，二千户，莽篡位，为信迁公，病死。赏都 侯临，四月甲子以莽功侯，二千户。	永始元年五月乙未，以帝舅曼子侯，千五百户，后篡位，诛。	新都侯莽

侯国	事迹	功状户数	谥姓名
僮	王莽篡位为天子,后为统义阳王,自杀。		
	建昭三年七月癸亥封,七年,建始四年,坐颛地盗土,免。	以丞相侯,六百四十七户。	乐安侯匡衡
	右孝元二人。一人安平侯随父,凡三人。		
汝南	建平二年,侯宏嗣,二十八年,更始元年,为兵所杀。河平四年六月丙午封,二十一年薨。	以丞相侯,六百一十七户,益户四百。	安昌节侯张禹
东莞	鸿嘉元年四月庚辰封,五年,永始二年,坐西州盗贼群辈免,其	以丞相侯,千九十户。	高阳侯薛宣

				新息	穰
安阳敬侯王音	以皇太后从弟大司马车骑将军侯，千六百户，子舜益封。	六月己巳封，五年薨。年复封，十年，绥和二年，坐不忠孝，父子贼伤近臣，免。	永始二年，侯嗣。	建国三年，侯摄篡位，为新公。嗣，王莽篡位，更号和新公，安新公。与莽俱死。	
成阳节侯赵临	以皇后父侯，二千户。新成侯钦	永始元年四月乙亥封，五年薨。绥和二年五月壬辰以皇太后弟封，一年，建平元年，坐弟昭仪绝继嗣，免，徙辽西。	元延二年，侯䜣嗣，建平元年，坐弟昭仪绝继嗣，免，徙辽西。		

号谥姓名				郡
高陵共侯翟方进	以丞相侯，千户，益子五百户。哀帝即位，益子五百户。	永始二年十一月壬子封，八年户，八年薨。	绥和二年，侯宣嗣，十二年，居摄元年，莽东郡太守又举兵欲讨莽，莽灭其宗。	琅邪
定陵侯淳于长	以侍中卫尉言昌陵不可成侯，千户。皇太后姊子。	元延三年二月丙午封，二年，绥和元年，坐大逆，下狱死。		汝南
殷绍嘉侯孔何齐	以殷后孔子世吉适子侯，千六百七十户，后六月进爵为公，地方百里，建平二年益户九百三十二。	绥和元年二月甲子封，八年，元始二年，更为宋公。师古曰："遆读曰嫡。"		沛

号谥姓名	侯状户数	始封	嗣	籍贯
宜乡侯冯参 孔吉之嗣子也。	以中山王舅侯,千户。	绥和元年二月甲子封,建平元年,坐姊中山太后祝诅,自杀。		
泛乡侯何武 师古曰:"泛,音凡。"	以大司空侯,千户,哀帝即位益千户。	四月乙丑封,十年,元始三年,为莽所杀,赐谥曰刺。	元始四年,侯况嗣,建国四年薨。	南阳
博山简烈侯孔光	以丞相侯,千户,元始元年益万户。	二年三月丙戌封,二年,建平二年,坐众职废免,元寿元年五月乙卯复以丞相侯,六年薨。	元始五年,侯放嗣,二年,建平二年嗣,王莽败,绝。	顺阳

右孝成十人。安成、平阿、成都、红阳、曲阳、高平、新都、武阳侯八人随父,凡十八人。

号谥姓名	侯状户数	始封
阳安侯丁明	以帝舅侯,五千户	绥和二年四月

国名	功状	始封年月及传袭	续封	侯号
夏丘	以皇后父侯，三千户，又益二千户。	户。王寅封，七年，元始元年，为王莽杀。		孔乡侯傅晏
湖阳	以帝舅子侯，千七百三十九户。	五月己丑封，元始三年，坐非正免。		平周侯丁满
新野 东海	以大司马关内侯，二千三百六十户。	绥和二年七月庚午封，一年，建平元年，坐漏泄免，元始二年月癸巳，更为义阳侯，二月薨。	侯业嗣，王莽败，建绝。	高乐节侯师丹
杜衍	以帝祖母皇太	建平元年正月	建国二年，侯劲嗣。	高武贞侯博

号谥姓名	侯状户数	始封	嗣	位次
喜	太后从父弟大司马侯,二千三十户。	丁酉封,十五年薨。	嗣,王莽败,绝。	
杨乡侯朱博	以丞相侯,二千五十户,上书以故事不过千户,还千五十户。	建平二年四月乙亥封,八月,坐诬罔,自杀。		湖陵
新甫侯王嘉	以丞相侯,千六十八户。	三年四月丁酉封,三年,元寿元年,闰上,下狱瘐死。	元始四年,侯崇封,三年,元寿元年,王莽败,绝。	新野
汝昌侯傅商	以皇太太后从父弟封,千户,后封,以奉先侯祀益封,凡五千户。	四年二月癸卯封,一年,元寿元年,坐外附诸侯免。	元寿二年五月,侯商以商兄子绍奉祀封,八月,坐非正免。	阳谷
阳新侯郑业	以皇太太后同母弟子侯,千户。	八月辛卯封,二年,元寿二年,坐非正免。		新野

号谥姓名	侯功	始封	孝平以后	位次
高安侯董贤	以侍中驸马都尉告东平王云祝诅反逆封,二年,坐为大司马不合众心,免,自杀,户。后益封,二千户。	建平四年八月辛卯封,二年,坐为大司马不合众心,免,自杀。非正免。		朱扶
方阳侯孙宠	以骑都尉与息夫躬告东平王反谋封,千户。	八月辛卯封,二年,元寿二年,坐前为奸赃免,徙合浦。		龙亢
宜陵侯息夫躬	以博士弟子因重贤告东平王反谋封,千户。	八月辛卯封,二年,元寿二年,坐祝诅,下狱死。		杜衍
长平顷侯彭宣	以大司空侯千七百四十户。	元寿二年五月甲子封,四年薨。	元始四年,节侯圣嗣,十四年薨。天凤五年,侯业嗣,王莽败,绝。	济南
右孝哀十三人。新都、新成、平阳、营阳、营陵、德五人随父,凡十八人。				
扶德侯马宫	以大司徒侯,二千户。	元始元年二月		赣榆

号谥姓名	功状	始封	位次
（前侯残文）		……千户。	
扶平侯王崇	以大司空侯,二千户。	丙辰封,王莽篡位,为太子师,卒官。	临淮
广阳侯甄丰	以左将军光禄勋定策安宗庙侯,五千三百六十五户。	二月癸巳封,王莽篡位,为广新公,后为王莽所杀。	南阳
承阳侯甄邯 师古曰:"承,音丞。"	以侍中奉车都尉策定策安宗庙功侯,二千四百户。	三月癸卯封,王莽篡位,为承新公。	汝南
褒鲁节侯公子宽	以周公世鲁顷公玄孙之玄孙奉周祀侯,二千户。	六月丙午封,薨。十一月,侯相如嗣,更姓公孙氏,后更为姬氏。	南阳平

						瑕丘
褒成侯孔均	以孔子世袭褒成烈君霸曾孙奉孔子祀侯,二千户。	六月丙午封。				
防乡侯平晏	以长安少府与刘歆、孔永、孙迁四封,为人使治明堂辟雍就新公。得万国欢心功侯,各千户。	五年闰月丁丑。				
红休侯刘歆	以侍中羲和与平晏同功侯。	闰月丁酉封,王莽篡位,为国师公,后为莽所诛。				
宁乡侯孔永	以侍中五官中郎将与平晏同功侯。	闰月丁酉封,王莽篡位,为大司马。				
定乡侯孙迁	以常侍谒者与平晏同功侯。	闰月丁酉封。				

常乡侯王恽 师古曰："恽，音于粉反。"	以太仆与闵迁、陈崇等八人使行风俗齐同万国功侯，各千户。	闰月丁酉封。
望乡侯闵迁	以鸿胪与王恽同功侯。	闰月丁酉封。
南乡侯陈崇	以大司徒司直与王恽同功侯。	闰月丁酉封。
邑乡侯李翕	以水衡都尉与王恽同功侯。	闰月丁酉封。
亭乡侯郗恽	以中郎将与王恽同功侯。	闰月丁酉封。
章乡侯谢殷	以中郎将与王恽同功侯。	闰月丁酉封。
蒙乡侯逯普 师古曰："逯，音录，字或作逮。"	以骑都尉与王恽同功侯。	闰月丁酉封，王莽篡位，为大司马。

号谥姓名	功状	封侯年月
二姓皆有之。"		
卢乡侯陈凤	以中郎将与王挥同功侯。	闰月丁酉封。
成武侯孙建	以强弩将军有折冲之威侯。	闰月丁酉封，王莽篡位，为成新公。
明统侯陈辅	以骑都尉明为人后一统之义侯。	闰月丁酉封。
破胡侯陈冯	以父汤前为副校尉讨郅支单于侯，千四百户。	七月丙申封。
讨狄侯杜勋	以前为军假丞手斩郅支单于首侯，千户。	七月丙申封。

右孝平二十二人。邛成、博陆、宣平、红、舞阳、耗、乐陵、都成、新甫、爰氏、合阳、襄阳、章乡、信成、随桃、褒新、赏都十七人随父继世，凡三十九人。

师古曰："据《功臣表》及《王子侯表》，平帝时无红侯，唯周勃玄孙恭以元始二年绍封绛侯。疑红字当为绛，转写者误耳。又《功臣表》作章乡侯，今此作章乡侯，二表不同，亦当有误也。"

汉书卷一九上
表第七上

百官公卿上

师古曰："汉制，三公号称万石，其俸月各三百五十斛谷。其称中二千石者月各百八十斛，二千石者百二十斛，比二千石者百斛，千石者九十斛，比千石者八十斛，六百石者七十斛，比六百石者六十斛，四百石者五十斛，比四百石者四十五斛，三百石者四十斛，比三百石者三十七斛，二百石者三十斛，比二百石者二十七斛，一百石者十六斛。"

《易》叙宓羲、神农、黄帝作教化民，①而《传》述其官，②以为宓羲龙师名官，③神农火名，④黄帝云师云名，⑤少昊鸟师鸟名。⑥自颛顼以来，为民师而命以民事，⑦有重黎、句芒、祝融、后土、蓐收、玄冥之官，然已上矣。⑧《书》载唐虞之际，命羲和四子⑨顺天文、授民时，咨四岳、以举贤材、扬侧陋，⑩十有二牧，柔远能迩；⑪禹作司空、平水土，⑫弃作后稷、播百谷；⑬契作司徒、敷五教，⑭咎繇作士、正五刑；⑮垂作共工，利器用；⑯ 秩作朕虞，育草木鸟兽；⑰ 伯夷作秩宗，典三礼；⑱ 夔典乐，和神人；⑲ 龙作纳言，出入帝命。⑳ 夏、殷亡闻焉，㉑ 周官则备矣。㉒ 天官冢宰、地官司徒、春官宗伯、夏官司马、秋官司寇、冬官司空，是为六卿，㉓ 各有属职分，用于百事。㉔ 太师、太傅、太保，是为三公，㉕ 盖参天子，坐而议政，无不总统，故不以一职为官名。又立三少为之副，少师、少傅、少保，与六卿为九焉。㉖ 言有其人然后充之。㉖ 舜之于尧、伊尹于汤、周公、召公于周，是也。或说司马主天、司徒主人、司空主土，是为三公。四岳谓四方诸侯。自周衰，官失而百职乱。战国并争，各变异，㉗ 秦兼天下，建皇帝之号，㉘ 立百官之职。汉因循而不革，㉘ 明简易，随时宜也。其后颇有所改，备温故知新之义云。㉚ 以通古今，㉙ 故略表举大分，遂以乱亡。

① 应劭曰："宓羲氏始作八卦，神农氏作未耜，黄帝尧舜氏作衣裳，神而化之，使民宜之。"师古曰："见《易·下系》。宓音伏，字本作虙，转写讹谬耳。"

② 师古曰："《春秋左氏传》载郯子所说也。"

③ 应劭曰："师者长也，以龙纪其官，故为龙师，因以名官。"张晏曰："庖羲将兴，神龙负图而至，因以名师。"

④ 应劭曰："火德也，故为炎帝。春官为大火，夏官为鹑火，秋官为西火，冬官为北火，中官为中火。"张晏曰："神农有火星之瑞，故以火纪事。由是而言，春官为青火，夏官为赤火，秋官为西火，冬官为北火，中官为中火。"张晏曰："神农有火瑞，因以名官与。"

⑤ 应劭曰："黄帝受命有云瑞，故以云纪事。由是而言，故春官为青云，夏官为缙云，秋官为白云，冬官为黑云，中官为黄云。"张晏曰："黄帝有景云之应，因以名官也。"张晏曰："黄帝子青阳也。"

⑥ 应劭曰："金天氏，凤鸟适至，因以名官，凤鸟氏为历正，玄鸟司分，伯赵司至，青鸟司启，丹鸟司闭。"师古曰："玄鸟，燕也。伯赵，伯劳也。青鸟，鸧鹧也。丹鸟，鷩雉也。"

⑦应劭曰："颛顼氏代少昊者也，不能纪远，始以职事命官也。春官为木正，夏官为火正，秋官为金正，冬官为水正，中官为土正。"师古曰："自此以上皆郑子之辞也。"

⑧应劭曰："少昊有四叔，重为句芒，脩及熙为玄冥。脩音收。脩音滫。"师古曰："上，谓其事久远也。胲，音该。"

故有五行之官，皆封为上公，祀为贵神。共工氏有子曰勾龙，为后土。颛顼氏有子曰黎，为祝融。

⑨应劭曰："尧命四子分掌四时之教化也。"张晏曰："四子，谓羲仲、和仲、羲叔、和叔。"师古曰："事见《虞书·尧典》。"

⑩师古曰："四岳，分主四方诸侯者。"

⑪应劭曰："牧，州牧也。"师古曰："柔，安也。能，善也。迩，近也。"

⑫师古曰："空，六居，古人六居，主穿土为穴以居人也。"

⑬应劭曰："弃，主名也。后，主也，为此稷官之主也。"

⑭应劭曰："五教，父、义、母、慈、兄、友、弟、恭、子、孝也。"师古曰："禼，音先列反。"

⑮应劭曰："士，狱官之长也。五刑，谓墨、劓、剕、宫、大辟也。"师古曰："劓，音鱼。大辟，音疋亦反。墨，谓其额而湼以墨。劓，割鼻也。剕，断足也。剢，去髌骨也。宫，阴刑也。辟，读曰辟。"

⑯应劭曰："共工，理百工之事也。"师古曰："共，读曰供。"

⑰应劭曰："虞，掌山泽禽兽官名也。"师古曰："益字也，主南度山川之事。"

⑱应劭曰："典天神、地祇、人鬼之礼也。"师古曰："秩，次也。宗，尊也。主尊神之礼，可以次序也。"

⑲应劭曰："夔，臣名也。"

⑳应劭曰："龙，臣名也。"师古曰："自此以上皆《尧典》之文。"

㉑师古曰："言，如今尚书，管王之喉舌也。《礼记》明堂位曰：夏后氏官百，殷二百，盖言其大数而无职号统属也。"

㉒师古曰："事见《周书·周官篇》及《周礼》。"

㉓师古曰："冢宰掌邦治，司徒掌邦教，宗伯掌邦礼，司马掌邦政，司寇掌邦禁，司空掌邦土也。"

㉔师古曰："言百官之长也。"

㉕应劭曰："师，训也。分，音扶问反。"

㉖师古曰："傅，覆也。保，养也。"

㉗张晏曰："不必备员，有德者乃处之。"

㉘师古曰："五官以德不及五帝，自损称王，故自去其皇号。"

㉙师古曰："革，改也。"

㉚师古曰："《论语》称孔子曰'温故而知新，可以为师矣'。温犹厚也，言厚蓄故事，多识于新，则可为师。"

相国、丞相，①皆秦官，金印紫绶，掌丞天子助理万机。秦有左右，②高帝即位，置一丞相，十一年更名相国，绿绶。孝惠、高后置左右丞相，文帝二年复置一丞相。有两长史，秩千石。哀帝元寿二年更名大司徒。武帝元狩五年初置司直，秩比二千石，掌佐丞相举不法。

①应劭曰："丞者，承也。相者，助也。"

②荀悦曰："秦本次国，命卿二人，是以置左右丞相，无二公官。"

太尉，①秦官，金印紫绶，掌武事。武帝建元二年省。元狩四年初置大司马，②以冠将军之号。③宣帝地节三年置大司马，不冠将军，亦无印绶，冠将军印绶。成帝绥和元年初赐大司马金印紫绶，置官属，禄比丞相，去将军。哀帝建平二年复去大司马印绶、官属，冠将军如故。元寿二年复赐大司马印绶，置官属，去将军，位在司徒上。有长史，秩千石。

①应劭曰："自上安下曰尉，武官悉以为称。"

②应劭曰："司马，主武也，诸武官亦以为号。"

③师古曰："冠者，加于其上共为一官也。"

御史大夫，秦官，①位上卿，银印青绶，掌副丞相。有两丞，秩千石。一曰中丞，在殿中兰台，掌图籍秘书，外督部刺史，内领侍御史员十五人，受公卿奏事，举劾按章。成帝绥和元年更名大司空，禄比丞相，置长史如中丞，官职如故。哀帝建平二年复为御史大夫，元寿二年复为大司空，御史中丞更名御史长史。侍御史有绣衣直指，②出讨奸猾，治大狱，武帝所制，不常置。

①应劭曰："侍御史之率，故称大夫云。"

②师古曰："衣以绣者，尊宠之也。"

③服虔曰："诸衣而行，无阿私也。"师古曰：《茂陵书》〈御史大夫〉秩中二千石。"

太傅，古官，高后元年初置，金印紫绶。后省，八年复置。后省，哀帝元寿二年复置。位在三公上。

太师、太保，皆古官，平帝元始元年皆初置，金印紫绶。太师位在太傅上，太保次太傅。

前后左右将军，皆周末官，秦因之，位上卿，金印紫绶。汉不常置，或有前后，或有左右，皆掌兵及四夷。有长史，秩千石。

奉常，秦官，掌宗庙礼仪，有丞。景帝中六年更名太常。①属官有太乐、太祝、太宰、太史、太卜、太医六令丞，②又诸庙寝园食官令长丞，③有廱太宰、太祝令丞，⑤五畤各一尉。又博士及诸陵县皆属焉。景帝中六年更名太祝为祠祀，武帝太初元年更曰庙祀，初置太卜。博士，秦官，掌通古今，秩比六百石，员多至数十人。武帝建元五年初置五经博士，宣帝黄龙元年稍增员十二人。元帝永光元年分诸陵邑属三辅。王莽改太常曰秩宗。

①应劭曰："常，典也，掌典三礼也。"师古曰："太常，王者旌旗也，画日月焉，王有大事则建以行，礼官主奉持之，故曰

①奉常也。后改曰大常，尊大之义也。"

②服虔曰：主山陵上槁输入之官也。"如淳曰："律，都水治渠堤水门。《三辅黄图》云三辅皆有都水也。"

③文颖曰：雕，主熟食官。"如淳曰："如时主醮，故持主雕，不当复置大官也。大宰即是具食之官，不当复置橐人也。"

郎中令，秦官，①掌宫殿掖门户，有丞。武帝太初元年更名光禄勋。②属官有大夫、郎、谒者，皆秦官。又期门、羽林皆属焉。③大夫掌论议，有太中大夫、中大夫、谏大夫，皆无员，多至数十人。武帝元狩五年初置谏大夫，秩比八百石，太初元年更名中大夫为光禄大夫，秩比二千石。太中大夫秩比千石如故。郎掌守门户，出充车骑，有议郎、中郎、侍郎、郎中，皆无员，多至千人。议郎、中郎秩比六百石，侍郎比四百石，郎中比三百石。中郎有五官，左、右三将，秩皆比二千石。郎中有车、户、骑三将，秩皆比千石。④谒者掌宾赞受事，员七十人，秩比六百石。有仆射，秩比千石。期门掌执兵送从，武帝建元三年初置，比郎，无员，多至千人，有仆射，秩比千石。⑤平帝元始元年更名虎贲郎，置中郎将，秩比二千石。⑥羽林掌送从，次期门，武帝太初元年初置，名曰建章营骑，后更名羽林骑。又取从军死事之子孙养羽林，官教以五兵，号曰羽林孤儿。⑦羽林有令丞。宣帝令中郎将、骑都尉监羽林，秩比二千石。⑧

①臣瓒曰：主郎内诸官，故曰郎中令。

②应劭曰："光者，明也。勋者，功也。"如淳曰："胡公《汉官》勋之言阍，阍者，古主门官也。光禄主宫门。"师古曰："应说是也。"

③服虔曰："羽林，亦宿卫之官，言其如羽之疾，如林之多也。一说，羽所以为王者羽翼也。"

〔汉仪注〕郎中令主郎中,左右车将主左右车郎,左右户将主左右户郎也。"

④如淳曰："主车曰车郎,主户卫曰户郎,仆也,白也,主也。"

⑤应劭曰："谒,请也,白也,主也。"

⑥师古曰："黄,读与奔同,言如猛兽之奔。"

⑦师古曰："五兵,谓弓矢、殳、戈、戟也。"

⑧孟康曰："皆有仆射,随所领之事以为号也。若军屯吏则曰军屯仆射,永巷则曰永巷仆射。"

卫尉,秦官,掌宫门卫屯兵,①有丞。景帝初更名中大夫令,后元年复为卫尉。属官有公车司马、卫士、旅贲三令三丞。②卫士三丞。又诸屯卫候、司马二十二官皆属焉。长乐、建章、甘泉卫尉皆掌其宫,③职略同,不常置。

①师古曰："《汉旧仪》云卫尉寺在宫内。"

②师古曰："胡广云主宫阙之门内卫士,于周垣下为区庐。区庐者,若今之仗宿屋矣。"

②师古曰："《汉官仪》云公车司马掌殿司马门,夜徼宫中,天下上事及阙下凡所征召皆总领之,令秩六百石。旅,众也。贲与奔同,言皆为奔走之任也。"

③师古曰："各随所掌以名官。"

太仆,秦官,①掌舆马,有两丞。属官有大厩、未央、家马三令,各五丞一尉。②又车府、路軨、骑马、骏马四令丞;③又龙马、闲驹、橐泉、騊駼、承华五监长丞;④又边郡六牧师苑令,各三丞;⑤又牧橐、昆蹏令丞。⑥皆属焉。中太仆掌皇太后舆马,不常置。武帝太初元年更名家马为挏马,⑦初置路軨。

①应劭曰："周穆王所置也。盖大御众仆之长,中大夫也。"

②师古曰："家马者,主供天子私用,非大祀戎事军国所须,故谓之家马也。"

③伏俨曰："龙马,又主小车。軨,今之小马曲舆也。"师古曰："軨,音零。"

④如淳曰："橐泉厩在橐泉宫下。騊駼,野也。"师古曰："闲,阑也,阑,养马之所也,故曰闲驹。騊駼出北海中,其状如马,非

野马也。驹，音徒高反。除，音涂。"

⑤师古曰："汉牧师诸苑三十六所，分置北边、西边，分养马三十万头。"

⑥应劭曰："橐，音佗。驼，好马名也。师古曰：《尔雅》曰'昆蹏䮫'者也，因以为厩名。

收橐，音橐佗也。昆，兽名也。昆，音昆。蹏研，音蹏研。又音午键反。"

研，音五见反。䮫，音午键反。善升顑者，谓其山形顑下平也。顑即古髀字耳。

⑦应劭曰："主乳马，取其汁桐治之，味酢可饮，因以名官也。如淳曰："主乳马，以韦革为夹兜，受数斗，盛马乳，桐取

其上肥，因名曰桐马。《礼乐志》圣相孔光奏省官乐官七十二人，给大官桐马酒。今梁州亦名马酪为马酒。"晋灼曰："桐

音挏。挏之桐，音动。师古曰："晋音是也。挏，音信孔反。"

廷尉，秦官，①掌刑辟，有正、左右监，秩皆千石。景帝中六年更名大理，武帝建元四年复为廷尉。宣帝

地节三年初置左右平，秩皆六百石。哀帝元寿二年复为大理。王莽改曰作士。

①应劭曰："听狱必质诸朝廷，与众共之，兵，刑同制，故称廷尉。"师古曰："廷，平也。治狱贵平，故以为号。"

典客，秦官，掌诸归义蛮夷，有丞。景帝中六年更名大行令，武帝太初元年更名大鸿胪。①属官有行

人、译官、别火三令丞②及郡邸长丞。③武帝太初元年更名行人为大行令，初置别火。①属官有行

乐。初，置郡国邸属少府，中属中尉，后属大鸿胪。

①应劭曰："郊庙行礼九宾，鸿声胪传之也。"

②如淳曰：《汉仪注》别火，狱令官，主治火之事。"

③师古曰："主诸郡之邸在京师者也。"

宗正，秦官，①掌亲属，有丞。平帝元始四年更名宗伯。属官有都司空令丞，②内官长丞。③又诸公主

家令、门尉皆属焉。王莽并其官于秩宗。初，内官属少府，中属主爵，后属宗正。

①应劭曰："周成王之时彤伯入为宗伯，不谓之宗正。"师古曰："彤伯之彤，音徒冬反。"

②如淳曰："司空主水及罪人。贾谊曰'输之司空，编之徒官'。"

③师古曰："《律历志》主分寸尺丈也。"

治粟内史，秦官，掌谷货，有两丞。景帝后元年更名大农令，武帝太初元年更名大司农。属官有太仓、均输、平准、都内、籍田五令丞，①斡官、铁市两长丞。②又郡国诸仓农监、都水六十五官长丞皆属焉。骚粟都尉、③武帝军官，不常置。王莽改大司农曰羲和，后更为纳言。初，斡官属少府，中属主爵，后属大司农。

①孟康曰："均输，谓诸当所有输于官者，皆令输其地土所饶，平其所在时贾，官更于他处卖之，输者既便，而官有利也。"

②如淳曰："斡音管，或作干。斡，主也。主均输之事，所谓斡盐铁而榷酒酤也。"晋灼曰："此竹箭干之官长也。均输自有令。"师古曰："如说近是也。斡音乌括反，非谓箭干也。"

③服虔曰："骚音搜。"师古曰："骚，音搜，搜索之搜。搜，索也。"

少府，秦官，掌山海池泽之税，以给共养，①有六丞。属官有尚书、符节、太医、太官、汤官、导官、乐府、若卢、考工室、居室、甘泉居室、左右司空、东织、西织、东园匠十二官令丞，②又胞人、都水、均官三长丞，③上林中十池监，④又中书谒者、黄门、钩盾、尚方、御府、永巷、内者、宦者七官令丞。⑤诸仆射、署长、中黄门皆属焉。⑥武帝太初元年更名考工室为考工，左弋为佽飞，居室为保宫，甘泉居室为昆台，永巷为掖廷。佽飞掌弋射，有九丞两尉，太官七丞，昆台五丞，乐府三丞，掖廷八丞，宦者七丞，钩盾五丞两尉。河平元年省东织，更名西织为织室。绥和二年，哀帝改乐府，自别为藏。王莽改少府曰共工。

①应劭曰："名曰禁钱，以给私养，自别为藏。少者，小也，故称少府。"师古曰："大司农供军国之用，少府以养天子也。"

供，音居用反。亲，音七亮反。"

②服虔曰："若卢，诏狱也。"邓展曰："旧洛阳两狱，一名若卢，主受亲妇女。"如淳曰："若卢郎中二十人，主弩射。《汉仪注》有若卢狱令，导官主择米。若卢，地名，如说是也。左乇，地名。东园匠，主作陵内器物者也。曰："大官主膳食，汤官主饼饵，主作兵器被也。"师古曰："冬官为考工，主作器械也。"臣瓒曰："若卢，官名也，藏兵器。《品令》

③师古曰："胞人，主割亨割者也。胞，与庖同。

④师古曰："《三辅黄图》云上林中池上篽五所，而此云十池监，未详其数。

⑤师古曰："钩盾主近苑囿，尚方主作乘器物，御府主天子衣服也。

⑥师古曰："中黄门，谓奄人居禁中在黄门之内给事者也。

中尉，秦官，掌徼循京师。①有两丞、候、司马、千人。②武帝太初元年更名执金吾。掌徼循京师，候丞及左右京辅都尉、尉丞兵卒皆属焉。③属官有中垒、武库、都船三令丞。④都船、武库有三丞，中垒两尉。又式道左右中候、寺互、都船四令丞。⑤初，寺互属少府，中属主爵，后属中尉。

①如淳曰："所谓游徼，徼谓遮绕也。徼，音工钓反。"

②师古曰："候及司马、千人皆官名也。属国都尉、尉丞及千人皆官名也。属国都尉护云司马，西域都护护云司马，候，千人各二人。凡此千人，皆官名也。

③应劭曰："吾者，御也，掌执金革以御非常。"师古曰："金吾，鸟名也，主辟不祥。天子出行，职主先导，以御非常，故执此鸟之象，因以名官。"

④如淳曰："《汉仪注》有寺互。都船狱令，治水官也。

⑤应劭曰："式道凡三候，车驾出还，式道候持麾至宫门，门乃开。"师古曰："式，表也。"

自太常至执金吾，秩皆中二千石，丞皆千石。

太子太傅、少傅，古官。属官有太子门大夫、①庶子、②先马、③舍人。

①应劭曰："员五人，秩六百石。"

②应劭曰："员五人，秩六百石。"

③张晏曰："先马，员十六人，秩比谒者。"如淳曰："前驱也。《国语》曰句践率为夫差先马。先或作洗也。"

将作少府，秦官，掌治宫室，有两丞、左右中候。景帝中六年更名将作大匠。属官有石库、东园主章、左右前后中校七令丞，①又主章长丞。②武帝太初元年更名东园主章为木工。成帝阳朔三年省中候及左右前后中校五丞。

①如淳曰："章，谓大材也。旧将作大匠主材吏名章曹掾。"师古曰："今所谓木钟者，盖声之转耳。东园主掌大材，以供东园大匠也。"

②师古曰："掌凡木也。"

詹事，秦官，①掌皇后、太子家，有丞。②属官有太子率更、家令丞，仆、中盾、卫率、厨厩长丞，③又中长秋、私府、永巷、仓、厨、祠祀、食官令长丞。诸宦官皆属焉。④成帝鸿嘉三年省詹事官，并属大长秋。⑤长信詹事掌皇太后宫，景帝中六年更名长信少府，⑥平帝元始四年更名长乐少府。

①应劭曰："詹，省也，给也。"师古曰："《茂陵中书》太子家令秩八百石。"应劭曰："中盾主周卫徼道，秩四百石。"

②师古曰："詹，省也，给也。随其所在也。"

③张晏曰："太子称家，故曰家令。"如淳曰："《汉仪注》卫率主门卫，秩千石。"师古曰："掌知漏刻，故曰率更。更，音工衡反。"

④师古曰："自此以上，皆皇后之官。"

⑤师古曰："省皇后官事，总属詹事长秋也。"

⑥张晏曰："以太后所居宫名为也。居长信宫则曰长信少府，居长乐宫则曰长乐少府。"

将行，秦官。①景帝中六年更名大长秋，②或用中人，或用士人。③

①应劭曰："皇后卿也。"

②师古曰："秋者收成之时，长者恒久之义，故以为皇后官名。"

③师古曰："中人，奄人也。"

典属国，秦官，掌蛮夷降者。武帝元狩三年，昆邪王降，①复增属国，置都尉、丞、候、千人。属官，九译令。成帝河平元年省并大鸿胪。

①师古曰："昆，音下门反。"

水衡都尉，①武帝元鼎二年初置，掌上林苑。有五丞。属官有上林、均输、御羞、禁圃、辑濯、钟官、技巧、六厩、辩铜九官令丞。②又衡官、水司空、都水、农仓，又甘泉上林、都水七官长丞皆属焉。上林有八丞十二尉，均输四丞，御羞两丞，都水三丞，禁圃两尉，甘泉上林四丞。成帝建始二年省技巧、六厩官。王莽改水衡都尉曰予虞。初，御羞、上林、衡官及铸钱皆属少府。

①应劭曰："古山林之官曰衡，掌诸池苑，故称水衡。"张晏曰："主都水及上林苑，故曰水衡。主诸官，故曰都。有卒徒，故曰尉。"师古曰："衡，平也，主平其税入。"

②如淳曰："御羞，地名也，在蓝田，主诸官之稻田。其土肥沃，多出御物可进者，《扬雄传》谓之御宿。《三辅黄图》御羞、宜春皆苑名也。钟官，主铸钱官也。辩铜，主分别铜之种类也。"师古曰："御宿，则今长安杜南御宿川也，不在蓝田。御羞之义，羞，读与馐同，音集，膳羞所出，音宜春直，音孝反，皆苑所珍羞者，止宿于此耳。珍羞，大厩、龙马、骑马、骖马，大小属官皆属焉。以行船者，故或云御羞，辑濯、骑马、骖马、骆驼，是则技巧六厩之徒供六厩也。《汉旧仪》云天子六厩，未夫、承华、骍驹、骖马、骆驼、承华，而水衡又云六厩技巧六官，是则技巧别属焉，其官别属大厩，未

内史，周官，秦因之，掌治京师。景帝二年分置左内史，①右内史。武帝太初元年更名京兆尹②属官有长安市、厨两令丞，又都水、铁官两长丞。左内史更名左冯翊③属官有廪牺令丞，④又左都水、铁官、云垒、长安四市四长丞皆属焉。

①师古曰：《地理志》云武帝建元六年置左右内史，而此表云景帝二年分置，表志不同。又据《史记》，知志误矣。

②张晏曰："地绝高曰京。"《左传》曰'莫之与京'。师古曰："京，大也。兆者，众所在，故云京兆也。"

③张晏曰："冯，辅也。翊，佐也。"

④师古曰："廪主藏谷，牺主养牲，皆所以供祭祀也。"

主爵中尉，秦官，掌列侯。景帝中六年更名都尉，武帝太初元年更名右扶风，①治内史右地。属官有掌畜令丞②与左冯翊、京兆尹是为三辅。③与右扶风属焉。④皆有两丞。列侯更属大鸿胪。元鼎四年更置三辅都尉、都尉丞各一人。

①张晏曰："扶，助也。风，化也。"

②如淳曰：《尹翁归传》曰'豪强有论罪，输掌畜官，使所坐'。东方朔曰'益为右扶风'，畜牧之所在也。"

③如淳曰："五畤在雍，故有畤。"

④服虔曰："皆治在长安城中。"师古曰："《三辅黄图》云京兆在尚冠前街东入，故中尉府；冯翊在太上皇庙西入；右扶风在夕阴街北入，长安以东为京兆，长陵以北为左冯翊，渭城以西为右扶风也。"

自太子太傅至右扶风，皆秩二千石，丞六百石。

护军都尉，秦官。武帝元狩四年属大司马，成帝绥和元年居大司马府比司直，哀帝元寿元年更名司寇，平帝元始元年更名护军。

司隶校尉，周官，①武帝征和四年初置。持节，从中都官徒千二百人，②捕巫蛊，督大奸猾。③后罢其兵，察三辅、三河、弘农。元帝初元四年去节，成帝元延四年省。绥和二年，哀帝复置，但为司隶，冠进贤冠，属大司空，比司直。

①师古曰："以掌徒隶而巡察，故云司隶。"

②师古曰："中都官，京师诸官府也。"

③师古曰："督，谓察视也。"

城门校尉掌京师城门屯兵，有司马，①一二城门候。②中垒校尉掌北军垒门内，外掌西域。③屯骑校尉掌骑士。步兵校尉掌上林苑门屯兵。越骑校尉掌越骑。④长水校尉掌长水宣曲胡骑。⑤又有胡骑校尉，掌池阳胡骑，不常置。⑥射声校尉掌待诏射声士。⑦虎贲校尉掌轻车。凡八校尉，皆武帝初置，有丞，司马。⑧自司隶至虎贲校尉，秩皆二千石。西域都护，加官，宣帝地节二年初置，以骑都尉、谏大夫使护西域三十六国，有副校尉，秩比二千石，丞一人，司马、候千人各二人。戊己校尉，元帝初元元年置，⑨有丞，司马各一人，候五人，秩比六百石。

①师古曰："八屯各有司马也。"

②师古曰："门各有候。"

③师古曰："掌北军垒门之内，而又外掌西域。"

④如淳曰："越人内附，以为骑也。"晋灼曰："取其材力超越也。"师古曰："《宣纪》言饮飞射士，胡越骑，又此有胡骑校尉。如说是。"

⑤师古曰："长水，胡名也。宣曲，观名也。宣曲者也。"

⑥师古曰："胡骑之池阳者也。"

⑦师古曰："工射者也。冥冥中闻声则中之，因以名。"应劭曰："须诏所命而射，故曰待诏射也。"

⑧师古曰："自中垒以下八校尉，城门不在此数中。"

⑨师古曰："甲乙丙丁庚辛壬癸皆主正位，唯戊己寄治耳。今所置校尉亦处西域之中抚诸国也。"尉。一说，戊己居中，镇覆四方，今所置校尉亦处西域之中也。

奉车都尉掌御乘舆车，驸马都尉掌驸马，①皆武帝初置，秩比二千石。侍中、左右曹、诸吏、散骑、常侍，皆加官，②所加或列侯、将军、卿大夫、将、都尉、尚书、太医、太官令至郎中，无员，③多至数十人。侍中、中常侍得入禁中，诸曹受尚书事，诸吏得举法，散骑并乘舆车。④给事中，亦加官，⑤所加或大夫、博士、议郎，掌顾问应对，位次中常侍。中黄门有给事黄门，位从将大夫。皆秦制。

①师古曰：驸，副马也。非正驾车者，皆副马也。一曰：驸，近也，疾也。

②应劭曰："入侍天子，故曰侍中。"晋灼曰：《汉仪注》诸吏，给事中日上朝谒，平尚书奏事，分为左右曹。魏文帝合散骑，中常侍为散骑常侍也。

③如淳曰："将，谓御郎将以下也。自列侯下至郎中，皆得有散骑及中常侍加官。是时散骑骑及中常侍待各自一官，亡员也。"

④师古曰："并，音步浪反。骑而散从，无常职也。"

⑤师古曰：《汉官解诂》云：掌侍从左右，无员，常侍中。

爵：一级曰公士，①二上造，②三簪袅，③四不更，④五大夫，⑤六官大夫，⑥七公大夫，⑦八公乘，⑧九五大夫，⑨十左庶长，十一右庶长，⑩十二左更，十三中更，十四右更，十五少上造，⑪十六大上造，十七驷车庶长，⑫十八大庶长，⑬十九关内侯，⑭二十彻侯。⑮皆秦制，以赏功劳。彻侯金印紫绶，避武帝讳，曰通侯，或曰列侯，改所食国令长名相，又有家丞、门大夫、庶子。

①师古曰："言有爵命，异于士卒，故称公士也。"
②师古曰："造，成也，言有成命于上也。"
③师古曰："以组带马曰袅，鞮袅者，言饰此马也。袅，音乃了反。"
④师古曰："言不豫更卒之事也。更，音工衡反。"
⑤师古曰："列位从大夫。"
⑥师古曰："加官，公者，示稍尊也。"
⑦师古曰："言其得乘公家之车也。"
⑧师古曰："大夫之尊也。"
⑨师古曰："庶长，言为众列之长也。"
⑩师古曰："更，言主领更卒，部其役使也。更，音工衡反。"
⑪师古曰："言皆主上造之士也。"
⑫师古曰："言乘驷马之车而为长也。"
⑬师古曰："更，言更尊也。"
⑭师古曰："言有侯号而居京畿，无国邑。"
⑮师古曰："言其爵位上通于天子。"

诸侯王，高帝初置，①金玺盭绶，②掌治其国。有太傅辅王，内史治国民，中尉掌武职，丞相统众官，群卿大夫都官如汉朝。景帝中五年令诸侯王不得复治国，天子为置吏，改丞相曰相，省御史大夫、廷尉、少府，宗正，博士官，大夫，谒者，郎诸官长丞皆损其员。武帝改汉内史为京兆尹，中尉为执金吾，郎中令为光禄勋，故王国如故。损其郎中令，秩千石；改太仆曰仆，秩亦千石。成帝绥和元年省内史，更令相治民，如郡太守，中尉如郡都尉。

① 师古曰：「蔡邑云汉制皇子封为王，其实诸侯也。周末诸侯或称王，汉天子自以皇帝为称，故以王号加之，总名诸侯王也。」

② 如淳曰：「鋉，音录，绶也，以绿为质。」晋灼曰：「鋉是也。鋉之言信也。古者印玺皆以金玉为之信也，今则唯尊卑有别。《汉旧仪》云诸侯王黄金玺，橐陀纽，文曰玺，谓刻云某王之玺。」

监御史，秦官，掌监郡。汉省。丞相遣史分刺州，不常置。武帝元封五年初置部刺史，掌奉诏条察州，① 秩六百石，员十三人。成帝绥和元年更名牧，秩二千石。哀帝建平二年复为刺史，元寿二年复为牧。

① 师古曰：「《汉官典职仪》云周行郡国，省察治状，黜陟能否，断治冤狱，以六条问事，非条所问，即不省。一条，强宗豪右田宅踰制，以强陵弱，以众暴寡。二条，二千石不奉诏书遵承典制，倍公向私，旁诏守利，侵渔百姓，聚敛为奸。三条，二千石不恤疑狱，风厉杀人，怒则任刑，喜则淫赏，烦扰刻暴，剥截黎元，为百姓所疾，山崩石裂，妖祥讹言。四条，二千石选署不平，苟阿所爱，蔽贤宠顽，请托所监。六条，二千石违公下比，阿附豪强，通行货赂，割损正令也。」

郡守，秦官，掌治其郡，秩二千石。有丞，边郡又有长史，掌兵马，秩皆六百石。景帝中二年更名太守。

郡尉，秦官，掌佐守典武职甲卒，秩比二千石。有丞，秩皆六百石。景帝中二年更名都尉。

关都尉，秦官。农都尉、属国都尉，皆武帝初置。

县令、长，皆秦官，掌治其县。万户以上为令，秩千石至六百石。减万户为长，秩五百石至三百石。皆有丞、尉，秩四百石至二百石，是为长吏。①百石以下有斗食、佐史之秩，是为少吏。大率十里一亭，亭有长，率十亭一乡，乡有三老、有秩、啬夫、游徼。三老掌教化。啬夫职听讼，收赋税。游徼徼循禁贼盗。县大率方百里，其民稠则减，稀则旷，乡、亭亦如之，皆秦制也。列侯所食县曰国，皇太后、皇后、公主所食曰邑，有蛮夷曰道。凡县、道、国、邑千五百八十七，乡六千六百二十二，亭二万九千六百三十五。

①师古曰："吏，理也，主理其县内也。"

②师古曰："《汉官名秩簿》云斗食月奉十一斛，佐史月奉八斛也。一说，斗食者，岁奉不满百石，计日而食一斗二升，故云斗食也。"

凡吏秩比二千石以上，皆银印青绶，①光禄大夫无。②秩比六百石以上，皆铜印黑绶，大夫、博士、御史、谒者、郎无。③其仆射、御史治书尚符玺者，有印绶。比二百石以上，皆铜印黄绶。④成帝阳朔二年，除八百石、五百石秩。绶和元年，长、相皆黑绶。哀帝建平二年，复黄绶。吏员自佐史至丞相，十三万二百八十五人。

①师古曰："《汉旧仪》云银印背龟钮，其文曰章，谓刻曰某官之章也。"

②师古曰："无印绶。"

③师古曰："大夫以下亦无印绶。"

④师古曰："《汉旧仪》云六百石、四百石至二百石以上皆铜印鼻钮，文曰印。谓钮但作鼻，不为虫兽之形，而刻文云某官之印。"

汉书卷一九下
表第七下

百官公卿下

师古曰："此表中记公卿姓名不具及但举其官而无名或言若干年年不载迁免死者，皆史之阙文，不可得知。"

相国	丞相	大尉	御史大夫	大列将军	奉常	郎中卫尉令	大仆	廷尉	典客	宗正	治粟内史	中尉	少府	水衡都尉	左内史
	大司徒	大司马	大司空		大常	光禄中大夫		大理	大行令		大司农	执金吾			左冯翊
大师	大司徒		大司空						大鸿胪					主爵都尉	右内史

年	相	太保	太傅	马	勋	令	农	尉 右扶风	京兆尹
高帝元年	高帝沛相萧何为丞相。	太保	太傅	内史周苛为御史大夫,守荥阳,三年死。		滕令夏侯婴为太仆。	职志周昌为中尉,三年迁。执盾襄为治粟内史。师古曰:"志,音戈反。"		内史周苛迁。
二									
三									
四				中尉周昌为御史大夫,六年徙为相。					

殷内史杜恬。	军正阳咸延为少府，二十一年卒。中尉丙猜。	广平侯恭欧为典客。师古曰："欧，一音后反。"	廷尉义渠。		郎中令王恬启。		赵丞相。	五
				将军酂侯公商为卫尉。上不害为大仆。			太尉卢绾，后九月为燕王。	六
						博士叔孙通为奉常，三年徙为太子太傅。		七

				中尉戚鳃。师古曰:"鳃,音先才反。"
		中地守宣义为廷尉。		廷尉宜。
			卫尉王氏。	
				太子太
		符玺御史赵尧为御史大夫,十年免。		
			绛侯周勃为太尉,后官省。	
八	九 丞相何迁为相国	十	十一	十二

				长修侯
	营陵侯刘泽为卫尉。			
傅叔孙通复为奉常。				
	孝惠元年 二	七月辛未，相国何薨。七月癸巳，齐相曹参为相国。		三

杜悟为廷尉。			土军侯宣义为廷尉。
四	五　八月己丑,相国参薨。		六　十月己丑,绛侯周勃复为太尉,十年迁。安国侯王陵为右丞相,曲逆侯陈平为左

		辟阳侯审食其为典客,一年薨。
	奉常常免。师古曰:"名免也。"	上党守任敖为御史大夫,三年免。
丞相。		高后十一元年月甲子,右丞相陵为太傅,左丞相平为右丞相,典客
七		

	上郡侯刘郢客为宗正，七年为楚王。		
			平阳侯曹窋为御史大夫，五年免。
审食其为左丞相。			
二		三	四

年	丞相	御史大夫	奉常	廷尉・典客	郎中令
				廷尉围。典客刘揭。	河南守吴公为廷尉。
					郎中令张武。
五			奉常根。		
六					
七	七月辛巳，左丞相食其为其傅。				
八	九月丙戌，复为丞相，后九月免。	淮南丞相张仓为御史大夫，四年迁。			
孝文元年	十月辛亥，大中大夫，右丞薄昭				

相平为车骑将军，代中尉末昌为左丞相。太尉周勃为右丞相。八月辛未免。

卫将军。

卫尉足。

奉常铙。

二

十月，丞相平薨。十一月乙亥，绛侯勃

中郎将张释之为廷尉。

典客冯敬,四年迁。

御史大夫面。

复为丞相。

十二月,丞相勃免。乙亥,太尉灌婴为丞相。

三

十二月乙巳,丞相婴薨。正月甲午,御

四

		典客靓。师古曰:"靓,与静同。"	廷尉目。廷尉嘉。
		大仆婴嫕。	
			奉常目
典客冯敬为御史大夫。			
御史大夫张仓为丞相。			
五 六 七	八	九 十	十一 十二

年					中尉周舍。	内史董赤。
			廷尉信。	廷尉宜昌。		
十三						
十四	同。					
十五						
十六		淮阳守申屠嘉为御史大夫，二年迁。				
后元年			八月庚午，开封侯陶			
二		八月戊戌，丞相	午，开封侯陶			

年	丞相	御史大夫				奉常	郎中令	廷尉	宗正	中尉	内史
三	仓免。庚午，御史大夫大夫申屠嘉为丞相。	青为御史大夫，七年迁。									
四											
五											
六											
七						奉常信。					
孝景元年							大中大夫周仁为郎	廷尉欧。师古曰："欧，读与驱同。"	平陆侯刘礼为宗正，	中尉嘉。	中大夫朝错为左内史，一年迁。

二年为楚王。

中令令,三十三年老病免,食二千石禄。

奉常辟。

八月丁巳,左内史朝错为御史大夫。

六月,丞相嘉薨。八月丁未,御史大夫陶青

二

	河间太傅通				
	德侯刘通为宗正，四年，三年告，赐中尉，后为太子太傅。				
		廷尉胜。			
					姚丘侯刘舍为太仆。师古曰：
为丞相。	中尉周亚夫为太尉，五年迁，官省。	故詹事窦婴为大将军，军。	正月壬子，错有罪，要斩。	南皮侯窦彭祖为奉常。	安丘侯张欧为奉常。
	故吴相盎为奉常。		御史大夫介。		
三			四		五

济南大守郅都，为中尉，三年免。			
廷尉福。			
"《侯表》及诸传皆云桃侯，独此为桃丘，疑误也。"			
鄡侯萧胜为奉常。			
大仆刘舍为御史大夫，三年迁。			
六月乙巳，丞相青免。太尉周亚夫为丞相。			
六 七		中元	

年	丞相	御史大夫	奉常	中尉	少府	主爵都尉
二				中尉	少府神。	主爵都尉不疑。
三	九月戊戌，丞相亚夫免。御史大夫刘舍为丞相。	太子大傅卫绾为御史大夫，四年迁。	薰寒侯乘昌为奉常。			
四						
五			软侯吴利为奉常。师古曰："软"，音			

	济南都尉宁成为中尉，四年迁。	廷尉瑕更为大理。	中大夫令直不疑更为卫尉。	大大，音第。" 奉常利更为大常。	郎中令贺。	
					八月壬辰，卫尉直不疑为御史大夫，三年死。	
六						
后元年					七月丙午，丞相舍死。八月壬辰，御史大夫卫绾为丞相。	

年	丞相·太尉	御史大夫	太常	郎中令	太仆	廷尉（大理）	大行令（大农）	中尉	主爵都尉	内史
二										
三			柏至侯许昌为太常，二年迁。				大农令惠。	中尉广意。	主爵都尉奴。	中尉宁成为内史，下狱，论。内史印。
	齐相牛抵为御史大夫。盼为太尉，魏其侯窦婴为丞相。			郎中令王臧，一年有罪自杀。	淮南太守灌夫为太仆，二年为燕相。		大行令光。	中尉张敺，九年迁。		
孝武建元元年	孝武六月，武安侯田蚡为丞相。建元元年绾免。	师古曰："抵，音丁礼反。"								
二	二十月，太尉	御史大夫大		南陵侯郎中		大理信。	大行令			内史右

庆。		内史石遍。	江都相
		北地都尉韩安国为大农令,三年迁。	
过期。			廷尉迁。
赵周为令石,大常,建,四年,六年免。卒。			
丞相婴免。蚡免。官省。夫赵绾,有罪自杀。三月乙未,大常许昌为丞相。			武强侯
三			四

	五	六
		六月癸巳，丞相昌免。武安侯田蚡为丞相。
	严青翟为御史大夫，二年，坐窦太后丧不办免。	大农令韩安国为御史大夫，四年病免。
		大常定。
		大仆贺三十三年。
	廷尉廷。	廷尉武，廷尉殷。
		大行令王恢。
		大农令殷。
		东海大守汲黯为主爵都尉，十一年徙。
	郑当时为右内史，五年，贬为詹事。	

元光元年	三月乙卯，丞相蚡薨。五月丁巳，平棘侯薛泽为丞相。	九月，中尉张欧为御史大夫。五年老病，食上大夫禄。	宣平侯张欧为大常。师古曰："欧，音一后反。"	大常王臧。	陇西大守李广为卫尉。	内史充	廷尉翟	詹事	故御史	右内史
五	四	三	二	一						

番系。博士公孙弘为左内史，四年迁。 师古曰："番，音普安反。"						
郑当时为大农令，十一年免。	大夫韩安国为中尉，一年迁。	中大夫赵禹为中尉。				
		大行令丘。				
公。						
		中尉韩安国为卫尉，二年为将军。				
		大常司马当时。		嗣侯孔臧为大		
	六		元朔元年二			

左内史李沮，四年为将军。师古曰："沮，音组。"

右内史贲。师古曰："贲，音奔。"

少府孟贲。中尉李息。

少府产。

宗正刘弃。

中大夫张汤为廷尉，五年迁。

卫尉苏建。

常，三年坐南陵桥坏衣冠道绝免。

左内史公孙弘为御史大夫，二年迁。

三

四

主爵都尉黯为内史,五年免。	主爵都尉李蔡。	中尉赵禹为少府。中尉殷容。				山阳侯张当居为太常,坐选子弟不以实免。	四月丁未,河东太守九江番系为御史大夫。	十一月乙丑,丞相泽免。御史大夫公孙弘为丞相。
						绳侯周平为右太常,四年坐李广为缮园陵郎中令,五年免。		
						六		五

元狩元年	三月戊寅，丞相弘薨。王辰，御史大夫李蔡为丞相。	乐安侯李蔡为御史大夫，一年迁。	免。	大行令李息。	宗正刘受。	中尉司马安。	会稽太守朱买臣为主爵都尉。	左内史敞。
二								
三	三月王冠军		卫尉张	廷尉李		中尉霸。主爵都		

尉赵食其，二年为将军。

大定襄守义纵为右内史，二年下狱弃市。

中尉丞杨仆为主爵都尉。

河内大守王温舒为中尉，五年迁。

沈猷侯刘受为宗正，二年坐听请不具宗室大衣

友·廷尉安。廷尉禹。

尊。

戚侯李信成为大常，二年，坐纵丞相李蔡度道免。

辰·廷尉张汤去为御史大夫，六年有罪自杀。

侯霍去病为票骑将军。

大将军卫青为大司马大将军。票骑将军霍去病为

四

令颜异，二年坐腹非诛。

廷尉司马安。

郎中卫尉充国，三年坐斋不谨弃市。今李敢。

大司马票骑将军。

五

三月甲午，丞相蔡有罪自杀。四月乙卯，太子少傅严青翟为丞

年	丞相·御史大夫	太常·大农令	廷尉	大行令·大农令·少府	水衡都尉	右内史
相。六 九月，大司马去病薨。		俞侯栾贲为大农令，坐为宗庙牲牷不如令免。自十三年为光禄勋。		中郎将张骞为大行令，三年卒。		右内史正炅。
元鼎元年		盖侯王信为太常。	廷尉霸。	大农令王天。		右内史苏纵。
二 三月壬辰，丞相青翟有罪 三月辛亥，太子太傅石庆为御史大夫		广安侯任越人为太常，坐庙酒酸有罪		少府当，大农令孔仅。	水衡都尉张昆。四年下狱死。	

	关都尉尹齐为中尉，一年抵罪。
	中尉王温舒为廷尉，一年复徙中尉。
论。师古曰："《任敖传》及《侯表》皆云广阿侯。今此为广安，此表误。"	郎侯周仲居为太常，坐不收赤侧钱收行钱论。
夫，三年迁。	
自杀。二月，辛亥，太子太傅赵周为丞相。	

三

右内史李信成。中大夫兒宽为左内史，三年迁。	水衡都尉豹。	廷尉王温舒为中尉，二年免。	宗正刘安国，大农令容。	故少府赵禹为廷尉，四年以老贬为燕相。	卫尉路博德。	师古曰："赤侧当废而不收，乃收见行之钱也。郸，音多。"	睢陵侯张广国为太常。	平曲侯周建德为大夫。	九月辛巳，丞相

四

五

		大衣令张成。	少府豹为中尉。
常。阳平侯杜相为大常，五年坐擅縱大乐令论。师古曰："撞役使人也。"			
	齐相卜式为御史大夫，一年贬为大子大傅。		
周下狱死。丙申，御史大夫石庆为丞相。	六		

元封元年					
	左内史兒宽为御史大夫，八年卒。	御史中丞杜周为廷尉，十一年免。 故中尉王温舒为少府，三年徙。	鄜侯萧寿成为大常，	御史中丞咸宣为左内史，六年免。师古曰："咸，音之减。" 水衡都尉郡阎奉。	少府王温舒为右内史， 水衡都尉郡德迁。
			二	三	四

二年免。		
		少府德有罪自杀。右辅都尉王温舒行
坐牺牲不如令论。	成安侯韩延年为太常,二年坐留使外国人月入粟赎论。	
	大将军青薨。	
五		六

太初元年	二		
		故左内史咸宣为右扶风，三年下狱自杀。	京兆尹无忌。左冯翊殷周。
			中尉事，二年狱族。
		中尉。	中尉。
			少府王伟。中尉。
		大鸿胪商丘成，十二年迁。	大鸿胪壶充国。
		侍中公孙敬声为太仆，十二年下狱死。	
睢陵侯郎中张昌为令自大常，为更二年坐为光禄勋。	正月戊黄，丞相庆薨。闰月丁丑，太仆公孙		

		搜粟都尉上官桀为少府,年老免。师古曰:"疑此非上官桀,表误也。				大司农桑弘羊,四年贬为
	牧丘侯石德为太常,三年坐庙牲瘦入谷赎论。					
贺为丞相。	正月,胶东大守延广为御史大夫。					济南大守琅邪王卿为御史大夫,二
三						四 天汉元年

							左冯翊韩不害。
	搜粟都尉。	故廷尉杜周为执金吾，一年迁。					弘农太守沛范方渠中
			廷尉吴尊。				
		新畤侯赵弟为大常，五年坐鞠狱不实论。					
	年有罪自杀。		二月，执金吾杜周为御史大夫，四年卒。				
二			三				四

翁为执金吾。师古曰："沛人，姓范名方渠，字中翁也。中读曰仲。"	少府充国。	水衡都尉守。直指使者江充为水衡，五年为太				
			大司农。			
				廷尉郭居。		
						客城侯唯涂光为大常，徙为安定
						三月，光禄大夫河东暴胜之公子为
						太始元年
						二
						三

子所斩。

都尉。

御史大夫，三年下狱自杀。师古曰："公子，亦胜之字也。后皆类此。"

江邯侯斩右为大常，四年坐为谒问囚故大仆敬声

四

征和元年				乱尊卑免。		廷尉常。		光禄大夫公孙遗守少府。	京兆尹于已衍坐大逆诛。
二	四月壬申，丞相贺下狱死。五月丁巳，涿郡太守刘屈氂为	九月，大鸿胪商丘成为御史大夫，四年坐祝诅自杀。	光禄勋韩说少卿为太子所杀。			廷尉信。			

					右辅都尉王讦为右扶风,九年迁。
	廷尉意。	高庙郎中田千秋为大鸿胪,一年迁。			大鸿胪戴仁坐祝诅诛。淮阳太守田广明为鸿胪,五年
	邢奏李寿为卫尉·坐居守擅出长安界使吏杀人下狱死。				
			缪侯郦终根为勋有禄大常,十一年坐祝诅诛。	
左丞相。					
三 六月壬黄,丞相屈氂下狱要斩。					
四 六月丁巳,大鸿胪田广明为丞相。					

后元元年 二				
	三月乙丑侍中当涂侯 丁卯,驸马搜 侍中奉车都尉金日 奉车都尉桑弘羊为大常,六年 都尉桑弘羊为御史大夫 霍光为大大夫,七年坐孝文 为大司马 大将军。 军。	守卫尉勋遗。 守卫尉不害。		京兆尹建坐祝诅要斩。
	二月乙丑侍中当涂侯 驸马都尉魏不害 为大常,六年 为御史大夫,车骑庙风发 七年坐孝文庙瓦免。 车骑将军瓦免。 谋反,一年诛。薨。太仆 上官桀为	卫尉勋太仆并 左将军。		
			迁。	执金吾郭广意免。

青州刺史隽不疑为京兆尹,五年病免。	水衡都尉吕辟胡,五年坐为云中太守。	执金吾河东马适建子孟任职,六年坐杀人下狱自杀。		司隶校尉洛阳李仲季主为廷尉,四年坐逮闿下狱弃市。	尚书卫尉天水张安世稚叔,为光禄勋,六年迁。			
			光禄大夫刘辟强为		令水王莽安世稚叔,为光禄勋,六年迁。			
								左将军,七年反诛。
								孝昭始元元年

二

宗正，数月卒。	胶西太守齐徐仁中称为少府，为少府六年坐纵反者自杀。师古曰："中，读曰仲。"		
		大鸿胪田广明为卫尉，五	
		卫尉王莽为右将军	
三		四	

	军正齐王平子心为廷尉，四年
年迁。	
卫尉，三年卒。骑都尉上官安为车骑将军，三年反诛。	
	五

						守京兆尹樊福。
						中郎将赵充国为水衡都尉,六年坐纵谋反者迁。左冯翊贾胜胡,二年坐纵谋反者弃市。
				大将军司马杨敞为大司农,四年迁。	执金吾壶信。太中大夫刘德为宗正,数月免。	
		坐纵道匿谋反者下狱弃市。				
			谏大夫杜延年为太仆,十五年免。			
	辕阳侯江德为大常,四年坐庙郎夜饮失火免。	光禄勋并右将军。				
九月庚午,右扶风王安世识为御史大夫,三光禄	右勋张					
六						
元凤元年						

卫尉田广明为左冯翊,四年迁。							京兆尹彭祖。
光禄大夫蔡义为少府,三年迁。							
青州刺史刘德为宗正,二十三年薨。							河内太守平原
廷尉夏回。							
卫尉并将军。							
中郎将范明友为度辽将军卫尉,十三年迁。	蒲侯苏昌为大常,十	三月乙丑,大司农杨	正月甲戌,丞相
年迁。勋,六年迁。			
三			四

沛国大守李寿为执金吾。

詹事韦贤为大鸿胪，四年为长信少府。

巨鹿大守淮阳朱寿少乐为廷尉，坐侍中邪元中郎元下狱元安杀市。弃市。

赵彭祖为大司农，三年卒。

一年坐藉霍山书泄秘书免。师古曰："以秘书借霍山。"

敞为御史大夫，二年迁。

千秋薨。二月乙丑，御史大夫王䜣为丞相。

十二月庚戌，丞相䜣薨。

五

左冯翊武。

右扶风周德。

便乐成为少府，四年卒。

河东太守田延年为大司农，三年有罪自杀。

执金吾延寿。

廷尉李光，四年免。

十一月，少府蔡义为御史大夫，一年迁。

九月戊戌，右将军安世，左冯翊田广明为车骑大将军，御史大夫，三年为祈连将军，七年

十一月己丑，御史大夫杨敞为丞相。

元平元年八月己巳，丞相敞薨。九月戊戌，御史大夫

六

十三年

将军
为前
韩增

大夫
光禄

都尉
水衡

军。
后军
为
充国
赵

都尉
水衡

迁。

军。

蔡义
为丞
相。

	守京兆尹广陵相成。					颍川太守赵广汉为京兆尹,六年下狱要斩。
		博士后仓为少府,二年。执金吾辟兵,三年。迁。	河南太守魏相为大鸿胪,二年迁。	詹事东海宋畴为翁章为大鸿胪		大司农淳于赐。大夫廷尉定国为水衡都尉,二年迁。
						廷尉义。少府恶。
迁。						
						六月甲辰,大司农魏相为御史大夫,四
孝宣本始元年 一					六月己丑,丞相义薨。甲辰,长信少府	
二						
三						

大鸿胪宋畤为左冯翊，一年迁。左冯翊延，三年免。	六安相朱山拊为右扶风，六为右扶风。	左冯翊宋畤为少府，六年坐议凤皇下彭城未至京师，不足美，贬为泗水太傅。		水衡都尉朱辅为右扶风
		山阳太守梁为大鸿胪。		水衡都尉光禄大夫于
年迁。				
少府韦贤为丞相。 四				地节元年

	风博。		左冯翊官。
	颍川太守广为右扶风,三年。执金吾邹元。		大司农辅。执金吾延年。
定国为廷尉,十七年迁。			
			度辽将军卫尉范明友为光禄
侍中中郎将霍禹为右将军,一年迁。	三月庚午,大司农光薨。		五月甲申,丞相贤赐金免。六月
二			四月,戊申,车骑将军赐黄金为丞相,金免。六月辛丑,太子太傅萧音为御史大夫,八月
			三

勋，一年坐谋反诛。

王辰，安世年迁。

御史大夫魏相为丞相。

大司马车骑将军，魏相为丞相。

为丞相。

七月戊戌，更为大司马卫将军。

右将军霍禹为大司马。七月王

			渤海大守龚遂为水衡都尉。	颍川大守让为左冯翊。
				守京兆尹彭城大守遗。
		北海大守朱邑为大司农，四年卒。		东海大守尹翁归为右扶风，一年卒。
				平原大守萧望之为少府。
	北海大守张延寿为大仆，四年病免。			
		弋阳侯任宫为大常，四年坐人盗茂陵园中物免。		
辰，大司马禹下狱要斩。				
四				
元康元年				

少府萧望之为左冯翊，三年迁。

守京兆尹颍川太守黄霸，数月还故官。

大中大夫李彊中君守少府，三年迁。

光禄大夫冯奉世世为衡都尉，十四年迁。师古曰："中，读曰仲。"

执金吾广意。

蒲侯苏昌复为大常，六年病免。

八月丙寅，大司马安世薨。

二

三

四

年	丞相	御史大夫	前将军	后将军	卫尉	光禄勋	太仆	大鸿胪	大司农	少府	左冯翊	执金吾	右扶风	京兆尹
神爵元年			前将军韩增为大司马车骑将军。			中郎将杨恽为诸吏光禄勋，五年免。	大仆戴长乐，五年免。	左冯翊萧望之为大鸿胪，二年迁。	大司农王禹，四年迁。				广陵太守陈万年为右扶风，五年迁。	胶东相张敞为京兆尹，八年免。
二					卫尉忠。							南阳太守贤为执金吾。		
三	三月丙午，丞相薨。四月戊戌，	二月甲子，大鸿胪萧望之为御史大夫，三		后将军充国。				少府李强为大鸿胪。		光禄大夫梁丘贺为少府。	东郡太守韩延寿为左冯翊，二年下狱弃市。			左冯翊强，三年免。

御史大夫・丞相	太常	卫尉	太仆	大鸿胪・大司农	宗正	左冯翊
						守左冯翊勃海太守信。
						守左冯翊五原太守延寿。
				大司农王禹为大鸿胪。	宗正刘丁。	
				大司农延。		
	卫尉韦玄成为大常，二年。	河内太守韦玄成为卫尉，二年迁。	右扶风陈万年为太仆，五年迁。			
		卫尉弘。				

御史大夫大夫丙吉为丞相。

年贬为太子太傅。

四

五凤元年

二

四月己丑，大司马增黄霸为……

八月壬午，太子太傅……

	执金吾田听天，三年迁。
免。	
薨。五月，强弩将军许延寿为大司马车骑将军。御史大夫一年迁。	正月癸卯，丞相吉薨。二月壬申，御史大夫
	六月辛酉，西河太守杜延年为御史大夫，三年以病赐安
三	

年					
					守左冯翊广大相充郎。
四	黄霸为丞相。	车骑马免。			
甘露元年		二月丁巳，大司马延寿薨。	蒲侯苏昌复为太常，二年病免。		
二		五月己丑，廷尉于定国为御史大夫，二年迁。		执金吾田听天为廷尉，三年迁。	
三		五月甲	雁门大	博阳侯	

京兆尹成。	右扶风武。	执金吾平。

巳丑，丞相霸薨。五月甲午，御史大夫于定国为丞相。

午，大仆陈万年为御史大夫，七年卒。

守建平侯杜缓为大常，七年坐盗贼多免。

丙显为大仆，一年为建章卫尉。

典属国常为右将军，四年薨。

卫尉顺。

秩侯金赏为侍中太仆，七年迁。

中山相加守廷尉。

四

	大司马	太傅	将军·卫尉	廷尉	大鸿胪·宗正	少府	水衡都尉	京兆尹	左冯翊
黄龙元年	十二月癸酉，侍中乐陵侯史高为大司马车骑将军。	太子傅太傅萧望之为前将军，一年为光禄勋，二年免。							左冯翊常。
孝元初元元年			光禄勋平昌侯王接为卫尉，五年迁。	廷尉解延年。	大鸿胪散骑谏大夫刘更生为宗正。显，十一年。	淮阳中尉韦玄成为少府，三年为太子。	水衡都尉。	大原大守陈遂为京兆尹，一年迁。	

		京兆尹代郡昌守左冯翊延免。		
丞相司直南郡李延寿子惠为执金吾，九年迁。 淮阳相郑弘为右扶风，四年迁。	正，二年免。太傅。水衡都尉冯奉世大司农宏。为执金吾，二年迁。	大司农充郎。		
		京兆尹陈遂为廷尉，二年卒。		
光禄大夫周堪为光禄勋，三年	光禄勋赏。			
执金吾冯奉世为右将军，三年				
三	二			

				弋阳侯	廷尉魏	少府延，	京兆尹
为诸							
吏典	贬为						
属	河东						
国。	太						
二年	守。						
为光							
禄勋。							
侍中							
卫尉							
许嘉							
为右							
将							
军，							
五年							
迁。							
				四			

	成。	二年免。	郡尹忠，子宽，十四年为诸吏光禄大夫。	任千秋长伯为大常，四年以将军将兵。三年薨。	六月辛酉，长信少府贡禹为御史大夫，十二月丁未卒。丁巳，长信少
河南太守刘彭祖为左冯翊，二年迁太子太傅。					
					五

				侍中中大夫欧阳余为少府,五年卒。
				大司农免。
		故建章卫尉丙显为大仆,十年免。	大仆金赏为光禄勋,一年卒。	
永光元年	十一月戊黄,丞相定国赐金,安车车驷马免。九月戊	七月癸未,大司马高赐安车驷马免。九迁月戊	七月辛亥,太子太博韦玄成为御史大夫,一年驷马免。九月戊	府薛广德为御史大夫,一年以病赐安车驷马免。

陇西大守冯野王为左冯翊,五年迁。

右扶风强,五年。

光禄大夫调为大司农。

子,侍中卫尉王接为大司马车骑将军。

二月丁酉,御史大夫韦玄成为丞相。

二

二月丁酉,右扶风郑弘为御史大夫,五年有罪自杀。

四月

右将

三

军奉世为左将军光禄勋二年卒。侍中郎中将王商为右将军，十一年迁。

癸未，大司马接薨。七月壬戌，左将军卫尉许嘉为大司马车骑将军。

	光禄大夫琅邪张谭仲叔为京兆尹,四年不胜任免。	水衡都尉福。		宗正刘临。								
		右扶风										
		尚书令五鹿充宗为少府,五年贬为玄菟太守。										
	左冯翊				左冯翊							左冯翊
								太子少傅匡衡为光禄勋,一年迁。				
								左曹执金吾		八月癸		
四				五				建昭元年				二

郭延。				
	冯野王为大鸿胪，五年为上郡太守。			
		西平侯于永为光禄勋，十六迁。	李延寿为卫尉，一年迁。	阳平侯王凤为侍中卫尉，三年迁。
			亥，诸吏散骑光禄匡衡为御史大夫，一年迁。	七月戊辰，卫尉李延寿为御史大夫，三年卒。一姓繁。师古曰：

六月甲辰，丞相玄成薨。十月癸亥，御史大夫匡衡为

三

		京兆尹王昌稚宾，二年转为雁门太守。	
	中郎将丙禹为水衡都尉，五年。		
		河南大守召信臣为少府，二年。	阳城侯刘庆忌宁君。
		大仆谭。	
丞相。	"縶，音蒲河反。"	六月己未，太中侍中子少傅卫尉谭为	三月丙寅，太子少傅张谭为
四	五	竟宁元年	

					京兆尹	左冯翊	右扶风
					弘农大守朱平为京兆尹。	河南大守毕众为左冯翊。	常山大守温顺子教为右扶风，一年迁。

宗正	执金吾			
为宗正，三年迁。	三府安平侯王章为执金吾，三年迁。			

右扶风	少府
右扶风温顺为少府，三原大守少府。	河东大守杜陵甄尊为少府。水衡都尉爵为大守。

大鸿胪	
蜀郡大守何寿为大鸿胪，二年徙。	大鸿胪浩赏，二年徙。

大仆	
执金吾王章为大仆，五为廷尉。	

卫尉	大常
卫尉王罢军。	骐侯驹普为大常，数月薨。宗正刘庆忌为大常。

御史大夫	大司马大将军	年
王凤为大司马大将军。御史大夫，三年坐选举不实免。		孝成建始元年　二

公为京兆尹,二年贬为河南大守。

让为右扶风。

年坐买公田与近臣下狱论。七阳侯任千秋长伯为执金吾,三年迁。

南阳大守王昌为右扶风,三年免。

宗正刘通。

年病免。四年徒。

五年病免。

十二月丁丑,丞相大司马嘉免。

八月癸丑,大司马衡赐金免。

十月乙卯,诸吏曹左将军王商为大司马卫将军,光禄大夫尹忠为御史大夫,迁。一年坐执金

三

	守京辅都尉王遵为京兆尹,二年免。大鸿胪浩赏为左冯翊,九月减死罪一等
	东平相巨鹿张忠子赣为少府,十一月迁。
	河南大守汉为大鸿胪,一年免。
河决自杀。	
任千秋为右将军,一年迁。	十一月壬戌,少府张忠为御史大夫,三年六年卒。长乐卫尉史丹
	三月甲申,右将军王商为丞相。
	四

论。

水衡都尉王勋。杜陵韩勋长宾为左冯翊，三年为少府。

司隶校尉王骏为少府，七年徙。

千乘太守东莱刘顺为宗正，四年坐使合阳侯举子免。执金吾

卫尉王玄中都。师古曰："中，读曰仲。"

为右将军，三年迁。

河平元年

汉中大

北海大

廷尉

楚相齐

二

宋登为京兆尹，三年贬。

守平原王赏少公为右扶风，三年免。

三为东莱都尉，未发，坐漏泄省中语下狱自杀。

光禄大夫冯武为左冯翊。

右曹光禄大夫辛庆忌为执金吾，四年贬云中大守。

何寿为大司农。

守安成范延寿子路为廷尉，八年卒。

侍中中郎将王音为太仆，三年迁。

右将军宜春侯王丹为左将军王伯为太常，一年病免。十三年免。平昌侯王临为大鸿。

三

司隶校尉王章为京兆尹，一年下狱死。

侍中奉车都尉欧为金敞为水衡都尉，一年迁。

大夫韦安世为大鸿胪，三年为长乐卫尉。

大仆常，六年为右将军。王章

四月壬寅，丞相商免。六月丙午，诸吏散骑光禄大夫张禹为丞

四

弘农太守顺。河内太守甄尊为右扶风，三年迁。

水衡都尉。河平陵守逢信少子为京兆尹，三年迁。陈留太守薛宣为左冯翊，三年迁。

常山太守刘武成为宗正，四年卒。

大鸿胪勋。

史桂国卫公为太仆。师古曰："姓史，名桂国，字

侍中水衡都尉金敞为卫尉，四年卒。

四月癸卯，侍中太仆王音为御史大夫，一

相。

阳朔元年

一一

少府王大骏为京都尉。水衡都尉						左冯翊薛宣为京兆尹逢信为云中太守

左曹水衡都尉

护西域骑都尉韩立子渊为执金吾，五年坐选举不实免。

河内苟参威神。

右扶风甄尊为大仆。

卫公也。"

右将军王章为光禄勋，数月薨。

年迁。十一月丁巳，大司马凤薨。九月甲子，御史大夫王章为大司马车骑将军。丁卯，诸吏散骑光禄勋御史大夫，御大夫二年卒。

三

四

兆尹,一年迁。	少府,二原太守淳于信为中君为右扶风。师古曰:"中,读曰仲。"					
太原太守河内邓义子华为京兆尹,一年为巨鹿太守。庐江太守赵增寿稚公	东都太守琅邪王赏中为宗子为少正,六府,四年免。平都公主杀子贬为 师古曰:"中,读曰仲。"	大鸿胪慎。				
			太仆,六年迁。	辛庆忌为光禄勋,四年迁。	阳平侯王襄为卫尉,五年徙。	正月癸巳,少府薛宣为御史大夫。四月庚辰,京兆尹王骏为御史大夫
						光禄勋辛庆忌为右将军。平侯杜业君都为大常,七年免。宣为太常病免。
						三月庚戌,丞相禹赐金安车驷马免。四月庚辰,御史
						鸿嘉元年壬子

为左冯翊，二年迁。	陇西大守刘威为左冯翊，二年卒。泗水相茂陵满黔子桥为左冯翊，四年贬为汉中都尉。	张掖大
辽东大守。		
	左冯翊赵增寿为廷尉，五年贬为常山都尉。	
		右将
夫，五年卒。		
大夫薛宣为丞相。		
二		三

守牛商子夏为右扶风，四年免。	丞相司直罗方进为京兆尹，三年迁。			
		中少府韩勋为执金吾，四年迁。师古曰："中少府，皇后官。"		
军庆总为光禄勋，四年迁。光禄勋并将军。				
		四		

信都太守长安宗正子泄为京兆尹,二年贬为河南大守。琅邪大守朱博为左冯翊,一年迁。

水衡都尉陈咸为少府,长,三年免。

南阳大守陈咸为少府,二年免。御史大夫翟方进为执金吾,一月迁。

长信少府平当为大鸿胪,三年迁。

卫尉王襄为大仆,三年免。

诸吏大夫散骑信为卫尉,二年免。

光禄大夫孔光为光禄勋,九月迁。执金吾韩勋为

逄信为卫尉。光禄大夫孔光为光禄勋,九月迁。执金吾韩勋为光禄勋。

永始元年

二　十月己丑,丞相方进为大司徒。正月乙巳,大司马票骑将军霍光免。十一月,御史大夫王音为大司马。三月丁酉,京兆尹翟方进为丞相。大司马票骑霍光免,为御史大夫。特进月,八月丁酉,特进月贬为都候。十一月王商进为丞相。霍方进为执金吾,诸吏散骑光禄大夫王子为大司马卫将军。韩勋为光禄勋。

河内大守杜陵庞真椎孙为左冯翊，三年迁。	东平大傅彭宣，为右扶风。五月迁。	光禄大夫师丹为少府，为右扶风，一年迁。詹事许商，为左冯翊。	朔方大守刘它人为宗正。詹事许商为少府，一年迁。左冯翊商为中二千石，翊为侍中光禄大夫，博为大司农，一夫，大守廉为金城。年为大守廉为僰道。健为襄子上	
	琅邪大守陈庆君卿为廷尉，一年为长信少府。			
		少府师丹为光禄勋，二年迁侍中光禄大夫。		光禄勋，六月迁。
	右将军辛庆忌为左将军，三年卒。光禄勋勋为右将军。			孔光为御史大夫，七年贬为廷尉。军。

三

				军，一年卒。							太守。	为执金吾，一年迁。		
四		十一月庚申，大司马商赐金，安车驷马免。		执金吾廉褒为右将军，五年免。	鄚侯萧尊为太常，六年薨。		侍中水衡都尉淳于长为卫尉，三年免。		右扶风彭宣为廷尉，三年以王国人为太原太守。		会稽太守沛刘交游君为宗正，十年。汝南太守严䜣子庆为大司农三年	护羌校尉尹岑子河为执金吾，一年迁。	光禄大夫颍川师临子威为水衡都尉，八月迁。水衡都尉临为右扶风，三年为沛郡都尉。	司隶校尉何武为京兆尹，一年贬为楚内史。

广陵大守王建为京兆尹。河南大守徐让子张为左冯翊，四年免。

侍中光禄大夫赵彪大伯为侍中水衡都尉，三年卒。

左冯翊庞真为少府，四年迁。广汉大守赵护子复为执金吾。

卒。

护军都尉甄舜子节为大仆，东莱大守平陵范隆伟公为大仆，二年免。

大鸿胪平当为光禄勋，七月坐议昌陵贬为巨鹿大守，曲阳侯王根为光禄

执金吾岑尹当为右将军，二年薨。

正月壬戌，成都侯商复为大司马卫将军，十二月乙未迁为大司马大将军，辛亥薨。

元延元年

	广汉太守孙宝为京兆尹，一年免。
	太山太守萧育为大鸿胪。数月徙。
	光禄大夫朱博为廷尉，守大鸿胪，一年迁。
勋，一月迁。	乐昌侯王安惠公为光禄勋，数月病免。
庚申，光禄勋王根为大司马骠骑将军。	
	二

水衡都尉南阳王超骄军，三年坐淳于长自杀。守鸿胪太山大守萧育为右扶风，三年免。						
	大司农免。	九江大守王嘉，为大鸿胪，三年迁。	沛郡大守何武为廷尉，二年迁。	护军都尉任宏伟公为大仆，二年为徒。	尚书仆射赵玄少平为光禄勋，二年为大子大傅。	廷尉朱博为后将军，二年免。

三

	北地大守谷永为大同农，

四

长信少府薛宣为京兆尹，一年贬为淮阳相。巫蛊司直琅邪逢义字子赣为左冯翊，坐选举免。

京兆都尉甄丰为京兆尹，三水衡都尉胾为泗水，二年贬为淮阳相。

詹事平陵贾延初卿为大夫，许商少府为大司农，数月迁。太原太守彭宣为大司农，一年迁。宏为执金吾，十一月贬为代郡太守，光禄大夫王藏幼公为执金吾，三月迁，南

一年免。

御史大夫孔光为廷尉，二年九月迁。少府庞真为廷尉，二年为长信少府。

侍中成阳侯赵䜣为御史大夫，师丹为卫尉，为大司空，二年月为太子少府。骑都尉光禄大夫赵玄为卫尉，十一月为中太傅，一月为太子少府，大司徒散中光禄大夫

四月丁丑，廷尉何武为御史大夫，罢。四月乙卯为大司空，执金吾王咸为金吾，安车驷马，十一月免。三月戊午，大司马票骑将军根更为大司马，七月甲寅黄赐，安车驷马，十一月免。一年迁。

绥和元年

光禄大夫朱博为京兆尹,数月迁。光禄大夫邰游君为右扶风,为京兆

故太小范隆为右扶风,八月为执金吾,数月迁。光禄大夫郎大夫邰嘉次君为右扶

光禄大夫巨鹿阎宗君兰为执金,一金,六年,襄州牧,执大司马年卒。执金吾河内孙云为京兆
夏,一金,六年,襄州牧,六年卒。光禄大夫邰游君汉游君为右扶

大司农河东梁谢尧为大鸿胪,东梁三年徙。

执金吾谢尧为大鸿胪,东梁三年徙。

阳谢尧长平一年迁。

农许商为光禄勋,四月迁。

二月丙寅,侍中骑都尉光禄大夫王莽为大司马。

十一月癸酉,右将安丘侯丘大司徒子中
二月,月丁酉,大军王刘彭为农庶子博
丞相大司马丹咸为大常,宣为善稚游
方进司马为大司左将四年光禄为卫
罢。三莽赐空,一军,勋,尉,二
月。二军,病,赐　二月月迁。
月丙金安年免。十月　侍中光
戌,左车骑　斤,安　禄大夫
卫尉车骑马卫尉大夫

尹，数月病，为中大夫。大鸿胪王嘉为京兆尹，二年迁。	子叔，三凤，一年迁。免。

王能王袭子为侍郎为卫中光禄勋，十一月赐金，二年贬为卫尉。城门校尉丁望坐昌自杀。弘，三年迁。尉衣，宽自杀。	傅喜免就为右国将军，十一月赐金罢。大子太傅丹、师丹为左将军，五月迁。光禄	孔光为丞相。庚午左将军师丹为大司马，四月为大司徒。

	司隶校尉					
	司隶校尉东海方赏君宾为左冯翊，二年迁。		大司农左咸，二年徙。		大司农梁相为廷尉，二年贬为东海都尉。	
	侍中水	卫尉贾	大鸿胪	卫尉少府贾贾城门校		卫尉少府戊光禄

勋彭宣为右将军，二年迁。

十月壬午，京兆尹朱宣为侍中光禄大夫博为大左将军，一年与淮阳王婚，坐与淮阳王婚免。博为大司空。

博为大司马。

孝哀建平元年	四月丁酉，	四月	三月	四月戊光禄
二				

衡都尉延为少府，一年迁。

中郎将颍川公孙禄中子为执金吾。

大鸿胪谢尧为扶风，一年迁。五官

师古曰："中，读曰仲。"

云阳毕申世叔五年徙。

望为延光禄勋，勋，一月迁。乙亥光禄大夫平当三年为光禄

为延为卫尉十子尉，还太仆，故官。执金吾孙云为卫尉，

丁宪为四年迁。四月勋，迁。

乙未，丞相大司空博望免。御史大夫朱博为丞相，八月甲午，月甲戌有罪自杀。十二月甲寅，御史大夫平当

丁丑，大司空马宫为御史大夫安侯乙亥卒。丁明为大司马卫尉五月狱论。九月乙酉，诸吏散骑光禄勋平当为

大司马望为大将军左将军，汤免。中执金吾谷孙禄为右将军，为右将军，一年迁。

御史大夫平当为御史大夫

颍川太守毋将隆为京兆尹,一年迁。大司农左威为左冯翊,三

光禄大夫东海魏章子让为右扶风,一年迁。

尚书令涿郡赵昌君仲为少府,一年为河内大守,将作大匠东

御史大夫王崇为大司农,二年迁。

左冯翊方赏为廷尉,四年徙。

少府贾延为光禄勋,三年迁。

夫,二月迁。十月丙寅,京兆尹王嘉为御史大夫,一年迁。

为丞相。

四月丁酉,河南大守孙禄为左将军,九月贬。二年免。

三月己酉,丞相当薨。四月丁酉,御史大夫

三

年为复土将军。

海蛟望王君为执金吾，三月迁。光禄大夫萧育为执金吾，一年免。

光禄大夫茂陵申屠博为右扶风，一年迁。

光禄大夫龚胜为右扶风，一年迁。

光禄大夫董恭君孟为少府，一年迁。京兆尹毋将隆为执金吾，更名

陈留太守渤海刘不恶子丽为宗正，将正，更名

少府……一凤，一年迁，次孙为京兆尹。京归故官。京兆尹丽为京兆尹

执金吾蛟望为右将军，一年迁。

三月丁卯，诸吏散骑光禄大夫贾延为御史大夫，一年迁。

更建平侯杜业为太常，二年贬。王安为上党御史大夫为右都尉。

王嘉为丞相。

四

京兆尹南阳翟萌幼中。师古曰："中，读曰仲。"

光禄大夫沛弘谭巨君为右扶风，冬，迁。

卫尉孙云为少府，一月。陈留太守茂陵耿丰为少府，二年为复土将军。京兆尹申屠博为执金吾，一年免。

一年贬为沛郡都尉。

咎。

詹事少府董恭为卫尉，二月，二年迁。右扶风弘谭为卫尉，一年迁。

马宫为光禄勋，二年迁。

元寿元年

三月，丞相嘉下狱死。七月丙午，为大司马御史大夫孔光为丞相。

丙午，大司马卫将军孔光更为大司徒。五月丙午，记乡侯何武为御史大夫，二年迁。

四月辛丑，诸大夫何武为前将军，丁月迁。七月丙[午]将军票骑大将军进孔乡侯何武为御史大夫，二年迁。

五月乙

御史大夫

光禄大夫南夏常仲齐为右扶风。

八月辛巳卯，光禄大夫彭宣为御史大夫。大司马明免。十一月壬午，诸吏光禄大夫……为大司马卫将军，辛亥赐金，安车驷马免。月免。

大夫韦赏为大司马车骑将军，己丑卒。十二月庚子，侍中驸马都尉董贤为大司马卫将军

官职	二
京兆尹	清河孙意，子承。廷尉方赏为左冯翊，一年迁。
大鸿胪	毕由为右扶风，六月贬为定襄太守。
光禄大夫	韩容子伯为执金吾。一月，免。护军都尉孙建子夏为执金吾，三月迁。
卫尉	弘谭为大司农。
复土将军	左咸为大鸿胪。
故廷尉	梁相复为大理，三年坐除吏不次免。
长乐卫尉	王恽丁敬为大仆，五月迁。
大司农	甄丰为光禄勋，东都太勋，成侯黄一年辅子元卫尉。
左曹中郎将王崇	为大将军甄丰为大将军，二年贬为光禄勋，三月迁。
安阳侯	丙昌长丙为大将军王舜为大将军，右敬为卫尉。
博阳侯	甲子，御史大夫光为丞相大司徒。九月辛酉为大傅。八月戊午，右将军乙未将军庚马官为大司马。六月午，右将军王崇为大司空，三月。庚马官为大司徒。新都侯王莽为大司马。五月光禄
	五月甲子，甲子，御史大夫光为丞相大司徒。九月辛酉为大傅。六月乙未将军官为大司徒。新都侯王莽为大司马。
	五月。

执金吾孙建为右将军，六月迁。光禄勋甄丰为右将军，三月迁。官马宫为右将军

大司徒司直金钦为京兆尹，一月为侍中。光禄大夫左冯翊张嘉。	右辅都尉赵恢回为右扶风，一年免。	少府宗伯凤为大司农，一年卒。中郎将萧咸为大司农，一年卒。中郎将任岑为执金吾，一年卒。房为			
侍中奉车都尉甄邯子心为光禄勋，三年迁。					
年，二年迁。					
孝平元始元年 二月丙辰，大司徒孔光为太师，大司马王莽为太傅，大司马车骑将军王舜	三月丙辰，大司马莽为太傅，大司马王莽				

左冯翊	执金吾	尚书令	城门校
中郎将幸成子渊为水衡都尉。大司马司直沛武襄君孟为右扶风，三年为冀州牧。	左辅都尉尹赏为执金吾，一年卒。光禄大夫孙宝为大司农数月免。大鸿胪桥仁。		二月癸酉，大司空王崇为病免。四月丁酉，府左将军甄丰为大司空。右将军孙建为左将军。安昌侯张宏子为夏（右扶风），左将常，二月贬为光禄勋。越骑校尉。左将甄邯为右将军。光禄勋。为大保车骑将军。

二 三

匡咸子期。

京兆尹将作大匠谢尧为右扶风，年七十病免。赐爵关内侯。

钟义。左冯翊沛孙信子儒，

宗正容更为宗伯，一年免。

长安王骏君公，三年迁。

宰衡护军武襄尹，数月迁中郎为右扶风。

尚书令南阳邓冯君侯为右扶风。

大常刘岑为宗伯。

大鸿胪左咸。

颍川钟元宁君为大理。

太仆㪍为光禄勋。

尉刘岑子张为大常，二年徙为宗伯。

执金吾王骏为步兵

四月乙未，大师光薨。

四

五

将南阳郡宛子严为左冯翊。

风。

司衣尹。

将军。

大司马官为大司马，八月壬午免。十二月丙午，长乐少府平晏为大司徒。